楊天石文集

房海昌題

近代思想流派与代表人物

杨天石 著

第肆卷

海南出版社
·海口·

图书在版编目（CIP）数据

近代思想流派与代表人物 / 杨天石著 . -- 海口：海南出版社 , 2025. 2. -- ISBN 978-7-5730-2022-2

Ⅰ . B25

中国国家版本馆 CIP 数据核字第 20250H2450 号

近代思想流派与代表人物

JINDAI SIXIANG LIUPAI YU DAIBIAO RENWU

作　　者：	杨天石
策 划 人：	彭明哲
责任编辑：	闫　妮
执行编辑：	姜雪莹
责任印制：	郄亚喃
印刷装订：	天津联城印刷有限公司
读者服务：	张西贝佳
出版发行：	海南出版社
总社地址：	海口市金盘开发区建设三横路 2 号
邮　　编：	570216
北京地址：	北京市朝阳区黄厂路 3 号院 7 号楼 101 室
电　　话：	0898-66812392　010-87336670
电子邮箱：	hnbook@263.net
经　　销：	全国新华书店
版　　次：	2025 年 2 月第 1 版
印　　次：	2025 年 2 月第 1 次印刷
开　　本：	787 mm×1 092 mm　1/16
印　　张：	39.25
字　　数：	520 千字
书　　号：	ISBN 978-7-5730-2022-2
定　　价：	138.00 元

【版权所有，请勿翻印、转载，违者必究】

如有缺页、破损、倒装等印装质量问题，请寄回本社更换。

"考证确凿"与思想的力量

雷 颐

1985年，我研究生毕业，来到中国社会科学院近代史研究所工作。套用"入所教育"的一句俗话，我已正式成为中国近代史研究领域的一员"新兵"。当时，杨天石老师早就是中国近代史研究领域的一员"健将"了。从年龄到学问，杨老师都是我的师辈，但没想到入所不久，就被杨老师赏识有加，以友相待。作为"新兵"的我，端的是受宠若惊。相识相交近四十年，我从杨老师处获益多多，对他一直以老师相待。近四十年亦师亦友，学术、思想、观点的交流越发无拘无束、畅快、深入。杨老师还具有深深的"以天下为己任"的社会关切和强烈的忧国忧民情怀，在本职工作之外，曾在以实事求是、秉笔直书著称的《百年潮》兼任创刊主编。著名理论家龚育之先生将他与胡绳、郑惠并誉为《百年潮》创业"三君子"。他有几次"直言上书"，事先都征求我的意见，士人风骨，令人敬佩，而对我的信任，更令我深深感动。当然，还是没想到，杨老师此次竟然邀我为本书冠序，一时间感悚并至，确感荣幸，同时又知道自己其实无此资格与水平。恭敬不如从命，不揣冒昧，竦然作序。

一

杨老师认为，追求历史真相是历史学最基本也是最重要的功能。无论这种真相多么"不尽如人意"，也必须面对。这是他对自己治学态度、方法的要求。几十年前著名的"中山舰事件"，是中国现代史上重要的一次事件，已成板上钉钉的"铁案"。但杨老师却细读史料，于不疑处发现可疑之处，一点点寻找、发现、研读、分析史料，他在20世纪80年代发表的《中山舰事件之谜》，还原了"中山舰事件"的真相，被誉为具有"世界水准"的好文章。他对史料的追寻，着实到了"上穷碧落下黄泉"的地步，海内外到处搜寻史料，他早早就发现了钱玄同未刊日记、《蒋介石日记类钞》，对史料几近"竭泽而渔"。不预设立场，不被既有观念束缚，注重史料的爬梳考证，尊重史实，杨老师堪称典范，为学界公认。

"考证确凿，堪称杰作"，是日本著名中国近代史专家狭间直树教授对杨老师著作的评论。日本学者向来以资料搜求仔细全面、考据认真著称，狭间先生此评是杨老师治史方法、风格的准确总结。

二

"考证确凿"的盛名，其实无形中掩盖了杨老师学术研究的另一重要方面——中国近代思想史研究。杨老师的学术研究恰是从思想史研究起步、开始跨入学术大门的。杨老师是北京大学中文系1955级学生，毕业后当了中学老师。那时他写的关于明代泰州学派传人韩贞、泰州学派创始人王艮的研究文章，先后发表在《光明日报》"哲学"专刊和《新建设》杂志。他的研究，引起了史学大家侯外庐先生的注意。"文革"结束，杨老师从中学调入中国社会科学院近代史研究所，成为专业研究者。

历史研究向来有两种传统，一是"六经注我"，一是"我注六经"；用现代学术语言来说，一种是强调研究者主观观念的主体性投射，一种是强调对研究对象的客观性实证分析。前者高屋建瓴，自成体系，但易失之于空泛，根据不足形成"无据之理"，导致牵强附会甚至沦为荒诞。后者踏实细密，言皆有本，但易失之于琐屑，缺乏概括综合而"不成体统"，沦为无法把握大局、看不到整体的细琐繁屑。"六经注我"而不荒诞，"我注六经"而不琐碎，至为不易。思想史研究多是"六经注我"，强调研究者的主体性，为研究者提供了大显身手的舞台，所以屡有宏大体系建构者。然而，正是由于"六经注我"，不少体系建构者摆脱史实史料的束缚，洋洋洒洒、大言炎炎、巨著皇皇、体系宏大，但夷考这些，其实所谓体系皆是游谈无根、郢书燕说，剪裁涂抹史实以符合某种理论框架的荒谬之论。

杨老师的思想史研究秉承的是"论从史出"的传统，他提出的论点是逐步地、一点一点抽丝剥茧地建构起来的，甚至是自然而然"生长"出来的，毫不牵强。

社会主义，是近代中国影响最大的思想、思潮，并最终决定了中国的命运。社会主义在中国的传播史研究，已经汗牛充栋，并有专门研究机构。然而，杨老师却从法国著名作家雨果的名著《悲惨世界》在中国的翻译出版史，从刘师培的几篇短文的分析中，使人更深刻地理解这个历史过程、中国知识界的心路历程。

早在 1903 年，苏曼殊将《悲惨世界》部分翻译并名为《惨社会》，1904 年由陈独秀修改、加工，改名为《惨世界》。他们并非严格地翻译，而是有译有作，如《悲惨世界》第二卷的第一到第十三节，有增有删，增加了一段叙述："哪里晓得在这个悲惨世界，没有一个人不是见钱眼开，哪里有真正行善的人呢？"作为译者，苏、陈还凭空增加了明男德、范财主、范桶、孔美丽等几个人物和情节来表达译者自己的思想。《惨世界》有一农夫生有一女一子。女儿出嫁之后,儿子无人照顾。苏曼殊写道:"他的亲戚和那些左右隔壁的邻居,虽说是很有钱,却是古言道:'为富不仁。'那班只知有银钱、不知有仁义的畜生,哪里肯去照顾他呢?""你看那班财主,一个个地只知道臭铜钱,哪里还晓得世界上工人的那般辛苦呢?""世界上有了为富不仁的财主,才有分无立锥的穷汉。""我看世界上的人,除了能做工的仗着自己本领生活,其余不能做工,靠着欺诈别人手段发财的,哪一个不是抢夺他人财产的蟊贼呢?"译者借自己创造出的明男德严厉批判金钱,主张财富公有:"哎!臭铜钱,世界上哪一件惨事,不是你驱使出来的!""世界上物件,应为世界人公用,哪注定应该是哪一人的私产呢?""我看这财帛原来是大家公有的东西。"第十二回,译者甚至声称:"雅各伯党定了几条规矩:第一条,取富户的财产分给尽力自由之人以及穷苦的同胞。第二条,凡是能做工的人,都有到背叛自由人的家里居住和占夺他们财产的权利。第三条,全国的人,凡从前已经卖出去的房屋、田地以及各种物件,都可以任意收回。第四条,凡是为左右而死的遗族,需要尽心保护。第五条,法国的土地,应当为法国人民的公产,无论何人,都可以随意占有,不准一人多占土地。"

杨老师评论说:"核心是土地公有,同时无偿地剥夺富人的财产,均分给贫苦人民。""它既继承了中国古代农民战争中的'均贫富'思想,但又表现出鲜明的近代革命色彩。"《惨世界》的'规矩'显然可以视之为20世纪中国的第一个社会主义纲领。在辛亥革命前夜众多的革命宣传品中,《惨世界》的独特之处在这里,它在近代中国革命史和思想史上的独特地位也在这里。""约二十年后,陈独秀成为中国共产党的创立者,当非偶然。"

说起刘师培,人们首先想起他是"无政府主义者"和拥袁复辟的要角。实际上，在社会主义共产主义传入中国的过程中，他的作用不能低估。1907年，流亡日本的刘师培接触到当时的"新思潮"，也设计了一个实现"共产"的社会方案。在他的宏大蓝图中，那个社会不仅土地、生产资料公有，而且一切产品和财富也都公有，"完全平等"。这种平等不仅表现于没有任何统治者或管理者，而且在消费、生活的各方面也全都一样。"人人衣食居处均一律"，要求大家穿一样的服装，吃一样的饭，住一样的房子。既然中国的传统服装是宽松的"深衣"，那你就不能穿洋服；既然食堂供应窝窝头，那你就不能吃白面馍馍。杨老师文中特别说明，刘师培是近代公共食堂的提倡者，他要求在每乡建立"会食之地"。

刘师培设计的"共产"社会的最大特点是"均力"。他认为人人做工，人人劳动，固然是平等了，但是，同一做工，苦乐难易，大不相同。譬如造钉制针，活儿很轻松，而筑路盖房，干起来就很吃力，两者之间还是不平等。因此，他提出了"人类均力说"以平均苦乐难易。他将人分为三个年龄段：第一个年龄段，二十岁以前在老幼栖息所受教育。第二个年龄段，二十一岁至三十六岁，从事农业劳动，兼做其他工作。即二十一岁筑路，二十二岁开矿伐木，二十三岁至二十六岁筑室，二十七岁至三十岁制造铁器、陶器及杂物，三十一岁至三十六岁纺织及制衣。第三个年龄段，三十六岁以后，免除农业劳动，从事各种工作。即三十七岁至四十岁烹饪，四十一岁至四十五岁运输货物，四十六岁至五十岁当工技师及医师，五十岁以后入栖息所任养育幼童及教育事。刘师培要求每一个人都按照这一铁定程序轮换。若想当运输工人，先干十六年农业活儿，再当四年厨师，在四十一岁至四十五岁之间才行。你想当老师，那就要等到五十开外，遍历农、工各种行业之后。可有人不想当医生，但轮换表中有此一项，非当不可。至于科学家、作家、艺术家、新闻家，轮换表中没有，任何人都别想业此。

刘师培把他的这种设计称为"人人为工，人人为农，人人为士"，是"权利相等，义务相均"的最高美满境界。至于实现他的宏图的方法、手段，他在《论水灾即系共产无政府之现象》《论水灾为实行共产之机会》这两篇文章中称：水灾一来，田地也没了，房产也没了，金银珠宝也没了，大家只能一起相率逃难，其结果必然是，到处被逐，叩头哀求而难得一饱。于是，饥民起来"革命"。

经过一番分析，杨老师对刘的理论得出如下结论："不能认为刘师培的'均力'说完全荒唐。从有分工以来，人类就渴望打破分工的束缚。欧文、傅立叶、马克思、恩格斯等人都曾设想过，在未来社会里，劳动者可以全面地发展自己的能力，按照自己的志趣经常地自由地调换工种，从一种劳动转到另一种劳动。但是，社会主义大师们所设想的是生产力高度发展基础上人的全面解放，而刘师培所设想的则是自然经济基础上人的全面束缚，其结果只能是社会生产和科学、文化事业的大破坏和大倒退。""倒是'史无前例'的十年间，将工人调到大学和研究机关去'掺沙子'，将知识分子赶下干校去'学工''学农'，很有那么一点实行'均力'说的意味。""刘师培的'水灾共产主义'提出于本世纪初，今天的读者也许会视作一种笑谈。但是，它在思想史上留下的教训却是深刻的。在近代中国，无视生产力的发展状况，以为在生产力低下、物质匮乏的情况下，只要变革生产关系和分配关系，就可以建成社会主义，以至共产主义的想法，并不是个别的。'贫穷不是社会主义'，这是人们吃了不少苦头之后才认识到的真理。"杨老师的结论，不知不觉中，显示出思想的力度。

从事思想史与历史人物研究，对研究对象进行分析阐释之时，如何能够运用理论框架而又不被这种理论淹没束缚，以保证历史上的思潮与人物同作为研究者的"我"的双重主体性，确实需要一种意识和方法上的自觉。杨老师对"思潮与人物"的研究，既保有自己的主体性，同时又充分尊重史料，绝不妄解。他的研究，在一层层探讨时代思潮、历史人物的社会性时，解开了一道道传统意识形态枷锁，扩展了我们对思潮、人物与历史进程互动层面的理解与观察，加深了我们对历史与现实的理解。

目 录

"考证确凿"与思想的力量　　　　　　　　　　　　　　雷颐

一　近代思潮

儒学在近代中国　　　　　　　　　　　　　　　　　　　　3
戊戌维新以来的"国民国家"思想　　　　　　　　　　　　15
　　一、清末天赋人权思想的输入与"国民国家"思想的萌生　　15
　　二、孙中山的民主思想　　　　　　　　　　　　　　　　16
　　三、陈独秀的"国民政治"与李大钊的"唯民主义"　　　　21
　　四、胡适、罗隆基的人权思想　　　　　　　　　　　　　22
　　五、邓演达等第三党的"平民政权"　　　　　　　　　　　26
　　六、民盟等中间党派提倡的"中国型民主"　　　　　　　　27
　　七、中共的"真正民主共和国"与"新民主主义共和国"主张　29
　　八、尾语　　　　　　　　　　　　　　　　　　　　　　33

邹容自贬《革命军》　　　　　　　　　　　　　　　　　　34
苏、陈译本《惨世界》与中国早期的社会主义思潮　　　　　37
　　一、既是译作，又是革命宣传品　　　　　　　　　　　　37
　　二、为什么选中了雨果及其《悲惨世界》　　　　　　　　43
　　三、苏、陈译本《惨世界》在中国近代革命史和思想史上的地位　47

章太炎为何要砸拿破仑与华盛顿的头　　　　　　　　　　52
托尔斯泰《致一个中国人的信》　　　　　　　　　　　　55
中国最早的无政府主义者张继　　　　　　　　　　　　　58

I

《天义报》《衡报》对"社会主义讲习会"活动的报道　　61
论《天义报》刘师培等人的无政府主义　　67
　　一、绝望于民族民主革命　　67
　　二、在介绍马克思主义的同时，又攻击马克思主义　　73
　　三、"完全平等"的无政府乌托邦　　75
　　四、以"劳民"为革命动力　　82
　　五、被吹胀了的"男女革命"论　　87
　　六、歌颂中国封建社会　　90
　　七、必须善于识别并抛弃各种高调　　94
刘师培的平均奇想　　96
刘师培的"水灾共产主义"　　99
论辛亥革命前的国粹主义思潮　　103
　　一、三种国粹主义思潮　　104
　　二、《国粹学报》诸人与章炳麟的国粹主义思想　　107
　　三、《国粹学报》诸人思想中的合理内核与局限　　111
　　四、国粹主义思潮窒息近代革命文化人的创造活力　　117
　　五、国粹主义思潮的复古性质及其在新文化运动时期的命运　　120
　　六、毛泽东对中国文化的认识及其对发展民族新文化的期待　　122
陈独秀组织对泰戈尔的"围攻"　　124
　　——近世名人未刊函电过眼录

二　文艺思想研究

冯桂芬对桐城派古文的批判与冲击　　131
黄遵宪厚"今"重"我"的文学思想　　137

  一、接受"善变"的表扬 138
  二、"别创诗界"的理想 140
  三、"新派诗"与"新体诗" 143

邓实与湖海有用文会 146

三　黄遵宪论丛

海外偏留文字缘 157
读黄遵宪致王韬手札 160
  一、向维新派转化 162
  二、讨论琉球问题 166
  三、警惕沙俄向东方扩张 170
  四、函件价值 174

黄遵宪的生平、思想和创作 176
  一、黄遵宪的生平与思想 176
  二、黄遵宪的文学主张 180
  三、黄遵宪的诗作 184

黄遵宪传 191
  一、亘古未有的"奇变" 192
  二、在科举的道路上徘徊 199
  三、随使日本 208
  四、在美国 218
  五、编写《日本国志》 227
  六、从伦敦到新加坡 236
  七、反映民族的深重灾难 244

八、参加"变法"活动	253
九、南归乡居	270
十、生命的最后几年	280
十一、结束语	292

四 鲁迅论丛

释"挤加纳于清风，责三矢于牛入"	297
《中国地质略论》的写作与中国近代史上的护矿斗争	301
读《鲁迅〈中国地质略论〉作意辩证》	306
鲁迅早期的几篇作品和《天义报》上署名"独应"的文章	312
越社和南社	316
鲁迅和越社新考	318
附一：越社成立叙	320
附二：越社简章	321
"咸与维新"的来历	322
周氏三兄弟与留法勤工俭学运动	325
——近世名人未刊函电过眼录	
读鲁迅与胡适轶札	330

五 钱玄同论丛

钱玄同与胡适	337
"小批评，大捧场"	337
初次相识	341

IV

  关于中国小说的讨论　　　　　　　　　　　　343
  《尝试集》及其批评　　　　　　　　　　　　346
  张厚载风波　　　　　　　　　　　　　　　　349
  在《新青年》同人的矛盾中　　　　　　　　　353
  整理国故与疑古辨伪　　　　　　　　　　　　356
  为"汉字改革"放炮　　　　　　　　　　　　360
  对溥仪出宫的不同态度　　　　　　　　　　　364
  同心"驱虎"　　　　　　　　　　　　　　　366
  《钱玄同成仁纪念歌》与《胡适之寿酒米粮库》　368
  国难期间　　　　　　　　　　　　　　　　　372
  "只努力做工，就好像永永不死一样"　　　　374

振兴中国文化的曲折寻求　　　　　　　　　　　376
——论辛亥前后至五四时期的钱玄同
  一、主张"师古""复古""存古"　　　　　377
  二、一百八十度的方向变化，激烈地批判中国传统文化　385
  三、振兴中国文化的三个方案："输入""新作""改革"　394
  四、可资借鉴的经验与值得警惕的教训　　　　400

论钱玄同思想　　　　　　　　　　　　　　　402
——以钱玄同未刊日记为主所作的研究
  一、无政府主义　　　　　　　　　　　　　　402
  二、反传统思想　　　　　　　　　　　　　　405
  三、欧化思想　　　　　　　　　　　　　　　410
  四、自由主义思想　　　　　　　　　　　　　414
  五、整理国故思想　　　　　　　　　　　　　417
  六、文学革命、汉字革命思想　　　　　　　　422
  七、既要倡导改革，扶植新芽，又要防止偏激、过当　425

汉字"横行"与钱玄同	428
钱玄同自揭老底	431
潘汉年与钱玄同	434
——近世名人未刊函电过眼录	
《钱玄同日记》（整理本）前言	441

六　胡适论丛

溥仪出宫、胡适抗议及其论辩	451
《醒世姻缘传》与胡适的"离婚"观	456
——近世名人未刊函电过眼录	
跋胡适、陈寅恪墨迹	461
胡适撰写的一篇白话碑文	465
胡适与杨杏佛	468
一、异国唱和的诗友	468
二、"君作游天龙，吾为笼内鸡"	476
三、分道翱翔中的相互关怀与支持	480
四、争取"庚款"中出现的分歧	484
五、分歧的加深	487
六、射向胡适的一箭	491
七、在中国民权保障同盟中	493
八、对于杨杏佛之死的评论	497
胡适与陈光甫	500
一、早期交往	500
二、共同争取美援	503

三、相互间的信任与支持 　　　　　　　　　　　506

四、再次联手争取美援 　　　　　　　　　　　　511

五、胡适动员陈光甫出山 　　　　　　　　　　　516

六、晚年的接触 　　　　　　　　　　　　　　　523

蒋介石与晚年胡适　　　　　　　　　　　　　　526

一、胡适流亡美国，接到流亡台湾的蒋介石信函　　526

二、胡适支持雷震创办《自由中国》半月刊，
　　主张"用负责态度批评实际政治"　　　　　　532

三、胡适向国民党"七全大会"提出五点希望　　　535

四、胡适回台，向蒋介石提出"逆耳"之言　　　　538

五、胡适选举蒋介石为"第二任总统"　　　　　　540

六、胡适为蒋介石祝寿惹祸　　　　　　　　　　　545

七、蒋介石称赞胡适"品德高尚"，胡适直言"总统"错误，
　　蒋介石在日记中指斥胡适为"妄人"　　　　　550

八、胡适反对修订出版法，蒋介石认为"胡适荒谬言行，
　　最为害国"，将其视为"反党分子"　　　　　557

九、在蒋介石心目中，胡适由"妄人""无赖政客"，
　　升级为"反动敌人"　　　　　　　　　　　　561

十、提倡思想自由，反对文化专制，拒当"孔孟学会"发起人　563

十一、胡适始而坚决反对蒋介石"三连任"，终于缄默不言　566

十二、雷震等人筹组"反对党"与胡适的"反对"　　573

十三、雷震被捕、判刑与胡适的"大失望"　　　　575

十四、胡适以不谈雷震为条件会见蒋介石，
　　　要求给予组织新党的人士以"雅量"　　　　581

十五、蒋介石为胡适"盖棺论定"　　　　　　　　584

附录

我和民国史研究 591
初涉学术之途——研究中国文学 591
探求天人之道——研究中国哲学 593
三迁乃至归宿——研究民国历史 595
民国史之外 601
我的历史追求 604

[一] 近代思潮

儒学在近代中国[1]

尽管孔子一生困顿，命运多蹇，但是，自汉武帝罢黜百家，独尊儒术之后，儒学成为占统治地位的官学，孔子的地位就日益提高，以至于达到"吓人的高度"。[2]在漫长的近两千年的岁月中，很少有人敢向孔子的这种崇高地位挑战。这种情况，到了近代，才有明显改变。随着中国社会的变迁和进步，在西方文化和日本维新思潮的影响下，逐渐出现了非儒反孔思潮。与之相联系，崇儒尊孔的主张也以前所未有的复杂形态多样化地表现出来。两种意见互相诋排，各不相下，成为思想史上引人注目、发人深省的现象。

龚自珍是近代中国第一个对儒学独尊地位提出挑战的人。他在一首诗中写道：

　　兰台序九流，儒家但居一。诸师自有真，未肯附儒术。后代儒

---

[1] 原载《东西方文化交融的道路与选择》，四川人民出版社1993年版，录自杨天石《哲人与文士》，中国人民大学出版社2007年版。
[2] 《在现代中国的孔夫子》，《鲁迅全集》第6卷，人民文学出版社1981年版，第316页。

益尊，儒者颜益厚。洋洋朝野间，流亦不止九。不知古九流，存亡今孰多？或言儒先亡，此语又如何？[1]

九流，指的是班固在《汉书·艺文志》中所分列的九个学术流派。龚自珍认为，儒家只是九家中的一家，并无特殊之处；儒家以外的其他各家都有其符合真理的一面，不需要依附儒术；后来儒家的地位被愈抬愈高，儒者的脸皮也愈来愈厚。这首诗，表现了龚自珍对儒学独尊地位的强烈不满以及对其他各家历史命运的关心。他甚至发出了儒家可能"先亡"的疑问。龚自珍的时代，中国封建社会已经到了暮色苍茫、悲风四起的"衰世"，龚自珍的疑问反映了一种信仰危机和对一种新的学术派别的憧憬。但是由于长期儒学独尊的影响，龚自珍没有也不可能彻底摆脱儒学的束缚，他只能借助东汉以来长期衰微的今文经学派，利用其"微言大义"以表达自己的观点。

鸦片战争期间，中国人在西方的坚船利炮面前败下阵来，蒙受了亘古未有的奇耻大辱。先进的知识分子痛定思痛，对儒学的不满和怀疑增长了。魏源等人开始痛骂"腐儒""庸儒"，开始鄙弃程、朱、陆、王的"心性"之学，主张"师夷长技以制夷"，觉得西洋文化在某些方面比中国高明。后来，这种向西方学习的要求又从"长技"发展到经济、政治等方面。但是，魏源以下一辈人，如冯桂芬、王韬、薛福成、马建忠、郑观应、陈炽、何启、胡礼垣等，一般只敢批判程、朱、陆、王等后儒，而不敢批判先儒；只敢批判汉学和宋学，而不敢直接把矛头指向孔学。在他们看来，孔子和儒学还是完美无缺的，其崇高地位是不能动摇的。例如王韬就说过："盖万世而不变者，孔子之道也，儒道也。"这种

---

[1]《自春徂秋，偶有所触，拉杂书之，漫不诠次，得十五首》，《龚自珍诗选》，浙江人民出版社1980年版，第481页。

情况，固然反映出思想家自身的特质，但更多反映出的却是儒学传统的强大力量和深厚影响。

正是在这种儒学传统的重压下，康有为等人的维新变法理论不能不包裹在儒学的外衣中，并力图借助于"孔圣人"的权威。他利用今文经学派的"《公羊》三世说"来阐述自己的以进化论为核心的社会历史观，并利用对古文经的辨伪来动摇人们对传统的信仰。康有为力图说明，西汉经学，根本没有所谓古文经，所有的古文经书都是刘歆的伪造。刘歆之后，两千多年，千百万知识分子，二十个王朝礼乐制度的订立者都上了刘歆的当。这样，在龚自珍之后，康有为就进一步动摇了古文经学派的地位，引起人们对这部分儒学经典的怀疑。当顽固派在祖坟面前叩头礼拜，表示要"恪守祖训"的时候，康有为却在旁边大喝，你这个祖坟是假的。这自然具有思想解放的意义。

同时，康有为又力图说明，孔子是维新变法的祖师爷。他主张"法后王""削封建"，实行"大一统"，反对"男尊女卑"，创立"选举制"，最高理想是实行民主共和云云。因此，康有为称孔子为"万世教主""制法之王""生民未有之大成至圣"。康有为建议，清王朝"尊孔圣为国教"，以孔子纪年，全国设教部，地方设教会，每七日还要公举懂"六经""四书"的人为"讲生"，宣讲"圣经"。

近代以来，有不少人，例如曾国藩、张之洞以及清代统治者尊孔，目的是维护旧秩序；戊戌时期的康有为尊孔，目的是变法。两种尊孔，迥然不同。但是，康有为笔下的孔子明显地不符合孔子的本来面目，它是维新派按照自己的理想和需要改铸出来的形象。

和康有为比起来，谭嗣同的思想显得激烈、深刻、锐利得多。他怀着满腔悲愤批判儒学所鼓吹的纲常伦理，分析其"惨祸烈毒"，揭露封建统治者残酷迫害人民的事实。当时，一位朝鲜人曾说："地球上不论何国，但读宋明腐儒之书，而自命为礼义之邦者，即是人间地狱。"谭嗣同完全同意这一观点。[1]他尤为激烈地批判君主专制主义，认为君主是人民推举出来"为民办事"的，可以共举，也可以共废，其恶劣者，"人人得而戮之"。[2]谭嗣同的思想已经越出改良主义的樊篱，走到革命民主主义的边缘。但是谭嗣同仍然要挂上孔学的旗号。在谭嗣同笔下，孔子"废君统，倡民主，变不平等为平等"，不仅是维新派，而且简直就是民主主义者。[3]他认为，孔门传人曾子、子思、孟子、夏子等人还是继承了孔子的民主传统，只是到了荀子，孔学才被篡改为"钳制束缚"的工具，荀学也就因此统治中国两千余年。谭嗣同严格地区分孔学和儒学，认为儒学使孔子之道愈见狭小，起了恶劣作用。[4]因此，他以马丁·路德自励，立志为恢复"孔教"的本来面目而奋斗。

在维新派中，严复对西学有精深的研究，因此，他的维新思想的理论基础以及批判儒学的理论武器都不是取自儒学自身，而是取自西方自然科学和社会政治学说。他不仅批判"宋明腐儒"，而且破天荒地提出"'六经'且有不可用者"。[5]出于对儒家学派的强烈不满，严复甚至认为秦始皇焚书坑儒的行为也并不过分。他以热烈的语言赞扬西学的完美与严整，认为中学重三纲，西学重平等；中学亲亲，西学尚贤；中学以孝治天下，西学以公治天下；中学尊主，西学隆民；中学夸多识，西学尊亲知；中学委天数，西学恃人力……这是近代中国思想史上最初也是最鲜明的中西文化比较论，标志着在"西学"冲击下，中国人对传统文化的进一步怀疑和否定。[6]尽管如此，严复仍然维护孔子的权威，认为

---

[1]《仁学》。
[2]《仁学》。
[3]《仁学》。
[4]《仁学》。
[5]《辟韩》，《严复集》，中华书局1986年版，第35页。
[6]《论世变之亟》，《严复集》，中华书局1986年版，第3页。

孔教不谈鬼神，不谈格致，专明人事，平实易行，千万不能破坏。[1]他甚至认为，精通西学之后，才能更好地理解中国圣人的"精意微言"。[2]

戊戌维新是一次政治改革运动，也是一次思想启蒙运动。它本应对孔子和儒学的独尊地位有较大的冲击，但是历史展示给人们的情景却是，孔子的地位还要继续高上去。这里我们再一次看到了传统的强大力量和历史缠住现实这令人痛苦的情况。

作为弟子，梁启超支持过康有为的保教论。戊戌政变后，梁启超流亡日本，于1902年发表《保教非所以尊孔论》，开始反对师说。他认为，孔子是哲学家、经学家、教育家，而非宗教家；保教之说束缚国民思想。他指出，孔子思想中有"通义"和"别义"两部分，前者万世不易，后者则"与时推移"，应该博采佛教、耶教以及古代希腊以至"欧美近世诸哲"的学说，进一步光大孔学。[3]尽管梁启超仍然断言，孔学将"悬日月，塞天地"，"万古不能灭"，但他承认孔学中有不适用、不够用的部分，这毕竟是有意义的进步。

真正动摇了孔子和儒学独尊地位的是以章太炎为代表的革命党人。19世纪末20世纪初，作为维新思潮的反映，日本社会出现了一些非儒反孔的著作家，如远藤隆吉、白河次郎、久保天随等。在他们的影响和启迪下，章太炎一方面肯定孔子是中国古代优秀的历史学家、教育普及家和无神论者，同时也发表了不少对孔子和儒学的激烈批评。1902年，他在《訄书》修订本中指出，孔子的名望远远超过了实际，其学术也并不十分高明，荀子、孟子都比他强得多。1906年，他在东京中国留学生欢迎大会上发表演说，批评孔子"最是胆小"，"不敢去联合平民，推翻贵族政体"。又说：孔教的最大污点，是使人不脱富贵利禄的思想。他

---

[1]《保教余义》，《严复集》，中华书局1986年版，第85页。
[2]《救亡决论》，《严复集》，中华书局1986年版，第49页。
[3]《新民丛报》第2号。

明确表示："孔教是断不可用的。"[1]其后，他又根据《庄子》《墨子》等书的记载，在《诸子学说》中，批评孔子"哗众取宠""污邪诈伪""热中（衷）竞进"，是个道德品质不好的人。由此，他进一步批评历史上的儒家学派投机善变，议论模糊，认为无论就道德言，就理想言，儒家均不可用。[2]1908年，日本《东亚月报》刊登孔子像，章太炎就此著文发挥说：孔子已经死了两千多年了，他的思想早已成为过去，"于此新世界者，形势礼俗岂有相关"？[3]

章太炎对孔子和儒学的批评并不科学。第一，他的批评根据不少出于《庄子》《墨子》，庄、墨都是儒家的对立面，所述并不可靠。第二，章太炎的批评矛头在许多地方实际指向康有为。在他所描绘的孔子形象中，我们依稀可见康有为的身影。现实的斗争需要常常使人不能严谨地对待历史，虽章太炎这样的大学问家亦不能免。然而，章太炎将中国封建社会的至圣先师作为议论、批评的对象，仍然是了不起的事。在章太炎之后，各种批评孔子的言论就多起来了。

1903年，上海爱国学社的刊物《童子世界》载文认为："（孔子）如今看起来，也是很坏。"[4]《中国白话报》载文认为，孔子是个"顶喜欢依赖皇帝的东西"。[5]同盟会会员宁调元直呼孔子为"民贼"。他说："古之所谓至圣，今之所谓民贼也。"[6]1912年，民国建立，南京临时政府教育部通令废除中小学读经课程。时任教育部部长的蔡元培明确宣布："尊孔与信教自由相违。"[7]同年7月，蔡元培主持临时教育会议，进一步通

---

[1]《民报》第6号。
[2]《国粹民报》丙午（1906）第8、9号。
[3]《答梦庵》，《民报》第21号。
[4]君衍：《法古》，《童子世界》第31期。
[5]林獬：《国民意见书》，《中国白话报》第18期。
[6]杨天石、曾景忠编：《宁调元集》，湖南人民出版社1988年版，第395页。
[7]璩鑫圭、童富勇编：《教育思想》，上海教育出版社2007年版，第688页。

过"学校不拜孔子案"。[1]这样，孔学作为官学的地位就被否定了。

随着非儒反孔言论的增加和孔学作为官学地位的被否定，崇儒尊孔的呼吁也日益强烈。辛亥革命前后发表崇儒尊孔言论的人很复杂。一种是革命派，如《国粹学报》的邓实、黄节等，他们视孔子为中国文化的代表；一种是康有为等保皇党，以孔学作为反对革命、维护君主制的工具；一种是清朝统治者及袁世凯、张勋等军阀，利用孔学维护其统治或复辟君主制；一种是某些外国传教士或来华人士，如林乐知（Y. J. Allen）、李提摩太（T. Richard）、李佳白（G. Reid）、庄士敦（R. F. Johnston）、盖沙令（H. Keyserling）、尉礼贤（R. Wilhelm）、有贺长雄等。1906年，清政府颁布《教育宗旨》，宣称孔子不仅是"中国万世不祧之宗"，而且是"五洲生民共仰之圣"。[2]1913年6月，袁世凯发布尊孔令，宣称孔学"反之人心而安，放之四海而准"。[3]8月，孔教会代表陈焕章等上书，请定孔教为国教。10月，《天坛宪法草案》规定："国民教育，以孔子之道为修身大本。"1914年9月，袁世凯在北京举行了盛大的祭孔典礼。袁世凯复辟帝制失败后，康有为于1916年9月再次上书，要求"以孔教为大教，编入宪法，复祀孔子之拜跪礼"。[4]他说："不拜孔子，留此膝何为？"[5]1917年3月，各省尊孔团体在上海组织全国公民尊孔联合会，发动所谓"国教请愿运动"。同年7月，张勋拥废帝溥仪复辟。

为什么近代的守旧复辟势力都崇儒尊孔，这不能不引起先进知识分子的思考，于是，一场新的非儒反孔热潮因而兴起。

"五四"前夜发表批孔文章的先锋是易白沙，主将则是陈独秀，吴

---

[1]《临时教育会议日记》，《教育杂志》第4卷6号。
[2]《学部奏请宣示教育宗旨折》，《大清教育新法令》第1册第2编。
[3]《袁大总统书牍汇编》卷2。
[4]《致总统总理书》，《孔教十年大事》卷8。
[5]《致总统总理书》，《孔教十年大事》卷8。

虞、鲁迅、李大钊等人都做出了巨大贡献。当时对孔子和儒学的批判主要集中在以下几个方面：

第一，孔子和儒学维护尊卑等级制度，是历代帝王专制的护符。易白沙称：孔子"尊君权，漫无限制，易演成独夫专制之弊"。他阐述了历代帝王以孔子为傀儡，借以巩固其统治的情况，说明不能不归咎于孔子自身。[1]李大钊认为："孔子生于专制之社会，专制之时代，自不能不就当时之政治制度而立说，故其说确足以代表专制社会之道德，亦确足为专制君主所利用资以为护符也。"[2]陈独秀提出："孔教与帝制有不可离散之因缘。"[3]吴虞也说："孔氏主尊卑贵贱之阶级制度，由天尊地卑演而为君尊臣卑，父尊子卑，夫尊妇卑，官尊民卑。尊卑既严，贵贱遂别。"因此，"专制之威，愈衍愈烈"。[4]

第二，儒学伦理是片面的、不平等的、人压迫人的"奴隶道德"。陈独秀认为：君为臣纲，则民于君为附属品；父为子纲，则子于父为附属品；夫为妻纲，则妻于夫为附属品；由此产生的忠、孝、节等道德都是不平等的"以己属人"的"奴隶道德"。[5]于是，"君虐臣，父虐子，姑虐媳，夫虐妻，主虐奴，长虐幼"，种种人压迫人的现象因而发生。[6]吴虞从分析孝、悌等伦理规范入手，揭示中国古代的宗法家族制度和专制政治之间的关系，说明儒学伦理"专为君亲长上而设"，目的在要人们"不要犯上作乱"，把中国弄成一个"制造顺民的大工厂"。他说："麻木不仁的礼教，数千年来不知冤枉害死了多少无辜的人。"[7]鲁

---

[1]《康南海与中央电》，《青年杂志》第1卷6号。
[2]《自然的伦理观与孔子》，《李大钊文集》（上），人民出版社1984年版，第264页。
[3]《驳康有为致总统总理书》，《新青年》第2卷2号。
[4] 陈独秀、李大钊等撰：《新青年精粹》（全4册），中国画报出版社2013年版，第367页。
[5]《一九一六年》，《新青年》第1卷5号。
[6]《答傅桂馨》，《新青年》第3卷1号。
[7] 丁守和主编：《五四风云人物文萃：吴虞、易白沙》，人民日报出版社2005年版，第153页。

迅则通过"狂人"之口，以形象的文学语言说明中国历史一面充塞"仁义道德"的说教，一面充塞着血淋淋的"吃人"现象的残酷现实。吴虞盛赞鲁迅的这一发现，说是"把吃人的内容和仁义道德的表面看得清清楚楚"，"孔二先生的礼教讲到极点，就非杀人吃人不成功"。[1]

第三，孔子之道不适用于现代生活。陈独秀认为：宇宙间一切物质、精神，无时不在变迁进化之途。一定的学说产生并适应于一定的社会，社会变迁了，学说也应随之变迁。他说：现代社会以经济为命脉，盛行个人独立主义，经济上财产独立，伦理上个人人格独立，崇尚自由平等，而儒学则以纲常阶级（等级）为教，恰恰与此相反。[2]他们坚决反对在民国宪法上载入"以孔子之道为修身大本"一类字眼。在当时，他们尤其着重指出，专制与自由不兼容，孔子之道与共和制势不两立。吴虞说："共和之政立，儒教尊卑贵贱不平等之义，当然劣败而归于淘汰。"[3]陈独秀则斩钉截铁地表示："孔教与共和乃绝对两不相容之物"，"主张尊孔，势必立君"，"势必复辟"。[4]李大钊在"五四"前就认为孔子其人"已为残骸遗骨，其学说之精神，已不适于今日之时代精神"[5]；"五四"后，他又对此作了深层分析，说明孔学是"中国二千余年来未曾变动的农业经济组织反映出来的产物"。他说："不但中国，就是日本、高丽、越南等国，因为他们的农业经济组织和中国大体相似，也受了孔门伦理的影响不少。"他进一步指出，西洋的工业经济打进东方以后，孔子的学说就"根本动摇"了。[6]

第四，孔子缺少民主学风，孔子和儒学的独尊地位阻碍思想和文化

---

[1] 丁守和主编：《五四风云人物文萃：吴虞、易白沙》，人民日报出版社2005年版，第150页。
[2]《孔子之道与现代生活》，《新青年》第2卷4号。
[3] 陈独秀、李大钊等编撰：《新青年精粹》（全4册），中国画报出版社2013年版，第288页。
[4]《复辟与尊孔》，《新青年》第3卷6号。
[5]《自然的伦理观与孔子》，《李大钊文集》（上），第264页。
[6]《由经济上解释中国近代思想变动的原因》，《李大钊文集》（下），第178—180页。

的发展。易白沙认为：孔子讲学，不许问难，易演成思想专制之弊。[1] 陈独秀认为：九流百家，无非国粹，汉武帝罢黜百家，是一种思想、学术上的专制主义，不仅遮盖了其他各家的光辉，而且窒息人们的聪明才智，摧残创造活力和独立思考精神，为害较之政治上的君主专制主义还要厉害。[2] 李大钊认为：自孟子辟杨、墨之后，儒学形成了一种排拒异说的作风，自以为包揽天下的一切真理，完全听不得不同意见，动辄指斥别人为"淫词邪说"。他说："真理正义，且或在邪说淫辞之中也。"[3] 易白沙、陈独秀都指出，"人间万事，恒以相竞而兴，专占而萎败"，即以孔学本身而论，独尊的结果是失去竞争、辩难的物件，必然日形衰败。[4] 据此，陈独秀等声称："无论何种学派，均不能定于一尊"；"各家之学，亦无须定尊于一人"。[5]

五四时期，陈独秀诸人对孔子和儒学的批判大体如上。经过"五四"的洗礼，在中国封建社会中长期树立起来的孔子和儒学的独尊地位遂轰然倒塌。

真理是无边无际的大海。任何人、任何学派对真理的认识都是有限的、局部的，以为一个人、一个学派可以穷尽全部真理，以为这个人、这个学派的思想学说不包含任何谬误，可以适用于一切时代、一切地域，并以之作为检验真理的标准，都是一种可笑的幻想和迷信。五四时期陈独秀诸人批判这种迷信，推倒了孔子和儒学的独尊地位，不仅是一次反封建的思想革命，而且是一次思想解放运动，其意义是深远的。

---

[1]《孔子平议》，《青年杂志》第1卷6号。
[2]《宪法与孔教》，《新青年》第2卷3号。
[3] 朱文通等：《李大钊全集》第2卷，河北教育出版社1999年版，第354页。
[4] 乔继堂选编：《陈独秀散文》，上海科学技术文献出版社2013年版，第230页。
[5] 陈独秀：《答吴又陵》，《新青年》第2卷5号；易白沙：《孔子平议》（下），《新青年》第2卷1号。

应该指出的是，陈独秀等人并不全盘否定孔子和儒学，尤其不否定孔子在当时的历史地位和价值。一个人、一个学派在当时当地的作用和它在后世的作用常常有所不同。前者可以称为当时价值，后者可以称为后世价值。由于时代、地域和传述者的情况不同，一个人、一个学派的后世价值是复杂多变的。陈独秀等人，包括最偏激的钱玄同在内，都一致认为孔子"自是当时之伟人"，他们所否定的主要是孔子的后世价值，特别是在20世纪初的中国的现实价值。陈独秀说："吾人讨论学术尚论古人，首当问其学说教义尚足以实行于今世而有益与否，非谓其于当时之社会毫无价值也。"[1] 20世纪初，中国人的任务是追求民主和科学，建设现代化的国家与社会，康有为、袁世凯们却力图利用尊孔维护旧道德、旧文化，复辟封建专制主义，这自然不能不引起先进知识分子的反击，所以陈独秀又说："愚之非难孔子之动机，非因孔子之道之不适于今世，乃以今之妄人强欲以不适今世之孔道，支配今世之社会国家，将为文明进化之大阻力也。"[2] 显然，五四时期的非儒反孔思潮乃是一场从属于现实政治斗争的思想斗争，而不是严格的科学讨论。它不可能是全面的、辩证的、充分理智的，而必然带有片面、绝对和情绪化的特征。这表现在谈孔子和儒学的当时价值少，谈现实价值多；谈积极面少，谈消极面多；谈教育学、文献学方面的贡献少，谈政治学和伦理学方面的缺陷多。至于在工业化的过程中，如何利用孔学作为调整人际关系的凝聚剂，在高度工业化之后，如何利用孔学作为现代文明弊病的救正剂，这些问题，更非五四时期的思想家所能想见。

在世界文化史上，儒学是一个博大、深刻、有着鲜明特征的思想体系。它既有保守、落后的封建性一面，曾经长期成为中国人民的精

---

[1]《答常乃德》,《新青年》第3卷2号。
[2] 乔继堂选编：《陈独秀散文》，上海科学技术文献出版社2013年版，第105页。

神枷锁，今后也将成为中国人民走向现代化的精神障碍；但是它也有反映人类社会普遍需要、普遍特点和普遍规律的真理性一面。有些思想，经过改造和转换，会成为有益于现代社会的成分。李大钊曾经说过："孔子之道有几分合于此真理者，我则取之；否者，斥之。"这是一种正确的态度，但是，五四时期的人们没有可能做到这一点。历史地、科学地、全面地评价孔子和儒学，探讨它的当时价值和在今天的现实价值，评估它的未来价值，这是当代中国人的任务，也是一切关心儒学命运的人们的共同任务。从某种意义上说，它也许是一个永远说不完的话题。

戊戌维新以来的"国民国家"思想[1]

国家是谁的？在很长的历史时期内，国家被认为是皇帝的。"普天之下，莫非王土；率土之滨，莫非王臣。"只是到了近代，国家才逐渐被认为是国民，或曰人民的，因此，与"君主国家"的概念相对，就出现了"国民国家"或"人民国家"等概念。

一、清末天赋人权思想的输入与"国民国家"思想的萌生

中国古代认为"天子受命于天"，人间的统治权被涂上神权的色彩。19世纪60年代以后，西方的天赋人权论和社会契约论陆续通过传教士传入中国，思想界获得新鲜养分，传统的"君权天授"说受到摇撼。戊戌维新运动前夜，君主专制思想受到猛烈批判，民主思潮日益澎湃。何启、胡礼垣提出，国家一政一令，必须以民为准，"民以为公平者，我

---

[1] 原载日本京都产业大学《世界问题研究所纪要》，特别号，1998年，录自杨天石《哲人与文士》，中国人民大学出版社2007年版。

则行之；民以为不公平者，我则除之"。[1]严复提出：君民关系，"通功易事"，只是一种社会分工，民才是天下的"真主"。[2]谭嗣同提出：生民之初，本无君民之分，君由民举，立君为民，"事不办"则"易其人"。[3]这些言论表明，"国民国家"思想已经呼之欲出。到了梁启超笔下，"国民国家"思想更得到了比较充分的发挥。他认为人类历史的发展过程是从"多君为政"，发展为"一君为政"，直至"民为政"。[4]他直斥君主为"私"，民主为"公"，反映了这位改良主义政治家思想中的激烈一面。[5]戊戌变法失败后，梁启超的"国民国家"思想进一步发展。他明确提出："国也者积民而成，国家之主人为谁，即一国之民是也。故西国恒言，谓君也，官也，国民之公奴仆也。"[6]将一向高踞于人民头上的"君"与"官"都视为人民的公共"奴仆"，这是前所未有的天翻地覆式的言论，后来为孙中山所继承和发挥。

应该指出的是，维新派虽然在理论上提出了"国民国家"的主张，但是，在实践上他们追求的却是"君民共主"的国家，因此，他们普遍提倡"民权"，反对"民主"，即只承认人民有参与政治的部分权力，而不肯承认人民可以当家作主。

二、孙中山的民主思想

不仅在理论上，而且在事实上追求"国民国家"的是孙中山。

1894年，孙中山在兴中会章程中提出"创立合众政府"，所谓"合

---

[1]《曾论书后》，《新政真诠》初编，格致新报馆1901年版，第18页。
[2]《辟韩》，《严复集》，中华书局1986年版，第34—36页。
[3]《仁学》，《谭嗣同全集》（下册），中华书局1981年版，增订本，第339页。
[4]《论君政民政相嬗之理》，《饮冰室合集·文集》第2册，第2卷。
[5]《与严幼陵先生书》，《饮冰室合集·文集》第1册，第1卷。
[6]《中国积弱溯源论》，《饮冰室合集·文集》第2册，第5卷。

众"，就包含了"国民国家"的意思。1905年，孙中山在同盟会誓词中提出"建立民国"，这是近代中国史上首次明确地将"国民国家"作为奋斗目标。这个"国民国家"的标准，根据1906年制定的《军政府宣言》，它应该是："由平民革命以建国民政府，凡为国民皆平等以有参政权。大总统由国民公举。议会以国民公举之议员构成之。制定中华民国宪法，人人共守。"[1]不过，孙中山认为不可能一步到达这个境界，开始只能建立军政府，实行军法之治，第二步是约法之治，军政府总揽国事（兵权、行政权），而将地方自治权交给当地人民，由人民选举地方议会议员及地方行政官员，各方的权利、义务均规定于约法。第三步才是宪法之治，军政府交出全部权力，国民公举大总统及议员，组织国会，由宪法规定的国家机关分掌国事。孙中山后来将这三步设想称为军政、训政、宪政。这三步设想的划分未必妥恰，但孙中山认为，民主宪政是一个过程，必须分阶段，循序渐进，无疑有其合理因素。

1912年3月，南京临时政府参议院通过《临时约法》，共7章56条，它在近代中国历史上第一次以法律形式确立了"国民国家"体制。它规定：中华民国之主权，属于国民全体；民国人民一律平等；人民享有身体、家宅、财产、营业、言论、著作、集会、结社等自由；有请愿、陈诉、选举、被选等权利。由于民国初建，不可能迅速采取普选制，因此，它规定：参议员由各省选派，临时大总统和副总统由参议院选举。

孙中山认为：国家之所以成立，建筑于"国民的合成心力"，凡共和立宪国家，"左右统治权力者，常为多数之国民"。但是，政治之事无法人人都管，只能由"少数优秀特出者"组成政党，"代表民意"，领导

---

[1]《中国同盟会革命方略》，《孙中山全集》第1卷，中华书局1981年版，第297页。

政府。[1]孙中山提出,政党对政府的领导权可以从一个党转移到另一个党。[2]"政府不行,可以推倒之"。[3]有政争、党争是好事,"一国之政治,必赖有党争,始有进步"。[4]

20世纪初,西方民主制度的弊端已有充分暴露,因此,孙中山在设计中国民主宪政的蓝图时,不能不考虑对它如何加以改进。还在1906年,他在东京《民报》创刊周年庆祝大会上演说时就说:"我们这回革命,不但要做国民的国家,而且要做社会的国家,这决是欧美所不能及的。"他提出,要在西方行政、立法、司法三权分立的基础上,增加考选、纠察二权,成为"五权分立"。他认为"这不但是各国制度上所未有,便是学说上也不多见,可谓破天荒的政体"。[5]既承认西方民主制度的先进性,又并不认为一切都好,企图加以改进和超越,这是孙中山的伟大之处,也是他思想的深刻性所在。

孙中山是彻底的民主主义者,始终坚持不懈地追求真正的"国民国家"。民国初年,孙中山对西方民主制度的批判进一步明确。他说:美利坚、法兰西,固然是"共和之先进国",但是"两国之政治,操之大资本家之手"。[6]又说:"英美立宪,富人享之,贫者无与焉。"[7]此后他曾经设想过一种瑞士式的"直接民权"模式,企图使人民拥有全部政治权利。

辛亥革命前,章太炎就反对代议制,主张废除议会、议员,代之以"法官"和由法学家充任的"学官"。[8]孙中山对代议制也不十分满

---

[1]《国民党宣言》,《孙中山全集》第2卷,中华书局1982年版,第396页。
[2]《中华民国》,《孙中山全集》第2卷,中华书局1982年版,第393页。
[3]《在神户国民党交通部欢迎会上的演说》,《孙中山全集》第3卷,中华书局1982年版,第44页。
[4]《在上海国民党茶话会上的演说》,《孙中山全集》第2卷,中华书局1982年版,第5页。
[5]《孙中山全集》第1卷,中华书局1982年版,第328、331页。
[6]《孙中山全集》第2卷,中华书局1982年版,第354页。
[7]《孙中山全集》第2卷,中华书局1982年版,第371页。
[8]《代议然否论》,《章太炎政论选集》,中华书局1977年版,第456—470页。

意，认为这只是一种"间接民权"，人民还不能直接参与国家管理，因此不能算是纯粹的"众民政治"。他说："既曰民权国，则宜为四万万人民共治之国家。治之之法，即在予人民以完全之政治上权力。"[1]孙中山设想的办法是：以县为单位自治，仿照瑞士模式，实行直接民权，使人民享有选举、罢官、创制、复决（废制）等"四大民权"。孙中山认为，只有达到这一程度，人民才可以按照自己的意志任用、役使并防范官吏，管理国家大事，真正成为"一国之主"。这样的政治就叫作"全民政治"，这样的国家才可以称为"纯粹民国"。[2]至于县以上，孙中山则仍然主张实行代议制，由各县选举国民代表一名，参与中央政事，组成国民大会。国民大会对中央政府官员，有选举权和罢免权；对于中央法律，有创制权和复决权。[3]

在瑞士模式之外，孙中山也曾设想过采用苏俄模式。他在1922年初的一次演说中曾表示："法美共和国皆旧式的，今日唯俄国为新式的，吾人今日当造成一最新式的共和国。"[4]不过，孙中山当时对苏俄模式显然还不十分了解，后来也始终了解不多。[5]1924年，在国民党第一次全国代表大会宣言中，孙中山提出："近世各国所谓民权制度，往往为资产阶级所专有，适成为压迫平民之工具。若国民党之民权主义，则为一般平民所共有，非少数者所得而私也。"这一段话，反映出孙中山长期

---

[1]《在桂林对滇粤军的演说》，《孙中山全集》第6卷，中华书局1985年版，第26页。
[2]《在沪尚贤堂茶话会上的演说》，《孙中山全集》第3卷，中华书局1984年版，第323页；参见《三民主义》，《孙中山全集》第5卷，第189页；《在中国国民党本部特设驻粤办事处的演说》，《孙中山全集》第5卷，第477页；《民权初步》，《孙中山全集》第6卷，第413页；《三民主义》，《孙中山全集》第9卷，中华书局1986年版，第350页。
[3]《国民政府建国大纲》，《孙中山全集》第9卷，中华书局1986年版，第128—129页。
[4]《在桂林广东同乡会欢迎会的演说》，《孙中山全集》第6卷，中华书局1985年版，第56页。
[5] 1924年4月13日，孙中山演说称："近来俄国新发生一种政体，这种政体不是代议政体，是'人民独裁'的政体。这种人民独裁的政体究竟是怎么样呢？我们得到的材料很少，不能判断其究竟，惟想这种人民独裁的政体，当然比较代议政体改良得多。"见《孙中山全集》第9卷，中华书局1986年版，第314页。

以来对人民民主的真诚追求，后来曾屡次为毛泽东所引用，认为除了谁领导谁之外，孙中山这里所说的民权主义，和中共所说的人民民主主义或新民主主义相符合。在同一宣言中，孙中山又说："民国之民权，唯民国之国民乃能享之，必不轻授此权于反对民国之人，使得借以破坏民国。"孙中山的思想中，从来没有"专政"思想的成分。这一新成分的引入，显然受到了苏俄顾问和中共的影响。

近代西方国家规定了人民的选举权利，但是又常常有性别、教育、财产、居住时间等条件限制，在事实上剥夺了许多人的民主权利。国民党第一次全国代表大会通过的"政纲"规定："实行普通选举，废除以资产为标准之阶级选举。"在《民权主义》的演讲中，孙中山又肯定了美国由间接选举向直接选举的发展，认为总统、上议院议员、地方上与人民有直接利害关系的官员，都由人民选举是一种进步。[1]这些地方，反映出孙中山民主主义思想的彻底性。

人民和政府是一对矛盾的统一体。就人民来说，拥有选举、罢免、创制、复决四大政治权力，孙中山称之为"政权"，或曰"人民权"；但是，不可能人人都当官，政府机关必须交给少数"有才能的专门家"来管理，拥有行政、立法、司法、考试、监察等五大权力，孙中山称之为"治权"，或曰政府权。他认为，将两者结合起来，用人民的四个权来管理政府的五个权，就会形成人民有权、政府有能的局面。一方面，人民可以指挥、控制、监督政府；另一方面，政府也可以充分发挥效率，为人民做事，成为"万能政府"。孙中山极为满意他的这一"权能区分"理论，自夸地说："中国能够实行这种政权和治权，便可以破天荒在地球上造成一个新世界。"[2]

---

[1]《孙中山全集》第9卷，中华书局1986年版，第305页。
[2]《民权主义》，《孙中山全集》第9卷，中华书局1986年版，第355页。

三、陈独秀的"国民政治"与李大钊的"唯民主义"

辛亥革命后，中国号称民国，但是并没有建成民主政治。"无限头颅无限血，可怜购得假共和"，于是，人们进行反思，因而有提倡"民主"与"科学"的新文化运动的崛起。其代表人物是陈独秀、李大钊、胡适、鲁迅等。

陈独秀认为，世界历史的发展趋势是："由专制政治趋于自由政治，由个人政治趋于国民政治，由官僚政治趋于自治政治。"[1]陈独秀提出，要实现"国民政治"，必须基于多数国民的自觉与自动。他说："所谓立宪政体，所谓国民政治，果能实现与否，纯然以多数国民能否对于政治，自觉其居于主人的主动的地位为唯一根本之条件。"陈独秀认为，在有了这种自觉之后，才可以进一步"建设政府"，"自立法度而自服从之，自定权利而自尊重之"。[2]

李大钊尖锐地批判了袁世凯复辟帝制的行为，要求建设"国民自主之政"。他积极提倡"唯民主义"，认为代议制乃是形式，而"唯民主义"才是精神。他在《民彝与政治》一文中鲜明地指出："盖唯民主义乃立宪之本，英雄主义乃专制之原。"[3]李大钊特别指出，建设立宪政治，"扩张选举"，必须"开发农村"，"使一般农民有自由判别的知能"。他认为，只有农民能正确运用选举权，民主主义才算有了根底和泉源。[4]

建设"国民国家"或"人民国家"，固然依赖于制度的改革，但是也依赖于国民民主精神的自觉与高扬。没有后一点，已经建立起来的制

---

[1]《吾人最后之觉悟》，《青年杂志》第1卷第6号。
[2]《吾人最后之觉悟》，《青年杂志》第1卷第6号。
[3] 朱文通等：《李大钊全集》第2卷，河北教育出版社1999年版，第350页。
[4]《青年与农村》，《李大钊选集》，第148—149页。

度不可能巩固,或者徒具形式,民主其外,而专制其内。陈独秀、李大钊看出了这一点,这是他们高出于前人的地方。

俄国十月革命后,李大钊迅速表态,欢呼这一胜利。他认为俄国革命的特点是"将统制一切之权力,全收于民众之手"。[1]李大钊的这一段话,表现出他对于一种新的国家形式和民主形式的期待。此后,中国知识分子中的一部分人转而向俄国寻求民主道路,他们逐渐不满意于建立旧式的"国民国家",而力图建设"劳动者的国家",以至俄式"无产阶级专政"。[2]

四、胡适、罗隆基的人权思想

五四运动后,当年的参加者迅速分化。陈独秀、李大钊发展为马克思主义的信仰者,胡适等则坚持原来的自由主义立场。他们既反对马克思主义和中共的政治主张,也反对国民党一党专政的"党治"。

胡适的政治主张以温和、改良著称。1922年,他提出"好政府主义",要求政府能"应公共的需要,谋公共的利益,做到公共的目的"。[3]1922年,他发表《我们的政治主张》,提出中国政治改革的原则:第一,必须是一个"宪政的政府";第二,必须是"公开的政府";第三,实行"有计划的政治"。[4]1929年4月,胡适发表《人权与约法》,要求国民党政府从速制定约法,保护人权。两个月之后,又发表《我们什么时候才可以有宪法》一文,要求规定人民的权利和政府机关的权限。这以后,他不断呼吁实行法治和民主宪政,认为"只有法治是永久

---

[1]《法俄革命之比较观》,《李大钊选集》,第104页。
[2]《短言》,《共产党》第1号,1920年11月。
[3]《晨报副刊》,1921年11月18日。
[4]《努力》周报,第2期,1922年5月14日。

而普遍的民权保障"。[1]他说："民主宪政不过是建立一种规则来做政府与人民的政治活动的范围，政府与人民都必须遵守这个规定的范围，故称为宪政。而在这个规定的范围之内，凡有能力的国民都可以参加政治，他们的意见都有正当表现的机会，并且有正当方式可以发生政治效力。"[2]近代中国有许多思想家，如梁启超、孙中山等都认为，实行宪政需要人民有一定的文化和政治素养，不可以一蹴而就，但胡适却认为，实行宪政并不困难，它只是一种"幼儿园"式的初级民主政治，随时随地都可以实行。

胡适要求国民党"抛弃党治，公开政权"。他认为，"党治"的腐败，在于没有合法政敌的监督。救济的方法，就是树立一个或多个竞争的政党。同时，他也主张建立议会，通过宣传鼓吹、组织运动、选举竞争等手段进行不流血的"和平革命"，"用和平的方式转移政权"。[3]

在近代中国，马克思主义者或接受马克思主义影响的人都将中国民主改革的希望寄托于工人、农民，而胡适则寄希望于知识阶级。他主张从各学术团体、商业团体、技术职业团体中产生"有计划、有力量的政治大组合"，通过这一"组合"干预政治，监督政府，指导政府，援助政府。[4]

罗隆基是胡适在人权等问题上的战友。他认为，人权不应只是维持生命，取得衣食住和人身安全，而且要使个性和人格得到培养与发展，因此，他将人权概括为生命权、个性自由、最大多数人的最大幸福、劳动权、言论自由、革命权等。他特别重视言论自由。提倡说自己要说的话，不说旁人要自己说的话。他也特别重视"革命权"，主张人民在人

---

[1]《民权的保障》，《独立评论》第38号，1933年2月19日。
[2]《我们能实行的宪政与宪法》，《独立评论》第242号，1937年7月11日。
[3]《政治改革的大路》，《独立评论》第163号；《从民主与独裁的讨论里求得一个共同政治信仰》，《独立评论》第141号，1935年3月10日。
[4]《中国政治出路的讨论》，《独立评论》第17号，1932年9月11日。

权不能保障的时候，就可以行使"革命权"。在《论人权》一文中，他提出了35条人权要求，其主要内容有：

1. 主权在民，任何个人或团体未经人民允许，不得行使国家权力。人民在法律上一律平等，享受国家政治上的一切权利，不得有宗教、政治信仰、社会阶级及男女的限制。

2. 国家保障国民私有财产，凡一切不经法定手续的没收及勒捐，均为违法；同时，国家也必须保障人民就业，保障人民思想、言论、出版、集会自由，普及教育，不得将教育机关作为政治信仰的宣传机关。

3. 政府与官吏对全民负责，任何家庭或团体不得包办政府多数高级官吏；废除荐举制，以才能选用官吏。

4. 司法独立，法律至上。法律对全体人民负责，不向一党一派负责。法律应该"约束"政府，限制执政者的特权。任何人或任何团体不得处于超越法律的地位。军政长官无权解释法律，无权执行司法职权。法官人选，不得有宗教及政治信仰的歧视。

5. 军队对全体人民负责；任何军人都不得兼任地方行政职务。国家无论在任何形势下，不得以军事法庭代替普通法庭。非经政府的许可，任何军人不得在任何地点宣布军法戒严。

6. 无论何人，不经司法上的法定手续，不受逮捕、检查、收押；不经国家正当法庭的判决，不受任何惩罚。任何国民，凡未经法庭处死刑者，国家任何官吏，不得以命令处任何人以死刑。[1]

罗隆基认为：国家是全体国民彼此合作以达到共同幸福的工具，人民是主人，国家为人民而存在。因此，人民对国家的服从是有条件的。当国家不能为大多数人谋福利，蜕变为某一家庭或某一集团的私有物时，人民就可以终止对它的服从义务。

---

[1]《论人权》，《新月》第2卷5号；《什么是法律》，《新月》第2卷12号。

1931年，南京国民政府公布《中华民国训政时期约法》，宣布"主权在民"，但同时规定，训政时期由国民党全国代表大会和国民党中央委员会行使统治权。罗隆基批评这种现象是"主权在党"，呼吁从国民党手上收回"国民的政权"。[1]他说："民主政治，重要的条件是国家的统治权，应树立在国民的全体，不在某特别团体，或某特别阶级身上。"[2]罗隆基的这些思想，在当时和国民党相对立，再后来就和中共相对立了。

除主张议会政治外，罗隆基还提倡专家政治，主张通过考试选拔政府官吏。[3]

在20世纪二三十年代的自由主义者中，和胡适、罗隆基观点接近的有王世杰、王造时等人。王世杰提出，必须对旧的代议制进行改造。他主张，以职业代表制代替人口及地域代表制，以比例选举代替多数选举。[4]同时，他又主张，在总统与议会，或议会内部意见不一致时，可以诉诸"公民票决制"，通过公民总投票解决纠纷。王造时主张"用选票代替枪杆子"，各派政治势力都到选举场去决斗，"用不着杀人，用不着放火，用不着蹂躏人民，用不着破坏秩序。他们都有公平的机会，他们听国民最后的裁判"。[5]针对国民党一党专政，权力失控的状况，王造时特别提出，必须建立监督机制。他说："权力是最危险的东西，没有监督，必致滥用。"[6]他主张行政系统受议会监督，对政府或政府官员，议会可以质询，可以弹劾，可以提不信任案。

在王世杰、王造时之外，张君劢企图独树一帜。他提倡一种"修正

---

[1]《我们要什么样的政治制度》，《新月》第2卷12号。
[2]《对训政时期约法的批评》，《新月》第3卷8号。
[3]《专家政治》，《新月》第2卷2号。
[4]《新近宪法的趋势——代议制之改造》，《东方杂志》第19卷，第22号，1922年11月15日。
[5]《我们为什么主张实行宪政》，《荒谬集》，自由言论出版社1935年版，第53—54页。
[6]《怎样打倒贪污》，《荒谬集》，第107页。

的民主政治"，其内容为：权力属于政府，自由属于人民，政务归于专家。他称之为超越于独裁政治与议会政治之外的"第三种政治"。[1]

五、邓演达等第三党的"平民政权"

邓演达原是国民党左派。1927年汪精卫分共前夕出走莫斯科，1930年回国，正式组织中国国民党临时行动委员会，提倡"平民革命"，建立"平民政权"，企图走和国民党、共产党都不同的第三条道路。

邓演达尖锐地批判以胡适和罗隆基为代表的人权派，认为他们只是"把英美的政治形态整个地移植到中国来"，"不但是不会实现，即使实现，也不过是资产阶级的民主，与劳动平民无关"。他说："中国劳动平民大众做统治者的牛马奴属已好几千年，现时的唯一要求是要翻身起来自己管理自己，自己发展自己，而其最切近的第一步目标是要推翻传统的官僚统治，建立真正由人民直接参加及组织起来的政权。"[2]

邓演达所称的平民，指的是直接参加生产的各种工厂工人、手工业者、自耕农、佃农、雇农及设计生产、管理生产与担任运输分配等任务及其他辅助社会生产的职业人员。由这些人员掌握的政权称为"平民政权"。在这个政权里，工人、农民是重心。[3]

邓演达认为，建立平民政权的先决条件是形成平民群众本身的组织。一种是职业组织，如工会、农会；一种是准职业组织，如学生会、妇女会、士兵会等。

为了铲除官僚制度和军阀政治的积弊，保障参加生产的各部门的民

---

[1]《民主独裁以外之第三种政治》，《再生》第3卷2期，1935年4月15日。
[2]《南京钦定的国民会议和我们所要求的国民会议》，《邓演达文集》，人民出版社1981年版，第151页。
[3]《中国国民党临时行动委员会政治主张》，《邓演达文集》，第350页。

众和政权的紧密联系，邓演达主张，必须由职业团体代表掌握政权。其最高权力机关为国民大会。其中，直接参加生产的农民和工人占百分之六十，其他各职业团体及准职业团体占百分之四十。邓演达声称："反对欧美流行的三权分立制，而主张立法机关不与执行机关分离，一切权力属于国民大会，在国民大会之下设执行机关。各地方的权力机关为省民大会、县民大会、乡民大会等。"[1]

为了促进地方发展，邓演达主张，实行分权制，将中央权限缩小到最低限度，除外交、军事以及关系全国的产业统制，全国的交通与财政外，其他各事均由各地方负责自行治理。

六、民盟等中间党派提倡的"中国型民主"

抗日战争期间，民主力量有了一定发展，反对国民党"一党专政"的呼声再度高涨。1941年10月，中国民主政团同盟发表《对时局主张纲领》，要求"实践民主精神，结束党治"，"设置各党派国事协议机关"。[2] 1945年10月，中国民主同盟召开临时全国代表大会，宣称"人是一切组织、一切制度的主人"，"民主的政治经济必定是全体人民的政治，全体人民的经济"。[3] 会议通过《中国民主同盟纲领》，其政治部分共15条，比较集中地体现了中间党派的"国民国家"思想。它在第一条首先确认："民主国家以人民为主人，人民组织国家之目的在谋人民公共之福利，其主权永远属于人民团体。"在第二条中确认："国家保障人民身体、行动、居住、迁徙、思想、信仰、言论、出版、通讯、集

---

[1]《中国国民党临时行动委员会政治主张》，《邓演达文集》，第352页。
[2]《中国各民主党派》，中国文史出版社1987年版，第460页。
[3] 罗隆基：《中国民主同盟临时全国代表大会政治报告》，《中国民主党派历史资料选辑》（上册），华东师范大学出版社1985年版，第239—240页。

会、结社之基本自由。"在以下各条中，民盟提出了建设"国民国家"的具体设想：

（1）实行宪政，厉行法治，国有国宪，省有省宪。于国宪颁布后，召集省宪会议，制定省宪。各民族组织的自治单位，也均应制定宪法，实行自治。任何人、任何政党不得处于超法律的地位。司法绝对独立，不受行政及军事干涉。

（2）以地方自治为实行民主政治的基础，中央与省、省与县的权限均按宪法的规定实行分权。

（3）国会为代表人民行使主权的最高机关，由参议院及众议院组成。参议院由各省省议会及少数民族自治单位选举的代表组成；众议院由全国人民直接选举的代表组成。

（4）国家最高行政机构取内阁制，对众议院负责。

（5）实行普选制。县以下行使直接民权。总统、副总统由人民直接选举。

（6）实行文官制。文官选拔实行考试制度，公开竞争，非经考试合格者不得任用。文官机关的长官及全国事务官应超然于党派之外。[1]

20世纪，人类社会有两种主要的国家制度，一是英美式，一是苏联式。民盟肯定英美的议会政治和政党政治，认为其缺点并非来源于政治制度，而是来源于社会经济制度缺乏调整。因此，民盟主张"拿苏联的经济民主来充实英美的政治民主，拿各种民主生活中最优良的传统及其可能发展的趋势，来创造一种中国型的民主"。[2] 张东荪则明确提倡"建立一个资本主义与共产主义中间的政治制度"。[3]

---

[1]《中国民主同盟纲领》，《中国各民主党派》，第461—462页。
[2]《中国民主同盟临时全国代表大会政治报告》，《中国民主党派历史资料选辑》（上册），第242页。
[3] 张东荪：《一个中间性的政治路线》，《再生》第118期，1946年6月22日。

中间派所称"中国型民主"的主要内容有三：一是"多党共存"。民盟主张，召集全国各党派以及无党派的代表人士共同举行圆桌会议，用和平协商的方式，对当前国家的一切问题逐步地积渐地求得全盘彻底的解决。张东荪称："各党共存，都能发展，这就是民主。"[1]二是联合政府。民盟宣称：相当长时期的联合政府是中国和平、团结、统一的唯一途径。三是国民大会。民盟认为：国民大会必须是代表真正民意的机关，而不是任何党派包办操纵的机关。因此，民盟主张用人民普选产生的代表组成国民大会，从而结束国民党的党治。[2]当时的中间派普遍认为，一党专政制度难以有效地统治中国，特别难以防止掌握政权后的腐化，因此，也就难以使社会长治久安。1948年1月8日，上海《大公报》发表文章说："有革命抱负的政党稳握政权后十年二十年，可有把握不走上腐化途径？而那时不满现状的人们能不再起而革命？于是，革命不已，流血不已。这个连环套要到那年为止呢？"他们认为，实行多党制，人民与统治者就是一种"由招标而发生合同"的关系。既然是招标，就会有竞争，人民也就可以挑选，有"检验货真价实的应征者之权"；而应征者由于竞争作用，在货色价码上就不得不"分外老实克己"。

七、中共的"真正民主共和国"与"新民主主义共和国"主张

中共在建党时，对中国国情尚无清醒的认识，提出要以革命军队"推翻资本家阶级的政权"，"承认无产阶级专政"，"承认苏维埃管理制

---

[1]《追述我们努力建立"联合政府"的用意》，《观察》第2卷第6期，1947年4月5日。
[2]《中国民主同盟临时全国代表大会政治报告》，《中国民主党派历史资料选辑》（上册），第243—246页。

度"。[1] 1922年7月,中国共产党召开第二次全国代表大会,认识到当时的中国革命只能是民主革命,因此,相应地提出了建立"真正民主共和国"的主张。其内容为:

(1) 消除内乱,打倒军阀,建设国内和平;

(2) 推翻国际帝国主义的压迫,达到中华民族完全独立;

(3) 统一中国本部(东三省在内)为真正民主共和国;

(4) 蒙古、西藏、回疆三部实行自治,成为民主自治邦;

(5) 用自由联邦制,统一中国本部、蒙古、西藏、回疆,建立中华联邦共和国;

(6) 工人和农民,无论男女,在各级议会市议会有无限制的选举权,言论、出版、集会、结社、罢工的绝对自由;

(7) 制定关于工人和农民以及妇女的法律。[2]

这个纲领要求"真正民主",重视"民族自治"和工人、农民的利益,是一个比较彻底的民主主义国家纲领。正是在这一基础上,中共与国民党建立了统一战线,共同从事"国民革命"。但是,1927年国共统一战线破裂后,中共继续致力于在中国建立"苏维埃"——"无产阶级领导之下的工农民权独裁制",提出"一切政权归工农兵士贫民代表会议"。[3],这样,资产阶级就和军阀、官僚、地主、豪绅、富农、僧侣一起被排斥到了"人民"之外,被剥夺了选派代表参加政权和政治上的自由。[4] 只是随着日本侵华危机的逐渐加深,中共才逐渐改变主张,"人民"的内涵再度扩大。

1935年12月,中共在陕北提出,为了发展和壮大民族统一战线,

---

[1] 《中国共产党第一个纲领》,《中共中央文件选集》第1卷,中央党校出版社1989年版,第3页。

[2] 《中国共产党第二次全国代表大会宣言》,《中共中央文件选集》第1卷,第115—116页。

[3] 《中国现状与党的任务决议案》,《中共中央文件选集》第3卷,第459—460页。

[4] 《中华苏维埃共和国宪法大纲》。

愿将"苏维埃工农共和国"改变为"苏维埃人民共和国"。1936年8月，中共致函国民党，提出建立"全国统一的民主共和国"。1937年8月，中国共产党提出抗日救国纲领，主张召开国民大会，选举国防政府。1940年1月，毛泽东在《新民主主义论》中，从"国体"和"政体"两方面提出了"新民主主义共和国"的设想。

毛泽东所谓国体，指的是社会各阶级在国家中的地位。他说："中国无产阶级、农民、知识分子和其他小资产阶级，乃是决定国家命运的基本势力"，"他们必然要成为中华民主共和国的国家构成和政权构成的基本部分，而无产阶级则是领导的力量"。根据这一理论，他提出："现在所要建立的中华民主共和国，只能是在无产阶级领导下的一切反帝反封建的人们联合专政的民主共和国。"这里所说的"一切反帝反封建的人们"是一个相当宽广的概念，许多过去被视为敌人的阶级、集团、派别都可以包括在内了。他特别提出："'国民'这个名词是可用的，但是国民不包括反革命分子，不包括汉奸。"

毛泽东所谓政体，指的是政权的构成形式问题。他说："中国现在可以采取全国人民代表大会、省人民代表大会、县人民代表大会、区人民代表大会直到乡人民代表大会的系统，并由各级代表大会选举政府。"他特别提出：必须实行无男女、信仰、财产、教育等差别的普遍平等的选举制。他称这种制度为民主集中制。

毛泽东认为，将各革命阶级的联合专政和民主集中制两者结合起来，就是新民主主义的共和国，也就是名副其实的中华民国。他说："国事是国家的公事，不是一党一派的私事。"[1]因此，他尖锐地反对"由一党一派一个阶级来专政"，表示"既不赞成别的党派的一党专政，

---

[1]《毛泽东选集》第3卷，人民出版社1991年版，第809页。

也不主张共产党的一党专政"。[1]他多次要求当时的各抗日政权实行三三制,即共产党员占三分之一,非党的左派进步分子占三分之一,不左不右的中间派占三分之一。所谓"中间派",毛泽东有时直指为"中等资产阶级和开明绅士"。他甚至表示,政府机关可以允许不反共的国民党员参加,在民意机关中可以容许少数右派分子参加,切忌由中共包办一切。

在人民权利方面,毛泽东提出:人民的言论、出版、集会、结社、思想、信仰和身体这几项自由,是最重要的自由。他主张,要给别人以说话的机会,除了日寇汉奸和破坏抗战和团结的顽固派,其他任何人,都有说话的自由。

针对当时有人怀疑共产党得势之后,是否会学俄国,来一个无产阶级专政和一党制的疑问,毛泽东回答道:"在一个长时期中,将产生一个对于我们是完全必要和完全合理同时又区别于俄国制度的特殊形态,即几个民主阶级联盟的新民主主义的国家形态和政权形态。"[2]后来,毛泽东曾将这一政府称为"民主联合政府"。

毛泽东后来对他所提出的"新民主主义共和国"继续有所说明。一是关于"人民大众"。他一方面明确地将民族资产阶级列为"人民大众"的组成部分,但同时声明,其主体是工人、农民和其他劳动人民。二是关于工人阶级领导的实现形式。他表示工人阶级将通过自己的先锋队中国共产党实现对于人民大众的国家及其政府的领导。1949年6月,他将"新民主主义共和国"称为"人民民主专政",声称对人民,实行民主;对反动派,实行独裁。

现代国家的职能当然既有民主方面,又有专政方面。毛泽东的"人

---

[1]《毛泽东选集》第2卷,人民出版社1991年版,第760页。
[2]《毛泽东选集》第3卷,人民出版社1991年版,第1062页。

民民主专政"论较之列宁的"无产阶级专政"论显然要更全面一些。但是，对于"国民国家"或"人民国家"来说，民主应该是主要方面、第一方面。民主，意味着人民真正成为国家的主人，意味着必须切实尊重并保障人民的各种权利。如果人民的权利得不到切实的保障，侈谈专政，其结果就会发展为专政无边，民主也就所剩不多了。

八、尾语

民国建立，君主、民主、君民共主之争基本结束，以"民主共和"为主要内容的"国民国家"思想成为时代潮流，环绕怎样建设一个民主国家，不同派别的思想家和政治家提出了众多的方案，涉及国家权力与阶级构成，阶级关系，党派关系，政党与国家，民主与专政，政体形式，代议制的利弊，人民权利，直接民权与间接民权，有限自由与无限自由，选举制度，国家组织形式，法治与党治，政权更替，中央集权与地方分权，国宪与省宪，国家统一与民族区域自治等多方面的问题。这些问题的提出，极大地丰富了"国民国家"或"人民国家"的理论内容，为后人留下了一笔可观的思想遗产。民主是一个旧课题，又是一个新课题；既是某个国家的课题，又是世界各国的普遍课题。中国是个幅员广大的国家，民国时期是社会动荡和转型迅速的时期。仔细地研究、辨析这些遗产，将会极大地有益于中国的民主建设，也会有益于人类历史的发展。

邹容自贬《革命军》[1]

邹容的《革命军》，是辛亥革命准备时期最杰出的政论著作。它以热烈奔放的语言讴歌革命，呼唤"中华共和国"，号召人民奋起斗争，推翻清王朝的专制统治，在当时发挥了巨大的宣传鼓动作用，反动统治者畏惧至极，革命党人则将其视为最好的革命教科书。1903年12月，孙中山在《复某友人函》中称赞此书："感动皆〔甚〕捷，其功效真不可胜量。"第二年，他在美国圣佛朗西斯科一次就印了一万一千册，分寄美洲、南洋各地。1906年，他又致函同盟会新加坡分会负责人张永福，要他照河内所印版式从速翻印分派，认为"必能大动人心，他日必收好果"。据统计，该书在辛亥时期共翻印二十余次，总印数在一百万册以上，大概是那个时期书刊发行量的最高纪录了。

然而，在《革命军》出版之后，邹容本人对它的评价并不很高。那时，他正因此书被囚，在上海的法庭上，他和清政府聘请的律师古柏之

---

[1] 原载《团结报》，1988年1月26日。录自杨天石《晚清史事》，中国人民大学出版社2007年版。

间有这样一段对话：

> 邹容：因披阅各西国诸书，即作《革命军》书，底稿放在行李内，今年四五月间，请假来沪，在马路上看见卖日报人手内持有《革命军》书出售，我未及查问何人所刷印，亦不知其书价若干。
>
> 古柏：书中意思，尔现在仍记得否？
>
> 邹容：不然。现在，我意欲改作《均平赋》一书，令天下人无甚贫富，至前作之《革命军》已弃而不问。市上所售被人所窃，将来至东京时，尚须查究。
>
> 古柏：知《革命军》书不好，何不废弃？既被人窃印出售，何不出而禁止？
>
> 邹容：既非巡捕房，又非上海县，实无此势力能禁止人收书出售。
>
> 古柏：当尔作此书时，是否心怀叵测？
>
> 邹容：不然。现在我心中意思总要作《均平赋》耳。

在这一场对话里，邹容声言书稿"被窃""未及查问何人所刷印"，显然是出于对清政府斗争的需要；但是他表示《革命军》已"弃而不问"，"心中意思总要作《均平赋》"，则反映了邹容的思想又登上了一个新高度。

20 世纪初，西方资本主义世界两极分化、贫富悬殊，部分敏感的中国革命党人看到了这一现象，不愿中国重蹈覆辙，开始追求和向往社会主义。当时，报刊上出现了一批介绍社会主义的文章，上海滩上也出现了几种介绍社会主义的译本，例如《近代社会主义》《社会党》《近世社会主义评论》《社会主义》《社会主义神髓》等。这一时期革命党人对社会主义的介绍往往使用中国传统的语言——"平均"或"均平"。孙中山在《复某友人函》中就曾宣布：社会主义"乃弟所极思不能须臾忘者"。他批评欧美"富者富可敌国,贫者贫无立锥"的现象,认为"天下万事万物无不为平均而设","欧美今日之不平均,他时必有大冲突,以趋跻于平均"。邹容所说的"意欲改作《均平赋》一书,令天下人无甚贫富",和孙中山所表达的思想完全一致,它表现了这位年轻的革命家对新的救国、救世道路的探求,较之《革命军》所单纯鼓吹的独立、自由、平等、共和等理想,自然又前进了一步。

值得指出的是,邹容声称"意欲改作《均平赋》一书"是在1903年12月4日,而孙中山的《复某友人函》则作于同年12月17日,比较起来,邹容还要早几天。遗憾的是,邹容很快就瘐死狱中,没有能将它写出来,否则近代中国思想史上又会出现一部引人注目的著作了。

苏、陈译本《惨世界》
与中国早期的社会主义思潮[1]

《悲惨世界》是雨果最重要的长篇小说，也是世界文学中的杰作。中国很早就有了它的译本。1903年，有苏曼殊翻译的《惨社会》。它在1904年由陈独秀继续修改、加工，改名为《惨世界》。1906年，有平云翻译，由小说林社出版的《孤儿记》。1907年，有商务印书馆出版的《孤星泪》。此外，还有柯蓬洲的节译本《少年哀史》等。本文限于主题，只讨论苏曼殊和陈独秀的翻译。

在本文以前，已经有一些研究者讨论过《惨世界》的有关问题。因此，本文将力求从一些新的角度来加以考察。

一、既是译作，又是革命宣传品

苏曼殊的《惨社会》最初发表于1903年10月8日在上海出版的

---

[1] 原载《中国社会科学院研究生院学报》，1995年第6期，录自杨天石《哲人与文士》，中国人民大学出版社2007年版。

《国民日日报》，题为《惨社会》，署法国大文豪嚣俄著，中国苏子谷译。为了适应中国读者的阅读习惯并普及社会，特意改为章回体，间日连载。当时，苏曼殊的中文水平不高，曾得到他的朋友陈独秀的指导和润色。[1]同年12月，《国民日日报》被清政府封禁，《惨世界》只登到了第十一回。次年，陈独秀继续未完成的工作，并对全书进行再润色，交由上海镜今书局出版，改名《惨世界》，共十四回，署苏子谷、陈由己同译。

苏、陈二人的《惨世界》并不是严格的翻译，而是有译有作，是翻译和创作的结合体。其翻译部分采自雨果《悲惨世界》第二卷《沉沦》的第一到第十三节。其第一至第六回，大体忠实于原文，但有改变，有增加，有删节。例如：主人公原名冉阿让，苏曼殊改名为金华贱；主教原名卞福汝，苏曼殊改名为孟主教。原书第三章《绝对服从的英勇气概》中，苏曼殊增加了一段叙述语言："哪晓得在这个悲惨世界，没有一个人不是见钱眼开，哪有真正行善的人呢？"但是，自第七回以下，则完全是创作。译者凭空增加了明男德、范财主、范桶、孔美丽等几个人物，敷衍生发了不少新的情节，借此表达译者自己的思想。至第十三回后半段，又回到雨果原书。到第十四回，金华贱（冉阿让）为孟主教（卞福汝）感化，全书就结束了。

明男德是苏、陈创作部分的主人公。作者通过他阐发了下述思想。

1. 批判清朝统治，号召武装革命。《惨世界》第九回写到有一强借民钱的村官，名"满周苟"，显为"满洲狗"的谐音。男德称："听

---

[1]《柳亚子》：《记陈仲甫关于苏曼殊的谈话》，《苏曼殊年谱及其他》，上海北新书局1927年版，第283页；章士钊：《与柳无忌论苏曼殊著作函》，北新书局1927年版，附录，第17页。也有学者认为陈独秀的工作不只是润色，参见陈万雄：《谈雨果〈悲惨世界〉最早的中译本》，香港《抖擞》第31期，1979年1月。

了官府两个字,就不由我火上心来。"男德又称:"这也难怪了,你看世界上那些抢夺了别人国家的独夫民贼,还要对着那些主人翁,说什么'食毛践土''深仁厚泽'的话哩!"1903年,清政府在密谕中曾指斥爱国知识分子说:"国家养士数百载,自祖宗以来,深仁厚泽",又说:"国家待士既优,予以进身,又欲广其登庸之路,凡在食毛践土,具有天良,而乃不思报称,以言革命。"[1]显然,这里是对清政府密谕的直接批驳,也是对清朝统治者的直接批判。值得指出的是,苏曼殊、陈独秀的批判不是从狭隘的种族主义出发,而是从反对"独夫、民贼"的民主主义高度出发,这就有别于当时革命党人中的笼统排满论者,具有较高的思想性。男德主张以革命的手段推翻清政府,他说:"我想是非用狠辣的手段,破坏了这腐败的旧世界,另造一种公道的新世界。""索性大起义兵,将这班满朝文武,拣那黑心肝的,杀个干净。"即使是"杀",苏曼殊、陈独秀也主张"拣那黑心肝的",并非鲁莽蛮干、提倡种族复仇主义。

2. 批判孔学,批判儒学伦理。《惨世界》第七回中,男德称:"那支那国孔子的奴隶教训,只有那班支那贱种奉作金科玉律,难道我们法兰西贵重的国民,也要听他那些狗屁吗?"如所周知,在中国漫长的历史中,孔子的"教训"一向被尊为永恒的最高真理,人人必须诵习实践,但是,在苏曼殊和陈独秀的笔下,却成了要人当"奴隶"的"狗屁"。这恐怕是空前绝后的对孔子最激烈的批判。这一批判并不科学,但在当时,却是思想解放的第一声,具有振聋发聩的历史作用。男德又称:"凡人做事都要按着天理做去,却不问他是老子不是老子。"儒学伦理的核心是孝道,儿子必须服从父亲,但是苏曼殊和陈独秀却提倡服从真理("天理"),不必服从父亲。上述思想已经开启了五四时期反孔、

---

[1]《苏报》,1903年6月5日。

非孝思想的先河。

3. 批判宗教，批判偶像崇拜。男德认为"上帝"的观念起源于远古时代人们扬善戒恶的需要。他说："上古野蛮时代，人人无知无识，无论什么恶事都要去做，所以有些明白的人，就不得已，胡乱捡个他们所最敬重的东西，说些善恶的果报，来治理他们，免得肆行无忌，哪里真有个上帝的道理呢？"因此，他宣布："平生不知道什么叫上帝。"他尖锐地批判中国人的偶像崇拜："人人花费许多银钱，焚化许多香纸，去崇拜那些泥塑木雕的菩萨。"他反对一切迷信，提倡："不要去理会什么上帝，什么神佛，什么礼义，什么道德，什么名誉，什么圣人，什么古训。"这里的思想也已经开启了五四时期科学思想的先河。

4. 批判富人，同情穷人、工人，主张财富公有。《惨世界》第七回写法国无赖村有一农夫，生有一女一子。女儿出嫁之后，儿子无人照顾。苏曼殊写道："他的亲戚和那些左右隔壁的邻居，虽说是很有钱，却是古言道：'为富不仁。'那班只知有银钱、不知有仁义的畜生，哪里肯去照顾他呢？"又称："你看那班财主，一个个地只知道臭铜钱，哪里还晓得世界上工人的那般辛苦呢？"在贫富两极的对立中，男德鲜明地站在穷人、工人方面，他说："世界上有了为富不仁的财主，才有贫无立锥的穷汉。"又说："我看世界的上的人，除了能做工的仗着自己本领生活，其余不能做工，靠着欺诈别人手段发财的，哪一个不是抢夺他人财产的蟊贼呢？"这里，不仅有了某种贫富对立的阶级意识，而且也有了尊崇劳动、尊崇工人的意识，同时也有了富人掠夺的意识。男德批判金钱，主张财富公有。他说："哎！臭铜钱，世界上哪一件惨事，不是你趋使出来的！"他明确表示："世界上物件，应为世界人公用，哪铸（注）定应该是哪一人的私产呢？那金华贱不过拿世界上一块面包吃了，怎么算是贼呢？"又称："我看这财帛原来是大家公有的东西。"第十二回，作者并声称"雅各伯党定了几条规矩"：第一条：取来富户的财产，当分给尽力自由之人以及穷苦的同胞。第二条：凡是能做工的人，都有到那背叛自由人的家里居住和占夺他财产的权利。第三条：全国的人，凡从前已经卖出去的房屋、田地以及各种物件，都可以任意收回。第四条：凡是为左右而死的遗族，需要尽心保护。第五条：法国的土地，应当为法国人民的公产，无论何人，都可以随意占有，不准一人多占土地。

可以看出，这个"规矩"的核心是土地公有，同时无偿地剥夺富人的财产，均分给贫苦人民。其目的是消灭社会的贫富对立，解决劳动者的生计问题。它既继承了中国古代农民战争中的"均贫富"思想，但又表现出鲜明的近代革命色彩。

上述种种思想，都非《悲惨世界》原著所有，而是苏曼殊、陈独秀强加给雨果的。因此，苏、陈二人的《惨世界》既是译作，又不只是译作；既是小说，又不只是小说。它是以翻译小说为掩护的革命宣传品，表达的是中国革命党人自己的思想和观念。

1903年初，由于反对沙俄侵略中国东北，在日本东京的中国留学生和中国上海等大城市的新型知识分子中间爆发拒俄运动。但是，运动随即遭到清政府的禁止，广大新型知识分子迅速转向革命。东京和上海等地出现了不少宣传革命的报刊和小册子，一时放言高论，蔚为风气。于是，清政府采取了进一步的镇压行动，《苏报》被封，章太炎、邹容被捕。这样，上海等地的革命党人不得不采取较为隐蔽的宣传方式。《惨世界》正是这一特殊形势下的产物。

苏曼殊、陈独秀都是拒俄运动中的积极分子。苏曼殊在东京参加拒俄义勇队，陈独秀在安庆成立安徽爱国会。知识分子转向革命后，苏曼殊、陈独秀自然也就成了其中的先锋。当时，翻译小说盛行。上海滩流行着各种各样的东西洋小说。苏、陈借翻译小说宣传革命思想，不仅有助于障蔽清朝官吏的耳目，而且也有助于革命思想在社会公众中的传播。

《惨世界》的出现还有其文化上的原因。

从维新派登上近代中国的政治舞台和文化舞台起，社会功利主义和社会实用主义就在思想界和文化界流行，表现在他们所提倡的"小说界革命"上，就是片面强调其政治宣传作用。严复、康有为、梁启超都如此，因此，清末新小说一开始就表现出强烈的政治化倾向。翻译小说亦然。梁启超办《清议报》时，除了带头写作政治小说外，也带头翻译日本小说《佳人奇遇》《经国美谈》，"以稗官之异才，写政界之大势"[1]。革命派兴起后，政治上虽然与梁启超等人对立，但文化上却受其影响颇多。他们同样重视小说的政治宣传作用。《国民日日报》创刊后，即刊出历史小说《南渡录演义》，借北宋灭亡时的史事宣传反清思想。不过，这种题材宣传旧的种族主义犹可，宣传近代革命思想则难。所以该报又接着刊出《回天伟妇传奇》，以梦幻的形式将南宋史事和法国近代革命精神结合起来。小说写故宋遗民华造世在杭州岳飞庙痛哭，感动岳飞的神灵，托梦说："我想我中国国民，总有振作精神的时候。""听说西洋法兰西国，近来有许多新奇事，我今日趁着秋凉，要去探看探看。"[2]说罢，乘云驾鹤，飞往西方。不过，中国古老的种族主义和法兰西近代革命精神毕竟很难结合。因此，苏曼殊、陈独秀不得不直接译介法国小说。但是，法国小说也很难直接表达中国革命党人的思想，因此，他们便任意增删，既译且作。

对于维新派或革命派说来，衡量一件文化成品的主要标准是社会功利，而非其科学性与艺术性。他们翻译小说主要从社会实用出发，而非从文学交流出发。《惨世界》的出现，可以说是那个时代的特有文学现象。

---

[1]《本馆第一百册祝辞并论报馆之责任及本馆之经历》，《清议报》第100册。
[2]《国民日日报》，1903年8月8日。

雨果是政治倾向鲜明的作家。据说，曾任日本自由党总理的板垣退助访问欧洲时询问雨果："假如要把自由平等的理想灌输到人民中间应该怎么办才好？"雨果答："应当让他们读我的小说。"[1]苏曼殊、陈独秀未必知道这个故事，不过，他们在力图通过小说向人民灌输自己的政治思想的想法上和雨果是完全一致的。

二、为什么选中了雨果及其《悲惨世界》

苏曼殊和陈独秀借翻译小说，宣传自己的革命思想，已如上述，但是，西方小说数量庞大，汗牛充栋，他们为什么选中了雨果及其《悲惨世界》呢？显然，小说中有什么东西打动了他们，或者说，有什么东西使他们发生了共鸣。

雨果是伟大的人道主义者，他长期关怀社会下层劳动人民的命运，并在一首诗中写道：

> 我同情寒贫的人和劳动者。
> 对他们讲友爱，从思想深处。
> 怎样带领动荡不安受折磨的群众，
> 给权利以更巩固的基础和更大规模？
> 怎样减少人世间的痛苦？
> 饥饿，艰难的劳动，贫困和罪恶，
> 这种问题紧紧抓住了我。[2]

---

[1] 德富芦花:《回忆录》第6卷第12节，民友社1901年版。
[2] 安德烈·莫洛阿:《雨果传》，湖南人民出版社1983年版，第564页。

这首诗可以很好地说明雨果创作《悲惨世界》的主旨。

《悲惨世界》原名《苦难的人们》,开始写作于1845年,出版于1862年,创作时间长达十七年之久,可见作家用力之勤和用功之深。小说真实而生动地描绘了法国19世纪前半期,即从拿破仑帝国后期到七月王朝初期的广阔社会生活,愤怒地抗议了早期资本主义社会的黑暗一面,表现出对劳动人民悲惨生活和不幸命运的深刻同情。小说的主人公冉阿让本是一个善良淳厚的工人,每天辛劳所得,不够养活他的姐姐和七个外甥。为了孩子,他被迫偷了一个面包,被捕判罪,坐牢长达十九年之久。他在出狱后无家可归,到处漂泊,所有的旅店和民居都拒绝他投宿。"孤零零,没有栖身之所,没有避风雨的地方","连狗也不如"。雨果就此质问道:人类社会是否有权利使穷人"永远陷入一种不是缺乏(工作的缺乏)就是过量(刑罚的过量)的苦海中呢?""分得财富最少的人也正是最需要照顾的人,而社会对于他们,恰又苛求最甚,这样是否合情理呢?"[1]

可以看出,打动苏曼殊和陈独秀的正是雨果对下层人民及其悲惨命运的同情。

近代中国,外有列强侵略,内有清政府压迫,人们的注意力自然易于集中救亡和反清这两个问题上。但是,当时,中国农民受地主阶级的残酷剥削,工人受中外资本主义的压榨,小生产者面临破产的威胁。这些状况,不可能长期处于先进知识分子的视线之外。苏、陈二人对他们的生活和命运显然抱着与雨果一样的同情。书中,对金钱的咒骂显然反映出译者在上海洋场上的现实感受。这些,正是苏、陈乐于翻译《悲惨世界》的原因。后来,章士钊回忆说:陈独秀"时与香山苏子谷共译嚣

---

[1] 参见李丹译《悲惨世界》第1部,第2卷第1节、第7节,人民文学出版社1978年版,第87、111页。

俄小说，注写人类困顿流离诸况，颜曰《惨社会》，所怀政想，盖与此同。"[1]章氏与陈独秀、苏曼殊同为《国民日日报》的编辑人，并且同居一室，所述自是知情之谈。

《悲惨世界》是一部篇幅宏大的作品，为什么苏曼殊、陈独秀只选译了其中的一小段呢？这除了用他们并非职业翻译家、时间有限来加以解释外，恐怕主要的原因是：在改造社会的途径上，苏曼殊和陈独秀与雨果有明显的不同。

雨果认为，应该用仁爱来代替压迫，因此，他集中全力，塑造了卞福汝主教和冉阿让这两个理想化的人物。在雨果笔下，卞福汝是一个虔诚的基督徒，十全十美的救苦济贫的慈善家。雨果不惜以整整两卷篇幅来刻画他，赋予他以崇高的人道主义思想，视之为改造社会的力量。正是他，教育并感化了冉阿让。冉阿让虽然原来善良淳朴，但社会的残害和法律的惩罚使他日益孤僻、凶狠，"逐渐成为一头猛兽"，"具有凶狠残暴的危害欲"。他出狱后走投无路，卞福汝主教热情招待了他，他却偷走了主教家里的银制餐具。在他被押解回来时，卞福汝像接待老朋友一样接待了他，不仅说明餐具是送给他的，而且还另送了他一对珍贵的银烛台。卞福汝的崇高行为使冉阿让的灵魂震颤，受到感化，自此转恶向善，成为一个像卞福汝一样高尚的、充满人道主义精神的人。

小说以后的情节是：冉阿让被感化后，改名换姓，因发明制造宝石的方法致富，成为企业主并被推选为海滨城市蒙特猗的市长。他怀着卞福汝一样善良的心，不仅大办社会福利与慈善事业，救助不幸的人，而且在他的工厂里建立了一种前所未有的劳动关系，使工人们过上了真正的人的生活。他所在的城市也繁荣富足，到处洋溢着温暖和幸福，成了人间天堂。人人有工作，任何无衣无食的人都可以到工厂领取面包；人

---

[1]《吴敬恒、梁启超、陈独秀》，《甲寅周刊》第1卷3号，1926年2月2日。

人相敬相爱，道德高尚。雨果通过上述种种情节说明，严刑峻法只能使人性愈益败坏，唯有仁慈、博爱、道德感化和社会福利、慈善事业才是杜绝罪恶、医治社会、拯救人类的良方。

雨果在1870年又写道："劳动者的命运，在美国，正像在法国，到处都吸引了我的最深沉的注意，并且激动了我。应该让受苦受难的阶级成为幸福的阶级，并且让迄今以前在黑暗中工作的人今后在光明中工作。"[1]可以说，雨果笔下的冉阿让的后半生，他所兴办的工厂，他当市长的城市及其市民命运的改变，都是作家善良愿望的体现。雨果本人受过19世纪30—40年代法国空想社会主义的影响，《悲惨世界》以浪漫主义手法所透露出来的"光明"也是一种空想社会主义的乌托邦。

中国是个斗争传统很盛的国家，农民的暴动与起义史不绝书。在近代，国家、民族的灾难愈重，人民受到的压迫愈深，反抗、斗争的热情也就愈加高昂。当时，中国革命党人相信，只有革命才可以改变一切，也才可以得到一切。从《惨世界》看，苏、陈二人追求的是，通过革命和战斗，建立财富公有的社会主义社会。自然，他们不会相信仁慈、博爱和慈善事业可以解决中国及其广大人民的问题，因而，自然也就不会相信雨果对冉阿让后半生的描写，删节不译是一种必然的选择。这一事实表明，中国社会主义思潮从它的开始阶段，就拒绝温和、改良，而倾向于激烈、彻底。

此外，在对于卞福汝主教的态度上，苏曼殊、陈独秀和雨果也有明显的不同。译稿最初在《国民日日报》上发表的时候，卞福汝主教被描写为虚伪做作的"贪和尚"，后来陈独秀在定稿时部分恢复了雨果著作的原貌，但由于匆促马虎，还是保留了初稿的某些痕迹。关于此，前人

---

[1] 尼柯拉耶夫：《雨果》，新文艺出版社1958年版，第53页。

已经论及，兹不赘述。[1]

欧洲思想是生长于西方国家土壤中的文明之花，有自己独特的社会、时代环境和文化传统。中国近代知识分子在介绍欧洲思想时，面对的是中国的土壤、社会、时代环境和文化传统，加上社会功利主义和社会实用主义盛行，因而，有选择、有改变是必然的。只不过有的是无意的误译，有的是有意的曲译罢了。

中国古老的科学技术著作《考工记》指出过一个事实：南方的水果橘子种到了淮水以北，由于栽培环境变了，就成了一种药用植物。自然界如此，人文与社会科学何尝不然。一种文化成品，在流传和译介中发生内容和价值的变异，是历史上屡见不鲜的现象。

三、苏、陈译本《惨世界》在中国近代革命史和思想史上的地位

中国为什么要革命，在清末革命党人的著作和宣传品中可以找到多种答案。略加归纳，可以看出，一种回答是：满人非我族类，或满人误国、卖国，这是从民族主义出发。一种是主权在民，清政府是专制政府，必须推翻，这是从民主主义出发。以上两种，属于大多数。但是，也有人从改变劳动人民的悲惨命运、改造社会出发，这种回答比较少，但后来却深刻地影响了中国的革命界和思想界。

同盟会成立前，流行于海内外的著名革命宣传品莫过于邹容的《革命军》和陈天华的《警世钟》。《革命军》一书尖锐地抨击满族贵族集团的种族歧视和压迫政策，反对奴隶主义，呼吁人人"当知平等自由之义"，其设想的革命是："共逐君临我之异种，杀尽专制我之君主，以

---

[1] 柳亚子：《惨社会与惨世界》，《苏曼殊全集》第4册，第422—430页。

复我天赋之人权",其终极目标是建立没有上下贵贱、自由独立的"中华共和国",可以说民族主义、民主主义兼而有之,但是,却无一语涉及社会的贫富问题。《警世钟》展示出中国即将被帝国主义瓜分,中国人民即将沦为亡国奴的惊心动魄的画面,呼吁人们奋起救亡,拯救国家,洋溢着强烈的爱国主义激情,但是,也无一语涉及社会的贫富问题。《惨世界》的可贵之处就在于它从改变劳动人民的悲惨地位出发,提出了革命的主题。苏曼殊、陈独秀都是当时革命党人中佼佼者,他们当然具有那个时代一般革命党人所具有的民族主义与民权主义思想,但是,他们更多考虑的却是社会下层劳动人民的命运。《惨世界》中借雅各宾派名义提出的几条"规矩"虽然是粗线条的,有许多幼稚、模糊和空想的成分,但仍然可以看作是近代中国革命党人设计的最早的"社会革命"方案。如果康有为的《大同书》由于从未公开发表可以撇开不计的话,《惨世界》的"规矩"显然可以被视为20世纪中国的第一个社会主义纲领。在辛亥革命前夜众多的革命宣传品中,《惨世界》的独特之处在这里,它在近代中国革命史和思想史上的独特地位也在这里。

世界资本主义有不同的发展阶段。19世纪中叶至20世纪初,西方资本主义社会矛盾比较尖锐,各种弊端暴露得较为充分,因而,从根本改变劳动者悲惨命运出发,就必然引出反资本主义和实行"社会革命"的主题,也就必然会引发对各种社会主义和无政府主义思潮的追求。

中国近代思想史发展的途径正是如此。

社会主义思潮很早就传入中国。1903年时,上海已经出现了几种小册子,宣传社会主义的有福井准造的《近世社会主义》,西川光二郎的《社会党》,杜士珍的《近世社会主义评论》,村井知至的《社会主义》,幸德秋水的《社会主义神髓》等,宣传无政府主义的有久津见蕨村的《近世无政府主义》、自然生(张继)的《无政府主义》等。它们虽然都是从外文移译过来的,但在短时期内集中出现,说明了中国的思想界、革命界已经在认真地思考有关问题。

在中国革命家中,较早深刻地思考过"社会革命"问题的是孙中山。他不一定读过雨果的《悲惨世界》,但是,他在欧美游历时发现的贫富两极分化情况促使他不愿照走西方老路,因此,在民族主义、民权主义之外,特意加了一个民生主义。按照孙中山的说法,民生主义的英文含义就是社会主义。孙中山企图以他的民生主义预防资本主义在中国的祸害,将政治革命和社会革命"毕其功于一役"[1]。孙中山和近代中国其他社会主义思想家不同的是,他并不粗暴地断言资本主义已经完全腐朽,而是允许资本主义在一定限度内发展,并且力图"取那善果,避那恶果",吸收资本主义文明中一切积极、有益于社会前进的成分。[2]

中国革命家中,另一个深刻思考过"社会革命"问题的是章太炎。他在十里洋场的上海看到了资本主义发展起来后贫富分化的状况,东渡后又从日本这个视窗看到了当时资本主义社会的种种矛盾,认为中国如果照走西方老路,"不过十年,中人以下,不入工厂被棰楚,乃转徙为乞丐,而富者愈与皙人相结以陵同类,验之上海,其仪象可睹也。"[3]因此,他在一段时期内同情社会主义和无政府主义,认为"社会主义,其法近于平等"[4]。为了保障农民和工人的利益,他主张"均配土田"和"官立工厂"[5],用现代语言来说,就是平分土地和建立国有企业。他当然不会想到,平分土地并不能避免两极分化,而国有企业的效益问题一直到20世纪末还困扰着人们。

有一段时期,卢梭曾经是中国思想界的偶像。著名的维新党人蒋智由诗云:

---

[1]《〈民报〉发刊词》,《孙中山全集》第1卷,中华书局1981年版,第289页。
[2]《在东京〈民报〉创刊周年庆祝大会的演说》,《孙中山全集》第1卷,第327页。
[3]《总同盟罢工论序》,《太炎文录》初编《别录》卷2。
[4]《俱分进化论》,《民报》第7号。
[5]《五无论》,《民报》第16号。

世人皆欲杀，法国一卢骚（卢梭）。《民约》倡新义，君威扫旧骄。力填平等路，血灌自由苗。文字收功日，全球革命潮。[1]

这首诗可以代表那个时期相当一部分中国知识分子对卢梭的认识和评价。此后，邹容和陈天华等许多人都表达过对卢梭的高度敬仰。但是，到了1907年，在东京和巴黎的中国留学界中，分别出现了两个宣传无政府主义的中心——《天义报》和《新世纪》，于是，在一部分知识分子中间，卢梭不行时了，华盛顿、拿破仑也不行时了，章太炎甚至表示，如果死者有知，他要扒开华盛顿、拿破仑的坟墓，用铁锤去砸他们的脑袋。[2] 自此以后，巴枯宁、斯谛纳尔、托尔斯泰、克鲁泡特金、马克思等人成了中国知识分子的新偶像。其中，克鲁泡特金的共产无政府主义因其特别"急进"和"彻底"，在一段时期内曾受到特别的尊崇。青年毛泽东就认为克鲁泡特金的思想比之马克思更"更广、更深远"[3]，当然，他后来信仰了马克思主义。不过，一直到晚年，他的思想中都保留着无政府主义思想的某些影响。

从改造社会、改变劳动人民的悲惨命运出发提出革命主题，总会或直接或曲折地走向或走近社会主义，这一近代中国思想发展的规律也可以从苏曼殊和陈独秀的经历中得到证明。1903年10月7日，苏曼殊曾经在《国民日日报》上发表过一篇《女杰郭耳缦》，叙述一个俄国女无政府主义者的故事。她出身中流社会，同情不幸平民，蔑视君主，认为所谓君主，不过是"最无学无用之长物"。她为1901年9月刺杀美国总统麦坚尼而被捕的刺客不平，认为"该犯久苦逆境，深恶资本家之压抑平民，失望至极，又大受刺激，由万种悲愤中，大发其拯救同胞之志愿

---

[1]《新民丛报》第3号。
[2]《官制索隐》，《民报》第14号。
[3]《民众的大联合》，《湘江评论》第2号。

者耳。"她在狱中见到为总统下半旗志哀，慨叹道："吾宁深悼夫市井间可怜劳动者之死也。"[1]可见，苏曼殊在翻译《悲惨世界》的同时，是受到过社会主义思潮的影响的。1907年前后，苏曼殊和东京《天义报》系统的无政府主义者刘师培、何震关系密切，思想上共鸣[2]；陈独秀则在1921年参加了中国共产党的创建，成为中国共产主义运动的领导人。

---

[1] 柳亚子编：《曼殊全集》，上海北新书局1932年版，第151—153页。
[2] 参阅苏曼殊《海哥美尔氏名画赞》，《天义报》第4号。

章太炎为何要砸拿破仑与华盛顿的头[1]

读者也许以为本文是在讲一则关公战秦琼式的故事。拿破仑，法国人；华盛顿，美国人。他们与章太炎国籍不同，生活年代也差得很多，可谓风马牛不相及。章太炎咋会要砸他们的头呢？

谓予不信，有文为证。

那是在1907年，章太炎正在日本东京编《民报》。他写了一篇文章，叫作《官制索隐》，本来是研究中国古代的职官制度的，然而，作者的笔锋突然一转，写道："藉令死者有知，当操金椎以趋冢墓，下见拿破仑、华盛顿，则敲其头矣！"请看，这里写得明明白白，足证笔者没有瞎编。中国旧俗一向以扰人丘墓为极大的不道，然而，章太炎却不管这一套，他要到拿破仑与华盛顿的坟墓里去"敲"，也就是砸，而且是用"金椎"，金者，铁也，分量不会很轻。看来，章太炎对这两位历史人物很有点愤懑之气呢！

---

[1] 原载《光明日报》，1987年2月22日。录自杨天石《哲人与文士》，中国人民大学出版社2007年版。

几年之前，章太炎可不是这样儿。那是在1903年，他正和康有为辩论中国革命问题，把拿破仑与华盛顿二人简直捧上了天，称之为"魁梧绝特之彦"，称之为"二圣"，甚至誉之为"极点"。康有为认为，中国一时产生不出华盛顿这样的人物来，因此不能革命。章太炎同意这一看法的前半部，但他表示："中国亦望有尧、舜之主出而革命，使本种不亡已耳。何必望其极点如华盛顿、拿破仑者乎！"显然，在章太炎那时的眼中，拿破仑、华盛顿这样的洋圣人，要比尧、舜这样的国产圣人高明。

真是世事茫茫，浮云苍狗。几年之间，拿破仑、华盛顿的身价就大起大落，从九天跌入了九渊。这种变化并不止发生在章太炎身上，柳亚子1907年有诗云："华、拿竖子何须说？"把华盛顿、拿破仑称为"竖子"，也是很不敬的。

鸦片战争中，中国人被西方打败，于是转而学西方。开始学船坚炮利与声、光、化、电，后来学民权与立宪，再后来学民主与革命。到了1903年，民主与革命的调子高唱入云，拿破仑、华盛顿这两位资产阶级革命的鼻祖也就成了"极点"。其后是大批人出洋，章太炎本人也于1905年到了正在学习西方的日本。一看，不对了，所谓民主，不过是富人的民主，而且充斥着各式各样的怪事和丑闻。于是，失望、愤懑之情油然而生，拿破仑与华盛顿的身价也就随之暴跌。在《官制索隐》中，章太炎激烈地指责西方的选举制度，认为所谓"代议士"（议员），大都耗资巨万，靠钻营入选，与中国的"行贿得官"并无两样。他说：民主立宪，世人都以美、法两国为榜样，但现在法国的政治，全靠贿赂，美国人也要通过行贿才能致身显贵，实在"猥贱"得很。其所以幻想手持"金椎"，以拿破仑、华盛顿的头作为挞伐对象者，盖为此也。章太炎这个人爱冲动，又不懂得历史主义，其幼稚、偏激之处，读者谅之！

那么中国怎么办？

章太炎想来想去，觉得西方民主的脓疮是议会，于是惨淡经营，洋洋洒洒地写了一篇《代议然否论》，主张"代议"必不可行，议员决不可选，同时提出了一个从多方面"恢廓民权，限制元首"的方案。例如，提高法官的权力，不论是总统，还是百官，有了过失，或者溺职受贿，法官都可以"征之""逮之""治之"；倘若法官执法不公，老百姓可以要求"学官"集中一批法学家来共同处治法官，等等。然而，不知道是章太炎觉得这个方案未必可行，还是因为对中国历史过于有感情了，他有时又觉得，中国的封建专制制度也并不坏，开元、贞观年间，中国不也治理得很好吗？于是，他又表示："盛唐专制之政，非不可以致理。"甚至说："今之专制，直刑罚不中为害，他犹少病。"这就又转而肯定封建专制主义了。

章太炎的矛盾反映了近代中国部分知识分子的困惑。他们失望于西方民主模式，而又找不到新的出路，只能向后看。然而，向后看又是没有出路的。

世界历史发展的总趋势是从专制走向民主，而不是从民主复归专制。

托尔斯泰《致一个中国人的信》

晚年的托尔斯泰特别关心中国,反对中国"西化"。

1906年,辜鸿铭通过俄国驻上海总领事寄给托尔斯泰两本他自己用英文写的书,一本题为《尊王篇》,一本题为《当今,皇上们,请深思!论俄日战争道义上的原因》。当年9至10月间,托尔斯泰写了复信,题为《致一个中国人的信》。该信先后发表在德文《新自由报》、法文《欧罗巴邮报》、日文《大阪每日新闻》上。信中,托尔斯泰谴责了侵略中国,"躬为兽行"的西方列强,表述了他对中国文化的倾慕之情,同时也对中国今后的道路发表了意见。他说:"支那近岁中,浮躁之伦,以新党自标,以为改革支那,不外仿行西法。有言建代议政体者,有言兴陆海军者,有言振西法之商工业者。众议纷嚣,如蜩如螗。此非惟浅拙之谈也,抑亦至愚之解。以予所知于支那者论之,此制实与支那民族大相驰背。今举法制、军制、工业诸大端,惟西人之是效,不过使支那农业生活丧失于一旦耳。"托尔斯泰指出:西方的所谓"代议政体",不过是使一切权力由"少数强权"(君主、贵族)移于"多数强权"(议员)之手。中国人民"断不宜取法西人",应该"保守农业生活,信从儒、释、道三教,则祸患自消"。

托尔斯泰此信在欧洲发表时,似乎没有引起多大反响;而当1907年初在日本发表时,却立刻引起中国革命党人的注意。宋教仁认为此信所言"支那人不可学欧洲人之武装及代议政治"等,"亦有至理"。另一个革命党人张继则准备把它翻译出来,登在同盟会的机关刊物《民报》上。宋教仁赞成张继的这一想法,并自任翻译。他说干就干,第二天就译出了第一节,"大抵痛诋欧洲人之残忍、鄙利、暴戾,而谓支那人有沉静、忍耐之德"云云。但是后来,《民报》只发表了托尔斯泰的肖像,题为《俄国之新圣杜尔斯兑》;直到1907年11月,它才发表在由何震出面而实际上由刘师培主持的《天义报》上。一共发表了两次,第一次是节译;到了1908年春,又发表了全译的一部分;与此同时,则出版了单行本。有的学者认为,该信1911年在上海《东方杂志》上刊出时,它才第一次与中国读者见面,这是不确切的。

《天义报》是一份无政府主义的刊物。它的编者当时正认为,中国"西化"将威胁农民和手工业者的生活,只有克鲁泡特金的"共产无政府主义"才是救中国的"不二法门"。因此,对托尔斯泰的信极为重视,每次发表时都加了按语。第一次的按语说:"此书之意,在于使中国人民不复仿行西法,其言最为沉切。至其要归,则在中国实行无政府。"第二次的按语说:"俄托尔斯德《致中国人书》[1],其大旨在于使中国人民实行消极无政府主义,不可效泰西代议政体,较之巴枯宁之昌破坏,苦鲁巴金(指克鲁泡特金——笔者)之言共产,虽有殊异,然其重农数端,则固中国人民所当遵守者也。"

托尔斯泰晚年,俄国刚从农奴制度下解放出来,农村正在经受资本的残酷洗劫,农民面临破产和丧失土地的危险。与巨大的财政资本、大

---

[1] 本句中,托尔斯德为托尔斯泰,《致中国人》为《致一个中国人的信》,为了保持原貌,未改。

规模的工商业出现的同时，贫困、饥饿、野蛮、卖淫以及梅毒等"原始积累时代"的一切灾难也就随之降临。托尔斯泰反对资本主义在俄国的发展，以"最深沉的感情和最强烈的愤怒对资本主义进行了不断的揭露"，自然，他也不愿意中国走上同样的道路。《致一个中国人的信》正是在这一思想基础上写作的。这一时期，托尔斯泰还给日本《报知新闻》写过一封信。在该信中，托尔斯泰批评当时的日本，"凡百事业，悉以欧人为模范"。他认为，即使中国像日本一样，全盘"输入欧人之制度"，也不可能驱逐那些入侵中国的"欧人"，其结果只能使中国人民"所处之地位，亦渐次而趋于困难"。他不了解，中国人只有走现代化的求富求强之道，才能摆脱贫穷，避免落后挨打。他也不了解，对于西方文明所创造出来的一切，可以有选择、有批判地吸收，"取那善果，避那恶果"（孙中山语）。

托尔斯泰既是一个伟大的艺术家，又是一个"发狂地笃信基督的地主"。他的观点充满着矛盾，既是深刻的，又是保守和反动的。就其无情地批判资本主义剥削，揭露西方资产阶级民主的虚伪一面来说，是深刻的；就其企图永恒保持东方农业社会和儒、释、道等"亚洲制度的思想体系"，鼓吹"勿以暴力抗恶"来说，是保守和反动的。这两方面，在他的《致一个中国人的信》里，都有所表现。《民报》之所以没有刊出这封信，其原因大概就在于此！

中国最早的无政府主义者张继

谁是中国最早的无政府主义者？答曰张继。无政府主义在20世纪初传入中国。1903年前后，马君武、马叙伦、杨笃生、蔡元培、金天羽等人均曾撰文对之做过介绍，但是，服膺最早、身体力行、组织团体、宣扬倡导的积极分子，却不能不首推张继。

张继，字溥泉，河北人。年轻时就读于保定莲池书院，1899年赴日留学，先后就读于东京善邻书院和早稻田大学。他愤慨于清政府的腐败无能，立志排满，曾组织青年会，创办《国民报》，是留日学生中最早出现的革命分子之一。1903年，因与邹容等强剪留学生监督姚文甫的辫子，被逐回国。回国后，积极参与《苏报》《国民日日报》的编辑工作，在此期间，他以自然生为笔名翻译并出版了意大利人马拉叠斯达（另译：马拉泰斯塔）的《无政府主义》一书，书前有"燕客"一序，中云：

吾愿杀尽满洲人，以张复仇大义，而养成复仇之壮烈国民；吾愿杀尽亚洲特产之君主，以洗亚人之羞辱，为亚人增光；吾愿杀尽政府官吏，以去一切特权之毒根；吾愿杀尽财产家、资本家，使一国之经济均归平等，无贫富之差；吾愿杀尽结婚者，以自由恋爱为万事公共之基础；吾愿杀尽孔、孟教之徒，使人人各现其真性，无复有伪道德之迹。

通篇不作任何具体分析，不讲任何斗争策略，笼统地鼓吹一个"杀"字，典型地反映出无政府主义者狂热、极端、偏激的特点。这个所谓"燕客"，其实就是张继自己。1940年，张继回忆这本小册子时曾说，他当时的思想是"四万万人要杀去一万万"云云。

1907年初，张继与日本无政府主义者幸德秋水、山川均、堺利彦、大杉荣等过从密切。幸德秋水等组织社会主义金曜（星期五）演讲会，因此，张继也和刘师培等共同组织社会主义讲习会。8月31日，该会在东京清风亭召开第一次会议，张继在会上声明：该会的目的在于"诠明无政府主义"。此后，张继多次在该会演说，成为留日中国学生中宣扬无政府主义的重要骨干。在此期间，他又从日文转译了德国无政府主义者罗列的《总同盟罢工》一书。该书反对武装起义，也反对社会斗争，认为总同盟罢工是反抗资本主义的"第一流革命方法"，"容易叫最大多数人来加盟，收最大的功效"。章太炎一度非常欣赏这种斗争方式，曾经为该书写过一篇序言，天真地设想：只要全体劳动者发动起来，罢工七日，那么，不仅统治者的粮饷勤务无从筹措，而且连军队也无法发挥作用。"虽有利器，且缩不前"了。

1908年初，日本政府开始镇压社会党人和无政府党人。1月17日，幸德秋水等举行第二十次演讲会，被日本警察围捕。张继是演讲会的参加者，一度被日警抓住，但随即被群众抢救出来。此后，他不得不逃亡欧洲。

在欧洲，张继继续考察西方无政府主义者的主张和活动，并和东京的刘师培等人保持密切联系。他在一封信中提出："无论行何种革命（政治革命、社会革命），均当以劳民为基础"，要求仿照法国的办法，在中国各省设立劳民协会。他并要求中国革命党人日后"循一堂堂正正之路混入会党之中，脱卸长衣，或入工厂，或为农人，或往服兵"，从而为中国革命奠定基础。4月23日，他在伦敦东区（贫民窟）访问了德国无政府主义者洛克尔。洛氏表示："现今世界欲行无政府主义革命，其有趣之地方：一为欧洲，一为美国，一即中国，我甚愿往中国研究。"张继则向洛氏介绍了中国会党的情况。同月，张回到法国，除与吴稚晖等人往来，参与编辑无政府主义的刊物《新世纪》外，又特意跑到"鹰山共产村"，该村位于法国西部沙列威尔附近的森林中，有农田百亩，母牛一头，两层楼房一栋，为一伙信仰"无政府共产主义"的人所创办，以实行"各尽所能，各取所需"为目的，成员有犹太人、西班牙人、俄国人、波兰人、法人、华人等十余名。张继每天穿着西方"劳民之衣"，在田间耕种，还经常跟着一个俄国人推车到邻村卖菜，大声吹喇叭，招徕顾客。多年以后，张继对这一段生活仍念念不忘，他回忆时说："在山中三月之久，未耗费袜子。每晨牛叫与红日并升于森林之中，其自然之美，至今尚悬于脑际。"

还在1903年，张继就有严重的民族自卑感，认为中国人与外国人比较起来，"其人也已非人，人皆嫌其秽臭"。在"共产村"期间，张继给章太炎写过一封信，中称："已作世外人，从此种麦种菜，不与外人交接。"又称："张继原是屁也不值的东西，不过比中国狗×的四万万人高多了。"信中，张继并预言："中国人种不久将灭。"章太炎见信后，极为反感，复信讥刺说："做世外人很好，莫若做法国人才好！"张继后来抛弃了无政府主义。据他说，其原因在于："想来想去，这虽不是落伍，这总是空想的，是佛教所谓极乐世界，是耶稣教所谓天堂，是不能达到的。"

《天义报》《衡报》对"社会主义讲习会"活动的报道[1]

《天义报》是近代中国最早的无政府主义期刊。1907年6月10日创刊,共刊行十期。《衡报》是继《天义报》出版的无政府主义报纸,1908年4月28日秘密创刊,共发行十一号,现在能见到的为一至八、十各号。二者均在日本东京出版。

《天义报》最初是"女子复权会"的机关刊物,标榜"女界革命",声称"以破坏固有之社会,实行人类之平等为宗旨,于提倡女界革命外,兼提倡种族、政治、经济诸革命,故曰天义"[2]。自八、九、十卷合册开始,宗旨改为:"破除国界、种界,实行世界主义;抵抗世界一切之强权;颠覆一切现近之人治;实行共产制度;实行男女绝对之平等。"它的发起人为何震、陆恢权、徐亚尊、张旭、周大鸿,捐助及赞成者有唐群英、方君英、何香凝、刘三、高旭等,实际创办人为何震

---

[1] 原题《〈天义报〉〈衡报〉述评》,载《辛亥革命时期期刊介绍》第3辑,人民出版社1983年版。因其主要内容与本书所收《论〈天义报〉刘师培等人的无政府主义》一文重复,故仅保存少数内容,改为现题。

[2]《衡报》,第1号。

的丈夫刘师培。

20世纪初,日本工人阶级的罢工斗争高涨,社会主义运动正处于活跃阶段,但是还很幼稚,指导思想是马克思主义、改良主义和无政府工团主义的杂拌。1907年6月,日本社会党分裂为软硬两派。软派主张以争取普通选举权和议会主义来实现革命,以片山潜、田添铁二为代表;硬派宣扬无政府主义,认为除"直接行动"——总同盟罢工和暗杀外,别无革命的途径,以幸德秋水、堺利彦、山川均、大杉荣为代表。刘师培于1907年2月到日本后,和幸德秋水等接近,迅速成为无政府主义者,并与张继发起组织"社会主义讲习会"(后改齐民社),声称:"近岁以来,社会主义盛于西欧,蔓延于日本,而中国学者则鲜闻其说。虽有志之士知倡民族主义,然仅辨种族之异同,不复计民生之休戚,即使光复之说果见实行,亦恐以暴易暴,不知其非。同人有鉴于此,拟研究社会问题,搜集东西前哲各学术,参互考核,发挥光大,以饷我国民。又虑此主义之不能普及也,故创设社会主义讲习会,以讨论此旨。"但它名为讨论社会主义,实为提倡无政府主义。这以后,《天义报》实际上成为"社会主义讲习会"的机关刊物。

1907年12月末,刘师培夫妇秘密回国,向清朝两江总督端方自首。次年2月,回到东京,继续编辑《天义报》。4月,另出《衡报》,以"颠覆人治,实行共产;提倡非军备主义及总同盟罢工;记录民生疾苦,联络世界劳动团体及直接行动派之民党"为宗旨。当时,日本正在加紧镇压国内的无政府主义者,为避免注意,《衡报》托名"澳门平民社"编辑发行。10月,出版至第十一号,因日本政府禁止发行,刘师培夫妇归国,《衡报》的出版终止。

《天义报》《衡报》对"社会主义讲习会"的活动大部分都有报道。从中可以看出中国这一最早的无政府主义组织的概貌。

成立会召开于1907年8月31日,会址在东京牛达区清风亭,到会九十余人。演说者为刘师培、张继、何震、幸德秋水。刘师培称："吾辈之宗旨，不仅以实行社会主义为止，乃以无政府为目的者也。"他从原始社会、人类心理、自然科学等方面对无政府主义作了论证，认为它"最为圆满"，"于满洲政府颠覆后即行无政府，决不欲于排满以后另立新政府"[1]。幸德秋水介绍了第一国际时期马克思和巴枯宁的分歧，他说："平和派属马克思，激烈派则属巴枯宁。""一欲利用国家之力举土地财产为私有者，易为公有，一欲不用国家政治之力惟依劳动者固有之力，出以相争。此二派不同之点也。"他表示服膺无政府主义，并表示："中日两国地域相近，诸君如抱此旨，则此后两国国民均可互相扶助，均可彼此互相运动，以促无政府之实行。"[2]

以后各次会为：9月15日，会址在江户川亭，到会百余人。刘师培演说两次，讲题为《中国民生之问题》《宪政之病民》。堺利彦叙述了人类社会由蒙昧、野蛮进而至文明时代的变迁史，提倡恢复古代的"共产制"。他说："今世称为文明时代，然贫富之阶级甚严，资本家之势日以增加，欲矫此弊，莫若改革财产私有制度，复为上古共产之制。"[3]张继讲题为《自由结合之益》。

9月22日，会址在清风亭，到会数十人。演说者为刘师培、章太炎、潘怪汉、景定成、汤增璧、张继。刘师培讲题为《中国财产制度之变迁》。他认为："财产私有起于游牧耕稼时代，中国三代时，有土地国有制，有家族共产制，即井田宗法是也，后世亦有行国家社会主义者，至于今日，则纯为财产私有制，非实行共产制度不足矫贫富不均之弊。"章太炎发言痛斥"国家学之荒谬并立宪之病民"。他认为："无论君主立宪、民主立宪，均一无可采。"汤增璧质疑说："无政府主义虽系高尚，

---

[1]《社会主义讲习会第一次开会记事》，《天义报》第6卷。
[2]《天义报》附张。
[3]《社会主义讲习会第二次会记略》，《天义报》第8、9、10卷合册。

然今日欧美尚未实行，恐终偏于空论，不若仅言民族主义。"张继答辩"力陈世界民生之苦及经济界之趋向，并言各国民党多赞成无政府主义，以与政府为敌，必有实行之一日"[1]。

10月6日，会址为清风亭。据称："是日大雨，到会人数亦稀。"演说者为山川均、张继、刘师培、景定成。

11月10日，会址为清风亭。演说者为张继、刘师培、大杉荣，讲题分别为《南洋群岛华民之苦及中国革命方法》《中国经济界之变迁》《巴枯宁联邦主义》。

11月24日，会址为清风亭。首由刘师培报告，次由张继演说（国际）无政府党大会事，次由大杉荣继续演讲《巴枯宁联邦主义》，末由乔义生演讲《基督教中无政府共产主义》。

12月8日，会址为清风亭，到会五十余人。首由汪公权报告，次由山川均演讲，次由张继演说，报告（国际）无政府党本部情况，并提议教授世界语。

12月22日，会址清风亭，到会约六十人。演说者为张继、大杉荣、潘怪汉、汪公权。

1908年1月，由于日本政府的镇压，《天义报》对"社会主义讲习会"的活动未作报道，直到《衡报》发刊，才继续发表消息，但已改称"齐民社"。各次会议情况为：

4月12日，会址清风亭，首由刘师培演说"国家之害，并证明国家不能保卫人民"。次由江苏某君演说"日本军人之苦及军官压制，并推及征税之苦"。次由刘师培、汪公权、潘怪汉等演说某公学募捐事，并推公学某君宣布宗旨办法。末由大杉荣演说"佛国叛乱之精神"。

4月26日，会址神田町锦辉馆。首由南桂馨报告，次由潘怪汉演

---

[1]《社会主义讲习会第三次开会记》，《天义报》第8、9、10卷合册。

说"俄国社会党要求土地法案事"，次由山川均演说"动植物之互助"，次由阪本清马演说"暗杀主义"，末由竹内善朔演说"日本阶级制度及绅商之压制"。

5月10日，会址曲町富士见楼。首由刘师培演说"结合之必要"，次由守田有秋演说"劳动组合及无政府主义"，次由李君演说"蜂群之组织"，次由南桂馨、汪公权报告。

5月17日，会址锦辉馆，名为"排斥日货研究会"。这年2月，清两广总督下令扣留私运军火的日轮二辰丸，日本驻华公使林权助抗议，激起广东各地人民愤怒，群起抵制日货。此会即系对此而发。刘师培、潘怪汉等演说，"均归罪保皇党"，"决议刊布书册，陈述利害，使此举速结，否则将排斥日货各机关以暴力破坏，并宣言此等劳民对外团体，当加以运动，使进为对内团体"。

6月14日，会址神乐阪上文明馆，放映"活动大写真"，到会数百人。刘师培演说称："此次所演，非关于劳民疾苦，即系人民愤激之举动，深望观者之有感于中，以发破坏社会之观念。"原拟放映《法国杀君》《足尾铜山暴动》《俄国革命》等片，因为日警干涉，改映《工厂之放火》（说明资本家虐待工人）、《马贼之勘掠》（说明世界贫富不均）等，计十种，由汪公权解说并评论。这是目前所能看到的"社会主义讲习会"活动的最后记录。

此外，《天义报》相当注意报道国际无政府主义者的活动。1907年8月25日至31日，各国无政府主义者在荷兰的阿姆斯特丹召开大会，会后，在伦敦成立了无政府国际（无政府万国事务局）。《天义报》曾作过报道，并发表过有关文章，如《万国无政府大会记略》《无政府大会决议案记》《无政府党第四次大会决议》《无政府党大会后事实汇记》等。

《天义报》也曾报道过第二国际的活动。1907年8月，第二国际在德国斯图加特举行第七次代表大会，有列宁参加。《天义报》第二卷在

"近事报告"栏中发表《万国社会党政纲》《万国社会党大会议案》,并说:"其议案中最注意者则为殖民问题及劳民问题。"又说:"既为万国社会党大会,则中国人民亦宜加入。本社深望旅欧之华人乘机入会,否则吾国之大羞也。"[1]随后,又在第六卷发表了《万国社会党大会记》,在第八、九、十卷合册发表了《万国社会党大会再记》,较为详细地介绍了大会的情况和进程,其中,并记述了倍倍尔的观点和活动。

当时,不少国家的社会党发生软硬两派(议会斗争派与无政府主义派)的分裂,《天义报》曾在《祝日本社会党之分裂》《美洲社会党之二派》等文中予以介绍,他们认为:"于二者而择其一,毋宁取'理想的''革命的''急进的'之为愈,彼微温的社会主义,砂糖水的社会主义,国家的社会主义,是以洙相沤者,直专制之化身耳!"[2]

---

[1]《天义报》第2卷。
[2]秋心室主人(景定成):《秋心室丛谈》,《天义报》第8、9、10卷合册。

论《天义报》刘师培等人的无政府主义[1]

无政府主义思潮在 20 世纪初传入中国，至 1907 年，出现东京《天义报》和巴黎《新世纪》两个传播中心。它们人数虽不多，却分别形成了自己的思想特色，在中国近代革命史和思想史上发生了影响。

《天义报》创刊于 1907 年 6 月 10 日，共发行十九期。1908 年 4 月 28 日，东京的中国无政府主义者们另出《衡报》，它实际上是《天义报》的继续。二者的创办人、编辑人和大部分文章的执笔人都是刘师培。他是这一派的理论代表。本文将以考察他的无政府主义思想为主，兼及他的妻子何震和有关人物。

一、绝望于民族民主革命

在西欧历史上，无政府主义产生于 19 世纪的上半叶，盛行于下半叶，它反映了小资产阶级对迅速膨胀的资本主义的抗议；在近代中国，

---

[1] 录自杨天石《哲人与文士》，中国人民大学出版社 2007 年版。

无政府主义产生于民族民主革命的发展时期，它反映了小资产阶级对这一革命的绝望。

20世纪初，世界资本主义已经发展到了帝国主义阶段，它的各种固有矛盾日益尖锐。启蒙思想家应许过的理想社会并没有实现，相反，暴露于光天化日之下的是这个制度的遍身脓疮。1900年至1905年间，法国罢工人数达到一百一十余万，德国每年发生罢工一千四百余次。刘师培等人生活在日本，他们较易了解西方世界的真实状况，也充分看到了日本资本主义和军国主义发展所造成的恶果。1907年6月4日，日本足尾铜山矿工罢工，并迅速发展为暴动，成为震动全日本的重大事件。这一年，日本全国共发生罢工斗争五十七起。这些事件，对于去国离乡，寻找救国救民真理的中国革命党人不能不是一个强烈的刺激。在日本社会党人和无政府主义者的启发和影响下，他们迅速感到，资本主义绝不是一条美好的出路。

《天义报》诸人思想的突出之点是反资产阶级和资本主义。刘师培指责资本家"独占生产机关"，役使并剥削工人，镇压工人罢工，道德最为腐败。他说："呜呼！富民之财悉出于佣工之所赐，使无佣工之劳力，则富民无由殖其财。今乃忘彼大德，妄肆暴威，既夺其财，兼役其身，非惟夺其财产权也，并且夺其生命之权，此非不道德之极端耶！"[1]他看出了资本家的剥削是人民贫困的根源。《大盗与政府》一文说："资本家用攫财之术，以一人之身而兼有百千万人之财，盗百千万人之财而归于一人，下民安得不贫！"[2]因此，他强烈地反对在中国发展资本主义，认为"振兴实业，名曰富国，然富民愈众，全国之民悉陷于困穷之境，则实业之结果，不过为剥削贫民计耳！"[3]

---

[1]《无政府主义之平等观》，《天义报》第5卷。
[2]《天义报》第1卷。
[3]《论种族革命与无政府革命之得失》，《天义报》第7卷。

刘师培对资产阶级和资本主义的批判一般是从伦理学角度出发,但是,也有个别文章引用了政治经济学概念。《论中国资本阶级之发达》一文说:"通州纱布各厂所获之利尤巨,其剩余价格均为各股东所吸收。例如工人于一日间织布六丈,每丈售价五角,则六丈可售三元。然原料约一元五角,机器损耗约三角,房屋费约摊一角,是所余尚一元一角,然工人做工一日不过得三角,是股东竟得剩余价格八角也。"[1]发现剩余价值是马克思的一项划时代的功绩,它构成了马克思主义经济理论的基石。该文将剩余价值译为"剩余价格",失去了它应有的科学性和准确性,但是,它把这一概念引进中国来,有助于人们认识资本主义剥削的秘密。

刘师培认为,帝国主义是资本主义发展的结果。他说:"试考帝国主义发达之原因,盖政府资本家,欲攫取异国之金钱,利其愚弱,制以威力,由是托殖民之名,以扩政府、资本家之实有。"[2]又说:"资本家欲扩充商业,吸收他境之财源,盗为己有","遂成戕杀之世界"[3]。这些看法,触及了问题的本质。刘师培尖锐地揭露资本主义对殖民地人民和本国人民的压迫,称帝国主义为"现今世界之蟊贼"。他说:"今日欧美各国,政府及富民势力日增,而人民日趋于贫苦,则帝国主义盛行之故也。"[4]刘师培的上述认识,虽然还缺乏足够的理论深度,但对20世纪初的中国思想界来说,仍有其新颖感和启发性。

戊戌维新前后的一段时期,以西方资本主义为师曾经是先进中国人的理想。他们认为,那一套相当美妙。刘师培对资产阶级和资本主义的批判,无疑是一帖清凉剂。但是,刘师培既是缺乏辩证观念的形而上学

---

[1]《衡报》第5号。
[2]《亚洲现势论》,《天义报》第11、12卷合册。
[3]《无政府主义之平等观》,《天义报》第5卷。
[4]《亚洲现势论》,《天义报》第11、12卷合册。

者，又是生吞活剥外国经验的教条主义者。他不了解，在历史上，资产阶级和资本主义都曾经是革命的、进步的；当它在西方已经弊端丛生的时候，在落后的中国，仍有其存在和发展的必要。他错误地得出了应该和年轻的中国民族资产阶级进行战争的结论。《论中国资本阶级之发达》一文说："中国自今而往，资本阶级之势力必步欧、美、日本之后尘，则抵抗资本阶级，固当今之急务，而吾党所当从事者也。"[1]这样，他在对中国社会主要矛盾和革命物件的认识上，就远远偏离了实际。刘师培在有的文章中进一步声称，要"杀尽资本家"[2]。无政府主义思想常常具有狂热的特征，表现在这里的就是一种极端的狂热。

在当时，刘师培等反对孙中山的革命纲领，民族、民权、民生三大主义——受到指责。

民族主义，刘师培讥之为学术谬误、心术险恶、政策偏颇。在他的笔下，孙中山等人提出这一主义完全出于不光彩的目的，"希冀代满人握政权"，"利用光复之名，以攫重利"[3]，"黠者具帝王思想，卑者冀为开国元勋"[4]。他们说：革命派的"排满"和改良派的"保满"没有什么区别，"排满亦出于私，与倡保满者相同"，结论是："民族主义，乃不合于公理之最甚者也。"[5]

民族主义不是无产阶级的世界观。孙中山的民族主义思想缺乏阶级观点，部分革命党人的思想内还包含着狭隘的种族主义成分，指出这些局限是可以的。《衡报》的一篇文章就曾说明："排满主义，不必以种族革命自标，谓之阶级斗争之革命可也。"[6]但是在革命斗争中，应该肯定

---

[1]《衡报》第5号。
[2]《女子劳动问题》，《天义报》第5卷。
[3]《保满与排满》，《天义报》第3卷。
[4]《论种族革命与无政府革命之得失》，《天义报》第6卷。
[5]《保满与排满》，《天义报》第3卷。
[6]《社会工夫瑟排满》，《衡报》第3号。

和支持进步的民族主义。刘师培等丑化孙中山的民族主义,混淆革命和保皇的界限,这只能打击革命派,"适以保护满政府"[1]。

没有提出反对帝国主义的口号是孙中山民族主义思想的大缺陷。和孙中山不同,刘师培提出了建立广泛的国际团结以反对帝国主义的思想。他说:"非亚洲弱种实行独立,不能颠覆强族之政府","亚洲弱种非与强国诸民党相联,不能实行独立"[2]。但是他的实际主张又严重地有害于反对帝国主义、争取民族独立的斗争。

鸦片战争以后,中华民族遭受帝国主义的欺凌,每一个有爱国心的中国人都渴望祖国的富强,然而,刘师培却攻击"富强"二字为"公理之大敌",是什么"大盗之术"。[3]他不去辨明帝国主义的侵略战争和殖民地、半殖民地人民反侵略的正义战争之间的本质区别,却跟在欧洲和日本的无政府主义或半无政府主义者的屁股后面,提倡"非军备主义",主张"废兵",要求解散军队。按照这些主张做法,中国人民在经济上就只能永远被帝国主义剥削,军事上则永远挨打。

孙中山的民权主义提出了包括议会制在内的一整套民主共和制度。对此,刘师培强烈反对。他尖锐地揭露资产阶级选举制、代议制的欺骗性,认为在这种制度下,"贫民虽有选举之名,实则失选举自由之柄"。《破坏社会论》一文说:"今法美各国,号为民主之国矣,然主治者与被治者阶级未能尽除也,贫富之界非惟不能破,抑且变本加厉。富者收佣工以增己富,因富而攫权;佣工为贫而仰给于人,因以自失其权。由是贫者之命悬于富者之手,名曰普通选举,实则贫者并无生命权,其选举之时,势不得不举富人以仰其鼻息,则所谓选举者,与专制何异?乃号其名曰共和,吾不知其何者为共,何者为和也,则共和政体非公明

---

[1] 铁铮:《政府论》,《民报》第17期。
[2] 《亚洲现势论》,《天义报》第11、12卷合册。
[3] 《废兵废财论》,《天义报》第2卷。

矣！"[1]他们认为在中国实行这种制度的结果也只能是富民得益、贫民受病。

应该承认，在揭露资产阶级民主的虚伪上，刘师培等人的思想有其深刻性。但是，他们不了解，和封建专制主义比较起来，资产阶级民主仍然是一个大进步。这个进步，对历史发展和劳动人民的斗争有利；在当时的中国，也正需要这样一种进步。列宁说："资产阶级的共和制、议会和普选制，所有这一切，从全世界社会发展来看，是一种巨大的进步。""它们使无产阶级有可能达到现在这样的统一和团结，有可能组成步伐整齐纪律严明的队伍去同资本进行有系统的斗争。农奴制农民连稍微近似这点的东西也没有，奴隶就更不用说了。"[2]资产阶级民主的虚伪主要取决于它的阶级内容，而不在于共和制等形式。

"平均地权"是孙中山民生思想的核心。对此，刘师培讥之为汉武帝的盐铁专营和王莽改制。他说："土地、财产国有之说，名曰均财，实则易为政府所利用。观于汉武、王莽之所为，则今之欲设政府，又以平均地权愚民者，均汉武、王莽之流也。"[3]历史上，汉武帝的盐铁官营和王莽改制都没有给人民带来什么好处；在刘师培看来，孙中山的"平均地权"也不过尔尔。

刘师培等对孙中山领导的民族民主革命感到绝望。他们认为，这不过是以暴易暴，"势必举欧美、日本之伪文明推行于中国"，"所谓法律、租税、官吏、警察、资本家之弊，无一不足以病民，而中国人民愈无自由，愈无幸福，较之今日为尤甚"[4]。因此，他们表示要"别筹革命之方"[5]——提倡"无政府革命"。刘师培说："吾辈之意，惟欲于满洲政

---

[1]《天义报》第1卷。
[2]《论国家》，《列宁全集》第29卷，人民出版社1956年版，第442页。
[3]《西汉社会主义学发达考》，《天义报》第5卷。
[4]《社会主义讲习会第一次开会记事》，《天义报》第6卷。
[5]《〈俄国革命之旨趣〉译者识语》，《天义报》第16—19卷合册。

府颠覆后即行无政府，决不欲于排满以后另立新政府也。"[1]

不承认资产阶级民主革命的进步性和不可避免性，以为这一革命的结果反而不如不革命，这一观点自然是荒谬的，但是，剥去它的荒谬部分，我们却又可以看到，这一观点反映着中国革命所面临的深刻矛盾：世界资本主义的发展历史已经证明了，旧的西方资产阶级民主革命的结果并不十分美好，中国人民必须走一条新的道路。从这个意义上说，"别筹革命之方"的提法并不错，问题是所"筹"之"方"错了。

二、在介绍马克思主义的同时，又攻击马克思主义

由于日本社会主义运动的影响，刘师培等人接触过马克思主义。《天义报》第八、九、十卷合册的《新刊预告》中，曾列入《共产党宣言》一书，宣布已请同志编译，不日出版。后来，它发表了恩格斯1888年为《共产党宣言》英文版所写的序言和《共产党宣言》第一章：《资产者和无产者》。此外，它还发表过第二章《无产者和共产党人》以及恩格斯《家庭、私有制和国家的起源》一书中的个别段落。在为《共产党宣言》中译本所写的序言中，刘师培充分肯定了马克思主义的阶级斗争学说对工人运动、研究历史和西欧资本主义制度的巨大意义。他说："观此《宣言》所叙述，于欧洲社会变迁纤细靡遗，而其要归，则在万国劳民团结，以行阶级斗争，固不易之说也。"[2]又说："欲明欧洲资本制之发达，不可不研究斯编。复以古今社会变更均由阶级之相竞，则对于史学发明之功甚巨，讨论史编，亦不得不奉为圭臬。"[3]《天义报》还译载过英国社会党领袖海德门的一本《社会主义经济论》，

---
[1]《社会主义讲习会第一次开会记事》，《天义报》第6卷。
[2]《天义报》第16—19卷合册。
[3]《天义报》第16—19卷合册。

译者完全同意恩格斯对马克思学说的高度评价，按语说："自马尔克斯以为古今各社会均援产业制度而迁，凡一切历史之事实，均因经营组织而殊，惟阶级斗争，则古今一轨。自此谊发明，然后言社会主义者始得所根据。因格尔斯以马氏发见此等历史，与达尔文发现生物学，其功不殊，诚不诬也。"[1] 译者批评中国学者是不懂得研究经济发展，认为"经济变迁实一切历史之枢纽"[2]，这就触及了历史唯物主义的核心思想。在辛亥革命准备时期，《浙江潮》《新民丛报》《民报》等刊物都对马克思主义有所介绍，比较起来，以《天义报》刘师培等人的水平为最高。

但是，在若干重大问题上，刘师培又攻击马克思主义。其一是斗争策略。刘师培完全反对议会斗争，并把导致第二国际机会主义的责任推到马克思身上。他说："夫马氏暮年宗旨，虽与巴枯宁离析，致现今社会民主党利用国会政策，陷身卑猥。"[3] 其二是国家学说。刘师培反对无产阶级在推翻资产阶级的统治后，还必须建立自己的国家。他说："惟彼之所谓共产者，系民主制之共产，非无政府制之共产也。故共产主义渐融于集产主义中，则以既认国家之组织，致财政支配不得不归之中心也。由是共产之良法美意亦渐失其真，此马氏学说之弊也。"[4] 在刘师培等看来，建立了国家，有了管理和发展社会生产的"中心"，其结果必然是："多数劳动者昔为个人奴隶者，今一易而为国家之奴隶，其监督之严，或增一层之惨酷。"[5] 他们把任何国家形态都看成坏东西，视政府为万恶之源，总结了两条公式：一条叫国家之利与人民之利成反比例，国家愈盛，则人民愈苦，一条叫政府与公理

---

[1]《天义报》第16—19卷合册。
[2]《天义报》第16—19卷合册。
[3]《天义报》第16—19卷合册。
[4]《天义报》第16—19卷合册。
[5]《苦鲁巴特金学术述略》，《天义报》第13、14卷合册。

成反比例，政府存在，则公理不昌。[1]《社会主义与国会政策》一文宣布："由今而降，如有借社会主义之名，希望政权者，决非吾人所主张之政府，虽目为敌仇，不为过矣！"[2]

肯定马克思主义的阶级斗争学说和历史唯物主义的部分思想，这一点，刘师培等和蒲鲁东以来的许多无政府主义者有区别，但是，在反对马克思主义的国家学说上，又表现了无政府主义的共同特点。

辛亥革命时的中国，还不是实行社会主义的问题，但是，马克思主义却是一盏可以指导中国革命走向胜利的明灯。刘师培等绝望于旧的资产阶级革命，这本来是一个接受马克思主义的契机，但是，他们却与之失之交臂。中国人民要接受马克思主义，还必须走过一段曲折的途程。

三、"完全平等"的无政府乌托邦

无政府主义在其发展过程中，曾经产生过几个不同的流派，如个人无政府主义、社会无政府主义、消极无政府主义、共产无政府主义等。刘师培对上述各派都作过考察，他选择共产无政府主义。

斯谛纳尔是所谓个人无政府主义者。他认为"我"是万事万物的主体，人类的进化之途是由集合之体分化为个体，由国家、社会分化为个人，达到不受任何制限，"各遂我性"的境界。刘师培接受过斯谛纳尔的影响。《戒学政法歌》以"国家"为"第一邪说"，以"团体"为"第二邪说"，歌云：

> 第二邪说即团体，侈说合群真放屁。

---

[1]《论国家之利与人民之利成一相反之比例》，《衡报》第1号；《政府者，万恶之源也》，《天义报》第3卷。
[2]《天义报》第15卷。

> 高张团体升九天，压制个人沉九渊。
> 天网恢张众莫避，譬如兽罟与鱼筌。
> 团体公意众人守，空立军规垂永久。
> 有人欲遂自由性，便骂野蛮相掣肘。
> 互相束缚互箝制，活泼精神更何有！
> 试看群花大放时，众瓣各与苞蕊离。
> 人类进化无止境，当使人人呈个性，
> 人非团体不能生，毕竟野蛮风未尽。[1]

要求"人人呈个性"，把"团体"视为束缚自由的"兽罟鱼筌"，这正是斯谛纳尔的个人无政府主义。但是，刘师培认为，当时的人民还达不到这种程度："盖近今之民，决不能舍群而独立。"他把希望放在遥远的将来："异日物质文明倍为进步，或一切事物可以自为自用，则斯氏之说或有实行之一日。"[2]然而，刘师培有时又感到，"自为自用"不仅永远做不到，而且流弊很大。他举例说：建筑一座房子，绝非一人之力所能胜任。人人都"自为自用"，必将"人人各私其所有，彼此不复相顾，一遇天灾，死伤必众。"[3]这就实际上否定了个人无政府主义。比起斯谛纳尔来，刘师培要清醒一些，他的理论多了一点集体主义的色彩。

托尔斯泰是所谓"消极无政府主义者"。1907年，日本报刊先后发表了他的《答日本报知新闻社书》《致一个中国人的信》和《俄国革命之旨趣》等文，引起中国革命党人的注意。刘师培高度肯定托尔斯泰对西方资本主义制度的指责，尤其欣赏他对中国传统农业社会的赞美，

---

[1]《天义报》第8—10卷合册。
[2]《苦鲁巴特金学术述略》，《天义报》第13、14合卷。
[3]《人类均力说》，《天义报》第3卷。

认为"欲改革中国重农之俗而以工商立国者",不可不读托尔斯泰的著作[1]。但是,他不同意托尔斯泰对近代物质文明的完全否定,认为在有政府有阶级的社会里,物质文明是掠夺平民的工具,而在无政府、无阶级的社会里,"物质文明日进,则人民愈便利"[2]。比起托尔斯泰来,刘师培也似乎要开通一些。

在当时,刘师培主要信奉克鲁泡特金的共产无政府主义。这种主义主张,发扬人类天赋的互助精神,"以自由结合之团体代现今之国家政府,以共产之制代现今财产私有之制"。[3]刘师培认为它"最为适宜"[4],准备在破坏现存社会后立即付诸实施。他的无政府乌托邦主要是根据克鲁泡特金的学说臆想的。但是,刘师培的思想并不是对前人学说的简单重复,它有着自己的创造,这就是以"完全平等"作为最高原则。

刘师培认出,人类有三大权:一是平等权,"权利、义务无复差别之谓也";二是独立权,"不役他人,不倚他人之谓也";三是自由权,"不受制于人,不受役于人之谓也"。这三大权都属于天赋人权,其中,尤以平等权最为重要。他说:"无政府主义虽为吾等所确认,然于个人无政府主义不同,于共产、社会二主义,均有所采。惟彼等所言无政府,在于恢复人类完全之自由;而吾之言无政府,则兼重实行人类完全之平等。"[5]刘师培的这段话道出了自己的理论特色,下面的一段话就更清楚了。他说:"独立自由二权,以个人为本位,而平等之权必合人类全体而后见,故为人类全体谋幸福,当以平等之权为尤重。独立权者,所以维持平等权者也。惟过用其自由之权,则与他人之自由生冲突,与人类平等之旨,或相背驰,故欲维持人类平等权,宁限制个人之自由

---

[1]《天义报》第5卷。
[2]《苦鲁巴特金学术述略》,《天义报》第13、14卷合册。
[3]《苦鲁巴特金学术述略》,《天义报》第13、14卷合册。
[4]《苦鲁巴特金学术述略》,《天义报》第13、14卷合册。
[5]《无政府主义之平等观》,《天义报》第4卷。

权。"[1]历来的无政府主义者都以个人的"完全自由"或"绝对自由"作为最高原则,而刘师培却独张异帜,表示为了"人类平等",可以限制"个人自由",从而形成一种变态的无政府主义。

刘师培臆想的无政府乌托邦特点有三:

一是无中心、无畛域。刘师培说:"无政府主义非无稽之说也,蔽以一言,则无中心、无畛域已耳。""无中心故可无政府,无畛域故可无国家。"[2]他设想,在破坏固有之社会,破除国界、种界后,"凡人口达千人以上,则区画为乡。每乡之中,均设老幼栖息所。人民自初生以后,无论男女,均入栖息所;老者年逾五十,亦入栖息所,以养育稚子为职务。"另设阅书和会食之地,作为人民共集之区。在这样的社会里,没有任何"在上"之人,连管理生产和分配的人员也不需要。[3]

近代生产是社会化的大生产,它需要广泛的合作、联系和高度的组织性。拘限于"千人之乡",没有具有一定权威的管理"中心",任何社会化的大生产都无法进行,所谓"无畛域"也就是一句空话。

二是实行共产。刘师培认为,在无政府的情况下,如果不实行"共产",那么,富民横暴、盗贼劫掠等现象都将不可避免,只有实行"共产","使人人不以财物自私,则相侵相害之事将绝迹于世"[4]。这里所说的"共产",不仅指土地、工厂等生产资料,而且也指一切产品和财富。《废兵废财论》说:"于民生日用之物,合众人之力以为之,即为众人所公用。"[5]《人类均力说》称:"凡所制之器,置于公共市场,为人民

---

[1]《无政府主义之平等观》,《天义报》第4卷。
[2]《无政府主义之平等观》,《天义报》第4卷。
[3]《人类均力说》,《天义报》第3卷;参见《论女子当知共产主义》,《天义报》第8—10卷合册。
[4]《论种族革命与无政府革命之得失》,《天义报》第6卷。
[5]《天义报》第2卷。

所共有。"[1]刘师培等设想：由于社会产品无限丰富，可以听任人们"各取所需"，不需要任何分配者和分配制度："凡吃的、穿的、用的，都摆在一个地方，无论男人、女人，只要做一点工，要哪样就有哪样，要多少就有多少，同海里挑水一样。"[2]

刘师培认为，由于实行"共产"，因此根本不需要贸易、交换，因而也就不需要货币。他说："使人人不以财产自私，则贸易之法废，贸易之法废，则财币为易中之品者，亦失其行使之权。虽财币丰盈，于己身曾无丝毫之利，则人人将以刍狗视之矣！"[3]

刘师培曾经注意到生产力问题。他认为，"中国欲行此制，必先行之于一乡一邑中，将田主所有之田，官吏所存之产，富商所蓄之财，均取为共有，以为共产之滥觞。若各境之民互相效法，则此制可立见施行。此制既行，复改良物质，图生产力之发达，使民生日用之物供全社会人民之使用，则共产制度亦可永远保存。"[4]这就是说，可以先"共产"，后发展生产力。在有些文章中，他甚至认为，闹灾荒的时候实行"共产"最容易。《论水灾为实行共产之机会》一文说："我现在奉告饥民的话，就是教他杀官、抢富户。这两件事做到尽头，就可以做成共产无政府了。"[5]

没有高度发展的生产力不可能建成共产主义，也不可能消灭商品和货币。刘师培这种超前发展生产关系，先"共产"，后发展生产力的设想，在实践上只能破坏生产力，并在分配上通向绝对平均主义。关于后一点，他们的议论已现端倪，如要求"人人衣食居处均一律"[6]，"所筑

---

[1]《天义报》第3卷。
[2]《论女子当知共产主义》，《天义报》第8—10卷合册。
[3]《废兵废财论》，《天义报》第2卷。
[4]《论共产制易行于中国》，《衡报》第2号。
[5]《衡报》第3号。
[6]《破坏社会论》，《天义报》第1卷。

之室，其长短广狭均一律，人各一室"等[1]。

三是实行均力。刘师培认为，人人做工，人人劳动，固然是平等的，但是，同一做工，苦乐难易大不相同，还是不平等，例如造钉制针，所费劳力甚少，而筑路筑室，则所费劳力甚多。因此，他又提出，要消灭"分业社会"，实行"均力主义"。其方案是：每个社会成员二十岁之前在上述的"栖息所"受教育，二十岁后即须出而劳动，按年龄依次轮换工种，即二十一岁至三十六岁一律从事农业劳动，同时兼做其他工作（二十一岁筑路，二十二岁开矿、伐木，二十三岁至二十六岁盖房，二十七岁至三十岁制造陶器，三十一岁至三十六岁纺织及制衣），三十七岁至四十岁烹饪，四十一岁至四十五岁运输货物，四十六岁至五十岁为工技师及医师，五十岁以后养育幼童并任教师。刘师培把这种情况叫作"人人为工，人人为农，人人为士"，又叫作"人人不倚他人，人人不受役于人"。据他说：这样做就"权利相等，义务相均"，苦乐相齐，完全平等，达到"大道为公"的境界了。[2]

人类历史上出现的分工造成了工业和农业的分离，城市和乡村的分离，体力劳动和脑力劳动的分离，刘师培的"人类均力"说包含着对上述情况的不满和抗议。但是，分工是生产力发展的结果，社会化大生产的特点是高度的分工和专门化。不考虑劳动者的专长、知识水平、技艺熟练程度和个人志趣，一律机械地按年龄轮换，要求"一人而兼众艺"，遍历所有劳动部门，这种做法，感情上是痛快的，理论上是彻底的，但是，它只能造成社会生产力和科学文化事业的大破坏、大倒退。在苏联的社会主义建设中，斯大林曾经批评过一些"左派"糊涂虫的"平均主义儿戏"，认为它给工业带来了巨大的损害。[3]刘培等也是一些"左派"

---

[1]《人类均力说》，《天义报》第3卷。
[2]《人类均力说》，《天义报》第3卷。
[3]《斯大林全集》第13卷，人民出版社1956年版，第316页。

糊涂虫,"均力"说实际上也是一种儿戏!

刘师培的"均力"说在某些地方很类似于傅立叶的"和谐制度"。在这种制度下,以"法郎吉"(协作社)为基层组织,每个"法郎吉"拥有一千六百二十人,分成若干"谢利叶"(生产队)。劳动者可以经常地调换工种。刘师培在构思他的乌托邦时可能受过傅立叶的影响[1],不同的是:傅立叶的工种调换完全以劳动者的个人兴趣为依据,刘师培的职业轮换则以年龄为标准,劳动者本人没有任何选择的余地。它典型地体现了刘师培的理论原则——"欲维持人类平等权,宁可限制个人自由权"。

可以看出,刘师培的"完全平等"说的核心是绝对平均。在中国古代,农民有过"均贫富""均田"的要求,到了刘师培的"均力"说,平均主义就发展到了登峰造极的地步了。

刘师培的无政府主义主张有着明显的矛盾。

要使所有社会成员的劳动都准确无误地列入"均力"说的时间表中去,要人们都住一样大小的房子,穿一个式样的衣服,吃一律的饭,就必须建立严密而有力的管理机构,还必须伴以无情的强制。当时,曾有人致书《天义报》,认为刘师培等"标无政府之名","终难逃有政府之实"[2],这是击中了刘师培的要害的。刘师培要使他的乌托邦化为现实,就必须建立政府,而且必须是一个高度专制的政府。无政府主义和专制主义有时是对立面,有时则是如影随形的孪生兄弟。

正像没有什么"完全自由"或"绝对自由"一样,世界上也不可能有刘师培幻想的"完全平等"或"绝对平等"。恩格斯说:在各个国家、省份、地区之间,"总会有生活条件方面的某种不平等存在,这种不平等可以减少到最低限度,但是永远不可能完全消除。"[3]随着社会科学文

---

[1]《天义报》曾在16—19卷合册介绍过傅立叶的学说。
[2] 铲平王:《世界平等政府谈》,《天义报》第13、14卷合册。
[3]《给奥·倍倍尔的信》,《马克思恩格斯全集》第19卷,第8页。

化和生产力的发展，随着社会主义、共产主义事业的前进，工业和农业、城市和乡村、体力劳动和脑力劳动之间的本质差别会消灭，但是，不可能消灭一切差别。无产阶级的平等要求只能限于消灭阶级，超出这个范围，就必然要流于荒谬。

刘师培宣称，他并不摒弃近代物质文明，相反，主张机器生产。这一点，他的思想和蒲鲁东主义不同，也和托尔斯泰主义不同，但是，他实际上并不熟悉近代文明。不论是"无中心"的"千人之乡"也好，"杀官、抢富户"的"共产主义"也好，以农为主、半农半工的"均力主义"也好，处处都镌刻着小生产者狭隘经验的印记。

刘师培又说："原人之初，人人肆意为生，无所谓邦国，无所谓法律，人人均独立，人人均不为人所制，故人人俱平等。"又说："上古之初，人人自食其力，未尝仰给于人，亦未尝受役于人，虽所治之业至为简单，然分业而治则固上古所未有也。"[1] 20世纪初，人们对原始社会已经有了相当了解。刘师培在构思他的无政府乌托邦时除了依据小生产者的狭隘经验外，也吸取了关于原始共产制的某些知识。显然，它不是对未来社会的天才猜测，而是一种倒退的臆想。

四、以"劳民"为革命动力

革命必须依靠一定的社会力量，辛亥革命前夜的革命家们对此有不同的认识。有的笼统地提出要依靠"国民"，有的认为要靠"中等社会"和"学生社会"，有的认为要靠会党和新军；与上述各种认识迥然不同，刘师培等人明确指出，必须靠占人口大多数的"劳民"，即农民和工人。

刘师培看出了欧美资产阶级革命的狭隘性质，也看出了当时中国革

---

[1]《无政府主义之平等观》，《天义报》第4卷。

命党人活动范围的窄小。他认为：法国革命，只是巴黎市民的革命，美国独立，只是商人的革命，因此革命成功之后，平民依然吃苦；只有像俄国民粹主义运动一样，使"革命之思想普及于农工各社会并普及于全国之中"，"革命出于多数平民"，才能叫"根本之革命"[1]。张继说："无论行何种革命，均当以劳民为基础。"[2]《衡报》说："现今中国，欲兴真正大革命，必以劳民革命为根本。"[3]他们指出，在这种革命中，"劳民"不仅是参加者，而且应是"主动者"。《衡报》说"中国革命非由劳民为主动，则革命不成"[4]。

刘师培等认为，革命党人的活动必须以"运动农工为本位"[5]，首先从事"劳民结合"。为此《衡报》曾发表长文《论中国宜组织劳民协会》，说明组织劳民协会"乃当今之急务"[6]。张继当时流亡在欧洲，他建议仿照法国劳民协会的办法，在中国各地设立"工党"。这些地方，说明他们和19世纪末以来的无政府工团主义者一致，张继建议革命党人甩掉绅士气派，"脱卸长衣，或入工厂，或为农人，或往服兵"，从而为中国革命奠定基础。[7]在上海的无政府主义者则建议制定"工会组织法"，编写白话小册子，以便运动工人[8]。

从世界历史看，任何一次较为彻底的革命都必须有广大的劳动群众参加，否则就要夭折，或者浮皮潦草地结束。辛亥革命时期大多数革命家们严重忽略了的地方，刘师培等无政府主义者却看出来了。应该承认，这一点，他们对中国近代思想史和革命史也有贡献。

---

[1]《论种族革命与无政府革命之得失》，《天义报》，第6卷。
[2]《张继君由伦敦来函》，《衡报》第4号。
[3]《论中国宜组织劳民协会》，《衡报》第5号。
[4]《汉口暴动论》，《衡报》第4号。
[5]《论种族革命与无政府之革命得失》，《天义报》第6卷。
[6]《论中国宜组织劳民协会》，《衡报》第5、6号。
[7]《张继君由伦敦来函》，《衡报》第4号。
[8]《平原断侵君来函》，《衡报》第10号。

刘师培重视农民问题。他曾发起组织农民疾苦调查会。章程云："中国幅员广大，以农民为最众，亦以农民为最苦，惜困厄之状，鲜有宣于口、笔于书者。迄今所出各报纸，于各省政治、实业虽多记载，然于民事则弗详，民事之中，又以农事为最略。嗟我农人，诚古代所谓无告之民矣。仆等有鉴于此，爰设农民疾苦调查会，举官吏、富民之虐，据事直陈，以筹救济之方，兼为申儆平民之助。"[1]其后，《天义报》《衡报》陆续发表了一批调查记，如《贵州农民疾苦调查》《川省农民疾苦谈》《山西佃民之疾苦》《山东沂州佃民之苦》《皖北佃民之苦》《江苏松江农民之疾苦》等，也发表了一些反映中国早期工人生活状况的调查记，如《四川工人之悲苦》等，这是近代中国最早的农村调查和社会调查。当普遍那个时期的革命党人热心于陈述满洲贵族带给中国人民的苦难时，农民疾苦调查会的活动显然别具一格。

刘师培等人没有停留在表象上，而是揭示了农民受剥削、受压迫的社会根源——地主阶级。在《悲佃篇》一文中，刘师培指责"田主"为"大盗"，"始也操蕴利之术，以殖其财，财盈则用于市田，田多则恃以攘利，民受其厄，与暴君同"[2]。《衡报》还发表专文《论中国田主之罪恶》，分析中国地主制度的特点和演变。该文认为："重农之国，民间以田多为富，欲垄断多数之土地，不能不使役多数之农民，而田主、佃民之阶级遂一成而不可易。""佃民者，其生命财产之权均操于田主，谓之佃民，不若谓之农奴。"文章的结论是："为今日农民之害者，田主而已。"[3]那个时期的革命党人专注于"排满"，因而放过了地主阶级，刘师培等人却把它揪住了，虽然，他们还认识不到地主阶级乃是中国封建社会的支柱。

---

[1]《天义报》第8—10卷合册。
[2]《民报》第15期。
[3]《衡报》第7号。

刘师培号召实行"农民革命"。《悲佃篇》提出:"欲籍豪富之田,又必自农人革命始。"[1]《衡报》曾专门出版"农民号",其中《无政府革命与农民革命》一文提出:要在中国实行无政府革命,必须从"农民革命"开始。文章充分估计了农民的力量:"中国人民仍以农民占大多数,农民革命者,即全国大多数人民之革命也。以多数抵抗少数,收效至速。"文章驳斥了中国农民没有"革命之资格"等说法,针锋相对地表示,农民有团结之性,有抵抗之能力,"革命党出于农民"。它说:"试观之中国历史,则陈涉起于佣耕,刘秀起于力农;而唐初之时,刘黑闼起于漳南,其所率均农民。此固彰彰可考者也。自此以外,则西晋之时流民扰乱亦均无食之农民。明代之时,则邓茂七以佃民之微起兵闽省。明末之乱亦以无食农民占多数。近世捻匪之众蔓延北方各省。然观曾国藩诸人所奏疏,均谓聚则为匪,散则为农,则革命党出于农民益有征矣。"[2] 从陈胜开始绵延中国历史近两千年的农民起义,第一次得到了充分的评价。

在土地问题上,《衡报》提出了两步走的设想。第一步,当革命初起之时,农民摆脱田主和国家的羁绊,实行"完全之个人私有制";第二步,当革命成功之后,扩充农民固有的共产制,"使人人不自有其田,推为共有,以公同之劳力从事于公同之生产而均享其利"。[3] 巴枯宁、克鲁泡特金等无政府主义者都主张土地共有,但是这种主张在中国推行起来,必将脱离渴望得到土地的佃农和占有少量土地的贫农。《衡报》两步走的设想是一个创造。

必须指出,刘师培号召的"农民革命"并不是武装起义,而是一种停留于自发斗争阶段的骚动。《衡报》列举的"革命"方式有二。一为

---

[1]《民报》第15期。
[2]《衡报》第7号。
[3]《衡报》第7号。

抗税，即各境农民互相结合，誓不纳税、纳租；佃民自有其田，不再承认土地为田主所私有。当田主讼于官署，差役捕人或索租时，合群力相敌，或加以殴击，同时驱逐为官效力的保正、庄头等出境。二为劫谷，即破坏各村大地主的粮仓，分其谷米；劫掠富民所开的典当，分其货物；各债主有贷财取息，强迫农民以田地作抵者，以强力相加，收为己有。文章认为，在发生上述斗争后，官府必然派兵镇压，但农村广大，政府兵力不够分配；农民不售谷、不纳税，政府军必然饥而自溃。[1]文章中虽然有"相敌""殴击""强力"一类字眼，但完全是自卫性质，无政府主义者所倡导的"非军备主义"使他们不允许有组织农民武装、进行农民战争的思想。他们虽然充分肯定陈胜等旧式农民起义，但在实际斗争的要求上，他们还是赶不上陈胜等人。

刘师培等提倡的另一种斗争形式是总同盟罢工。

总同盟罢工是西方无政府主义者多年的号召，德国人罗列以此为题，专门写过一本小册子，被视为无政府主义的经典。该书认为，总同盟罢工是资本主义条件下"第一流的革命方法"，可以在一夜之间把社会搅成乱泥，从而迅速摧毁资产阶级及其统治。张继、刘师培、章炳麟等人都非常欣赏这种斗争形式。刘师培说："倘罗氏之策推行禹域，阎闾驿骚，纭者羹沸，则握政之人，丧其所依，即以甲兵相耀，其资料履扉之供，亦匮竭莫复继。"[2]在他看来，这种斗争形式完全可以战胜统治者的"甲兵"，建立"泯等威而均民乐"的太平世界。1908年5月，汉口发生摊贩骚动，汉口警局强迫各处摊贩一律迁往指定地区，激起公愤。摊贩们聚众万余，拆毁警棚，焚毁警局，威胁商民罢市。《衡报》把这看作总同盟罢工的中国模式，立即作了报道，按语说："此实中国

---

[1]《无政府革命与农民革命》，《衡报》第7号。
[2]《天义报》第8—10卷合册。

劳民之最大示威运动也。前岁上海罢市,其主动出于绅商、新党,其目的在于对外;此次汉口罢市,其主动出于小商,其目的在于对内。语云:'冤有头,债有主',汉口此举,殆中国社会革命之先声矣!惟望中国劳民踵此而兴,反抗官吏、资本家,以实行劳民大革命,则共产无政府之社会施行未远矣!吾党谨为中国劳民贺,并愿以西历五月十四日为中国劳民革命纪念日。"[1]随即发表长文,提出了在汉口实行总同盟罢工的方案。该文认为,汉口为适中之地,工业发达,拥有数万工人,一旦罢工,武昌、汉阳、大冶等处的工人和湖北各地的农民必然纷起回应,"以多数之劳民,抗敌少数之兵警,夫复何难之有!"[2]

总同盟罢工具有一定的威力,但是,夸大这种斗争形式的作用,以之作为"唯一"的革命方法,同样是一种幼稚的幻想。

主张以"劳民"为革命的动力,重视农民问题,肯定农民的革命性格,呼吁革命党人到工人、农民、士兵中去做发动工作,这些地方,刘师培等人高于孙中山,但是,在坚持武装斗争上,却又远远落后于孙中山。

五、被吹胀了的"男女革命"论

妇女问题受到刘师培等人的特别关注。

《天义报》曾用大量篇幅揭露过中国妇女在封建社会所受的种种压迫,而特别集矢于儒家。何震说:"儒家之学术,以重男轻女标其宗。"她认为,自孔丘开始,经过汉、宋儒者,形成了以"夫为妻纲"为核心的一整套压迫妇女的学说。她愤愤地喊道:"儒家之学术,均杀人之学

---

[1]《衡报》第3号。
[2]《汉口暴动论》,《衡报》第4号。

术也。"又说:"前儒所言之礼,不啻残杀女子之具。"[1]这是自戴震以来对儒家思想最强烈的控诉。

何震认为:在资本主义社会中,妇女结婚、离婚自由,有和男子同受教育、同入交际场等权利,这些地方,较中国封建社会为胜。但是,妇女只获得了肉体上的解放,而没有获得精神上的解放。她举例说,资本主义的婚姻取决于金钱、门第等因素,"男子以多财相耀而诱女子,或女子挟家资之富而引男子爱慕之心",名义上实行一夫一妻制,而实际上存在的是多妻制和多夫制。因此,"女子有自由之名,而无自由之实;有平等之名,而无平等之实"。[2]应该承认,何震的这些看法有一定见地。

何震呼吁人们实行"男女革命",破除中国几千年来的重男轻女之风。她的具体主张一部分是合理的。如:实行一夫一妻制;男女并重,做父母的要"视女犹子,视女之所出如孙";男女养育同等,教育同等,有担任同等职务的权利,社会性的一切事务都必须有妇女参加;夫妇感情不和,可以分离;废尽天下娼寮,去尽娼女等。[3]这些主张,反映了中国妇女摆脱男权和夫权压迫的愿望。但是,由于小资产阶级的狂热性和思想上的形而上学与绝对化,她的"男女革命"论又是极大地吹胀了的。

何震声称:"欲破社会固有之阶级,必自破男女阶级始。"[4]这样,"男女革命"就提到了一切革命的首位。与何震的观点类似,另有人则提倡毁家,认为有家而后有私,家为万恶之首,只有毁家,才能拉开社会革命的大幕[5]。她们不了解妇女问题和家庭问题的社会根源,不懂得

---

[1]《女子复仇论》,《天义报》第3卷。
[2]《女子解放问题》,《天义报》第7卷。
[3]《女子宣布书》,《天义报》第1卷。
[4]《天义报启》,《复报》第10期。
[5]《毁家论》,《天义报》第4卷。

妇女的解放决不能先于社会的解放，把主次完全颠倒了。

由于不了解妇女问题和家庭问题的社会根源，因而也就不能正确地分析并提示革命的对象。何震宣布所有的男子都是"大敌"，说是："今男子之于女子也，既无一而非虐；而女子之于男子也，亦无一而非仇。"[1]她鼓吹"女子复仇论"，声言要"革尽天下压制妇女之男子"。不仅如此，她还表示，要"革尽天下甘受压制之女子。"[2]例如，女子"甘事多妻之夫"者，她们要"共起而诛之"！未婚之女嫁再婚之男者，她们也要"共起而诛之"。[3]这样，何震就把千千万万和浩浩荡荡的人们都列入了打击计划。按照她的理论做去，必将出现一个乱诛乱斗的局面。

参加公共劳动是妇女解放的先决条件。在资本主义社会中，一大批妇女走出家庭，参加社会生产，这对于提高妇女的地位是有作用的。但是，刘师培等却对此持全盘否定态度。他们认为，这是由"玩物"发展为"用物"，"既屈其身，兼竭其力"，地位更加低下[4]。同样，他们也不能正确地评价资本主义社会中妇女争取选举权的运动，认为只能造成一批"助上级男子之恶"[5]的女子贵族，徒然增加一重压迫。

稍后，在个别问题上，刘师培等认识了自己的错误。他们从《共产党宣言》和《家庭、私有制和国家的起源》二书中得到启示。《女子问题研究》一文说："以上所言，均因氏（指恩格斯——笔者）所论财婚之弊也。彼以今之结婚均由财产，故由法律上言之，虽结婚由于男女间之契约，实则均由经济之关系而生耳，无异雇主之于工人也。观于彼

---

[1]《女子复仇论》，《天义报》第2卷。
[2]《破坏社会论》，《天义报》第1卷。
[3]《女子宣布书》，《天义报》第1卷。
[4]《论女子劳动问题》，《天义报》第5卷。
[5]《女子解放问题》，《天义报》第8—10卷合册。

说，则女子欲求解放，必自经济革命始，彰彰明矣。"[1]从"必自破男女阶级始"到"必自经济革命始"，认识上前进了一大步，但是，他们仍然不能找到一条妇女解放的正确道路。

何震说："今日之女子，与其对男子争权，不若尽覆人治。"[2]把妇女解放和"无政府革命"联系在一起，当然只能是一条死路。

六、歌颂中国封建社会

历史现象竟是这样地有意思，当刘师培等批判资本主义，宣扬最彻底、最圆满的"无政府革命"时，他们表现出狂热的"左"派姿态，然而同时，他们却又在深情脉脉地为中国封建社会唱赞歌，表现出货真价实的右派本色。

据刘师培说，中国社会具有和西方迥然不同的若干特点，因此，西方各国实行无政府很难，而中国则和无政府主义理想很接近，实行起来比较容易。理由有三：

第一，放任而不主干涉，刘师培说："中国数千年之政治，出于儒道二家之学说，儒道二家之学说主于放任，故中国之政治主放任而不主干涉。名曰专制，实则上不亲民，民不信官，法律不过具文，官吏仅同虚设，无一真有权之人，亦无一真奉法之人。上之于下，视若草木鸟兽，任其自生自灭，下之于上，视若狞鬼恶神，可途近而不可亲。名曰有政府，实与无政府无异。"[3]

中国的封建统治建立在广大的小农经济上，因此，不可避免地存在着分散、闭塞、割据的状态，也不可避免地要产生因循、苟且、疲惰等

---

[1]《天义报》第16—19卷合册。
[2]《女子解放问题》，《天义报》第8—10卷合册。
[3]《社会主义讲习会第一次开会记事》，《天义报》第6卷。

作风，而资产阶级的统治则不同。马克思、恩格斯曾经指出："资产阶级日甚一日地消灭生产资料、财产和人口的分散状态。它使人口密集起来，使生产资料集中起来，使财产聚集在少数人的手里。由此必然产生的结果就是政治的集中。各自独立的、几乎只有同盟关系的、各有不同利益、不同法律、不同政府、不同关税的各个地区，现在已经结合为一个拥有统一的政府、统一的法律、统一的民族阶级利益和统一的关税的。"[1]资产阶级以现代化的手段建立了庞大的、强有力的、高效能的国家机器（包括政府、军队、法庭、警察、监狱等），这是封建统治者所望尘莫及的。关于此，刘师培有一个对比。他认为，中国自两汉迄今，虽然是专制政体，但都在距国较远的地方，政府干涉力就不能达到；而欧洲今日，交通机关，日益发达，杀人之器，日益发明，加上巡警侦探，分布都市，人民稍有反抗，立即遭到镇压。因此，他们得出结论说："野蛮之国，人民之自由权尚克维持；文明之国，人民决（绝）无自由权。"[2]

资产阶级的统治远较封建统治严密、强化，资产阶级直接的、露骨的压迫也有别于用儒、道思想包裹起来的中国式的封建压迫。如果指出上述两点，自然是正确的；如果竟据此认为中国封建社会是一个"不主干涉"的"自由"社会，那当然是一种美化。

第二，中国社会早就消灭了贵族，法律平等。刘师培说："若中国去封建时代已数千年，为之民者，习于放任政治，以保无形之自由。贵族之制既除，富民之威未振，舍君主官吏专制外，贵贱贫富，治以同一之法律，其制本属差公。"[3]

欧洲封建社会长期处于领主制经济形态，自国王至诸侯、家臣、骑

---

[1]《共产党宣言》，《马克思恩格斯选集》第1卷，人民出版社1972年版，第255—256页。
[2]《无政府主义之平等观》，《天义报》第5卷。
[3]《论新政为病民之根》，《天义报》第8—10卷合册。

士，构成了一系列贵族等级。他们在分封的领地内既是土地占有者，又是政治统治者，握有行政、司法、征税、铸币等特权。中国封建社会长期处于地主制经济形态。秦王朝废分封，改郡县，勋臣、贵戚、地主们虽然占有土地，但行政、司法、征税、铸币等权则概归中央政府派出的地方官吏掌握。汉以后，历代大体相沿秦制。

正确地分析并指出欧洲和中国两种封建经济形态及其政治结构的不同是必要的，但据此而认为中国封建社会早已消灭了贵族，实现了法律平等，同样是一种美化。

第三，中国社会贱兵贱商，以农为本。刘师培说："中国自三代以来，以迄秦汉，其学术思想，均以弭兵抑商为宗，观老子言佳兵不祥，孟子言善战者服上刑，推之宋牼言罢兵，许行倡并耕，董仲舒言限田，一以利民为主，而杂霸之谈，商贾之行，则为学士所羞称，故以德为本，以兵为末，以农为本，以商为末，其制迥胜于今。"[1]

不同的经济基础上矗立着不同的意识形态体系。欧洲资本主义建立在近代工业和高度发展的商品经济上，为了保护和促进商品流通，开拓市场，必然贵兵贵商；中国封建社会建立在自给自足的自然经济上，为了保持这个农业社会的封闭性和稳固性，自然贱兵贱商，它是中国长期落后、软弱、停滞的重要原因，并不是什么"迥胜于今"的宝贝。

刘师培等既然认为中国封建社会有上述种种优点，逻辑的结论必然是封建主义远胜于资本主义，一切改革都没有必要。他曾举学堂、代议政体、实业为例，说明"新政"只能"病民"："若即社会之近况言之，则科举废而士人失业，汽车行而担夫嗟生，轮舟行而舟人失所，加以迷信既破，而术数之业，不克恃以谋身，电信既通，而邮驿之夫不克恃以谋食，平民疾苦，为往昔所未闻。且近日商埠之地，恃御车为业者以数

---

[1]《废兵废财论》，《天义报》第2卷。

万计,均属昔日之农民,今上海之地,改试电车,则御车者又失业。援是以推,则所谓新政者,果为利民之具耶?抑为害民之具耶?毋亦所利者在于少数人民,而所害则在于多数人民乎?"[1]因此,他的结论是:学堂不如科举,立宪不如专制,维新不如守旧。

对资本主义的批判常常来自不同方面:一是地主阶级顽固派,一是受到资本主义发展威胁的农民、手工业者和小商人;一是工人阶级。辛亥革命前夜,东南一带由于外资输入和民族资本的初步发展,农村自然经济解体,手工业遭到冲击,担夫、舟人等传统行业受到挑战,不少农民弃农做工,沦为雇佣奴隶。这些人,在封建主义的夹缝中还可以生存,而在资本主义条件下,他们却成了没落者,因此,不是沉溺于幻想,就是缅怀往古。刘师培等人的无政府主义正代表了这一社会阶层的声音。正如马克思、恩格斯所说:"中间等级,即小工业家、小商人、手工业者、农民,他们同资产阶级作斗争,都是为了维护他们这种中间等级的生存,以免于灭亡。所以,他们不是革命的,而是保守的。不仅如此,他们甚至是反动的,因为他们力图使历史的车轮倒转。"[2]刘师培的无政府主义之所以具有强烈的封建色彩和国粹主义气息,这固然和他的出身、教养有关——刘师培出身于三代治《春秋左氏传》的书香门第,极为熟悉中国封建社会的历史和文化,同时,也和他企图依附的小生产者这一社会阶层有关。小生产者和封建地主阶级既有其对立的方面,又有其一致的方面,这就是都具有狭隘、保守的阶级性格,都恐惧并反对资本主义,都企图保存自给自足的自然经济。从这个意义上来说,"左"的无政府主义和右的国粹主义合流并不奇怪,刘师培从提倡"无政府革命"到投降端方,后来又依附袁世凯,高唱"君政复古"也并不奇怪。

---

[1]《论新政为病民之根》,《天义报》第8—10卷合册。
[2]《共产党宣言》,《马克思恩格斯选集》第1卷,人民出版社1972年版,第261页。

七、必须善于识别并抛弃各种高调

刘师培等人的无政府主义思想的出现,既有其特定的时代背景,又有其深刻的社会根源。

以蒲鲁东、巴枯宁为代表的无政府主义思潮曾经受到马克思、恩格斯毁灭性的批判。但是,在恩格斯逝世后,第二国际大力鼓吹议会道路,作为它的对立面,"左"的无政府主义便死灰复燃了。在某些资本主义虽发展,而小生产仍占优势的国家里,它就更为活跃。日本的社会主义运动就正表现了这种情况。中国是个小生产者极为广大的国家,刘师培等人大都是小资产阶级知识分子,他们受到无政府主义的吸引是很自然的。

在中国近代史上,刘师培等较早介绍了马克思主义。他们揭露资产阶级和资本主义,强调以农工为革命的动力,看到了资产阶级革命民主派看不到的方面,提出了资产阶级革命民主派所提不出的问题,有一定贡献,不应该完全抹杀。

但是,刘师培等在介绍马克思主义的时候又攻击马克思主义。他们有时站在以孙中山为代表的革命民主派的"左"面,有时又站在右面,搅乱了革命党人的思想。同盟会上层在1907年的分裂和刘师培等人无政府主义思想的传播有着密切的关系。

刘师培等人的思想是近代中国无政府主义思潮的源头,它的短暂的表现给我们提供的政治上和理论上的教训是深刻的。

第一,革命的彻底程度永远不能超出历史进程的需要和可能,必须善于识别并抛弃各种高调。从人类历史的长河看,某些思想、纲领、政策可能是不彻底的,然而,从当时历史条件看,它却是现实的、合理的。人们不应该把那些只能在明天做的事情勉强搬到今天来做。刘师培提倡的"无政府革命"貌似彻底,然而,它超越历史进程,脱离社会实际，调子愈高，对革命也愈有害。

第二，反对资本主义有不同的立场，也有不同的发展方向。小资产阶级由于受到资本主义的威胁，因而，有着一种对资本主义的强烈憎恨。这种憎恨可能向"左"发展，成为否定一切的无政府主义，也可能向右发展，退向封建主义。刘师培等人的政治历程正生动地说明了这一点。

第三，必须善于摆脱小生产者的狭隘经验和目光。小生产者，由于生产方式落后，其社会改造方案不可能不是空想的，也不可能不是倒退的。只有熟悉社会化的大生产，了解它的特点和要求，才可能提出科学的、切实的、进步的社会改造方案。

第四，中国革命必须经由新民主主义走向社会主义。刘师培等完全否定孙中山的民主革命纲领固然错误，但是，它却从一个方面说明了，中国革命不应该是旧式的资产阶级民主革命。在当时，刘师培等不能解决这个问题，孙中山也不能解决这个问题，只有以毛泽东为代表的中国共产党人，根据马克思主义世界观和中国社会实际，提出了新民主主义革命的理论，这个任务才解决了。正是在这一理论的指导下，中国人民推翻了"三座大山"，完成了辛亥革命所未能完成的任务，并胜利过渡到社会主义。

刘师培的平均奇想

在中国平均主义思想史上，我以为应该特别提到刘师培。一提刘师培，熟悉近代史的人就会想起他劝袁世凯当皇帝的行为。其实，刘师培曾经"革命"过，那时，他是"响当当的左派"。他认为，"中国的事情，没有一桩不该破坏的"，专门给自己起了个笔名，叫作"激烈派第一人"。那意思自然是说，宇宙之大，唯我最"左"，唯我最革命了。

最初，刘师培在上海、安徽等地提倡"种族革命"，受到清政府注意。1907年流亡日本，接触到当时的"新思潮"，于是突发奇想，设计了一个实现"共产"的社会方案。据刘师培说，在那个社会里，不仅土地、生产资料公有，而且一切产品和财富也都公有。这个社会的最大特点是"完全平等"。这种平等不仅表现于没有任何统治者或管理者，而且表现于消费、生活的各方面。例如，刘师培提出，"人人衣食居处均一律"，要求大家穿一样的服装，吃一样的饭，住一样的房子。既然中国的传统服装是宽松的"深衣"，那你就别想穿洋服；既然食堂供应窝窝头，那你就别想吃白面馒馍。（附带说明，刘师培是近代公共食堂的提倡者，他要求在每乡建立"会食之地"。）至于"居处"，刘师培更明确提出："所筑之室，其长短广狭均一律。人各一室。"要求每人有一间房子，这使至今居处还很局促的笔者很神往，但是，蓝天白云之下，所有的房子都一个模样，彼此之间，既不宽一寸，也不高一分，那又是一幅多么令人难以入目的画面！

刘师培的"共产"社会的最大特点是"均力"。他认为：人人作工，人人劳动，固然是平等了，但是，同一做工，苦乐难易，大不相同。譬如造钉制针，活儿很轻松，而筑路盖房，干起来就很吃力，两者之间还是不平等。因此，他提出了一种平均苦乐难易的理论——人类均力说。按照这种理论，他将人分为三个年龄段：一是二十岁以前，在老幼栖息所受教育。二是二十一岁至三十六岁，从事农业劳动，兼做其他工作。即二十一岁筑路，二十二岁开矿伐木，二十三岁至二十六岁筑室，二十七岁至三十岁制造铁器、陶器及杂物，三十一岁至三十六岁纺织及制衣。三是三十六岁以后，免除农业劳动，从事各种工作。即三十七岁至四十岁烹饪，四十一岁至四十五岁运输货物，四十六岁至五十岁当工技师及医师，五十岁以后入栖息所任养育幼童及教育事。刘师培要求每一个人都按照这一铁定程序轮换。你想当运输工人吗？先干十六年农业活儿，再当四年厨师，在四十一岁至四十五岁之间才行。你想献身于人民教育事业吗？那就要等到五十开外，遍历农、工各种行业之后。也许你不想当医生，但轮换表中有此一项，非当不可。至于科学家、作家、艺术家、新闻家，轮换表中没有，你也别胡想。刘师培把他的这种设计称为"人人为工，人人为农，人人为士"，是"权利相等，义务相均"的最高美满境界。

不能认为刘师培的"均力"说完全荒唐。从有分工以来，人类就渴望打破分工的束缚。欧文、傅立叶、马克思、恩格斯等人都曾设想过，在未来社会里，劳动者可以全面地发展自己的能力，按照自己的志趣经常地自由地调换工种，从一种劳动转到另一种劳动。但是，社会主义大师们所设想的是生产力高度发展基础上人的全面解放，而刘师培所设想的则是自然经济基础上人的全面束缚，其结果只能是社会生产和科学、文化事业的大破坏和大倒退。刘师培提出了"均力"说，其实并不准备实行，所以他很快就归附了清朝政府，后来又成为"筹安会"六君子之一。

刘师培的"水灾共产主义"

前文中说过,在中国平均主义思想史上,应该有刘师培的位置;本文想说,在中国共产主义思想的传播史上,也应该为刘师培写几笔。这是因为,他是近代中国最早的"共产主义"的鼓吹者之一,并且曾经设想过一种"贫穷共产主义"的典型"水灾共产主义"。

刘师培是个经历复杂的人物,因此,他的人生色差很大。可以说:既曾"大红",也曾"大黑"。关于他的"黑",本文暂且不表。这里先说他的"红"。那还是清朝末年,刘师培正在上海做革命党。某日,他顾盼自雄,起了个笔名叫"激烈派第一人",意思是说,他是当时天下革命性最强、最彻底的人。当然,这在清朝政府统治下是无法安身的,于是,刘师培跑到日本。正巧日本的社会党发生分裂,一派激烈,一派温和。自然,作为"激烈派第一人"的刘师培便成了日本社会党"激烈派"的朋友,变得更加"激烈"起来。那时,孙中山正在提倡民族、民权、民生三大主义,刘师培认为其革命性太差,不能从根本上拯救百姓。于是,他便邀约了几个人,组织"社会主义讲习会",作演讲,搞翻译,办报刊,提倡俄国人克鲁泡特金的"无政府共产主义"。这样，刘师培就成了东京中国革命党人中"红"极一时的"共产"迷。

那时，刘师培写了许多鼓吹在中国实行"共产主义"的文章。其中有一篇写于1908年，题为《论共产制易行于中国》，引证大量古书，说明中国古代早就实行过"共产"制。例证之一是《礼记·祭法》篇中"黄帝明民共财"一语，刘师培认为："共财"即"共产"。其二是东汉班固等人所编《白虎通》书中的一段话："古者所以必有宗者，所以长和睦也，通其有无，以财理族。"刘师培以此证明："古代一族之财为一族所共有"，可以称为"宗族共产制"。其三是《汉书·食货志》对古代井田制的描绘："井方一里，是为九夫，八家共之，力役生产可得而平。"刘师培赞美这一制度，"同力合作，计亩均收，于均财之中寓共财之义"，是所谓"乡里共产制"。

因此，刘师培的结论是：中国社会和欧美不同，中国实行共产远较欧美容易，其方法是：

> 于一乡一邑之中，将田主所有之田，官吏所有之产，富商所蓄之财，均取为共有，以为共产之滥觞。若各境之民互相效法，则此制可立见施行。

这就是说，只要改变生产资料（土地）的所有关系、财富的所有关系和分配关系，"均取共有"，就"立即"实行共产主义了。至于生产力，那可以在建立了共产制之后再发展。他说：

> 此制既行，复改良物质，图生产力之发达，使民生日用之物供全社会人民之使用，则共产制度亦可永远保存。

刘师培毕竟是中国最早介绍马克思主义的人。还在1907年，就在他主持的刊物上译介过《共产党宣言》的部分章节，因此，他懂得生产力这一概念，但是，他以为那不是建立共产主义的必要条件，可以先实行"共产"制，然后再"图生产力之发达"。他完全不懂得，生产关系一定要和生产力相适应，生产关系超前了，其结果将不是促进，而是阻碍以至摧毁生产力。

刘师培甚至认为，闹起水灾来，就可以在中国立即建立"共产主义"。1908年广东大水，他便写了两篇文章，一篇题为《论水灾即系共产无政府之现象》，一篇题为《论水灾为实行共产之机会》。刘师培称：水灾一来，田地也没了，房产也没了，金银珠宝也没了，大家只能一起相率逃难，其结果必然是，到处被逐，叩头哀求而难得一饱。于是，他号召饥民起来"革命"。文章说：

这种做饥民的，既然到这个地步，一定是要起来革命了，但革命的方法，一定是要依共产无政府的方法的。到一处杀一处的官，并把那钱粮仓库取出来，大家使用，这就是反抗政府了。遇着有钱的人家，或是开当典、开大店，窃藏粮食不肯出卖的，都把他抢空，大家用着度命，这就是反抗财主了。

至此，文章进一步点拨说：

我现在奉告饥民的话，就是教他杀官、抢富户。这两件事做到尽头，就可以做成共产无政府了。

你看，何等便捷！何等快当！中国古代有所谓立地成佛法，说的是一个人只要念头一变，就可以立即进入佛家的最高境界；到了刘师培这里，又找到了立地建成"共产主义"的窍门。现代社会生活中人们喜欢追求的"速成"法，盖亦古已有之。

据刘师培叙述，这种"水灾共产主义"的境界是："大家一起盖茅蓬"，"要饭也要大家一起要"，"得了银钱，也要大家一起用。得了粮食，也要大家一起煮，一起吃"。可见，是一种"贫穷共产主义"。建成这种"共产主义"快则快矣，当然谁也不想领教。它对人们有什么吸引力呢？我想不会有。

刘师培的"水灾共产主义"提出于20世纪初，今天的读者也许会将它视作一种笑谈。但是，它在思想史上留下的教训却是深刻的。在近代中国，无视生产力的发展状况，以为在生产力低下、物质匮乏的情况下，只要变革生产关系和分配关系，就可以建成社会主义，以至共产主义的想法，并不是个别的。"贫穷不是社会主义"，这是人们吃了不少苦头之后才认识到的真理。

论辛亥革命前的国粹主义思潮[1]

五十多年前[2],我国发生了辛亥革命。这次革命在意识形态领域内取得了什么成果?革命派提出过什么样的文化改革的要求呢?我们如果在这两个方面进行一些考察,就可以发现,辛亥革命时的中国资产阶级在这方面虽然也做出了一些成绩,但建树比之政治方面却还要贫弱。近代中国资产阶级的一些人在思想、文化领域内确曾一度表现出革命的锐气和蓬勃的进取精神。他们批判尊古贱今的退化史观,批判封建文化、封建道德,要求革新和创造。这种情况,在1905年前表现得特别显著;但愈接近革命前夜,却反而愈趋沉寂。例如,近代中国资产阶级中的一些人,包括改良派在内,曾经提出过道德革命、风俗革命、经学革命、史学革命、文界革命、诗界革命、曲界革命、小说界革命、音乐界革命、文字革命等一系列口号,他们在其中一些方面,确实也做过一些改革的探索,一时风起云涌,颇为热闹;但是,曾几何时,这种现象

---

[1] 原载《新建设》,1965年第2期,略有修订,录自杨天石《哲人与文士》,中国人民大学出版社2007年版。文中小标题为此次编辑时新加。
[2] 本文发表于1965年。

就消失了，代之而起的是甚嚣尘上的复古思潮。"革命"的口号不喊了，要喊"光复"，喊"保存"了。

这一切情况是怎样发生的？它对于我们可以提供什么历史教训呢？这是本文试图探索的问题。

一、三种国粹主义思潮

在辛亥革命前，有三种人都宣传过一种名为国粹主义的思想：一是清王朝统治集团，突出的代表人物是张之洞；一是日益退步的资产阶级改良派；一是革命派阵线中的某些分子，如章炳麟和《国粹学报》、南社中的部分成员。

中国的封建统治者是一向自视为"诗书上国"和"礼仪之邦"的，为了维护其统治，他们总是千方百计地宣传封建文化，坚持"天不变，道亦不变"。鸦片战争后，清王朝统治集团中的顽固派仍然拒绝任何改革，拒绝向资本主义的西方学习任何一点进步的东西；这一集团中的另一部分人则认为可以学习西方的船坚炮利和声光化电之学，借以加强镇压人民起义的手段，但同时认为必须保持封建意识形态体系的完整性和神圣性，于是便提出了"中学为体，西学为用"的口号。这就是封建统治集团中的洋务派。随着近代中国资产阶级的兴起和资产阶级改良运动的逐渐开展，封建统治阶级的这种宣传封建文化的努力也愈为加强。19世纪末，以康有为、梁启超为代表的资产阶级改良派介绍了西方资产阶级的进化论和民主、民权思想，提出了君主立宪的要求，近代中国出现了第一次思想解放的潮流，于是洋务派的代表人物张之洞便刊刻了《劝学篇》，标榜"教忠""明纲""宗经""正权""讲西学必先通中学，乃不忘其祖也"，企图巩固封建文化对人民的思想统治。义和团运动后，资产阶级革命派兴起，革命派大力介绍法国资产阶级革命时期的自由、平等、博爱等革命理想,对封建制度、封建文化进行了勇敢的抨击,并在论战中击败了改良派。近代中国出现了第二次思想解放的潮流。革命派不仅从事理论宣传活动,也在加速政治组织工作和武装起义,清王朝的统治已经风雨飘摇,岌岌可危。因而,它也就比过去更加狂热地宣传封建文化和复古思想。1906年,清王朝规定以"忠君、尊孔、尚公、尚武、尚实"五大纲为教育宗旨,同年,从刑部主事姚大荣请,以孔子为万世师表,诏升大祀。这一时期,它宣传封建文化,更提出了一个漂亮的名目,这就是保存国粹。在1903年清王朝颁布的《学务纲要》中即规定各级学堂必须"重国文(指文言文及古代典籍)以存国粹"。1907年,张之洞在湖北武昌成立存古学堂,并给清王朝上了一个奏疏,大意是,当时正是"道微文敝,世变愈危"之际,他经过经年的筹计,殚精竭虑,商榷数十次,发现只有"存国粹"才是"息乱源"的最好办法。什么是"国粹"呢?这就是"本国最为精美擅长之学术技能、礼教风尚""文字经史""历古相传之书籍"。对于这些,均应"专以保存为主"。他说:

> 若中国之经史废,则中国之道德废;中国之文理词章废,则中国之经史废……近来学堂新进之士,蔑先正而喜新奇,急功利而忘道谊,种种怪风恶俗,令人不忍睹闻,至有议请罢四书五经者,有中、小学堂并无读经、讲经功课者,甚至有师范学堂改订章程,声明不列读经专课者。……此如籍谈自忘其祖,司城自贱其宗。正学既衰,人伦亦废。为国家计,则必有乱臣贼子之祸;为世道计,则不啻有洪水猛兽之忧。[1]

---

[1] 张之洞:《保存国粹疏》,光绪三十三年江苏活字印本。

可以看出，所谓保存国粹，其目的是抵御当时汹涌澎湃的资产阶级新思潮、新文化，抵御资产阶级对封建文化所作的批判，从而挽救清王朝的垂死命运。张之洞的这个建议得到了统治者的赞赏。"上谕嘉勉"，于是全国各地遍设存古学堂，尊孔复古之风大盛，保存国粹的调子高唱入云。

革命运动进一步发展后，资产阶级改良派也逐渐加入到清王朝保存国粹的合唱队里。原先，改良派曾经对封建文化做过一点批判，但那是极其有限的。他们都无例外地美化中国古代文明，主张采西学而不否定中学，孔孟之道、六经之学仍须发扬。这时，由于他们的立场已从批判封建制度转为维护封建制度，因而，也就转而从封建文化中找寻救命灵丹。1902年，梁启超曾筹创《国学报》，认为"养成国民，当以保国粹为主义，当取旧学磨洗而光大之"[1]。1910年，在办《国风报》期间，更对"举国不悦学"，"动弃吾之所固有以为不足齿录，而数千年来所赖以立国之道遂不复能维系人心"的情况表示忧心忡忡，而致力于中国美好的"国性"和"国民性"的宣扬。康有为"八年于外，周游列国"，考察了西方的许多国家后，突然发现中国的历史简直好到无以复加："吾国经三代之政，孔子之教，文明美备，万法精深，升平久期，自由已极"，所以他认为应大呼"孔子万岁"[2]。在他看来，当时中国比西方所差的只是"工艺兵炮"。辛亥革命后，更发表了所谓《中国颠危在全法欧美而尽弃国粹论》。严复于1906年在环球中国学生会上发表演说，斥责西学少年"群然怀鄙薄先祖之思，变本加厉，遂并其必不可畔者亦取而废之"。他提倡中国的天理人伦和教化风俗，认为应"一切守其旧者"，"五伦之中，无一可背"。[3]

---

[1]转引自《黄遵宪致梁启超书》，光绪二十八年八月，北京图书馆藏稿。
[2]《法国革命史论》，《新民丛报》第87期。
[3]《东方》第3年3期。

在行将被人民革命浪潮淹没之前，封建统治阶级以及和它有密切联系的资产阶级改良派力图抓住封建文化这根救命草，来挽救自己，这就是他们高喊保存"国粹"的实质。

二、《国粹学报》诸人与章炳麟的国粹主义思想

1902年初，广东顺德人邓实在上海创办《政艺通报》，朔望出版，月出二册。邓实主张会通古今中外，探求国家治乱强弱的根由。《政艺通报》表现了一定的向西方学习的要求，但同时也宣传国粹主义。1904年冬，邓实组织国学保存会，发展会员，发表宣言，致力于号召保存国学。在他所网罗的会员中，有许多都是当时革命派思想学术界中的活跃人物，后来也大都成了南社的社员。1905年，国学保存会的机关刊物《国粹学报》创刊，至辛亥革命后改名《古学汇刊》止，共发行八十二期。

《国粹学报》是当时革命派刊物中专门谈学术的一种，对近代中国的思想、学术界产生过相当大的影响。《国粹学报》编者们表示要师法《庄子·天下》篇和《荀子·非十二子》的精神，探讨学术源流，历叙诸家得失，来为现实政治服务。他们批判乾嘉学派末流的烦琐考据和陆王心学的禅寂清谈，号召人们研究祖国的历史和文化，继承和发扬民族传统。在当时，尤为突出地宣传了"夷夏大防"的民族主义思想，猛烈地抨击了以清王朝为代表的封建主义专制制度。但是《国粹学报》所宣传的国粹主义思想却包含着一系列的根本错误，对近代中国资产阶级的文化事业、革命事业产生了消极的影响。

在编辑《国粹学报》以外，国学保存会还曾大规模地从事古籍的校勘整理工作，先后编辑出版过《国粹丛书》《国粹丛编》《神州国光集》《国学教科书》《国学讲义》等著作，又在上海设藏书楼一所，并曾拟设国粹学堂。

1906年，章炳麟自上海出狱赴日本，在中国留学生欢迎大会上对革命党人提出了两大任务，其一即为用国粹激励种性，增进爱国热肠。其后，东京留学生中成立了国学讲习会，由章炳麟任主讲。不久，又成立了国学振起社，以"振起国学，发扬国光"，章炳麟任社长。这以后，在章炳麟主编的《民报》上出现了许多宣传保存国粹的文字。不少革命党人钻在东京或其他地方的图书馆里，专意整理宋、明遗民的作品以及其他国学著作。《民报》自第二十期起，也改变了编辑方针，似乎觉得过去宣传的革命理论太"空漠"了，自此以后，要"专以历史事实为根据"，同时，又征集"宋季、明季杂史下及诗歌、小说之属"，几乎要把《民报》办成《国粹学报》的样子。风气所开，不少革命派刊物莫不以"抒怀旧之蓄念，发思古之幽情，光祖宗之玄灵，振大汉之天声"一类词句作为发刊目的。它们大量介绍古代思想和人物，校刻古代典籍，于是，保存国学在革命派内部也成了一个时髦的口号。

《国粹学报》诸人在当时宣扬了一些什么思想呢？

第一，他们认为，中国古代文化曾经有过许多光辉灿烂的时期。首先，周公之学，上承百王，集黄帝、尧、舜、文、武之大成。至战国，更出现了一个空前绝后的黄金时期，在诸子的著作里，"其所含之义理于西人心理、伦理、名学、社会、历史、政法，一切声光化电之学无所不包"[1]。西方之所以强盛，那还是学习了我们，"偶得先王遗意"的结果。西方政术，虽然尽善尽美，但"证之《周礼》一书，无不相合"。西方科学之所以发达，乃是"秦人灭学，畴人子弟，抱器西奔"的结果。一句话，凡是西方现在所有的，都是我们古已有之的。中国的精神文明发达最早，"三坟五典，为宇宙开化之先；金版六弢，作五洲文明

---

[1] 邓实：《古学复兴论》，《国粹学报》第9期。

之祖"[1]，是西洋所远不能比拟的。自有世界以来，"以文学立国于大地之上者以中国为第一"，"此吾国国文之当尊，又足翘之以自雄者也"[2]。

第二，他们认为，中国文化的代表是儒家学派，儒家学派的代表是孔子。它们构成了神州二千年学术的基干。儒家学派最适合于中国国情。周末，赖有孔子删《诗》，序《书》，赞《易》，定礼乐，作《春秋》，因而不亡者二百年。此后，据说，东汉、唐之所以兴，都是崇儒学的结果，而秦焚诗书，宋禁道学，明崇心学，就都国势不振，导致社稷倾覆。所以，"由孔子之教，罔不兴；违孔子之教，罔不亡"[3]。

第三，他们认为，鸦片战争后，海内沸腾，人们探求救亡图存之道，以为中国之弱，弱于中国之学，因而《论语》当薪，"三传"束阁，以"六经"为糟粕，"群以吾国文学之旧而欲痛绝废弃之"。同时，一般人又都醉心欧化。扬西抑中，不尚有旧，人人都在学习"蟹行文字"，举一事，中国文化就面临着一个空前的浩劫，"十三经、二十四史，诸子百家之文"，"黄帝、尧、舜、文、武、周公、孔子之学"，不及十年，都将尽归烟灭，"国学之阨，未有甚于今日者矣"！[4]

第四，他们认为，学术、文化是立国之本，是礼俗政教产生的基础。学亡，文化亡，则国亡，民族亡。"欲谋保国，必先保学"[5]；要挽救中国的灭亡危机，必须首先修述故业，挽救民族文化，保存国学，人民的爱国心将因此得到发扬。当然，也可以吸收一点西方的东西，但必须是借西学证明中学，彼为客观，我为主观，抓至当。

基于以上论点，《国粹学报》诸人痛心疾首地指斥当时先进的中国人向西方学习的热潮，辱骂他们"鬻道于夷"，放弃道德，掊击仁义，

---

[1] 邓实：《国学保存会小集序》，《乙巳政艺丛书·湖海青灯集》。
[2] 邓实：《鸡鸣风楼独立书》，《政艺通报》癸卯（1903）第24号。
[3] 邓实：《鸡鸣风雨楼着议第二·学强》；《政艺通报》壬寅（1902）第3号。
[4] 《拟设国粹学堂启》，《国粹学报》第26期。
[5] 《拟设国粹学堂启》，《国粹学报》第26期。

其罪等于卖国,结果是"快意一时,流祸百世,数典而忘其祖,出门不知其乡"。[6]在排斥西方文化的同时,他们则大力提倡中国的精神文明,宣扬神州历史、文化的光荣。他们希望通过自己的工作转移世风,使人们重见先正典型、前贤风徽,使中国的古文化能得到恢复:"东土光明,广照大千;神州旧学,不远而复。"[7]

当然,革命阵线中的国粹派的观点并不是完全统一的,他们之间也存在着一些差异,这里,我们简要地介绍章炳麟的文化思想。

章炳麟的思想包含着复杂的矛盾。一方面,他认为西方可以学习,问题是不应委心事人,自轻自贱。在《国故论衡·原学》中,他说:"四裔诚可效,然不足一切规画以自轻鄙。"但同时他又对向西方学习的人采取鄙夷态度,称之为"新学鄙生"和"浮华之士"。他认为这种"新学"的传播会是中国文化的灾难,必将"灭我圣文","非一隅之忧也"[8]。在《原学》中,他列举了大量的中国政治、经济、文化中的"精粹",然后和西方作比较,证明自家的好东西远较西方为多,接着得出了结论,"赡于己者无轻效人",当时革命派的任务是"恢彊"民族传统,而不是"仪型"西方。他说:"世人以不类远西为耻,余以不类方更为荣。"

章炳麟也说过一些不应复古的话。他认为古今政俗变迁各在一时之宜,古代的东西并非都是尽善尽美的,因而不可尽行于今,更不可定一尊于先圣。他激烈地反对定孔教为国教,批评孔子胆小,不敢联合平民以觊觎帝位,甚至说孔子哗众取宠,污邪诈伪,湛心利禄。这是一方面。另一方面,他又称颂孔子是中国保民开化之宗,极力把孔子推崇为中国古代文化的保存者。他相信中国的古文化可以用来振兴20世纪的

---

[6]邓实:《国粹学报》第一周年纪念词,《国粹学报》第3期。
[7]《国粹学报》发刊词。
[8]《俞先生传》,《太炎文录》卷2。

中国，国学兴，则"种性可复"，只要使"耳孙小子耿耿不能忘先代"，则"国有与立"。他甚至认为只要他的朴学老师孙诒让能活得长一点，有人能继承他的学术，"令民志无携贰"，中国就可以兴盛了。[1]他以阐扬中国古文化——"支那闳壮硕美之学"的任务自责，反对对这种文化的批判，认为"抨弹国粹者，正使人为异种役耳"。他号召革命党人爱惜自己的历史，一是语言文字，二是典章制度，三是人物事迹；要选出几个功业学问上的"中国旧人"，学步他们；要利用古事古迹来动人爱国心思。[2]他甚至设想，革命军所到之处，应该首先保护那些能够宣扬国学、传播旧学的人，即使如大劣绅王先谦之流也不例外，因为他们要比"新学鄙生"更有用于中国。革命胜利后，对于"黎仪旧德"，更应予以特别之"保护"。[3]

可以看出，章炳麟的文化思想虽然与《国粹学报》诸人有些差异，但基本上仍然是一致的。

三、《国粹学报》诸人思想中的合理内核与局限

在章炳麟以及《国粹学报》诸人的思想中，是包含着若干合理内核的，即：中国有悠久、丰富的历史、文化遗产，要热爱这份遗产，继承并发扬它。要有民族自尊心，不应该盲目迷洋，不可认为什么都是外国的好。应该懂得自己祖国的历史，"不明一国之学，不能治一国之事"，对自己的祖先完全无知是可耻的，等等。他们中的个别人认识到西洋资本主义文化的虚伪一面，"始创自由、平等于己国之人，即实施最不自

---

[1]《里安孙先生哀辞》，《民报》第20号。
[2]《演说录》，《民报》第6号。
[3]《主客语》，《民报》第22号。

由、平等于他国之人"[1]，例如章炳麟。但是，从主要的方面考察，章炳麟等人的思想又仍然是错误的。

精神生产是需要随着物质生产的改造而改造的。一定的文化永远是一定的社会政治经济条件的反映，为一定社会的经济基础服务。革命，不仅改变旧的生产关系、社会关系，也必须改变由这些关系所产生出来的观念。近代中国资产阶级为了斗争的需要，必须建立反映本阶级利益的意识形态体系，必须与建立在旧的经济基础和社会关系上的旧文化做坚决斗争。这样，他就必然会面临两个问题：一是如何对待西方文化；二是如何对待本国的文化遗产，主要是封建社会中所形成的文化。这就是中学与西学，新学与旧学的问题。毛泽东说："在'五四'以前，中国文化战线上的斗争，是资产阶级的新文化和封建阶级的旧文化的斗争。……学校与科举之争，新学与旧学之争，西学与中学之争，都带着这种性质。"[2]因而，如何回答这些问题，赞成西学、新学还是赞成中学、旧学，就反映着资产阶级和封建地主阶级两种不同的利益和立场。

在近代，传播西方文化的有两种人。一种是帝国主义的传教士李提摩太之流和一部分资产阶级洋奴买办，他们认为中国要全盘西化，中国什么都不如西方。这是为帝国主义的侵略政策服务的。其中的一些帝国主义分子，不仅不反对中国旧学，相反，倒是支持封建地主阶级的复古论的。另一种人，也是占大多数的，介绍的是西方资产阶级上升时期的民主主义文化。辛亥革命前，中国资产阶级的革命者把《民约论》、天赋人权论以及平等、自由、博爱等学说作为福音，以之作为批判封建文化、封建制度的武器，这就是当时的所谓"新学"。这种"新学"，反映着资产阶级的狭隘私利，是不能真正解决中国的出路问题的，但在当

---

[1]《五无论》，《民报》第16号。
[2]《毛泽东选集》第2卷，人民出版社1991年版，第696页。

时，正如毛泽东所指出，它"有同中国封建思想作斗争的革命作用，是替旧时期的资产阶级民主革命服务的"[1]。而章炳麟及《国粹学报》诸人却不区别这两种情况，对西方文化采取鄙夷和排斥的态度，他们不了解革命思想从来没有国家的界限，错误地把西方资产阶级民主主义文化称为"异域之学""皙种之学"，中国人学习这种文化就是"末学纷驰，乐不操土"，就会导致民族文化的毁灭。他们这样说，就阻碍和打击了新思想的传播和发展。此其一。

旧传统、旧观念往往是一种巨大的束缚力量。要建立新文化，就必须彻底地批判旧文化。没有这个批判，就不可能从封建阶级的思想禁锢下解放出来，因而也就不能建立起新文化。恩格斯曾经指出过："每一种新的进步都必然表现为对某一种神圣事物的亵渎，表现为对陈旧的、日渐衰亡的、但为习惯所崇奉的秩序的叛逆。"他热情洋溢地赞颂了18世纪法国资产阶级革命准备时期的启蒙思想家们，称誉他们对封建的思想和文化所作的战斗和"最无情的批判"。辛亥革命前的中国资产阶级中的一部分人也正是企图这样对中国传统文化重新审查并做出估价的。但是，正当他们对这种文化的神圣性有了一点怀疑，做了一点批判的时候，国粹派就气冲冲地大叫大嚷起来了。他们说，中国传统文化好得很呀！应该宝之为国粹呀！你们这样做，就是"骛外忘祖"呀！就是"刍狗群籍，粪土典坟"呀！他们这样说，实际上就维护了中国传统的封建文化的神圣地位。此其二。

民族文化从来都不是统一的，正如列宁所说，每一种民族文化中都包含着两种对立的成分。毛泽东也指出，中国封建社会中确曾创造了灿烂的古代文化，但其中既有民主性的精华，也有封建性的糟粕。而章炳麟及《国粹学报》诸人恰恰认为有一种超阶级的统一的全民文化，并把

---

[1]《毛泽东选集》第2卷，人民出版社1991年版，第697页。

它视之为立国精神，从而笼统地号召保存国粹，其结果必然是保存了那些封建的腐朽的陈旧的东西。

当然，一个革命的阶级不是绝对不可以利用前代的文化。事实上，思想史、文化史的规律总是这样，新兴文化是要利用前代文化的某些材料的。但是，不能奉行"拿来主义"，不能照搬。因为前代文化总是产生在前代的政治、经济条件下，不可能完全适应，甚至根本不可能适应新的政治、经济条件，这就需要对前代文化，即使是其精华部分，予以革命的扬弃、改造，只有这样，才能使之为新的经济基础服务从而有利于新兴文化的创造和发展。而国粹派却不是这样。在他们看来，民族文化已经好到无以复加了，可以永垂万代；不管社会条件发生了怎样的改变，这种文化都是使中国强盛的万灵药方，不必批判，也不必创新，任务只是保存。这实际上就是使民族文化长期停滞，使封建文化万古长存。

历史证明，奢谈"恢彊"民族传统，拒绝对外国革命进步文化的借鉴；奢谈继承，不谈革新，其实质都是在宣扬和维护旧的思想、旧的观念、旧的文化；其结果都必然走上复古主义，堕落成为抱残守缺的孤臣孽子，成为时代前进的反对者。

这里，我们不妨看看章炳麟的例子。

章炳麟在东京的那次演说中号召革命党人爱惜祖国的历史。他的这种观点，直到今天还有一些同志为之叫好。但是，问题就在于这"爱惜"二字。章炳麟不区别什么是人民斗争史，什么是封建压迫史，什么是历史中的民主精华，什么是历史中的封建糟粕。他表面上虽然承认古制不可尽行于今，中国政治总是君权专制，本没有什么可贵，但在具体评述时却总是把中国历史说得好到不能再好，说什么中国的典章制度，总是近于"社会主义"。例证之一是中国实行了均田，所以贫富不甚悬绝；之二是刑名法律的大公无私，犯了罪，"凭你有陶朱、猗顿的家财，到（都）得受刑"；之三是科场选举，这原是"最恶劣"的了，但做工营农的贫民也就有了"参与政权"的希望。章炳麟说:"我们今日崇拜中国的典章制度……那不好的,虽要改良,那好的,必定应该顶礼膜拜。"[1]然而,既然连刑名法律、科场选举这"本来极不好的","尚且带有几分社会主义性质",那么,还有什么应该改良的呢?岂不是一切都应该"顶礼膜拜"吗?实际上,章炳麟正是这样,他在辛亥革命前的理想就是"光复旧物",神往于贞观、开元之治,觉得专制制度比资产阶级"立宪代议"政体好,科举比学校好,旧学比新学好,旧党比新党好。在辛亥革命后,他就提议"循常守法"[2],认为清王朝的错误只在于"偏任皇族""贿赂公行"两桩,其他旧法则"多应遵循"[3],连婚姻、家族等制度都"宜仍旧"了。

章炳麟认为中国古文化中有许多精粹,特别是"言文歌诗",更是西方各国所万万不及。他说:"中国文字,与地球各国绝异,每一个字,有他的本义,又有引申之义……因造字的先后,就可以推见建置事物的先后……"[4]也是好得毫无缺点,应在"爱惜"之列。于是,他起劲地反对当时一部分人关于汉语拼音和减少汉字常用字数的意见,反对语言文字的发展变革。他对革命党人大讲小学,提倡扬雄、司马相如的"奇字";他的文章充斥了大量早已死亡的古字,即使有通用字,也非用古字不可。在散文的体裁风格上,他提倡中国散文最初阶段的那种朴拙状态,鄙视唐宋文,反对白话文,企图使语言"一返皇古"。为了反对近代出现的日益与口语接近的新体散文,他甚至在辛亥革命后支持桐城派,说什么"乃至今日而明末之风复作,报章、小说,人奉为宗。幸其流派未亡,稍存纲纪,学者守此,不致堕入下流"[5]。对于诗歌,他也

---

[1]《演说录》,《民报》第6号。
[2]《菿汉微言》。
[3]《自述学术次弟》。
[4]《演说录》,《民报》第6号。
[5]《菿汉微言》。

认为愈古愈好，汉魏六朝以前的都是好的，此后则"代益凌迟，今遂涂地"，主张"宜取近体一切断之"。他自己的诗也大都古奥佶屈，确乎是汉、魏以上的作品。

在所谓"保存国学"的口号下，《国粹学报》诸人就走得比章炳麟更远了。他们明确地倡言复古，说什么20世纪将是中国古学复兴的时代，一切学术文章都将"寝复乎古"。有人给他们写了篇文章，主张定孔教为国教，孔子为国魂，把"六经"提到如印度的《四韦驮》、基督教的《旧约》的地位，他们加了按语说："陈义确当，同人无任佩服。"他们认为一切都应该以古代为典范，编辑中有个叫黄节的，当时孜孜于华夷之辨，以光复旧学自任，他做了一部《黄史》，其中《礼俗书》一节，对革命后人民衣食住行的各方面都作了设计。他建议，婚姻，不必如西方的婚姻自由，而应采用《周官》旧礼；丧礼，依明太祖制，为父母斩衰三年；祭祀，返乎三代；住房，远法商代的"四阿屋"。据黄节考证，古代还有所谓"通天屋"，比现代的摩天楼还好。冠服，古代有"留幕"，又有"窄衣"，可以仿制；音乐，国乐已亡，幸而尚存《诗经》中的《鹿鸣》之谱，可以"庶几仿佛皇汉"；舞蹈，《周官》有干舞，跳起来也可以"不失陶唐氏之遗"[1]。

在章炳麟式的"学步中国旧人"的思想指导下，他们认为"前贤学派，各有师承；懿言嘉行，在在可法"。在刘师培编写的《编辑乡土志序列》中，不仅包括名臣传、绅者传、孝义传、一行传（忠臣、孝子、义仆），甚至也包括列女传，目的在于"表扬名德，阐扬幽光"。

在文学方面，《国粹学报》诸人和章炳麟一样反对白话文、新体散文，称之为粗浅鄙俗，不雅驯；称新体诗歌是"新曲俚词"，拼音简字是"愚诬之说"；提高小说地位是"尊稗官为正史"。他们自己的文章则

---

[1]《国粹学报》第3、4期。

标榜"纯用古人体裁","文辞务求古","择言求雅",甚至说什么"群经多有韵之文,旧典尽排偶之作"提倡形式主义的骈体文。他们又腾出大量篇幅来发表陈三立、郑孝胥、朱古微、王闿运等同光体、常州词派作家的作品,拉拢严复、林纾等参加国学保存会,和旧文化合流。

吴玉章同志在《辛亥革命》一文中指出过,辛亥革命时的中国资产阶级"没有强有力的思想革命作先导","未能攻破封建主义的思想堡垒"。"他们在理论方面不但缺乏创造性的活动,而且对西方十七八世纪启蒙学者的著作和十九世纪中叶的主要思想家的著作也都没有系统地介绍。"这种情况,是同国粹主义思潮在革命派内部得到广泛传播的事实互为表里的。

四、国粹主义思潮窒息近代革命文化人的创造活力

在文学团体南社身上,最清楚地说明了国粹主义思潮怎样窒息了近代中国革命文化人的创造活力,使之在后期逐渐蜕变为文化复古组织。

南社成员在其初期有许多人都属于新型知识分子阶层,在反对封建制度、封建文化上采取着激烈的态度。例如宁调元曾经痛骂孔子是"民贼","至胎中国二千年专制之毒,民族衰弱之祸"。柳亚子则是卢梭的崇拜者,认为中国的伦理、政治"皆以压制为第一义"。他热烈地呼喊"民权""自由",特别积极提倡女权,批判"三从七出"等封建纲常。高旭,以"鼓吹欧潮"自责,宣称"我爱自由如爱命"。他根据进化论的原理批判保守复古倾向,要求变革,声言"我说为父者,断勿肖其祖;我说为子者,断勿肖其父……愈演而愈上,今必胜于古","物种能变易,即为天所佑……一成而不变,斯义实大谬"。在文学上,他是新体诗的积极提倡者。周实,认为对中国的古文化,即使是圣贤的"大义微言",也应该"餍其精华而弃其糟粕",认为儒家"甚不广大",反对

在各地遍设存古学堂。林獬，积极提倡"种田的、做手艺的、做买卖的以及那当兵的弟兄们"都能读得懂的白话文。在南社成立前，他们办的刊物也大都富于开创精神和改革勇气。例如1904年陈去病、柳亚子等办的《二十世纪大舞台》提倡戏剧改良，"新曲新理"，发表过一些表现当时现实的"时事剧"，以"开通下等社会""收普及之效"为目的。语言则"或尚文采，或演白话，不拘一例"。又如1906年出版的《复报》首期，发刊词即标名"通俗体"。此后每期均发表新体诗及歌词。但是，在南社成立后，这些成果并不曾鲜明地反映到它的纲领和文学活动中去，其原因就在于国粹派的影响。

南社的酝酿过程正是保存国学的呼声在革命内部愈来愈高的时期。上文已经谈过，南社的主要成员大都参加过国学保存社；南社的主要发起人之一陈去病更曾一度担任过《国粹学报》的编辑，因而国粹派的观点反映到南社内部去也就毫不奇怪了。在南社成立前，一部分社员曾经对南社的性质、任务等问题交换过意见。高旭后来回忆说，陈去病为什么要发起南社呢，是因为觉得"入同盟会者思想有余而学问不足"[1]。何谓"思想"？显然是革命思想；何谓"学问"？显然就是"国学"了。高旭请宁调元为《南社集》作序，宁调元在回信中说，《南社》应该"固杂志之藩篱"，以"保神州之国粹"为目标。[2]正是在这种复古思潮的影响下，一部分本来具有革新勇气的人认识模糊了，妥协了。例如高旭，这时就表现了一种摇摆的倾向。在《愿无尽庐诗话》中，他一方面认为"世界日新，文界诗界当造出一新天地"；但另一方面，又认为"新意境、新理想、新感情的诗词，终不若守国粹的用陈旧语为句为愈有味也"。在这种情况下写出的《南社启》，就接受了国粹派的观点。

[1]《周实丹烈士遗集序》，《南社》第7集。
[2]《与高天梅书》，《太一遗书·太一笺启》。

> 国有魂则国存，国无魂则国将从此亡矣……然则国魂果何所寄？曰寄于国学。欲存国魂，必自存国学始，而中国国学中之尤可贵者断推文学。盖中国文学为世界各国冠，泰西远不逮也。而今之醉心欧化者，乃奴此而主彼。……嗟呼痛哉！伊吕倭音迷漫大陆，蟹行文字横扫神州，此果黄民之福乎，人心世道之忧，正不知伊于胡底矣。[1]

这份文档代表了南社中相当多成员的看法，对南社的文学活动起了一定的影响。于是，诗界革命、文界革命的线断了，新派诗、新体散文不被提倡了，发表在《南社丛刻》上的仍然是传统的"诗古文词"，甚至还有骈文。此外，传播革命新思想的文章少见了，而代之以宋明遗民、乡贤事迹的宣扬。《二十世纪大舞台》提倡的戏剧改良，《中国白话报》的通俗文传统被扔开了，许多社员一心一意以明代的畿社、复社文人为榜样。南社的这一倾向迅速得到了国粹派的欢呼。

辛亥革命后，国粹派立刻成立国学商兑会，发行自己的刊物，号召抱残守缺，保卫先圣之传，宗邦之旧，主张定孔教为国教，并且最后把柳亚子赶下了台，取得了南社的领导权。五四时期，这一部分人激烈地反对白话文、白话诗，说："方今沧海横流，国学废坠，新进鄙文言为迂腐，士夫竞白话为神奇，直使吾国数千年文学渊源日就沦胥之域。"[2]这就使得南社这一革命的文学团体终于沦为复古派的组织。在南社解体以后，南社中的国粹派又汇合而为南社湘集，和接受了五四运动影响的新南社相对立。

---

[1]《南社通讯录》，辛亥正月版。
[2] 马士杰：《与高吹万书》，《国粹丛选》第13、14集合刊。

五、国粹主义思潮的复古性质及其在新文化运动时期的命运

国粹主义思潮是一种复古思潮。它的特点是抵制外来进步文化，反对变革发展，在保存民族遗产的幌子下保存封建文化，或用以抵制革命，或用以抵制革命的新文化。提倡国粹的人当然也有不同：张之洞等代表着清王朝的利益，孔教会诸人则依附于袁世凯和北洋军阀，而章炳麟等国粹派则代表革命党内一部分对旧文化濡染甚深而又深情脉脉的人。像章炳麟等人，为了挽救民族危机，他们对封建制度、封建文化的最霉烂、腐朽的部分有所唾弃，有接受新思想的要求，但是，这种唾弃和接受都有一定的限度。一方面，他们认为"'西哲'的本领虽然要学"，但另一方面，"'子曰诗云'也要更昌明"[1]。一到了学"西哲"而有碍于"子曰诗云"的"昌明"的时候，一到了反封建的革命愈益深入的时候，他们便舍弃西哲、舍弃革命，而只要"子曰诗云"了。如果说，章炳麟等一类国粹派在辛亥革命前还带有若干新色彩，他们也发表过若干正确的对当时革命有利的言论的话，那么，在辛亥革命后，特别在新文化运动后，他们的新色彩就日益消失，而只剩下封建复古的一面了。"五四"前夜，在北京大学内部与新文化派对垒、创办《国故》月刊的，正是被称为"章太炎学派"的《国粹学报》编辑刘师培等人。1918年，正是资产阶级、小资产阶级激进民主派高呼打倒孔家店，拥护德先生、赛先生的时候，黄节在上海重新遇见了《国粹学报》的主编邓实，曾经写了一首诗给他：

国事如斯岂所期，当年与子辨华夷。数人心力能回变，廿载流

---

[1]《鲁迅全集》第1卷，第409页。

光坐致悲。不反江河仍日下，每闻风雨动吾思。重逢莫作蹉跎语，正为栖栖在乱离。

廿载心力，孜孜于华夷之辨，不料人心仍如江河日下，国粹将亡，自然感慨系之，其声凄以厉了。后来邓实在上海以书画古玩自娱，郁郁以终，章炳麟"退居于宁静的学者"，和时代隔绝了，其原因都在这里。

对国粹主义思潮的复古实质，辛亥革命时曾有少数人有所认识，他们提出过"尊今贱古""餍其精华，弃其糟粕"等进步的命题来与之对抗，但是并未形成强有力的思潮，大多数人则听任国粹主义在革命派内部传播，不少人还随声应和，这就使得在政治、思想、文化领域内未能高举彻底反封建的大旗，使得一度出现过的蓬蓬勃勃的现象逐渐消失，并使历史发生了某种倒退。

彻底地展开对封建文化的批判，彻底地展开对国粹派的斗争，这一任务是五四时期才提出来的。五四新文化运动高举反对旧道德，提倡新道德；反对旧文学，提倡新文学的大旗。这是一个了不起的功绩，使它称得起是中国历史上以前不曾有过的伟大的文化革命。但是，这一运动也有它的缺点，这就是"对于现状，对于历史，对于外国事物，没有历史唯物主义的批判精神，所谓坏就是绝对的坏，一切皆坏；所谓好就是绝对的好，一切皆好"[1]，所以有些人又盲目崇拜西洋，完全否定民族文化传统，出现了许多洋八股、洋教条。

---

[1]《毛泽东选集》第3卷，人民出版社1991年版，第832页。

六、毛泽东对中国文化的认识及其对发展民族新文化的期待

正确地解决了近代文化史上长期悬而未决的问题的是毛泽东。他在《新民主主义论》中指出，必须"革除""中华民族旧文化中的反动成分"，"建立中华民族的新文化"，即"民族的、科学的、人民大众的新文化"。他反对盲目排外自尊的文化上的狭隘民族主义，同时又强调不应该生吞活剥，盲目搬用，而应当从中国人民的实际需要出发，和民族的特点相结合，使之具有中国作风、中国气派。他反对割断历史的民族虚无主义，同时又反对盲目迷信古人的复古主义。他说：

> 中国的长期封建社会中，创造了灿烂的古代文化。清理古代文化的发展过程，剔除其封建性的糟粕，吸收其民主性的精华，是发展民族新文化提高民族自信心的必要条件；但是决不能无批判地兼收并蓄。必须将古代封建统治阶级的一切腐朽的东西和古代优秀的人民文化即多少带有民主性和革命性的东西区别开来。……我们必须尊重自己的历史，决不能割断历史。但是这种尊重，是给历史以一定的科学的地位，是尊重历史的辩证法的发展，而不是颂古非今，不是赞扬任何封建的毒素。对于人民群众和青年学生，主要的不是要引导他们向后看，而是要引导他们向前看。[1]

当我们了解了近代文化史的发展及其有关论战后，我们就会认识到毛泽东这段话包含着深刻而丰富的内容。

批判是发展的必要环节，没有批判，就谈不上真正的继承。这种批

---

[1]《毛泽东选集》第2卷，人民出版社1991年版，第707—708页。

判,是一种分析、分解和扬弃,并不是一概骂倒,全盘否定。只有运用马克思主义历史唯物主义对历史文化遗产进行科学的批判,才能真正继承民族文化的优良传统,保证新兴的革命文化的健康发展,保证思想革命的彻底胜利。在这方面,辛亥革命前国粹主义思潮的泛滥,正给我们提供了一个反面的历史教训。

陈独秀组织对泰戈尔的"围攻"[1]

——近世名人未刊函电过眼录

泰戈尔（1861—1941）是印度文豪、社会活动家，亚洲第一位诺贝尔文学奖获得者。他一生写了大量诗歌和小说。他的作品，表现英国殖民主义统治下印度人民的悲惨生活，谴责封建种姓制度，提倡人类之爱与和平抗争，具有广泛的社会影响和很高的艺术成就。1924年4月12日，应蔡元培、梁启超等人之邀，访问中国。至5月29日离华，共历时48天。

泰戈尔的中国之行既受到热烈的欢迎，也受到猛烈的"围攻"。资料显示，"围攻"的组织者是当时中共总书记陈独秀。现存陈独秀致吴稚晖函云：

稚晖先生：

《中国青年》周刊拟出一册《反对太戈尔号》，想先生为他们做一篇短文，务请先生允此要求，因为太戈尔此来，在青年思想界必

---

[1] 原载《百年潮》，2003年第8期，录自杨天石《哲人与文士》，中国人民大学出版社2007年版。

增加一些恶影响,我们必须反对他一下。

  此请

道安!

陈仲甫白。十三

  此周刊准于本月十六号齐稿,先生文章请在期前做好。又白。

  封面题:"请面交吴稚晖先生。"封底有柯庆施所书留言:"施特来奉候,适值先生公出,怅甚。兹特留上仲甫先生信一封、《中国青年》二册,请查收。'中青'稿子,后日下午施当来取。柯庆施留上。"

  《中国青年》是中国社会主义青年团的机关刊物。1923年10月20日创刊于上海。主编恽代英。萧楚女、邓中夏、张太雷、任弼时等均先后参加编辑。据封底柯庆施留言,知柯于1924年间也是该刊编者之一。

  本函仅署"十三"。此前,陈独秀还给胡适写过类似的一封信,邀请胡适写稿,署4月9日,据此,知此函为1924年4月13日所作,时当泰戈尔到达中国上海后的第二日。

  1915年10月,陈独秀在《青年杂志》一卷二号发表自己翻译的泰戈尔的诗作《赞歌》,这可能是泰戈尔的作品首次被翻译为中文。进入20年代,出现译介泰戈尔作品的高潮。1922年,郑振铎翻译出版泰戈尔的《飞鸟集》。1923年,翻译出版《新月集》。沈雁冰、郑振铎在《小说月报》推出《泰戈尔专号》,介绍泰戈尔的作品与成就。但是,这种情况,却遭到陈独秀的强烈质疑。同年10月,陈独秀在《中国青年》第二期发表《我们为什么欢迎泰谷儿?》[1]一文,文称:

---

[1] 文中所提到的"泰谷儿""太戈尔""太先生"均为"泰戈尔"。因当时未有统一的翻译,为保持原貌,均保留原样。

> 此时出版界很时髦地翻译泰谷儿的著作，我们不知道有什么意义！欢迎他的艺术吗？无论如何好好的文艺品，译成外国文便失去了价值，即使译得十分美妙，也只是译者技术上的价值，完全和原作无关。欢迎他著作的内容即思想吗？像泰谷儿那样根本的反对物质文明科学与之混乱思想，我们的老庄书昏乱的程度比他还高，又何必辛辛苦苦地另外来翻译泰谷儿？
>
> 昏乱的老庄思想上，加上昏乱的佛教思想，我们已经够受了，已经感印度人之赐不少了，现在不必又加上泰谷儿了！

文中，陈独秀不仅完全否定文学翻译的必要，也完全否定泰戈尔作品的思想价值，对中国传统的老庄思想和印度传来的佛教思想都持批判态度，显示出这一时期的陈独秀仍然保留着五四时期的反传统色彩，并且更加激进了。

泰戈尔对包括中国文化在内的东方文化怀有深厚感情。到上海后，即于4月14日对《申报》记者发表谈话，声称此次来华"大旨在提倡东洋思想亚细亚固有文化之复活"，"亚洲一部分青年，有抹煞亚洲古来之文明，而追随于泰西文化之思想，努力吸收之者，是实大误"。泰戈尔称："泰西文化单趋于物质，而于心灵一方缺陷殊多，此观于西洋文化在欧战而破产一事，已甚明显；彼辈自夸为文化渊薮，而日以相杀反目为事……导人类于此残破之局面……反之东洋文明则最为健全。"近代以来，西洋文化曾被一部分东方人视为救世良药，第一次世界大战爆发，列强间的激烈争夺与战争的血污使一部分东方人对西洋文化失望，转而提倡回归东方文化，印度的泰戈尔、中国的梁启超等人都有这种倾向。

陈独秀不赞成这种回归东方文化的倾向，他在《太戈尔与东方文化》中提出，东方文化有三大局限：一是尊君抑民，尊男抑女。陈独秀认为，在中国，复活这一传统，"只有把皇帝再抬出来，把放足的女子再勒令裹起来"。二是知足常乐,能忍自安。陈独秀认为,复活这一传统,就会使"中国人生活在兵匪交迫中,而知足常乐",使"全亚洲民族久受英、美、荷、法之压制而能忍自安"。三是"轻物质而重心灵"。陈独秀认为,复活这一传统,"只有废去很少的轮船铁路,大家仍旧乘坐独木舟与一轮车;只有废去几处小规模的机器印刷所,改用木板或竹简"。陈独秀要求泰戈尔"不必多放莠言乱我思想界"。他说:"太戈尔!谢谢你罢,中国老少人妖已经多得不得了呵!"

陈独秀此文成为《中国青年》"泰戈尔号"的头条文章,同号刊发的"批泰"文章还有瞿秋白的《过去的人——太戈尔》、泽民的《泰戈尔与中国青年》、亦湘的《太戈儿来华后的中国青年》等三篇文章,是名副其实的"批泰专号"。瞿文声称印度已经进入现代,而泰戈尔却"向后退走了几百年"。泽民的文章批评泰戈尔是"印度的顽固派","中国青年思想上的大敌"。亦湘的文章指责泰戈尔所说"完全是欺人的鬼话","无耻之尤",声称"他来讲学,我们不用去听他,听了亦切不可相信"。其着眼点都在于防止泰戈尔思想影响中国的年轻人,陈独秀致吴稚晖函称:"太戈尔此来,在青年思想界必增加一些恶影响,我们必须反对他一下。"显然,这几篇文章都经过陈独秀的授意。除此之外,陈独秀还写了好几篇"批泰"文章,如《评泰戈尔在杭州上海的演说》《巴尔达里尼与泰戈尔》《泰戈尔与清帝及青年佛化的女居士》《泰戈尔与北京》等。影响所致,中国报刊上甚至出现过《泰戈尔是一个什么东西!》一类文章。

陈独秀等人对泰戈尔的批判显然促进了泰戈尔的深入思考。4月23日,泰戈尔经天津到北京,继续发表演讲。他说:"今日我东西方文化发达及互相借重之时,对东方精神文明与西方物质文明的内涵,何者可去,何者可存,实有加以评断之必要。"提出"互相借重"与"去""存"问题,这就比较全面、客观了。

《泰戈尔号》没有发表吴稚晖的文章，不等于吴稚晖不支持陈独秀。他先后写了《皇会声中的太戈尔》和《婉告太戈尔》两文，激烈地批评泰戈尔"口中掉不出象牙"，已经成为"印度国故的僵石"，"把已经药死了印度的方子"当成"验方新编"送给中国人。吴稚晖特别批评泰戈尔"不抵抗主义"。他说："太先生心知帝国主义的暴秦的可恨，却不给国人一些能力，只想叫老石器人民，抱无抵抗主义，候使用铁器的客帝自己恶贯满盈！"吴的这两篇文章之所以没有在《中国青年》发表，想是因为已经过了陈独秀提出的截稿时间。

胡适虽也接到了陈独秀的组稿信，但是，胡适却没有支持陈独秀。5月10日，他在北京欢迎泰戈尔的演讲会中说："我过去也是反对欢迎泰戈尔来华之一人，然自泰戈尔来华之后，则又绝对敬仰之。"12日，泰戈尔在北京举行另一场演讲会，有人散发"反泰"传单，表示要"激颜厉色"送泰戈尔离开中国，胡适因此再次表示："这种不容忍的态度是野蛮的国家对付言论思想的态度。我们一面要争自由，一面却不许别人有言论的自由，这是什么道理！"

陈独秀组织对泰戈尔的"围攻"是近代中国东西方文化论争的一个部分，也是当时现实政治斗争的曲折反映。关于这一论争的是非得失，不是本文所要讨论的问题。本文所想说的是，陈独秀对泰戈尔的批判，正像他对于中国传统文化的批判一样，有其偏激的"左"的一面，但是，我们从中仍然可以看出，陈独秀对民主和科学的一贯追求。

[二]

文艺思想研究

冯桂芬对桐城派古文的批判与冲击

在近代文学的发展中,冯桂芬较早地冲击桐城派古文阵线,也是较早地企图使诗歌为改良主义的政治要求服务的人物。

桐城派古文是清代散文正宗,它标榜继承孔、孟、程、朱的"道统"和唐宋八大家的"文统",以安徽桐城古文作家方苞、姚鼐为其代表。末流所至,发展为一种为封建统治阶级服务的卫道文学,装腔作势、空疏无用,成为变相的八股文。从其出现伊始,反对者、排斥者就代不乏人,但大体上,这些分歧都只是封建旧文学的内部矛盾。只有到了鸦片战争前后,龚自珍、魏源才站在进步的政治立场上,用以社会批判和社会改良论为内容的散文,从创作实践上对桐城派古文形成对抗。此后,继承龚、魏,明确地举起反桐城派古文大旗的,便是冯桂芬。

在《复庄卫生书》中,冯桂芬自称读书为文三四十年:"顾独不信义法之说"。声称:"文者所以载道也。'道'非必天命率性之谓,举凡典章制度、名物象数,无一非道之所寄,即无不可著之于文。有能理而董之，阐而明之，探其奥赜，发其精英，斯谓之佳文。"[1]"义法"是桐城派的理论核心。所谓"义"，指言之有物，桐城派文人要求文章内容必须符合儒学经典和程朱理学；所谓法，指言之有序，桐城派文人要求文章必须有条理，有层次，有技巧，特别要求语言必须"雅洁"。"不信义法"，冯桂芬这里明确地宣布了和桐城派古文的对立。"天命之谓性，率性之谓道，修道之谓教"，是儒家著作《礼记》一书《中庸》篇开宗明义的三句话，意思是：忠君、敬长等人的道德观念为上天所赋，人所固有，称之为"性"；遵循这种固有之"性"立身行事，称为"道"；依照"道"的要求培养和修炼自己，称为"教"。这是程朱理学的核心思想。冯桂芬宣称，"道非必天命、率性之谓"，这就明确地表示了对理学核心思想的异议。那意思是说，程朱理学并不是"道"，著书为文，自然不必尽载程朱理学之"道"，代程颐、朱熹们立言。程朱理学是明清时代中国社会的统治思想，为官方所尊崇。冯桂芬这里明确无误地表示出他对这种官方哲学的反对和不满。冯桂芬指出，"道"内涵宽广，凡"道"，都可以，也都能以"文"载之。他举例说："举凡典章制度、名物象数，无一非道之所寄，即无不可著之于文"。"典章制度""名物象数"之类，为理学家们所不言，甚至不屑一顾。冯桂芬提出写这些方面，这就打开了宋、明理学的思想统治和文化统治的缺口，突破牢笼，扩大了"道"的范围，给了先进思想家表现异端思想和其他思想以可乘之机。

冯桂芬又说："故长于经济者，论事之文必佳，宣公奏议，未必不胜韩、柳；长于考据者，论古之文必佳，贵于考序，未必不胜欧、苏。""宣公"，指唐德宗时的"中兴名臣"陆贽，其代表性著作为《陆宣公奏议》；贵与，指元代著名历史学家马端临，其代表性著作为《文

---

[1]《显志堂稿》卷5。

献通考》。长期以来，桐城派文人顶礼膜拜韩愈、柳宗元和宋代的欧阳修、苏轼等所谓"八大家"，视之为偶像和高峰，冯桂芬却在他们的宝座旁边，增添了陆贽和马端临两位新榜样。这是与桐城派很不相同的。

陆贽生当唐代安史乱后，他的《陆宣公奏议》曾被誉为"曲尽事情，中于机会"[1]。鸦片战争前夕，地主阶级中的部分开明分子分化出来，要求反对帝国主义侵略、挽救封建社会危机，作为"中臣名臣"的陆贽自然受到人们的注重。1826年（道光六年），御史吴杰奏请将陆贽从祀孔庙，作为"大成至圣先师"孔子的后继，接受永恒的纪念。这在当时，是一种崇高的荣誉。为此，龚自珍特意写作《侑神乐歌》，内称："圣源既远，其流反反。坐谈性命，其语喧喧。喧喧斯斯，其徒百千。何施于家邦？""性"与"命"都是程朱理学的核心范畴，翻来覆去，不知被理学家们说过多少遍。"何施于家邦？"一言以蔽之，龚自珍认为这些"理学"家的言论，对于齐家、治国并无任何用处。他盛赞吴杰："御史臣杰，职是标举。曰圣之的，以有用为主。"[2]在龚自珍看来，"有用"，才是圣人著书为文的目的所在。自此，"有用"，就成了近代许多先进思想家审查文化遗产和建立新文化的共同标准。冯桂芬肯定陆贽"长于经济"，这里的"经济"，不是狭义的财政词语，而是肯定陆贽治理天下，匡济社会的才能。

马端临的《文献通考》是我国中世纪的历史巨著，共三百四十八卷。它在唐代杜佑《通典》的基础上，加强经济记述，比较详尽地增补了反映唐宋时期农业生产、商品与货币流通以及税收、劳役、进御贡品等社会经济方面的内容。作者广泛收集资料，精细考证，在此基础上发表评论。其时间上起三代，下迄南宋的宁宗年代，计分田赋、户口、征

---

[1]《陆贽传》，《旧唐书》卷139。
[2]见《定盦诗集·破戒草》。

权、选举、职官、乐、兵、弄、学校、钱币等二十四门。其按语则贯穿古今，力求从历史事实出发，折中恰当，对于土地制度、兵役制度等方面发表了许多前人所未有的见解。在他的史论中，含有相当大的科学因素和人民性的成分。这样的书，自然符合于冯桂芬的"有用"标准。此外，冯桂芬表扬马端临，也还含有抨击桐城派文人空虚不学的意思在内。冯曾尖锐地批评桐城派大家梅曾亮说："梅伯言亦近时能手，而序郝氏《尔雅义疏》，开口便错。无他，强以所不知，困于所不能也。以彼其文，岂不周规折矩、尺步绳趋？佳乎否乎？"[1]梅伯言，即桐城派的另一位大家梅曾亮，他师事姚鼐，名重一时。冯桂芬不以梅的名声为然，批评其为郝懿行《尔雅义疏》所作序言，"开口便错"。在冯桂芬看来，其文虽中规中矩，但不能视为好文章。当年，钱大昕曾讽刺姚鼐所著《汉庐江、九江二群沿革考》一文，以庐江为衡山改名之误。冯桂芬这里用的就是钱大昕反对桐城派的手法。[2]

通过以上分析，不难看出，冯桂芬之所以批判桐城派，提出陆贽和马端临二人来作为新榜样，这一切都是为了扩大"文以载道"的"道"的内涵，堂而皇之地将当时正在形成的改良之道、经世之道、应变之道纳入"道"的正统中去。

文章所载的"道"变了，内容不同了，自然要求突破旧形式和旧的文学规范，所以冯桂芬又说："文之佳者，随其平、奇浓淡、短长、高下而无不佳，自然有节奏，有步骤，反正相得，左右咸宜，不烦绳削而自合，称心而言，不必有义法也；文成法立，不必无义法也。"[3]冯桂芬这里所说"称心而言"，要求著书为文，必须充分满足本人表达思想的要求，而不必遵守事前定下的许多清规戒律。是内容决定形式，而不应

---

[1] 冯桂芬《复庄卫生书》。
[2] 钱大昕《与姚姬传书》，见《潜研堂文集》卷31。
[3] 以上所引冯桂芬语，均见《复庄卫生书》。

舍本逐末，以形式的追求作为目的。

一定的文化常为一定的经济和政治要求服务，某种文化思想常有相应的哲学和社会政治思想作为基础。鸦片战争前，清王朝本已如同"棺材内的木乃伊"[1]，虽紧紧封闭，但已发出强烈的"腐烂"气息。鸦片战争爆发，帝国主义的大炮打开了闭关自守的清政府的大门。在与外界的强手接触以后，封建地主阶级中的部分人由此警醒，睁眼看世界，多少改变了一点妄自尊大、昏庸愚昧的头脑。他们部分人认识到封建制度的腐朽，对它的思想体系的神圣性发生动摇。在思想、文化上，他们提倡经世之学、有用之学，主张应变，主张"更法"，认为"为政者以例治天下，而天下乱"[2]，在文学上，也相应提出，"操觚者以义法为古文，而古文卑"[3]，要求抛弃旧的"义法"，写出具有新思想、新风格的新文章来。

在诗歌主张上，冯桂芬也表现出作为一个改良主义前驱思想家的特征。在《梵隐堂诗序》中，他明确地要求诗人表达反对帝国主义侵略、反对妥协投降的忧时忧世之情，主张"蒿目时艰，一腔抑塞幽愤之气，无所发纾，不觉见之于诗"。[4]在《蕉窗十则诗序》中，他以传统的"诗教"观批判当时诗风，大都"风云月露、感事怀人、抒写胸臆之词，甚者佻侧优荡，流而忘返，呜呼，失其职矣！"[5]

冯桂芬的诗歌思想表现在《校邠庐抗议》中的《复陈诗议》一文中。

1860年，冯桂芬写成《校邠庐抗议》一书，共四十一篇，全面向清朝统治者提出了他的改良主义的政治建议，《复陈诗议》是其中一篇，可以看作是近代资产阶级诗歌改良运动的首次理论表达。

---

[1] 参见《马克思恩格斯论中国》，人民出版社1997年版，第43页。
[2] 见《复庄卫生书》。
[3] 见《复庄卫生书》。
[4] 《显志堂稿》卷2。
[5] 《显志堂稿》卷2。

陈，有陈述、上报之义，传说汉代有一种"陈诗"制度，文人和官吏都有责任向朝廷报送民间流传的诗歌作品，即所谓"陈诗"。冯桂芬认为，诗歌有重要的政治作用和认识作用，可以"通上下之情"。《复陈诗议》一文说："诗者，民风升降之龟鉴，政治张弛之本原也。"因此，他反对诗歌只用以作为个人"吟咏性情之用"，而提倡写作反映现实的"变风变雅"。冯桂芬建议，清王朝下令全国各郡县，凡"举、贡、生监，平日有学有行者"，都可以写作竹枝词、新乐府一类作品，抄送负责人员，然后隐名递呈统治者，使统治者了解民情、民隐，改良政治。

冯桂芬认为，当时清政府上下不通、"恶人恶政"的情况很严重，自述："蒙生平愚直，间为大吏及州县，纵言民间疾苦，多愕然谓闻所未闻者。"他说："下所甚苦之政而上例行之，甚者雷厉风行以督之；下所甚恶之人而上例用之，甚者推心置腹以任之。"冯桂芬抨击官僚集团这种昧于世事、隔膜民情的恶劣状态，声称："今世部院大臣，习与京朝官处，绝不知外省情事；大吏习与僚属处，绝不知民间情事。"甚至说："五尺童子皆以为不然，而上犹以为然。"冯桂芬认为，解决这个问题的办法就是"复陈诗"，恢复被汉代学者理想化了的古代政治、文化制度。冯桂芬幻想，这种"陈诗"制度恢复了，"九州之大，万口之众，果有甚苦之政，甚恶之人，必有长言咏叹以及之者矣"。

冯桂芬的这篇《复陈诗议》在当时没有受到人们注意，它只表明，维新人物，在提出改革建议时，想到了文学，也想到了传统的文学体裁——诗。

黄遵宪厚"今"重"我"的文学思想

在近代文艺思想的发展上,黄遵宪有其重要特色,这就是坚决反对复古主义、拟古主义,厚"今"重"我"。

历史上的保守力量派都喜欢形而上学。他们为了巩固现状,维护统治,阻碍社会发展,总是千方百计地否认事物的发展和变化,坚持"天不变,道亦不变",力图将其统治和现状说成是万古不变的永恒存在。与之相反,代表发展要求的新兴力量,总是大力揭露现存秩序的不合理,要求变革,要求发展。

在近代,中国新起的资产阶级曾经长期和封建地主阶级争论过"变"的问题。地主阶级总是抬出"祖宗成法"这块招牌来,反对一切改良或革命的要求。而新起的资产阶级则总是大声疾呼地要求变革,在民族危机日益深重的情况下,他们热衷于宣扬《易经》中的"穷则变,变则通"思想,求"变",倡"变"。这是从龚自珍、魏源开始的先进思想家们的共同特征。

第一个在文学领域内明确求"变"、倡"变",并在创作实践中卓有成效的诗人便是黄遵宪。

一、接受"善变"的表扬

1897年,作者在《日本国志·学术志》中说:"周、秦以下,文体屡变,逮夫近世,章疏移檄,告谕批判,明白晓畅务期达意,其文体绝为古人所无。若小说家言,更有直用方言以笔之于书者,则语言文字几乎复合矣。余又乌知夫他日者,不更变一文体为适用于今、通行于俗者乎?嗟呼!欲令天下之农、工、商贾、妇女、幼稚,皆能通文字之用,其不得不于此求一简易之法哉!"这里,黄遵宪不仅以周、秦以来的历史证明,中国的文体及文学语言一直在变化发展中,而且主张继续变革、发展,创造出一种新的文体来。

同年,黄遵宪在《酬曾重伯编修并示兰史》一诗的序言中写道:"重伯序余诗,谓古今以诗名家者,无不变体;而称余善变,故诗意及之。"诗中又云:"废君一月官书力,读我连篇新派诗。风雅不亡由善作,光丰之后益矜奇。"[1]重伯,指湖南衡阳诗人曾广钧,有《环天室诗集》行世。兰史,广东番禺诗人潘飞声,有《说剑堂诗集》行世。显然,曾广钧夸奖黄遵宪诗"善变",不同于当时的一般作品,黄遵宪接受这一表扬,也以"善变"自喜,并且很快就打出了"新派诗"的旗号。变与不变是矛盾的对立,新与旧也是矛盾的对立。明清以来,封建社会接近崩溃和腐朽,它的上层建筑的文化、文学部分,特别是诗歌写作日益不佳,内容贫乏、空虚;形式僵化、凝固,失去创造活力,处于极为严重的停滞、因袭状态,可以说,"肉腐羹酸"了。历史证明,一种新兴力量的出现总要努力在意识形态的领域内表现自己,引起上层建筑的变化;总要批判、扫荡旧事物,旧形态,从而建立起自己的新事物

---

[1] 此诗序见于《新民丛报》第3年第4号,《人境庐诗草》未载。诗中文字亦有小异,今均依《新民丛报》。

或新形态。在诗歌领域内,黄遵宪求"变",倡"变",正是要求对于古老的旧体诗进行变革、改良,催生资产阶级维新派的"新派诗"。

"变",牵涉今古关系,必须正确地对待此前的文化和文学遗产。明清以来,思想界、美术界常常为此发生争论。保守力量总是尊古、崇古,视古为神圣。凡"先王之道""先圣之法",谁都不敢轻易触动!其目的在于借助"古人"声威,阻挡新生事物的成长,压死创造性。威势所及,一些人,虽具有进步思想和改革要求,为减少阻力,不得不披上"托古改制"的外衣。

文学,特别在诗歌写作中,本来就存在两种倾向。一种是力求模拟古人,一种是力求创新、发展。对于前一种倾向,人们通常称为拟古主义。宋元以后,诗歌创作中的拟古主义潮流开始滋生、发展。有些人,总喜欢将前人的创作视为不可更动的规范,力求亦步亦趋,以拾古人唾液,在创作上以似古为荣。

早在1868年,黄遵宪即尖锐地批判诗歌创作中的拟古主义倾向,其《杂感》诗云:

俗儒好尊古,日日故纸研。六经字所无,不敢入诗篇。古人弃糟粕,见之口流涎。沿习甘剽盗,妄造丛罪愆。

这首诗,生动地勾画出"俗儒"们尊古、拟古的丑态:束手束脚,胆战心惊,一味在故纸堆里找灵感,作品中不敢使用任何新字、新词,将古人的"糟粕"视为新鲜美味,将日常的写作要求当作秘技盗窃。偶有新颖不同之处,立即被斥"狂造",遭到纷至沓来的责骂。黄遵宪认为,这种情况的出现,原因在于"俗儒"对今古关系的错误认识。他继续写道:

黄土同抟人,今古何愚贤?即今忽已古,断自何代前?……即今流俗语，我若登简编，五千年后人，惊为古斓斑。

在黄遵宪看来，古今异世，语言变迁，但"今"由"古"发展而来，"今"也会发展为"古"，以今人与古人相比，古人并无特别高明之处。因此，没有尊古卑今的必要，在写作上，也没有步武古人、模拟古人的必要。

中国的"俗儒"常常根据想象美化古人、神化古人。但黄遵宪却说，传说黄土造人，古人并不特别聪明，今人也并不特别愚笨。"以我视后人，若居三代先。"今天的普普通通、平平常常的我，在后人看来，可能就是既神秘、又神圣、又伟大的夏、商、周"三代"人呢！黄遵宪此诗，和多年来中国"俗儒"们的常见不同，在当时，可以说是开天辟地、惊世骇俗的创见。它剥夺了儒学长期虚构在"古人"头上的"神圣光环"，大大抬高了"今人"的地位，因此黄遵宪在诗歌写作中要求摆脱古人的阴影，直接抒写自己口所欲言之事。他勇敢地自称："我手写我口，古岂能拘牵？"1891年，黄遵宪在《人境庐诗草自序》中又说："欲弃去古人之糟粕，而不为古人所束缚"，"今之世异于古，今之人亦何必与古人同？"这些地方，黄遵宪都明确地树起了反对拟古主义的大旗。

有前代创作和前代遗产，可以学习和借鉴，这是大好事，但是模拟不能代替创新，老古董不能代替新作品，文坛、诗坛，总要不断涌现新人和新作。黄遵宪之所以批判对古人的迷信，要求摆脱古人的"拘牵"和"束缚"，目的在于解放手脚，解放思想，为表现新时代的新人和新作开道。

二、"别创诗界"的理想

诗与文，合称诗文，但是，诗与文不同，它是一种特殊的文学体裁，基于情，作用于情，有特殊的艺术作用。这种特殊的艺术作用，黄遵宪称之为"吸力"。1904年，黄遵宪在与梁启超的信中说："吾论诗以言志为体，以感人为用。夫子所谓兴于诗，伯牙所谓移情，即吸力之说也。"基于这一认识，黄遵宪特别重视诗歌写作，力图在这一领域有所突破，有所开创。

1902年，黄遵宪在写给维新派、新派诗人华侨丘炜菱的信中说：

> 思少日喜为诗，谬有别创诗界之论。然才力薄弱，终不克自践其言。譬之西半球新国，弟不过独立风雪中清教徒之一人耳。若华盛顿、哲非逊、富兰克林，不能不属望于诸君子也。诗虽小道，然欧洲诗人，出其鼓吹文明之笔，竟有左右世界之力。仆老且病，无能为役矣。执事其有意乎？
>
> 时事日亟，一部十七史，从何处说起……

华盛顿是美国开国总统，哲非逊是美国《独立宣言》的起草者，富兰克林则是《独立宣言》的重要修订者。三人都在美国独立运动和建国期间立下卓越功勋。清教徒，原指英国宗教改革运动中的加尔文派，后来大批流亡美国，支持美国独立和建国。信中，黄遵宪以华盛顿等三人的功业期待同为诗人的丘炜菱，自称"清教徒之一人"，而实际上是一种自我期许，表明了黄遵宪"别创诗界"的雄心壮志。中国古代，诗歌写作空前发达，诗人辈出，佳作丛生。黄遵宪此函表现出，他不仅企图在这一领域超越前人，而且力图与他所知晓的"欧洲诗人"比肩。函称："欧洲诗人，出其鼓吹文明之笔，竟有左右世界之力。"任何文学作品的力量都是有限的，但有着巨大的社会作用却又是不可否认的事实。这段文字显示，黄遵宪不仅熟悉中国的文学和诗歌发展史，而且放眼世界，开始研究欧洲文学的发展和历史，期待中国诗人们能像他的欧洲同行一样，以其作品鼓吹维新，鼓吹变法，鼓吹文明。

在《人境庐诗草》的《自序》中，黄遵宪叙述其诗歌主张：

> 诗之外有事，诗之中有人；今之世异于古，今之人亦何必与古人同。尝于胸中设一诗境：一曰复古人比兴之体；一曰以单行之神，运排偶之体；一曰取《离骚》、乐府之神理而不袭其貌；一曰用古文家伸缩离合之法以入诗。其取材也，自群经三史，逮于周、秦诸子之书，许、郑诸家之注，凡事名物名切于今者，皆采取而假借之。其述事也，举今日之官书会典，方言俗谚，以及古人未有之物，未辟之境，耳目所历，皆笔而书之。其炼格也，自曹、鲍、陶、谢、李、杜、韩、苏讫于晚近小家，不名一格，不专一体，要不失为乎我之诗。诚如是，未必遽跻古人，其亦足以自立矣！

这篇《自序》是黄遵宪深思熟虑、精心结构的纲领，总结了前代文学理论中的许多争论过的问题，反映出他在诗歌写作上的美学追求：

"诗之外有事"，要求诗歌反映社会现实。这里的"事"，就是白居易所说的"歌诗合为事而作"的"事"。既不唯美主义，也不形式主义。

"诗之中有人"，要求建立自己的个人独特风格。针对此前和当时的严重拟古主义诗风，诗作必须有自己的风格，有与众不同之处。

"古人未有之物，未辟之境，皆笔而书之。"创新是文学的根本要求，生命所在，吸引力所在。写新时代、新人物、新事件和新情感，才能超越前人，焕人耳目。

"不名一格，不专一体。"必须学习前代优秀诗歌遗产，但不是模仿、硬搬；是兼收博采，不是拘执门户。

"以单行之神，运排偶之体"，"用古文家伸缩离合之法以入诗。"单行、排偶的优劣短长本是清代散文家和骈文家长久争论的问题。黄遵宪主张借鉴散文优点，在"排偶之体"中运用"单行之法"，以期打破长久以来诗歌发展中形成的清规戒律，改变旧体诗愈来愈古典化、僵化的倾向，在一定程度上解放旧体诗的表现力，使之适合于表现新内容而又不失格律的严整与和谐。

"取材群经三史，逮于周、秦诸子之书，许、郑诸家之注"以及"今日之官书会典，方言俗谚"，从而扩大诗歌的语言来源和表现范围。桐城派文人要求文学语言必须"雅洁""雅驯""辞古"，反对使用语录中语、魏晋六朝人藻丽俳语、汉赋中板重字语、诗歌中的隽语、南北史中的佻巧语等，使文学语言日益狭窄、贫乏、枯窘[1]。当时，维新派曾在文章中用了"吸力""热力""张力""受力""压力""脑筋""灵魂""黄种""四万万人"等字眼，遭到湖南顽固派、大地主阶级的代言人叶德辉等人的破口大骂。[2] 黄遵宪的上述主张与复古派相反，扩大了文学语言的词汇来源，增加了其活力和表现力。

三、"新派诗"与"新体诗"

黄遵宪的诗，写鸦片战争以后的新时代，写这个时代出现的新事、新理，同时不避方言、俗语和新名词，使他成为这一时期最重要、成就最大的"新派"诗人。不仅如此，黄遵宪后来的创作实践向口语化、群众化的方向又前进了一大步，这就是《军歌》《小学生相和歌》《幼儿园上学歌》等一类作品。它们摆脱了古典诗歌的格律束缚，形式更为解放，语言更为通俗，可以说，已经明白如话，因此更加接近群众，为群众所接受。这些作品，较之他在诗集《自序》中所提出的主张，走得

---

[1] 参阅沈廷芳《方望溪先生传后》、方苞《储礼执文序》。
[2] 参阅叶德辉《长兴学记驳义》及《湘省学艺》，均见《翼教丛编》。

更远。黄遵宪对这些作品很重视，曾经在给梁启超的信中打听日本所谓"新体诗"的情况，是否"创调"？他自称，本人的此类"新体"诗，"择韵难，选声难，着色难"，希望梁启超等"拓充之、光大之"[1]。

在《日本国志·学术志》中，黄遵宪曾主张文学语言"适用于今，通行于俗"，要求语文合一，文学语言与口语相统一，使之适用于"农、工、商贾、妇女、幼稚"，这是中国语言学历史上从未有过的要求，也是符合中国语言发展方向的正确要求，但是，这一主张，黄遵宪仅在《日本国志》一书中提出，并没有付诸实践，要求发展到各种文体，特别是诗歌。普遍以白话写作，以白话写诗，这是五四时期才提出来的任务。

黄遵宪的文学思想有其时代和阶级基础，并有其先行者的思想资料。恩格斯说过："每一时代的哲学都把一定的思想材料作为前提，这些材料是它从它的先行者继承下来，而它就是从这里出发的。"[2]晚明时代，由于资本主义萌芽的发生，产生了反传统、反道学的异端，这就是以李贽为代表的异端学派，在文学领域内则产生了反对复古，提倡"变""新""真"的公安派。黄遵宪文学思想和其前驱者之间存在着明显的继承关系。如：

李贽："然以今视古，古固非今，由后观今，今复为古。"（《时文后序》）

袁宗道："夫时有古今，语言亦有古今；今人所诧为奇字奥句，安知非古之街谈巷语耶！"（《论文》上）

袁宏道："大抵物真则贵，贵则我面不能同君面，而况古人之面貌乎……然则古何必高，今何必卑哉！"（《与丘长孺书》）

袁宏道："古之不能为今者也，势也。其简也，明也，整也，流丽

---

[1]《致梁启超函》，陈铮主编《黄遵宪集》（二），中华书局2019年版，第820页。
[2] 艾思奇译：《马克思恩格斯关于历史唯物主义的信》，人民出版社1951年版，第9页。

痛快也，文之变也。夫岂不能为繁、为乱、为艰、为晦？然已简，安用繁？已整，安用乱？已明，安用晦？已流丽痛快，安用聱牙之语，艰深之辞……世道既变，文亦因之。今之不必摹古者也，亦势也……人物事态，有时而更，乡语方言，有时而易，事今日之事，则亦文今日之文而已矣。"(《与江进之书》)

这样的例子还很多。此外，黄遵宪在《山歌》手写本《题记》中，赞美民歌的自然、本色，都和公安派的文学思想有一脉相承之处。黄遵宪正是利用了这些思想材料，从自己的时代要求出发，予以改造和发展，提出了自己的思想。

黄遵宪的文学思想也存有较大的局限。如：他认为文界"无革命"而只有"维新。"[1]在《日本国志·学术志》中，黄遵宪说："西人每谓中土泥古不变，吾独以为变古太骤。"显然，"古"对于黄遵宪的压力毕竟还太重，他甚至阿Q式地认为西方的强盛源于中国的"先圣之道"，说什么"余考泰西之学，其源盖出于墨子"。[2]后来鲁迅讽刺复古派说，"外国的东西，中国都已有过；某种科学，即某子所说的云云。"两相比较，声调何其相似！[3]因此，在文学上，黄遵宪也还不能彻底摆脱旧文学的束缚。以他的诗为旗帜的"新派诗"，不过是古与今、新与旧的妥协物，既不新，也不旧；既不古，也不今。所以有人说他的诗，"凡新学而稍知存古，与夫旧学而强欲趋时"的"新旧两派"都欢迎，就是这个道理。[4]创作中，他有时还追求"无一字无来历"，这些过时的写作规范还严重地束缚着他。

---

[1]《与严复书》，陈铮主编《黄遵宪集》(二)，中华书局2019年版，第842页。
[2]《日本国志·学术志》。
[3] 鲁迅《随感录》38，见《热风》。
[4] 钱锺书《谈艺录》，第29页。

邓实与湖海有用文会

邓实，字秋枚，广东顺德人，是个在近代学术文化史上有相当大的影响的人物。他是广东著名学者朱次琦的再传弟子，简朝亮的学生。受过深厚的封建正统教育，而又在上海等地接受过西方资产阶级的文化影响，曾编辑过《国粹丛书》《风雨楼丛书》《古学汇刊》《神州国光集》《美术丛书》等，又曾先后主编过《政艺通报》《国粹学报》。

关于《国粹学报》，人们久已熟知，而《政艺通报》则知者不多。它是《国粹学报》的前身，也和后来的革命文学团体南社有关。在它的撰稿者中，除部分维新派外，很多人后来都成为南社的成员。它出版于上海，是一种政治和科学技术的混合刊物。起于1902年，止于1906年。它强调司马迁、郑樵等进步史学家的"会通"观点，讲求知古知今、知中知外，故名《政艺通报》。

1902年，邓实发起组织湖海有用文会，在《政艺通报》上发表启事。中云：

在昔贾生忧国，厥有痛哭之篇；杜老哀时，毋断江湖之梦……

诗小序曰:"乱世之音怨似怒,亡国之音哀以思",岂非以神州陆沉,易兴中原之叹;新亭斯在,不胜江河之悲。哀乐中人,感生篇什……今之作者,岂无意乎?嗟呼!海波万里,已入魂梦而飞腾;旗帜千船,方环耳目而招飐。上帝板板,日月远重光之期;六合沉沉,榱栋有同压之惨。三州父子,将为异域之奴隶;锺仪衣冠,翻作楚囚之困。伊川被髪,子山所以哀江南;荆楚登楼,仲宣所由悲故国……吾党君子,当同此心;天下兴亡,匹夫有责。其有感时之士,匡俗之哲,闻鸡夜舞之杰,渡江击楫之英,泊夫江海耆簪,山林散佚,热心国家,蔚为文章,发愤时艰,指陈世务,友谊如龟鉴,忠肝如铁石,有在下救民以言之责,毋衰世处士横议之风。美人高吹呼乎参差,鸡鸣不已于风雨。孔子曰:"言之无文,行而不远。"曾子曰:"以文会友,以友辅仁。"呜呼!奉天一诏,遂动天下之心;出师二表,长下英雄之泪……扇芬华而相慕,歌窈窕而同善。诗曰:"毋金玉尔言,而有遐心",诸君子处今日岂尚有"遐心"乎?幸毋閟其音而金玉之也。[1]

1900年,时值八国联军入侵之后,民族危机日益深重,瓜分之祸迫在眉睫。当时,西方民主主义文化和科学知识大量输入,国内外出现许多爱国团体和刊物,上海等城市因之出现大批新型知识分子。邓实所发起组织的湖海有用文会便是其中的一个。上引文既是一份启事,也是一份纲领,一份宣言。

不难看出,"文会"首先是一个政治团体,它有明确的政治目的,具有极强烈的爱国主义和救亡图存色彩。它在国家行将破亡时,号召人们起来反对帝国主义侵略、保国卫家。另一方面,"文会"也是一个文学团

---

[1] 邓实《湖海有用文会启》,见《壬寅政艺丛书》。

体，它有明确的文学主张，企图通过文字，鼓吹爱国救亡，联络同志，指斥时政，进行宣传活动。该会定名为"有用文会"，正是为了旗帜鲜明地与空虚无用的旧文学相对立。在湖海有用文会的《略例》中，邓实说："文章经世，斯为有用之文。"[1]"经世"，为反帝爱国运动服务，这是近代中国新的文化、文学思想的共同特征，也是当时的一股新思潮。

同年，《政艺通报》刊登志西的《与湖海有用文会书》，明确提出文章要"有用于世，有用于国，有用于种，有用于教"。它批判桐城派古文对于体文规格、起伏呼应的追求，提倡采用新名词，表现新思想，以期转移社会，转移文风，"为吾国文界辟一新土"[2]，这封信不是邓实写的，但显然代表了他的看法。

在诗歌方面，《政艺通报》刊有《风雨鸡声集》。编辑例目中声明："载近人之诗歌有风人之谊者，以觇舆论之从违，以验时政之得失。"[3]所谓"风雨鸡声"，取自《诗·郑风》中的《风雨》篇，其中有"风雨如晦，鸡鸣不已"之句，用此四字，代表先知先觉者在国家动乱时所发出的呼声。邓实说：

>文字者，英雄志士之精神也。虽然，文字之具有运动力，而能感觉人之脑筋，兴发人之志意者，唯有韵之文为易入焉。然则诗者，亦二十世纪新学界鼓吹新思想之妙音也。呜呼！潇潇风雨，嘐嘐鸡鸣，曙光杲杲，天将开幕，当亦乱世诗人所想望不已者乎？[4]

马克思说过："资产阶级当民众还是保守的时候，是不免要害怕民

---

[1] 见《壬寅政艺丛书》。
[2] 见《壬寅政艺丛书》。
[3] 见《癸卯政艺丛书》。
[4] 《风雨鸡声集序》，见《癸卯政艺丛书》。

众愚钝的。"[1]中国近代新型文化人处于严重的民族危机下，迫不及待地要求宣传救国真理，使自己的思想普及为全民的思想。他们受西方文艺思想影响，认识到诗歌这一文学体裁的特殊美学作用，希望通过诗来鼓吹新学和新思想，使之更易为群众所接受。邓实曾把自己的早期诗作题为"二十以前旧思潮之一"，表示出当时一些人摒弃旧学、旧诗，追求新学、新诗的努力。"时光杲杲，天将开幕，当亦乱世诗人所想望不已者乎？"这里，表现出邓实对于中国明天的一种美好期望。

实际上，邓实的诗歌思想在1899年为其亡弟邓方所写的《小雅楼湖海感事诗后序》中已经表达得很完整。在该文中，邓实批判明清以来的空虚陈腐的诗坛："百年以来，诗学之坏，由于颓薄空俗，否则浮藻为丽，獭祭为博，而二三山林放佚之士，又啸傲于风流裙屐间，其诗每多风月之辞，渐流而为性灵、风怀、闺阁媟语，罔不入之于诗，而诗学因之凌夷衰微久矣！毋怪乎忧时之彦病夫诗之无用而欲废之也。"邓实不仅从中国传统的"诗教"观强调诗的政治作用和认识作用，所谓"可致其国之兴替，政之得失"，而且进一步把诗和近代的爱国救亡运动结合起来："夫日本变法，诗歌犹存；法德强邦，以诗兴国。故发人之志气，鼓吹人爱国之精神，莫善于诗。"这里，虽然夸大了文学作用，但提出以西方强国和日本明治维新时的诗歌作为榜样，正是当时人向西方寻找救国真理在文学方面的反映。

邓实大力称颂其弟弟邓方的诗，赞扬其"内多忧国伤时之作"，"痛外患之日迫，哀神州之不振，悲吟慷慨；歌哭淋漓，其忧愁幽思之意，一于诗发之"。使邓实感到满意的是，在邓方的作品中，登临、吊古、怀人、风景之什不存焉。他要求用诗歌来"唤醒国魂，湔洗国耻"[2]，实

---

[1]《路易·拿破仑政变记》，《马克思恩格斯文选》两卷集第一卷，人民出版社1962年版，第3页。
[2] 以上所引，均见《壬寅政艺丛书》卷12。

际是要求通过诗歌来启发人民的民族主义、爱国主义精神，反对帝国主义侵略。

在《鸡鸣风雨楼民书》中，邓实又说："吾又尝披白人之历史矣……读其诗歌，一若唯从军为无上之至乐者。"他很不满意中国诗歌"凤以武事为贱"的事实，声称"《诗》三百而大半皆言军士出征遣戍之苦。自是以降，工文学者，胥本此义，以相鼓吹"。与此相反，邓实要求用诗来"一洗数千年文弱娇软之积习，壮以军人之气魄，贯以军国之精神，歌秦风，思同仇，一喜皆春，一怒皆秋"。[1]邓实这里的思想显然是当时流行的军国民主主义在文学上的表现，受梁启超文学观的影响。在当时的历史条件下，从反对帝国主义侵略出发，要求诗歌歌颂人民群众反侵略的正义战争，以及在这种战争中表现出来的尚武和勇敢精神，鼓舞士气和斗争热情，有其积极意义。

此外，从宣传爱国主义、民族主义出发，邓实也进行了部分文学遗产的整理工作。他在《语言文学史叙》中提出的整理标准为："凡吾国妇人、女子、劳人、哲士、词人、墨客之歌谣词曲、议论文章，有关于民族之盛衰者；皆载焉。"[2]1906年，邓实刊行宋遗民谢翱的《晞髪集》，并作后序，表扬"乱世之文""亡国之文"，提倡"伤心之作""歌哭之作"，暗含反对满洲贵族集团的政治斗争意义。[3]同年，邓实又编辑《正气集》，"集合宋、明以来仗义之臣、死节之士、遗民故老，其零篇賸墨可歌可泣者汇为一编"，声称其目的在于"振大汉之天声，而汉祚藉为一线之延"。[4]显然，也是为了反对满洲贵族统治集团。

邓实的文艺思想有其严重的局限。一方面，中国资产阶级文化人的

---

〔1〕以上所引均见《鸡鸣风雨楼民书·民力第三》，《甲辰政艺丛书》。
〔2〕《甲辰政艺丛书·政学文编》卷五。
〔3〕见《丙午政艺丛书》。
〔4〕见《丙午政艺丛书》。

发展先天不足，大部分由地主阶级转化而来，从未和封建主义划清过界限；另一方面，在历史的重要关头，封建地主阶级中总要不可避免地分化出部分人士。他们在帝国主义侵略面前，不得不睁眼看现实，接受新思想，试图找寻新的出路，但是，他们所受的旧影响实在太深。与其说他们是新型的资产阶级知识分子，不如说他们是受资本主义影响的地主阶级分子。这就构成了近代中国政治、文化活动的特殊的复杂性。有许多活动在政治、文化舞台上的先进人物，他们身上往往具有双重性，即一定程度的对资本主义新事物的向往，而其根深蒂固的质的规定性则是封建主义。这些人，正像鲁迅所称，在闻所未闻的外国人到了，交手几回，渐渐知道"子曰诗云"似乎无用以后，"于是乎要维新"，但同时也要"守旧"。一方面，"'西哲'的本领虽然要学"，但另一方面，"子曰诗云"也更要昌明。于是，这些人便"早上打拱，晚上握手"；上午"声光化电"，下午"子曰诗云"。[1]邓实也正是这样一种人。

19世纪末，20世纪初，先进的中国人纷纷向西方寻找救国真理，西方新兴文化大量输入。这自然会引起封建地主阶级的激烈反对。他们唯恐从此根本上动摇封建主义的政治和文化思想体系，企图以复古主义相抗。邓实不同于封建阶级顽固派，但由于他与封建主义的密切联系和长期的封建正统教育，因而，一方面在一定程度上批判旧文化、旧文学，但又同时鼓吹所谓"神州旧学"，提出所谓东洋文明是精神文明，是形而上的，西洋文明是形而下者，是物质文明，主张中国的物质文明虽不及西方，但精神文明却甚为完全，要"以我之精神，而用彼之物质合炉同冶，以造成一特色之文明"。[2]这种主张，实际上和张之洞的"中学为体，西学为用"论相一致。于是，一方面号召人们向西方学习，但

---

[1]以上所引，均为鲁迅《随感录》四十八文中语，见《热风》。
[2]邓实《鸡鸣风雨楼政治小言·东西洋二大文明》，见《壬寅政艺丛书·文学文编》卷5。

又对西方文化的大量传入忧心忡忡，斥责这种现象为"鬻道于夷"[1]，结果将"快意一时，流祸百世，教典而忘其祖，出门不知其乡"。[2]他在正确地号召用文学反对帝国主义侵略的同时，又错误地号召"保存国学"，以此抵御在当时对中国还有进步意义的西方民主主义文化和正在兴起的新的文化运动。他们并未经过科学调查和严密论证，就自夸中国文化："三坟五典，为宇宙开化之先；金板六弢，作五洲文明之祖"[3]，但是，他们不了解，民族文化精粹的保存完全不同于博物馆的陈列，必须和革新、和发展、和进步相联系。过时的、落后的、僵死的部分，必须抛弃、扫荡，而不能当作宝贝，用死人拖住活人。例如文言文，这是一种脱离时代、脱离群众的僵死的书面语言，早在写作《日本国志》时，黄遵宪就提出，要选用一种"适用于今，通行于俗"的语言来加以代替，其后，白话文、白话报风行一时，但是，辛亥革命发生了，五四运动发生了，邓实等人却仍然视文言为"立国之精神而当宝之以为国粹"[4]，这就站到保守派和复古派的立场上去了。

邓实等认为："一国之立，必有其所以自立之精神焉。"主张"精神不灭，则其国亦不灭"。[5]他们不了解，民族精神和民族文化一样，不可能是单一的，而必然是多元的，其中既可能有进步的、民主的成分，也可能有落后的、反民主的成分，须谨慎地加以区别，择取并发扬前者，否定后者，不宜笼统地号召一概保存。

1904年，邓实发起组织国学保存会，创办国粹学社，1905年又创办《国粹学报》，在"保存国粹"的旗号下保存旧文化和旧文学。如果说，这种复古主义、国粹主义思想在辛亥革命前还多少有一点进步意

---

[1] 邓实《国学保存记》，《甲辰政艺丛书·政学文编》卷一。
[2] 《国粹学报第一周年纪念辞》，《丙午政艺通报·湖海青镫集》。
[3] 《国学保存会小集叙》，见《乙巳政艺丛书·湖海青镫集》。
[4] 《鸡鸣风雨楼独立书·语言文字独立第二》，《癸卯政艺丛书》。
[5] 《国学保存会小集叙》，见《乙巳政艺丛书·湖海青镫集》。

义,正如鲁迅所说:"民国以前的议论,也因为时代的关系,自然多含革命的精神,《国粹学报》便是其一。"但在近代中国资产阶级左翼和小资产阶级激进民主派将文学运动推向前进,特别是无产阶级走上政治舞台、文化舞台,向旧文化、旧文学发起攻击的时候,这种复古主义思想的落后与反动一面就充分表现出来了。"五四"前,他们顽固地抵御新文化运动的发展;"五四"后,则在"整理国故"的幌子下抵御马克思主义的传播和无产阶级新文学运动的开展,"和我们展开过激烈的战斗"。邓实及《国粹学报》的大部分人后来都成了抱残守缺者流。邓实的后半生是孤寂的、黯淡的,一直在上海以书画古玩自娱,完全失去了早年的那一点在文化运动上的进步意义,用自己的手把自己封闭起来,使自己和时代隔绝,而时代也就远远地把他抛在后面了。

[三]

黄遵宪论丛

海外偏留文字缘

在日本东京都琦玉县野火止平林寺书库中，保存着大量中日文人笔谈遗稿。

1877年，清朝政府任命何如璋为出使日本大臣，张斯桂为副使，黄遵宪为参赞。一行人抵达日本后，受到了日本友人的热烈欢迎，源辉声、石川英、龟谷省轩、青山延寿等一批文人经常来访。由于语言不通，而日本友人大都能写一手流利的汉字，因此，双方便作笔谈。每次谈话完毕，源辉声便将笔谈纸片装裱成册。其中，有关黄遵宪部分已由日本和新加坡的研究者整理成书，并由早稻田大学东洋文学研究会出版，这就是《黄遵宪与日本友人笔谈遗稿》（后简称《遗稿》）。

《遗稿》记载了黄遵宪与日本友人交往的情况，反映了源辉声等热爱中国文化的感情，是中日文学交流的历史证物，也是研究黄遵宪的重要资料。

据日本友人记述，黄遵宪到日本后，在紧张的使馆工作之暇，曾精心研读《红楼梦》，一边读，一边"加圈子"，1878年7月，他以《红楼梦》一部赠给日本友人。9月，他又向石川英等热情介绍这部文学巨著。

他说:"《红楼梦》乃开天辟地,从古到今第一部好小说,论其文章,宜与左、国、史、汉并妙。"此后,源辉声读了《红楼梦》,准备通过该书学习中国语言,黄遵宪又盛赞《红楼梦》的语言成就,他说:"编《红楼梦》者乃北京旗人,于一切描头画脚零碎之语,无不通晓,则其音韵腔口,较官话书尤妙。"

日本友人也向黄遵宪介绍了日本古典小说《源氏物语》,认为其作意与《红楼梦》"能相似"。黄遵宪则遗憾地表示:"恨不通日本语,未能读之!"他赞美日本的戏剧艺术道:"贵国演戏,尽态极妍,无微不至,仆亟喜观之。"当时,不少日本作者用汉语写诗。龟谷省轩向黄遵宪谈到日本汉诗作者中"近来纤靡成风",表示要联络同志,"矫之以宋、唐",希望得到黄遵宪的帮助,"一振颓风,以扶大雅"。对此,黄遵宪表示:"何敢当此。愿得随诸君子之后,力着一鞭耳。"他分析了诗歌创作中作家的"性"和"习"的作用,认为诗风纤靡的主要原因在于"习",即作家的取法和学习状况。他建议日本友人们多读一点杜甫、韩愈等大家们的作品,"广其识","壮其气","观其如何耳"。笔谈中,黄遵宪特别提到了诗歌风格的多样化问题。他说:"诗之为道,至博且大;若土地焉,如名山大川,自足壮人;则一丘一壑,亦有姿态,不可废也。"现实是丰富多彩的,人们的美学趣味是多方面的,自然,诗也不能拘于一种风格,一个腔调。

此外,黄遵宪还和日本友人探讨了生活和艺术等方面的问题。公元九世纪初,日本高僧空海曾随遣唐使访问中国,归去后,书法艺术大进。石川英在谈到此事时,表示希望能像空海一样游历中国,"得观天台、雁宕、西湖、嘉陵",从而提高自己的创作水平。他说:"妄以想象写江南风景,其实心不安。若一游,写其真,亦必胜前时乎?"黄遵宪立即充分肯定了石川英的这一看法,他说:"空海云云,稍似英雄欺人语,然核其理,则太史公所谓游名山大川以壮其气也。此理自不可诬。"

黄遵宪反对单纯追求技巧。他认为，对于一个作家说来，"胸襟气识"第一。他说："文章之佳，由于胸襟气识，寻章摘句，于字句（间）求生活，是为无用人耳。"

在日本期间，黄遵宪的诗歌创作非常活跃。写作中，他虚心地向日本友人请正。据《遗稿》记述，黄遵宪曾以诗稿一卷赠给作家龟谷省轩，"索其序，并乞其细阅详校，有错引典籍与事不当者告知，待改"，又曾请源辉声"改润"。

黄遵宪的诗文得到了日本友人的热爱。1878年，源辉声曾要求黄遵宪将来日前后的诗文稿交给他编辑。次年，记述日本历史、风物的《日本杂事诗》出版，为了留作永恒的纪念，源辉声征得黄遵宪的同意，将《日本杂事诗》的初稿埋藏于墨江畔的家园中，刻石树碑，题曰："《日本杂事诗》最初稿冢"。源辉声去世后，埋葬于琦玉县平林寺，其子也随之将诗冢迁移到了该处。

除《日本杂事诗》外，使日期间，黄遵宪也已开始了《日本国志》的草创工作。从《遗稿》中可以看出，为了写这部书，黄遵宪曾向石川英、龟谷省轩、冈鹿门等进行过调查，日本友人都积极赞助，石川英还承担了代译日文《国史略》等资料的任务。因此，《日本国志》不仅是黄遵宪的个人劳动成果，其中，也凝结着日本友人的心血。

《遗稿》中，还有若干片段，反映了黄遵宪对孔丘、孟轲、宋儒、西方科学和平等、自由学说的看法，是研究黄遵宪思想的有价值的材料。

黄遵宪诗云："海外偏留文字缘。"据日本学者报道，平林寺书库及其他地方发现的此类笔谈遗稿共八种，约七十册，其中有关于这个时代中日两国政治、风俗、学问、文艺等多方面的谈论。我们希望日本学者们继续爬梳抉剔，加强对这批史料的整理和研究，使之在新时期中日友好和文学交流中更充分地发挥作用。

读黄遵宪致王韬手札

光绪五年（1879），黄遵宪任驻日参赞期间，王韬自香港来游。二人相识后，很快结为好友，"三日不见，则折简来招"[1]。七月初六日，王韬归国，转返香港，继续主编《循环日报》，二人仍经常通信，交流对时局、写作等方面的看法。王韬致黄遵宪的信，有三通收录于《弢园尺牍》及《弢园尺牍续钞》中，容易见到；黄遵宪致王韬的信，则向未刊行。这里，笔者介绍见到的十九通，并作初步探讨。

手札分藏于天津南开大学图书馆、浙江省图书馆及上海等处。有些署有月日，有些则未署时间，而且篇页错乱，经考订排比，其顺序为：

第一通，光绪五年四月二十六日。

第二通，同年七月初。本函未署时间，从内容看，系王韬归国，黄遵宪约他参加饯行宴，故知当作于此时。

第三通，同年七月十一日。

第四通，同年七月二十一日。

---

[1] 王韬：《日本杂事诗序》，《弢园文录外编》卷9。

第五通，同年十月二十四日。

第六通，同年十一月二十日。

第七通，同年十二月十五日。本函正页已佚，仅存附页，未署时间，据第八通"腊八后七日奉书"等语及两函所述"翻译球案"一事情节推断，当作于此时。

第八通，同年十二月二十三日。

第九通，光绪六年（1880）二月下旬。本函未署时间，信中说："十九日舍弟均选来署，带到惠函并《杂事诗》诸件，一一照收。拙诗宠以大序，乃弟生平未有之荣，感谢实不可言。"王韬为黄遵宪的《日本杂事诗》作序在本年二月初一日，故知本函当作于此时。

第十通，同年三月十五日。

第十一通，同年四月十日。

第十二通，同年四月中下旬。本函为托人带地图等物给王韬的便札，未署时间。

第十三通，同年五月十五日。

第十四通，同年六月十九日。

第十五通，同年七月。未署时间，函中有"弟未往箱根前"等语，知当作于上函之后。

第十六通，同年八月。本函正页已佚，仅存附页，未署时间，从内容看，信中谈到曾纪泽向沙皇递国书，俄国海军卿率舰队东来等事，知当作于此时。

第十七通，同年八月二十九日。

第十八通，同年九月十日。

第十九通，光绪七年（1881）六月十三日。

这些信，为研究黄遵宪、王韬及其关系提供了重要的新资料。

一、向维新派转化

使日期间，黄遵宪正从地主阶级改革派向资产阶级维新派转化。这批信件，有助于了解他这一时期的思想，也有助于了解他写作《日本杂事诗》和《日本国志》的某些情况。

黄遵宪和王韬非常契合。光绪五年四月二十六日函云：

> 前把臂得半日欢，觉积闷为之一舒，承赐《弢园尺牍》，归馆读之，指陈时势，如倩麻姑搔痒，呼快不置。昔袁简斋戏赵瓯北，谓启胸中所欲言者，不知何时逃入先生腹中，遵宪私亦同此。但宪年来愤天下儒生迂腐不达时变，乃弃笔砚而为此，始得稍知一二。而先生言之二十年前，冠时卓识，具如此才，而至今犹潦倒不得志，非独先生一人之不幸也。

《弢园尺牍》初版刊刻于光绪二年（1876）九月，它提出了初步的改良方义主张。王韬认为，当时的中国已经到了"不得不变"的时候，只有变法，才能自强。他主张学习西方"良法美意"，发展民族工业，改革科举制度。黄遵宪读后感到"如倩麻姑搔痒，呼快不置"，说明了他和王韬在思想上已经成为同调。"愤天下儒生迂腐不达时变，乃弃笔砚而为此"，这两句话表示出，在资本主义列强入侵、民族危机加深的新形势下，黄遵宪也在寻求救国真理，逐渐走上改良主义的道路了。

同函附诗二首，为今本《人境庐诗草》《人境庐集外诗辑》所不载，其一云：

> 司勋最健言兵事，宗宪先闻筹海篇（君著有《普法战纪》等书甚富）。团扇家家诗万首，风流多被画图传。

司勋，指唐代的杜牧，曾任司勋员外郎。他喜欢谈兵，注释过曹操所定《孙子兵法》十三篇。宗宪，指明代的胡宗宪，为防止倭寇侵扰，著有《筹海图编》。以杜牧和胡宗宪来比喻王韬，显示出王韬在黄遵宪心目中具有相当地位。

光绪六年六月十九日函又云：

> 弟近日归自箱根，获读五月中所发二函六月初所发一函，前后凡四五千言，其揣摩时势之谭，尤为批隙导窾，洞中要害。弟昨评冈鹿门一文，谓古人论事之文多局外之见，纸上之谭，可见诸施行者，百无一焉。乃今读先生所议，多可坐而言起而行者，真识时之俊杰哉！

黄遵宪一生不轻易夸人，他认为王韬的思想"批隙导窾，洞中要害"，"多可坐而言起而行者"，是相当高的评价。

郑观应是近代中国另一个著名的早期改良主义者，黄遵宪向王韬打听他，渴望读到他的著作。光绪六年八月函云：

> 再，读贵报有《杞忧子（易言）书后》二篇。是公著述，偶曾一读，心仪其人，访其姓名，仅知为岭南人，姓郑。尊处有《易言》稿本，可赐一读否？深山穷谷，不无奇才，在上之人拔而破格用之耳。

"杞忧子"是郑观应的笔名，《易言》是《盛世危言》一书的初名。在这一部著作中，郑观应提出了设议院，行西法，振兴商业，变法自强等主张。光绪五年春，王韬从郑观应的友人处读到了《易言》稿本，认为它"于当今积弊所在，抉其症结，实为痛彻无遗"。第二年，王韬在香港《循环日报》发表《杞忧子（易言）跋》，称赞这部稿子是"救时之药石"。文中,王韬说:"当今之世,非行西法则无以强兵富国。"他认为,中国幅员广大,人口众多,物产富饶,只要"竭我之心思材力,尽我之智慧经营",仿效西方所长,那么,完全可以"出乎其上"[1]。黄遵宪所说《杞忧子(易言)书后》,即指此文。信中,黄遵宪不仅表示"心仪"郑观应其人,而且表示希望清朝统治者"破格"拔用这样的"奇才",这一点,同样显示了黄遵宪改良主义思想立场的确定。

黄遵宪之所以能从地主阶级改革派发展到资产阶级维新派,这固然由于他是个爱国主义者,渴望挽救民族危机,振兴中华,但同时,也和他注意研究外事,了解世界有关。黄遵宪光绪五年四月二十六日致王韬函云:

> 仆所著《日本杂事诗》本欲刊布之,以告中人之不知外事者。

鸦片战争以后,先进的中国人无不睁眼看世界,写了不少"睁眼"著作,《日本杂事诗》是其中之一。从黄遵宪的信中可知,他写作目的很明确,很自觉。

《日本国志》是黄遵宪的另一部"睁眼"著作。关于此书,黄遵宪光绪七年六月十三日致王韬函云:

> 中土士夫于外国事类多茫昧。昔辽主告宋人曰:"汝国我皆知之,我国事汝不知也。"即今日中外光景。日本年来依仿西法,类为依样葫芦。弟之穷年屹屹为此者,欲使吾国人略知东西事耳。

西方当时比中国先进。黄遵宪认为,可以学习西方,但不能"依样

---

[1]《弢园文录外编》卷11。

葫芦"，这一思想是可取的。

为了研究日本，写好《日本国志》，黄遵宪孜孜兀兀，"友朋往来，大都谢绝"。[1]他不仅搜求文献，征询故实，而且注意实地考察。光绪六年六月十九日致王韬函云：

> 弟以三年居东，行赋日归，念日本山水素称蓬壶，屐齿不一至，虑山灵贻笑，而村乡风景，亦窃欲考风而问俗，故恣意为汗漫之游。居箱根山中凡二旬，而温泉七所，仅一未至。山路险峻，止通一线。而箱根驿有大湖在万山顶，宽仅十余里，深至五十丈，乃知古人比之函谷，称为关东咽喉之地，盖真不啻金汤之固也。随后尚欲游日光，走上州，过北海，抵箱馆。他日归途，更由陆达西京，经南海诸国，访熊本城，问鹿儿岛而后返。但恨文笔孱弱，不足以自达其所见耳。

后来，黄遵宪在写作《日本国志》中的《地理志》和《礼俗志》时，曾经吸取了这次"汗漫之游"的成果。在游历中，黄遵宪除"考风问俗"外，还注意研究日本的新兴工业。同年八月二十九日致王韬函云：

> 弟自箱根归后，游兴勃发，旋复襆被独行，镰仓之江岛、豆洲之热海，皆句留半月而后归。归席未暖，又于富冈观制丝场，于甲斐观造酒所，于五子村观抄（造）纸部。

富冈制丝场是日本最早的近代化制丝企业，采用法国进口机器。黄遵宪在《日本国志》中对该厂和制丝生产的叙述，也显然和这次参观有关。

---

[1] "黄遵宪光绪七年六月十三日致王韬函"。

黄遵宪不以了解日本为满足，他希望在完成《日本国志》后，进一步了解全世界。同年六月十九日函云：

> 弟以不才滥膺今职，曾无片长可以告人。顷随何星使后，共编《日本志》，而卷帙浩博，明年乃能卒业。俟此事毕，若天假之缘，得游欧罗巴、美利坚诸洲，再与先生抵掌快谭，论五大洲事，岂不快哉！

在中国古代，一个人只要能够通古今，究天人，就可以称为了不起的人才，但是，到了近代，这就不够了，还必须明中外。黄遵宪是很懂得这一点的。

二、讨论琉球问题

琉球问题是黄遵宪致王韬函中议论的重要内容。

琉球原是中国邻邦，先后称藩于明政府和清政府。日本明治维新后，即积极准备吞并琉球，进窥台湾。同治十一年（1872），日本政府封琉球国王为藩王。同治十三年（1874）日本借口琉球船民被台湾土人杀害，发动侵台战争。次年，阻止琉球向清政府"入贡"，琉球国王派人向清政府陈情。光绪三年（1877）六月，清政府命总理各国事务衙门传知出使日本大臣何如璋等，"俟到日本后相机妥筹办理"[1]。光绪四年（1878），清政府批准了何如璋提出的上、中、下三策中的下策，即"反复辩论，徐为开导，若不听命，或援万国公法以相纠责，或约各国使臣

---

[1]《清光绪朝中日交涉史料》卷一。

向之评理"[1]。根据清政府的指示，何如璋开始与日本政府交涉，黄遵宪光绪六年三月十五日致王韬函云：

> 琉球争端初起，由星使与外务卿议论数回，彼极拗执，乃始行文与辩。日本于此一节自知理拙，无可解说，乃别生一波，谓此间初次照会措辞过激，不欲与议，彼原不过借此以延宕啰唪耳。

光绪四年八月七日，何如璋访问日本外务卿寺岛宗则，提出口头抗议。随后几经交涉，均无结果。九月十二日，何如璋照会寺岛，其中有"日本堂堂大国，谅不肯背邻交欺弱国，为此不信不义、无情无理之事"等语[2]，寺岛认为是"暴言"，于十月二十七日（11月21日）照会反驳，声称"贵国政府如果命贵大臣作此等语，是即贵国政府不欲以后两国和好"云云[3]。寺岛要求何如璋道歉，撤销照会，否则不能商谈。黄遵宪致王韬函所言，即指上述各事。

黄遵宪同函又云：

> 嗣统领东来，本署将屡次彼此行文，逐一详审译呈，统领以为无他。杨越翰将一切情节寄刊报馆，独于日本外务与我之文，一讥其骄傲过甚，再讥其愚而无礼。其是否出统领意虽不可知，然彼之为此，盖主持公道，谓我与彼文无甚不合，而彼与我文乃实为无理，所谓以矛陷盾者也。此报一出，闻纽约报馆卖出数万份，而欧洲诸国照刻者亦多，因是而五部洲人皆知日本之待我极为骄慢，皆群起而议其短。因美国系中间人，中间人之言，皆信之也。

---

[1]《清光绪朝中日交涉史料》卷一。
[2]《日本外交文书》卷11。
[3]《日本外交文书》卷11。

167

光绪五年三月，日本侵占琉球，废去国王，改设冲绳县。同年五月，琉球国王派人向清政府请援，中日两国间交涉因之再起。适值美国前任总统格兰忒（U. S. Grant）正在作环球旅行，准备在访问中国后转赴日本，清政府便委托格兰忒进行调停。本函所言"统领"，即指格兰忒；所言杨越翰（J. R. Young）乃是他的随员。五月二十五日（7月14日），黄遵宪曾将琉球事件的始末文卷英译件送交杨越翰，由杨越翰转呈格兰忒（特）[1]，后来，杨越翰将黄遵宪送交的这批材料转交纽约《哈拉报》发表，并著文评论，日本西文《横滨日报》、东京《邮便新闻》《朝野新闻》等纷纷转载，"虽东人见之不悦，而语出他人，无所用其忌讳，故杨越翰讥诮日本之语，亦一一具载"[2]。黄遵宪十二月二十三日致王韬函又云：

> 本谓本署初次照会失于无礼，议撤议激言者屡矣。自杨越翰新闻一出，反谓其行文无礼，乃缄口不复道。此盖中间人补救之力亦不甚少也。

杨越翰一方面著文批评日本外务省"行文无礼"，一方面又致函李鸿章，批评何如璋的照会"过于直率，有失友邦敌体之礼"[3]。格兰忒也说："从前两国商办此事，有一件文书措语太重，使其不能转弯，日人心颇不平。"[4] 他们都要求清政府接受日方要求，撤销何如璋照会。随后，清政府总理各国事务衙门照会日本外务省："从前所论，可概置勿论，一一依照美前大总统来书办理"，寺岛复照表示"欣慰"。因此，日

---

[1]《译美前总统幕友杨副将来函》，《李文忠公全书·译署函稿》卷9。
[2] "黄遵宪光绪五年十二月十五日函"。
[3]《译美国副将杨越翰来函》，《李文忠公全书·译署函稿》卷9。
[4]《译美前总统来函》，《李文忠公全书·译署函稿》卷9。

本方面之所以"缄口不复道此",并非由于"杨越翰新闻"的批评,而是因为要求得到了满足。这一切,黄遵宪显然不很了解,他对于杨越翰、格兰忒在"调停"中所采取的纵横捭阖的手法就更不了解了。

在琉球交涉中,何如璋的许多文书都出自黄遵宪之手。照会被撤销,黄遵宪不无郁郁,十二月二十三日致王韬函再云:

> 此事本无关轻重,台湾一案亦定议后互撤照会,惟彼国必欲挑此,恐中土之迂腐无识者,反谓以文字启祸,则悠悠之口,难与争辩耳。日本之处心积虑欲灭球久矣,使者之争非争贡也,意欲借争贡以存人国也。本系奉旨查办之件,曾将此议上达枢府,复经许可而后发端。此中曲折,局外未能深知,敢为先生略言之。

黄遵宪指出,和日本交涉的目的并非是"争贡",而是为了保存琉球这个国家。黄遵宪始终坚持这一主张。光绪六年二月,日方派人到中国会见李鸿章,声称中日两国"人同其种,书同其文,有旧好之谊,有辅车之势",愿将琉球南部邻近台湾地区的宫古、八重山二岛划给中国,但须修改《中日通商条约》,使日本商人能像西方商人一样进入中国内地贸易。同年六月,日本公使宍户玑到京与清政府谈判。九月十日黄遵宪致王韬函云:

> 此案近闻既由彼族授使臣全权在京会议,其若何结局,即使馆且不得参议,更无论局外……还君臣而复疆土,此事谈何容易,然终不能不于各执一说中,折中以期一是,彼此退让则妥结矣。

这里所说的"使臣",即指宍户玑。

次年六月十三日黄遵宪致王韬函再云:

南藩一事，悬而未了，以彼饷绌国虚，万不敢更生他衅，然欲求立国复君，则非撤使罢市不足以持之也。

所谓"还群臣而复疆土"，所谓"立国复君"，都是要求保存琉球国。后来琉球交涉不了了之，黄遵宪也就无可如何了。

三、警惕沙俄向东方扩张

黄遵宪与王韬通信时，沙皇俄国正在积极向东方扩张。一小撮人大肆叫嚷："俄国的历史使命是将东方加以融合，使之并入俄罗斯帝国。"[1]黄遵宪的这些信也反映了他对沙俄侵略的态度及其外交策略。

光绪五年十二月二十三日函云：

日本比来屡见火灾，国会开设之议，倡一和百，几遍国中，政府顾尼之，不得行。纸币日贱（数日中，每洋银百元，值纸币百四十矣），民心嚣然，盖几有不名一钱之苦。漏卮不塞，巨痛如此，可慨也！夫日本似不足为患，然兄弟之国，急难至此，将何以同御外侮？虎狼之秦，眈眈逐之，彼其志曷尝须臾忘东土哉！祸患之来，不知所届，同抱杞忧，吾辈未知何日乃得高枕而卧也！

函中所说："其志曷尝须臾忘东土"的"虎狼之秦"，指沙俄。日本明治维新以后，天皇政府即采取通货膨胀政策，用发行不兑换纸币的办法来攫取民间财富。本函所说"纸币日贱"，指此。黄遵宪把日本看成"兄弟之国"，为了制止沙俄对远东的侵略，黄遵宪主张联日制俄，因

---

[1] Malozemoff: Russian Far Eastern Policy, 1881—1904, Berkeley, 1958, pp.40—42。

此，颇为日本的政情不稳担忧。

还在同治十年（1871），沙俄就借阿古柏在天山南北建立所谓"哲德沙尔汗国"之机，出兵侵占我国领土伊犁。光绪三年（1877）阿古柏被驱逐，清政府要求沙俄归还伊犁，遭到拒绝。次年，清政府派崇厚赴俄谈判。在沙俄的胁迫诱骗下，昏庸的崇厚擅自签订了丧权失地的《里瓦几亚条约》。消息传入国内，朝野上下一致谴责崇厚卖国，清政府也拒绝承认该条约。光绪五年十二月十六日，宣布将崇厚革职，交刑部治罪。次年正月二十三日，定为斩监候。关于此事，黄遵宪四月十日致王韬函云：

> 崇公之去，朝旨命之索伊犁，未尝令其结条约也。及将约稿寄回，又屡次驰书告以万不可许，而崇公一概不听，擅自启程，此即泰西之头等公使，亦万万无此事。彼徒以骄矜之气，为桀黠所愚，遂使天下事败坏决裂至于如此，可胜叹哉！

在谴责崇厚这一点上，黄遵宪与广大爱国人士并无二致。但是，他不同意清政府急于定崇厚之罪的做法。同函云：

> 俄为劲敌，当路诸公素所深知，故虽明知万不可行，尚欲含濡隐忍以待他时。而台谏诸人连章交劾，未经宣布之前，留中章疏既有七分，其后攘臂奋袂、慷慨言事者，至于无日无之。朝廷以不得已始下之议，而崇厚之罪实不能为之讳。又有一二人据理以争，负气过甚，非枢廷诸君所能屈服，于是拱手而听其议罪，而崇厚乃下狱矣，乃议斩候矣。

当时，沙俄为了保护崇厚这个卖国贼，率先向清政府抗议，英、法、德、美诸国也纷纷效尤；沙俄政府并调动军队，实行战争讹诈。黄遵宪认为，以只声明有罪而不立即"定案"为有利。同函又云：

> 中土士夫，其下者为制义，为试帖；其上者动辄称古昔，称先王，终未尝一披地图，不知天下之大几何，辄诋人以蛮夷，视之如禽兽。前车之覆既屡屡矣，犹不知儆戒，辄欲以国为孤注，视事如儿戏，又不幸以崇厚之愚谬妄诞，益以长浮气而滋浮论，至于有今日，尚何言哉！尚何言哉！今事既至此，苟使声明崇厚之罪，而不定案，告于天下：曰朝廷遣使，只命索还伊犁，乃崇厚所结条约，举属伊犁一地之外之事，（据国书，则伊犁事尚未之及，故外人谓全权不得其实也）实为违训越权，条约云云，实难曲从。则内以作敌忾同仇之气，外以示我直彼曲之义，然后急脉缓受，虚与委蛇，徐徐再议，俄人虽横，彼亦无辞，犹为计之得者。

黄遵宪不了解，即使不定崇厚之罪，但是，只要你一宣布崇厚"违训越权，条约云云，实难曲从"，那么，帝国主义是仍然要抗议，要讹诈的。他说："通商以来，既三十余年，无事之日，失每在柔；有事之时，失每在刚，此又其一也。"[1]既反对帝国主义侵略，又害怕过于"激烈"的举动会惹怒帝国主义。这里，反映出黄遵宪作为改良派的软弱而矛盾的性格。

为了保住即将攫取到手的利益，沙俄政府除在伊犁地区集结军队外，又调动铁甲舰两艘、快船十三艘到日本长崎，准备封锁中国海面，摆出一副要对中国发动战争的架势。但是，当时沙俄在国际上非常孤立，国内也危机重重，并不可能发动一场侵华战争，黄遵宪说：

---

[1] "黄遵宪光绪六年四月十日致王韬函"。

西邻之责,自星使续往,递国书,谒君皇,一一如礼。其外务既许改议,事机似乎稍缓。遵处传闻异辞,月日歧异,不尽得实。俄船东来,皆驶往珲春。现泊长崎者只有一号耳。专派之大员乃彼国海军卿,亦往珲春。观其意乃欲经画东面,设常备兵,编五营制,故偕夫人俱来,且挈水雷艇,空其船载茶而归。在新驾波者,复截止不遣,皆可知其意不在战,特万万不可因此而弛备也。

光绪六年正月,清政府派驻英公使曾纪泽兼任驻俄公使,赴俄交涉。同年六月二十九日(8月4日),开始第一次谈判。初时,沙俄态度蛮横;经过一段时期,才表示可以重开谈判,修改《里瓦几亚条约》细节。同时,则派廖索夫斯基海军上将率舰队开赴远东威胁。黄遵宪函中所云"星使续往""其外务既许改议""专派之大员乃彼国海军卿"等事,指此。黄遵宪看出了,当时沙俄之意"不在战",但认为万万不可"弛备"。随后,王韬曾将黄遵宪所述情况通报给清廷有关官吏,其《上郑玉轩观察》云:

俄国师船近多云集于珲春,其驻泊于日本长崎者仅一艘耳,俄军门亦已移节珲春,意在经画东方,编立营制,慎严守备,为常行驻兵计,其志固不在小也。[1]

可以看出,王韬的情报完全来自黄遵宪。

为了防止沙俄对远东的侵略,光绪六年,黄遵宪还曾为朝鲜使者金宏集起草过一份《朝鲜策略》,"文凡万言,大意以防俄为主,而劝以亲中国,结日本,联美国。"它得到朝鲜部分人士的赞成,也遭到一些人

---

[1]《弢园尺牍》,中华书局标点本1959年版,第171页。

的反对。光绪七年六月十三日黄遵宪致王韬函云：

> 今日世变，终不能闭关而治，与其强敌环攻，威逼势劫而后俯首听命，不如发奋图强，先择一较为公平之国，与之立约。朝鲜之在亚细亚实犹欧洲之土耳其，苟此国亡，则中东殆无安枕之日，故不惮为之借箸而筹也。金君携回此稿以奏其主，国王甚为感动，一时舆论亦如梦初觉。自去岁至今，改革官制，设有交邻、通商各司，又分派学生到北京，到津讨论兵事。此次所遣委员亦为探察一切。看其国势，不久殆将开关矣。至李万孙，乃其国中之一老儒，其所上疏皆不识时务之言，不足以为怪也。

当时，沙俄、日本对朝鲜都怀有领土野心，英、美等国也企图打开朝鲜门户，黄遵宪《朝鲜策略》的具体意见未必正确，但他对朝鲜战略位置的认识是有见地的，期望朝鲜君臣"发奋图强"的愿望也是积极的。

四、函件价值

函件也有助于王韬生平及其文学的研究。

王韬在日本时，不仅与黄遵宪友善，而且与不少日本人士相处得也很融洽。何如璋曾上书清政府有关方面，拟罗致王韬在驻日使馆工作，后因使馆人员名额有限，又因福建巡抚丁日昌也有延聘王韬入幕的打算，未果。此事颠末，具详黄遵宪光绪五年七月十一日致王韬函中。光绪六年，王韬准备再度东游，这使黄遵宪很高兴。他认为，王韬在日本人士中有影响，出任使馆工作必将"于两国和好收效甚大"。因此，计划再次推荐王韬。六月十九日函云："若得有消息，旧日令尹必举先生之名以告。"即指此事。

对王韬的诗文，黄遵宪评价都很高。王韬游历日本时所写的《扶桑游记》，黄遵宪评之为"如风水相遭，自然成文，其天机清妙，读之使人神怡。"光绪六年八月，黄遵宪读了王韬的《蘅华馆诗录》后，于同月二十九日致函说：

> 窃以为才人之诗只千古而无对也。弟每读近人诗，求其无龌龊气、无羞涩态者，殊不可多得。先生之诗，尽洗而空之，凡意中之所欲言，笔皆随之宛转屈曲，夭矫灵变而无不达。古人中惟苏长公、袁子才有此快事，然其身世之所经、耳目之所见，奇奇怪怪，皆不及吾子远甚也。

这里的评价虽不无过誉之处，但对于我们研究王韬，仍有参考价值。

黄遵宪的生平、思想和创作

一、黄遵宪的生平与思想

黄遵宪（1848—1905），字公度，别号人境庐主人。祖籍光州（今河南省东南部），五代时迁闽，宋元之际迁梅州，后遂为广东嘉应州（今梅州市）人。祖上屡代经营典当。父亲黄鸿藻，曾任户部主事、广西知府。

黄遵宪少年时即遭逢太平天国起义和英法联军入侵等剧变。当他十二岁时，太平军第一次攻破嘉应州城。"七万里戎来集此，五千年史未闻诸。"民族矛盾、阶级矛盾的深刻震撼使黄遵宪成为一个早熟的年轻人。他曾自述："吾年十六七，始从事于学，谓宋人之义理，汉人之考据，均非孔门之学。"同治三年（1864），黄遵宪在《感怀》诗中批判复古主义，主张"知今""阅世"，提出"法弊无万全""正当补弊偏"，表明十七岁的黄遵宪已经有了改革思想。同治六年（1867），考中秀才。同治十三年（1874），以拔贡生的资格去北京应廷试，没有考中。其间，黄遵宪到过广州、香港、天津等地，使他有机会接触鸦片战争后中国社会的严酷现实。内忧外患和自身的经历，促使黄遵宪愈来愈强烈地滋生了对科举制度的批判思想。光绪二年（1876），他在《述怀再呈霭人、樵野丈》诗中说："徒积汗牛文，焉用扶危颠。到此法不变，终难兴英贤。"明确地主张"变法"，改革科举制度。这年秋天，黄遵宪考中举人。12月，同乡何如璋出使日本，黄遵宪应邀任参赞。

光绪三年（1877）十月，黄遵宪随何如璋赴日本，旋即参与琉球问题谈判。当时，正值日本明治维新之后，黄遵宪由惊怪、犹疑，逐渐发展为肯定。他对日本友人宫岛诚一郎称："君民共治之体，实胜寡人政治。"又对何如璋说："中国必变从西法。其变法也，或如日本之自强，或如埃及之被逼，或如印度之受辖，或如波兰之瓜分，则我不敢知，要之必变。"他认真地研究日本的历史和现状，开始起草《日本国志》一书。在此期间，他读到法国思想家孟德斯鸠和卢梭的著作，"心醉其说，谓太平世必在民主国无疑"。

在日本，黄遵宪受到许多热爱中国文化的汉学家的欢迎，和源辉声、宫岛诚一郎、青山延寿、石川英、龟谷省轩、冈鹿门等结下深厚友谊，彼此经常笔谈，为中日文化交流做了大量工作。光绪五年（1879），黄遵宪出版《日本杂事诗》，受到日本朋友的热烈赞扬。源辉声征得黄遵宪同意，将原稿埋藏于东京家园中，由黄遵宪亲题"日本杂事诗最初稿冢"九字，刻石树碑。源辉声逝世后，安葬于东京北部的平林寺，其子为了实践父亲"与丽句兮永为邻"的遗愿，也将诗冢迁移到了平林寺。

光绪八年（1882），黄遵宪调任驻美国圣佛朗西斯科总领事。任内，美国排斥华工运动日益加剧。黄遵宪抨击美国官员"不公、无理、苛刻、残虐"，积极保护华侨的正当权益，光绪十年（1884），美国大选，黄遵宪目睹总统选举过程中的许多怪事，不能正确地加以分析，得出了"共和政体万不能施行于今日之吾国"的错误结论。

光绪十一年（1885），黄遵宪请假归国，多年的海外生活使他认识到,"中国非除旧布新,不能自立",开始起草变法方案。同时,埋头修订《日本国志》,至光绪十三年(1887)成书。它"详今略古,详近略远,凡牵涉西法,尤加详备,期适用也"(《凡例》)。书中,黄遵宪批判秦汉以后"君尊而民远""竭天下以奉一人"的专制主义,提出了完整的变法思想体系,主张建立立宪政体,学习西方自然科学和发展生产、管理经济的方法,保护和发展民族工商业,建立强大的国防力量,开办新式学堂,进行文体和字体的改革。次年秋,黄遵宪带着《日本国志》入京,得到总理各国事务衙门章京袁昶的赞许,被推荐为驻英二等参赞。

在英期间,黄遵宪仔细考察了英国的政治制度,改良主义思想臻于巩固。他明确提出:"改选西法,革故取新",同时主张:"上自朝廷,下至府县,咸设民选议院,为出治之所。"当时,日本已召开国会,黄遵宪致函日本友人说:"一洗从前东方诸国封建政体,仆于三万余里海外闻之,亟举觞遥贺,况其国人乎!"光绪二十年(1894),正当中日战争的紧要关头,黄遵宪被两江总督张之洞自新加坡总领事任调令回国,任江南洋务局总办,处理五省教案。次年(1895)黄遵宪在上海会见康有为,纵论时事,随即参加强学会。自此,黄遵宪成为维新运动中的积极分子。光绪二十二年(1896),黄遵宪邀请梁启超到沪创办《时务报》,"藉此大声疾呼,为发聋振聩之助"。10月入京,受到光绪皇帝和帝党官僚翁同龢的接见。次年(1897),被任命为湖南长宝监法道。不久,署理湖南按察使。黄遵宪积极协助湖南巡抚陈宝箴推行新政,先后创办时务学堂、南学会、保卫局、课吏馆、不缠足会、《湘学新报》《湘报》,使湖南成为当时全国最活跃最有朝气的一省。他曾在南学会演讲,批评封建帝王,"生于深宫之中,长于妇人之手","骄淫昏昧,至于不辨菽麦,亦腼然肆于民上,而举国受治焉"。封建保守势力攻击他"阴狡坚悍",声称"自黄公度观察来而有主张民权之说","我省民心，顿为一变"。光绪二十四年（1898），维新运动进程加速，黄遵宪全力支持康有为的主张，致函陈三立说："康所上折，先设制度局，即宪所谓三司条例司也，极为中肯。读此及彼得变政折，宪不能不爱之！敬之！"同年因徐致靖奏保，光绪帝命陈宝箴将黄遵宪送部引见。八月，任命黄遵宪为出使日本大臣。当黄遵宪行抵上海时，戊戌政变发生，黄遵宪被参奏为"奸恶"与谭嗣同辈相等，"请旨饬拿"，"从严惩办"。由于英国驻上海总领事和日本驻华公使林权助等人的干预，清政府允许黄遵宪辞职还乡。

黄遵宪还乡后，思想郁闷，但他仍怀抱着拳拳报国之心，自称"早夜奋励，务养无畏之精神，求舍生之学术，一有机会，投袂起矣"。光绪二十八年（1902），黄遵宪和逃亡日本的梁启超取得联系，二人经常以长信交换意见，讨论立宪、革命、保教、保国粹、人物评价、文学改良等各方面的问题。他预言自己有可能从"加富尔变而为玛志尼"，鼓励梁启超批判"儒教"，支持他创办《新民业报》和《新小说》，但反对梁启超的貌似激烈的"破坏主义"理论。这一时期，黄遵宪有较多的时间从事新体诗的创作，因此，被梁启超树为"诗界革命"的旗帜。光绪二十九年（1903），黄遵宪邀集地方人士创立嘉应兴学会议所，自任会长，积极发展家乡的教育事业。次年末，黄遵宪在《病中纪梦述寄梁任父》诗中写道："人言廿世纪，无复容帝制，举世趋大同，度势有必至。"但这时，黄遵宪的肺病已日见加深。光绪三十一年（1905），他在致梁启超信中说："余之生死观略异于公，谓一死则泯然灭耳。然一息尚存，尚有生人应尽之义务。于此而不能自尽其职，无益于群，则颓然七尺，虽躯壳犹存，亦无异于死人。无辟死之法，而有不虚生之责。"旧历二月二十三日（3月28日）逝世。

黄遵宪的著作，生平自定的有《日本杂事诗》《日本国志》《人境庐诗草》等三种。《日本杂事诗》两卷。版本众多，以光绪五年（1879）

总理衙门刊行的同文馆聚珍版为最早。光绪十六年（1890），黄遵宪在使英期间重加改订，于光绪二十四年（1898）由长沙富文堂以木版刊行，成为定本。1981年，湖南人民出版社出版了钟叔河的辑校本《日本杂事诗广注》，列为《走向世界丛书》的一种。

《日本国志》四十卷。光绪十六年（1890）始刊于广州富文斋，嗣后有光绪二十四年（1898）浙江书局本、上海图书集成印书局本等。

《人境庐诗草》十一卷，黄遵宪自编，黄遵宪初校，梁启超复校，宣统三年（1911）刊行于日本。近人钱仲联有《人境庐诗草笺注》，初版于1957年，1981年增订修改，由上海古籍出版社再版。

黄遵宪的集外诗文，近年来陆续有所发现。1960年，北京中华书局出版北京大学中文系近代诗研究小组整理的《人境庐集外诗辑》。1981年，《文献》杂志发表了钱仲联所辑《人境庐杂文钞》。黄遵宪任驻日参赞期间与日本人士的笔谈记录也已由实藤惠秀、郑子瑜二人辑出，编为《黄遵宪与日本友人笔谈遗稿》，1968年由日本早稻田大学东洋文学研究会出版。黄遵宪与宫岛诚一郎笔谈遗稿笔者已在日本访得，有待整理。

二、黄遵宪的文学主张

创造性是文学的生命活力所在。只有创造，才能产生出命意新颖、风格独特的作品来。明清以来的作者大都不懂得这个道理，他们视古人为偶像，刻意求似，亦步亦趋，黄遵宪鄙视这种诗风。《杂感》诗说：

俗儒好尊古，日日故纸研。六经字所无，不敢入诗篇。古人弃糟粕，见之口流涎。沿习甘剽盗，妄造丛罪愆。

他指出，今古是发展的，今不必卑，古不必尊，应该敢于摆脱古人的束缚，"我手写我口"。因此他推崇韩愈的文学主张。《刘甗庵诗序》说：

> 韩退之铭樊宗师也，曰："惟古于词必己出……"其答李翊书又曰："惟陈言之务去。"以昌黎之文起八代之衰，而摄其要乃在去陈言而不袭成语，知此可与言诗矣。

黄遵宪认为，清代诗派林立，"或矜神韵，或诩性灵"，但大都"肤浅浮滑，人人能为诗，人人口异而声同"，其症结就在于迷信古人。他在研究了中国古代诗歌发展的历史经验之后指出：

> 不能率其真，而舍我以从人，而曰吾汉、吾魏、吾六朝、吾唐、吾宋，无论其非也，即刻画求似而得其形，肖则肖矣，而我则亡也。我已忘我，而吾心声皆他人之声，又乌有所谓诗者在耶？汉不必三百篇，魏不必汉，六朝不必魏，唐不必六朝，宋不必唐，惟各不相师，而后能成一家言……是故论诗而依傍古人，剿说雷同者，非夫也。

但是黄遵宪并不反对向古人学习，在日本时，他就向日本友人建议，"多读杜、韩大家，以观其如何"。后来，在《人境庐诗草自序》中，又明确主张"复古人比兴之体"，"取《离骚》、乐府之神理而不袭其貌"，自曹氏父子、鲍照、陶渊明、谢灵运、李白、杜甫、韩愈、苏轼，以至晚近小家，无一不可成为自己"炼格"的对象。黄遵宪认为，这种学习取径要广，必须"不名一格，不专一体"，而且必须善于抛弃古人的糟粕，其最终目的则在于建立自己的个人独特风格，"要不失乎为我之诗"，黄遵宪把这种境界叫作"诗之中有人"。它正确地提示了诗歌和传统以及创作主体的关系。

黄遵宪懂得，现实是诗歌的土壤，生活的丰富和时代的发展保证了诗歌的源泉既生生不息，又绚丽多姿。他在《致周朗山函》说：

> 天地、日月、星辰、风云、雷雨、草木、禽鱼之日出其态以尝（当）我者，不穷也；悲、忧、喜、欣、戚、思念、无聊、不平之出于人心者，无尽也。治乱、兴亡、聚散、离合、生死、贫贱、富贵之出（？）我者，不同也。苟能即身之所遇，目之所见，耳之所闻，而笔之于诗，何必古人？我自有我之诗者在矣。

在《人境庐诗草自序》中，黄遵宪将这种境界称之为"诗之外有事"。唐代的白居易主张"文章合为时而著，歌诗合为事而作"，宋代陆游主张"工夫在诗外"，黄遵宪的思想正是在此基础上的进一步发展，它正确地揭示了诗和现实的关系。

诗源于现实，又反作用于现实。黄遵宪对西方文艺史有一定了解，曾说："诗虽小道，然欧洲诗人，出其鼓吹文明之笔，竟有左右世界之力。"（《与丘菽园书》）正确认识到诗歌可以"鼓吹文明"，为维新变法服务；但以为它可以"左右世界"，则过于夸大。应该特别指出的是，近代作家常常强调诗歌的社会政治作用而忽视其艺术和审美特征，黄遵宪则不然，他说："吾论诗以言志为体，以感人为用。夫子所谓兴于诗，伯牙所谓移情，即吸力之说也。"（《致饮冰主人手札》）

诗的发展是格律化和自由化的统一。它既要求节奏和谐，具有回环反复的音乐美感，又要求能自由畅达地抒情、叙事。针对古典诗歌格律过严的情况，黄遵宪主张"以单行之神，运排偶之体"，"用古文家伸缩离合之法以入诗"（《人境庐诗草自序》）。这实际上是主张吸收散文的特点和句法来写诗，从而提高诗歌的表现力。

语言是诗歌构造形象的唯一手段，它必须不断更新代谢。针对古典诗歌语言日益僵化的情况，黄遵宪在青年时代就勇敢地提出："即今流俗语，我若登简编，五千年后人，惊为古斓斑。"(《感怀》)后来，又进一步提出，自群经三史、周秦诸子之书，许慎、郑玄诸家之说，以至当时的官书、会典、方言、俗语，一概可以作为诗歌语言的取材范围，这就大为丰富了诗歌的语言源泉。

黄遵宪自小熟悉家乡的民歌，又受过晚明公安派的影响，论诗强调"真意"，认为《诗经》中的"十五国风"之所以"妙绝古今"其原因在于"妇人女子矢口而成"。他高度评价故乡民歌手的才能，"彼冈头溪尾，肩挑一担，竟日往复，歌声不歇者，何其才之大也！"(《山歌题记》)但是，他还认识不到吸收民歌营养对于发展文人诗的意义。

黄遵宪的上述主张反映了近代诗歌发展的要求，较之谭嗣同、夏曾佑乱扯新名词以自表异的"诗界革命"要高出许多。

黄遵宪是高度评价《红楼梦》的第一人。他曾赠给日本友人源辉声一部《红楼梦》，并对另一日本友人石川英说："《红楼梦》乃开天辟地，从古到今第一部好小说，论其文章，宜与左、国、史、汉并妙。"他认为，小说必须有神采，有趣味；作者必须富阅历，饱尝烂熟社会中所有情态；又必须积材料，具有浓厚的语言修养，能得心应手地驱使通行俗谚，以至譬喻语、形容语、解颐语等。

黄遵宪主张言文合一，在《日本国志·学术志》中，他说："语言与文字离，则通文者少；语言与文字合，能通文者多。"他要求改变汉语书面语言和口语严重脱离的状况，创造一种"明白畅晓，务期达意"的新文体，力求做到"适用于今，通行于俗"，使得"天下之农、工、商贾、妇女、幼稚皆能通文字之用"。这些主张，比之裘廷梁的《论白话为维新之本》要早十二年。

三、黄遵宪的诗作

黄遵宪在《与弟遵楷书》中说："平生怀抱，一事无成，惟古近体诗能自立耳。"诗是黄遵宪的"余事"，但却是他一生最大的成就。黄遵宪自觉地以诗歌来反映近代中国的重大历史事件，呼吁人们维新救国，内容宏富，可以称为一代诗史。

反对帝国主义侵略，反对卖国投降是黄遵宪诗的首要内容。在《香港感怀》《羊城感赋》《和钟西耘庶常津门感怀》等诗中，黄遵宪追念鸦片战争和第二次鸦片战争的往事，对《南京条约》《北京条约》等耻辱的城下之盟表示愤慨。"教训十年民力盛，倘排犀手射鲸鱼"。这不仅是黄遵宪的愿望，也是近百年来中国人民的共同愿望。光绪十一年（1885）中法战争中，冯子材在谅山战胜法军，黄遵宪在《冯将军歌》中热情地歌颂了这位七十岁的爱国老将，描绘了清军英勇杀敌。"十荡十决无当前，一日横驰三百里"的壮观场面。光绪二十一年（1895），中国在甲午战争中战败，黄遵宪为此写下了一组诗篇，系统地反映战争的全过程，《哀旅顺》云：

> 海水一泓烟九点，壮哉此地实天险。炮台屹立如虎阚，红衣大将威望俨。下有深池列巨舰，晴天雷轰夜电闪。最高峰顶纵远览，龙旗百丈迎风颭。长城万里此为堑，鲸鹏相摩图一啖。昂头侧睨何眈眈，伸手欲攫终不敢；谓海可填山易撼，万鬼聚谋无此胆。一朝瓦解成劫灰，闻道敌军蹈背来。

全诗以十四句极写旅顺之险，而失守一事，只有寥寥两句，无限的哀痛和愤怒尽在不言之中。"剖胸倾热血"，诗人这一时期的作品都高扬着强烈的爱国主义的激情。《马关纪事》写战败签约、割地赔款的悲愤。

《台湾行》指出台湾是"我高我曾"开辟出来的神圣领土，批评扬言守土而又仓皇内渡的清吏，斥责投降日本的败类。《书愤》写甲午战争后帝国主义的瓜分狂潮：

  一自珠崖弃，纷纷各效尤。瓜分惟客听，薪尽向予求。秦楚纵横日，幽燕十六州。未闻南北海，处处扼咽喉。
  弱肉供强食，人人虎口危。无边画瓯脱，有地尽华离。争问三分鼎，横张十字旗。波兰与天竺，后患更谁知？

当时，还没有别人能在诗中将中华民族的危机表现得如此触目惊心。黄遵宪诗的另一重要内容是批判封建顽固派、批判封建文化，抒发维新变法、振兴中华的愿望。《感怀》讽刺"昂头道皇古，抵掌说平治"的世俗儒生，反对儒学的独尊地位。《杂感》指责封建统治者以八股制艺诱人入彀，使知识分子的精力疲于无用的丹铅之中。《赠梁任父同年》勉励梁启超以精卫填海之志出手大干，希望由此出现一个"黄人捧日"、光照大千的局面，戊戌政变发生后，黄遵宪的一腔忧愤完全倾泻到了诗作里。《仰天》诗云：

  仰天击缶唱乌乌，拍遍阑干碎唾壶。病久忍摩新髀肉，劫余惊抚好头颅。箧藏名士株连箱，壁挂群雄豆剖图。敢托鹄媒从凤驾，自排阊阖拨云呼。

诗中的抑郁不平既反映黄遵宪对国家民族命运的深沉忧虑，也反映他对顽固派镇压维新运动的愤怒。环境虽然恶劣，但黄遵宪仍然相信未来。诗人这一时期写作的《己亥杂诗》是一组仿龚自珍同名之作的身世感怀诗。其中"滔滔海水日趋东"一首写中国必然要变革、"万法从新"

的信念。黄遵宪虽然不赞成革命，但他始终强烈地渴望祖国和民族的强大。光绪二十八年（1902），他写作《军歌》24首，呼吁人们以死求生，改变国势衰弱的局面。如：

> 阿娘牵裾密缝线，语我毋恋恋。我妻拥髻代盘辨，濒行手指面。败归何颜再相见，战战战！
> 弹丸激雨刃旋风，血溅征衣红。敌军昨屯千罴熊，今日空营空。黄旗一色盘黄龙，纵纵纵！

黄遵宪设想，经过与侵略者决死的战斗，中国军队大胜，鼓吹齐鸣，铙歌奏凯，嚣张跋扈的帝国主义者瑟缩谢罪，彼此在平等的基础上订立新约。梁启超盛赞此诗，认为"读此诗而不起舞者，必非男子"（《饮冰室诗话》）。

黄遵宪先后出使日、美、英等国，他的诗集中有不少描写海外风物的诗篇。《日本杂事诗》总数达200首，全部为绝句，系以小注，内容涉及日本的历史、国政、民情、民俗、物产和社会生活的各方面，是百科全书性的大型组诗。《樱花歌》写日本举国观花的盛况。《游箱根》写日本的秀丽山水。《都踊歌》写西京街头青年男女轻歌妙舞的情态和他们对爱情生活的祝福。此外，锡兰岛卧佛、英国温则宫、伦敦大雾、巴黎铁塔、苏彝（伊）士运河、埃及象形石柱、新加坡的华人山庄，都一一成为黄遵宪的歌咏对象。黄遵宪的这些诗，空前地扩大了中国古典诗歌的表现领域，所以，他曾不无自负地表示"吟到中华以外天"（《奉命为美国三富兰西士果总领事留别日本诸君子》）。

《山歌》是黄遵宪诗中一组别具风格的作品。它们描写青年女子对忠贞爱情的期待以及离别、相思之情。语言活泼、天真，表现上则采取谐音、双关等传统的民歌手法。如：

催人出门鸡乱啼，送人离别水东西。
挽水西流想无法，从今不养五更鸡。

一家女儿做新娘，十家女儿看镜光。
街头铜鼓声声打，打着中心只说郎。

郑振铎曾誉之为"像夏晨荷叶上的露珠似的晶莹可爱"。《新嫁娘诗》写少女在出嫁前后的生活与心情，是黄遵宪诗中又一组别具风格的作品。它所描绘的婚嫁情况，宛如一幅色彩缤纷的嘉应民俗图。如：

脉脉春情锁两眉，阿侬刚及破瓜时。
人来偶语郎家事，低绣红鞋佯不知。

屈指三春是嫁期，几多欢喜更猜疑。
闲情闲绪萦心曲，尽在停针倦绣时。

问娘添索嫁衣裳，只是含羞怕问娘。
翻道别家新娶妇，多多满叠镂金箱。

这里对旧时少女在出嫁前的心态、神情的描写可以说到了惟妙惟肖的地步。

对前代诗歌，黄遵宪兼收博采，不拘限于一体一格，因此，他的诗表现出多种多样的风格和意境。有时气势磅礴，豪语满纸；有时恬淡自然，宁静舒缓；有时雄辩滔滔，议论风生；有时幽默诙谐，情致盎然；有时匠心雕镂，精细入微；有时随手拈来，涉笔成趣。但是，就其主要方面，则表现为下列特点：

第一，善于描写场面，刻画人物，塑造鲜明的形象。《纪事》写美国总统竞选以杂耍招徕看客："铁兜绣裲裆，左右各分行。宝象黄金络，白马紫丝缰。橐橐安步靴，林林耸肩枪。或戴假面目，或手执长枪。金目戏方相，黑脸画鬼王。"宛如一个个跳动的特写镜头；"齐唱爱国歌，曼声音绕梁。千头万头动，竞进如排墙。"又宛如阔大的全景。它们生动地表现了"纵欢场"上百戏杂陈，光怪陆离的景象，使人有身临其境的感觉。黄遵宪尤其善于写人物，如《度辽将军歌》：

雄关巍峨高插天，雪花如掌春风颠。岁朝大会召诸将，铜炉银烛围红毡。酒酣举白再行酒，拔刀亲割生麃肩。自言平生习枪法，炼目炼臂十五年。目光紫电闪不动，袒臂示客如铁坚。淮河将帅巾帼耳，萧娘吕姥殊可怜。看余上马快杀贼，左盘右辟谁当前！鸭绿之江碧蹄馆，坐令万里销烽烟。座中黄曾大手笔，为我勒碑铭燕然。

本诗先是写吴大澂在岁朝大会上模仿汉初名将樊哙，故作豪举；次写他伸拳揎袖，卖弄武功；再写他讪笑败军将领；末写他大言自夸。经过这几层渲染，吴大澂骄狂的情态，须眉毕现。近人誉之为"通幅嬉笑怒骂，婉转逼肖，不愧诗史之目"。其他如《冯将军歌》《聂将军歌》《拜曾祖母李太夫人墓》等，都能以精练的语言勾勒出人物面貌。

第二，善于铺展恢张，写作汪洋广博的鸿篇。《锡兰岛卧佛》全诗两千余字，是集子中最长的一首诗，也是中国古典诗中少见的长诗。梁启超曾说："欲题为印度近史，欲题为佛教小史，欲题为地球宗教论，欲题为宗教政治关系说"，"有诗以来所未有也。"《番客篇》写在南洋参加华侨富商婚礼，从门庭、陈设、嫁妆、服饰、宾客、新人，一直写到迎亲、交拜、宴会、傀儡戏、博弈，又写到更阑酒散后的娓娓长谈，细致周详，直似汉赋。类似的长诗还有《罢美国留学生感赋》《流求歌》《逐客篇》《春乡招乡人饮》等。和古典诗歌比起来，它们的规模和容量都大为扩充。

第三，善于吸收和运用散文的特点写诗。《冯将军歌》采用《史记·魏公子列传》的笔法，多次使用"将军"二字，如："奋梃大呼从如云，同拼一死随将军。将军报国期死君，我辈忍孤将军恩。将军威严若天神，将军有令敢不遵。负将军者诛及身，将军一叱人马惊。从而往者五千人。"既将冯子材写得虎虎有生气，又充分表达了诗人的敬佩之情。黄遵宪常以散文句入诗，如《赤穗四十七义士歌》："一时惊叹争歌讴，观者、拜者、吊者、贺者万花绕冢每日香烟浮，一裙、一屦、一甲、一胄、一刀、一矛、一杖、一笠、一歌、一画手泽珍宝如天球。"它们伸缩自如，参差错落，别具一种音韵美。

第四，"新理想"与"旧风格"的和谐。黄遵宪的诗既继承了中国古典诗歌的传统，又表现了新的时代特点。他的新派诗主要有两种类型。其一，写新事物、新思想，但保持旧体诗的格律。如《今别离》分咏轮船、火车、电报、相片、东西半球昼夜相反。《八月十五夜太平洋舟中望月作歌》写"月不同时地各别"，"彼乍东升此西没"。梁启超称这类诗"熔铸新理想以入旧风格"。其二，打破旧体诗的格律，但又保持了诗歌应有的韵律和节奏。如《军歌》《幼稚园上学歌》，它们类似于古典诗歌中的杂言体，均为配谱歌唱而作，较为通俗，一般不用典。黄遵宪对《军歌》最满意，在《示权甥》函中说："此乃车辚、马萧、哭声千云之反对语也。自创新调，试参玩之。"又致函梁启超说：此新体"择韵难，选声难，着色难"，愿任公等"拓充之，光大之"。

黄遵宪诗在近代产生了广泛的影响。他不仅被梁启超誉为"诗界革命"的旗帜，而且也启迪了马君武、高旭等南社诗人。高旭题《人境庐诗草》云："惊魂碎魄断肠时，三百年来见此诗。"在中国古典诗歌的终结阶段，黄遵宪不愧为首屈一指的杰出诗人。

黄遵宪的思想和创作都存在着严重的局限。他仇恨太平天国，仇视义和团，不敢彻底地反对帝国主义，力图用改良来代替革命，在保存封建主义的前提下发展资本主义。他的爱国主义有时表现为错误的大国主义。

黄遵宪认为，"文界无革命而有维新"（《与严几道书》），因此，在诗歌改革上不能跨出更大的步子。他尝试写新体诗，但主要还是利用旧形式创作，语言也主要以古籍为源泉。在艺术上，往往议论过多，未能摆脱晚清宋诗运动的影响。在《与丘菽园书》中，他自述说："少日喜为诗，谬有别创诗界之论。然才力薄弱，终不克自践其言。譬之西半球新国，弟不过独立风雪中清教徒之一人耳。若华盛顿、哲斐逊、富兰克林，不能不属望于诸君子也。"这是有自知之明的认识。

黄遵宪传

戊戌变法之后十年，康有为在给黄遵宪的诗集作序时曾说：

> 公度之诗乎，亦如磊砢[1]千丈松，郁郁青葱，荫岩竦壑[2]，千岁不死，上荫白云，下听流泉，而为人所瞻仰徘徊者也。[3]

此后两年，资产阶级革命派诗人高旭也说：

> 世界日新，文界、诗界当造出一新天地，此一定公例也。黄公度诗独辟异境，不愧中国诗界之哥伦布矣。近世洵无第二人。[4]

对于黄遵宪，这两段话不无过誉之处，但是他们一致肯定了黄遵宪

---

[1] 磊砢，壮大貌。
[2] 竦壑：竦，同"耸"，高高地直立；壑，山谷。
[3] 《人境庐诗草笺注》（以下简称《诗草》），古典文学出版社1957年版，第3页。
[4] 《愿无尽庐诗话》，《南社》第一集。

的诗的价值和地位,这是有道理的。

黄遵宪,字公度,别号人境庐主人,近代中国资产阶级改良运动时期的政治活动家,杰出的爱国主义"新派"诗人。本文将叙述他的生平,并以此为线索,分析和论述他的思想和主要作品。

一、亘古未有的"奇变"

讲着山歌吾就多,广州带回十八箩。
拿出一箩同你和,和到明年割早禾。

这是广东嘉应州(今梅县)的一首民歌。嘉应州是有名的山歌之乡。当地人民酷爱唱歌,每于赤日亭午,或圆月初升,不知什么地方突然响起了"呵嗨!有好山歌溜呀溜出来"的长声,这就是对歌的讯号了。于是,嘹亮的歌声立刻响彻于峰峦起伏间,长林浅水处。

1848年4月27日(道光二十八年三月二十四日),黄遵宪在这个山歌之乡出生。[1]

黄遵宪的高祖叫黄润,是个开了四五爿当铺的商人。典当是一种特殊的高利贷剥削方式,黄遵宪的祖上就依靠这种剥削,一天天富裕起来。在封建社会里,有了钱,就可以逐渐挤进官僚阶层。从黄遵宪的祖父辈起,就有人在封建政权里做官。黄遵宪的父亲叫黄鸿藻,当时正孜孜兀兀于"四书""五经",准备参加科举考试。黄遵宪的曾祖母李氏和母亲吴氏,都出身于封建官僚或知识分子的家庭。

黄遵宪三岁的时候,因为又有了一弟一妹,便由曾祖母李氏抱去抚

---

[1] 据黄遵楷:《先兄公度先生事实述略》,《人境庐集外诗辑》(以下简称《集外诗辑》),中华书局1960年版,第135页。

养。李氏是个民间文学的爱好者，常于夜晚命人演唱当时流行的《天雨花》等弹词。从她那里，黄遵宪接受了最初的文学熏陶。还在咿呀学语时，李氏就对他口授儿歌：

月光光，秀才娘。骑白马，过莲塘。莲塘背，种韭菜。韭菜花，结亲家。亲家门口一口塘，放个鲤鱼八尺长。[1]

此时，又对他口授《千家诗》。《千家诗》是旧时颇为流行的一种蒙塾诗歌读本，所选都为绝句或律诗，比较浅显。

清明时节雨纷纷，路上行人欲断魂。
借问酒家何处有？牧童遥指杏花村。

黄遵宪兴致盎然地用童声吟哦起来。不多久，《千家诗》就全都成诵了。

黄遵宪的家距梅江不过百步，面前是禾田、鱼塘、瓜田、芋区，侧后是丘陵、山川、竹林、果园，牧童、樵妇、农民、篙工、船老终日往来不绝，嗨呀嗨呀的劳动号子夹着山歌声，时时穿过树梢，进入黄遵宪的耳际。不过，和《千家诗》一样，这些山歌的意义，黄遵宪此时还不大理解。

四岁的时候，李氏送黄遵宪入学。1856年（咸丰六年），黄遵宪九岁，父亲中了举人。喜报传来，全家兴高采烈。李氏曾经抚摩着黄遵宪的头说："这孩子是属猴的，比猴子还聪明灵利（伶俐）。'雏鸡比老鸡，异时知如何'[2]，长大了不知道会不会比他父亲更有出息呢？"李氏的希

---

[1]《拜曾祖母李太夫人墓》，见《诗草》卷5，第154页。
[2]《拜曾祖母李太夫人墓》，见《诗草》卷5，第155页。

望是：将来黄遵宪也能像他父亲一样进学、中举、做官，飞黄腾达，荣宗耀祖。黄遵宪十岁的时候，在塾师的指导下开始学习写诗，题目是《一路春鸠啼落花》。黄遵宪作的诗有"春从何处去，鸠亦尽情啼"[1]之句，很使塾师吃惊。次日，塾师又以杜甫的《一览众山小》句命题。黄遵宪写的头两句是："天下犹为小，何论眼底山！"[2]这两句诗口气很大，在当时封建地主阶级的人们看来，这是出语不凡、大富大贵的象征。自此，黄遵宪就很受嘉应州一些士绅的赏识了。

如果不是时代的原因，黄遵宪这以后的道路也就是封建社会中一般地主阶级知识分子的道路。然而，新的时代、新的阶级斗争形势，不能不使他的生活、思想都逐渐发生相应的变化。

1840年（道光二十年），即黄遵宪出生之前八年，为了保护可耻的鸦片贸易，英国侵略者用大炮轰开了清王朝的大门。一向自视为"天朝上国"的清朝政府，在1842年与侵略者订立了屈辱的城下之盟——《南京条约》，出卖大量民族权益。从此，外国资本主义不断向中国伸展政治、经济、文化侵略势力，独立的封建的中国社会变为半殖民地半封建的社会，中国人民在反对封建压迫的同时，又积极展开了反对外国侵略者的不屈不挠的英勇斗争。

鸦片战争后，中国的社会经济逐渐被外国资本主义的侵入破坏。为了交付对英国侵略者的赔款和弥补鸦片贸易的差额，清王朝加强了对人民的剥削和压榨，广大人民的负担更为沉重。这就使得人民和清王朝的矛盾更为尖锐，中国人民的反清斗争走向高涨，农民起义的火焰延烧全国。1850年（道光三十年），黄遵宪三岁的时候，在广西金田村，爆发了以洪秀全为首的农民革命运动。这一运动以反对腐败的清朝统治和地

---

[1]《己亥杂诗》，《一路春鸠啼落花》自注，见《诗草》卷9，第294页。
[2]《己亥杂诗》，《一路春鸠啼落花》自注，见《诗草》卷9，第294页。

主阶级的压迫为目的，从广西迅速发展到长江流域，建立了太平天国革命政权，从而形成了近代史上第一个革命高潮。前后延续十余年，太平军纵横十六七省，攻克六百余城，前锋曾进抵天津外围，给了清朝政府和地主阶级以巨大打击。

正当太平天国与清王朝进行激烈搏斗的时候，为了扩大在鸦片战争中所取得的权益，英、法两国在美国、沙皇俄国的支援下，又制造借口，组成联军，发动了第二次鸦片战争。1858年（咸丰八年），清朝政府在大沽、天津失陷后，与侵略者订立了《天津条约》。两年后，侵略者再度发动武装进攻，侵占舟山、大沽、天津，进逼北京。咸丰皇帝仓皇出奔，英、法侵略者焚烧了中国古典建筑的精华圆明园，清朝政府再度向侵略者屈服，增订《北京条约》，出卖了更多的民族权益。此后，中外反动派开始了彼此的结合。外国侵略者利用中国封建统治者作鹰犬，中国封建统治者利用外国侵略者为靠山，他们联合起来，共同图谋绞杀轰轰烈烈的太平天国革命运动。

黄遵宪的家乡嘉应州，是广东北部的一个山城。广东，由于地处东南，受鸦片战争的影响最大，社会动荡特别剧烈，因此，与广西、湖南同为当时全国阶级斗争的中心地区。1854年（咸丰四年），在太平天国革命的影响下，广东佛山有三合会首领陈开率领的红巾军起义。在嘉应州，宋阿棠、黄曾兴、陈贤郎等亦曾筹备起事回应。他们在乡间拜盟结会，声势很大。1858年，松源堡王讨食竖旗起义，杀死知州，聚众至数千人，曾一度进攻州城。1859年，太平军石镇吉部由福建入广东，攻克嘉应州。不久，弃城转移，入湖南。

黄遵宪的少年阶段，就是处在这样一个风狂雨骤的历史时期里。

"七万里戎来集此，五千年史未闻诸"[1]，外国资本主义势力的侵入，

---

[1]《和钟西耘庶常津门感怀诗》，见《诗草》卷2，第60页。

空前规模的太平天国农民革命运动，深刻地暴露了清王朝所面临的危机。在黄遵宪由少年步入青年阶段的时候，他不可能不注意到这种亘古未有的"奇变"。

1864年（同治三年），黄遵宪十七岁的时候，清军攻陷太平天国的首都天京，太平天国革命失败了。

这时，黄遵宪写下了一组《感怀诗》。

由于家庭的阶级地位和自己所受的封建教养，黄遵宪对太平天国革命运动是仇视的，天京失陷的消息使他喜悦异常。但是，这一运动的巨大声势，也深深地震撼了他："惟念大乱平，正当补弊偏。"他模模糊糊地认识到，这次运动的发生，和清王朝的"弊偏"有关。怎样才能接受教训，挽救危机，中兴清王朝呢？难道能像一般世俗的儒生那样，言必称三代，拿着"车战图"和"井田谱"来挽救"时弊"吗？不能了。历史发展了，今与昔的形势不同了，不能再向遥远的古代去寻求治国、平天下之道，所谓"秀才不出门，能知天下事"的说法，不合适了。他写道：

世儒诵诗书，往往矜爪嘴[1]。昂头道皇古，抵掌[2]说平治。目言三代隆，下言百世俟，中言今日乱，痛哭继流涕。摹写车战图，胼胝[3]过百纸。手持井田谱，画地期一试。古人岂我欺，今昔奈势异。儒生不出门，勿论当世事。识时贵知今，通情贵阅世……

在这首诗里，黄遵宪批判了昧于大势，盲目复古、尊古的世俗儒生，主张研究现实，知今阅世，睁眼看世界。这样，就把自己和那些死

---

[1] 矜爪嘴，夸耀自己的笔和嘴。
[2] 抵掌，鼓掌。
[3] 胼胝，手掌或脚底因长期摩擦而生的厚皮，即"老茧"。

守祖宗成法的地主阶级顽固派区别开来。他认为，儒家只是九流中的一流，后代更分化为许多各自歧异的派别，不值得过分推崇。在这一组诗的另一首里，黄遵宪就写道：

儒于九流中，亦只一竿揭[1]。矧又某氏儒[2]，涂径各歧别。均之筐篚物[3]，操此何施设[4]？大哉圣人道，百家尽囊括。至德如渊骞[5]，尚未一间达[6]。区区汉宋学，乌足尊圣哲。

清代地主阶级的正统学术，有所谓汉学和宋学之分。汉学，指的是顾炎武、阎若璩、段玉裁、王念孙的考据训诂之学。他们继承了汉代学者的学风，注重于古书音义的考订和文字的校勘。宋学，指的是以宋代程颢、程颐兄弟以及朱熹等人为主的唯心主义"理学"，注重于借古书以阐发地主阶级的哲学思想。它在清初继续得到封建地主阶级的大力提倡。黄遵宪认为，不管是汉学也好，宋学也好，都不足以代表囊括百家的"圣哲"——孔子的学术。

推崇孔子，这是那时地主阶级的统治思想，黄遵宪并不例外。但是，黄遵宪反对汉学、宋学，却表现了对清朝统治集团所提倡的正统学术的一种怀疑以至背离，说明在新的形势下，黄遵宪要求建立一种为现实服务的新的学术。

1865年12月8日（同治四年十月二十一日），原在福建汀州的太

---

[1] 亦只句：也只不过是一条竿子上挂着的旗子。
[2] 矧，况且。某氏儒，《韩非子·显学》说：孔子死后，有子张之儒、子思之儒、颜氏之儒、孟氏之儒、漆雕氏之儒、仲良氏之儒等。
[3] 均之，都是。筐篚物，装在箱子里的东西。
[4] 操此句：掌握了这些能有什么用呢？
[5] 至德，崇高的道德。渊骞、颜渊、闵子骞，二人都是孔子的学生。
[6] 尚未句：《法言·问神》曾说颜渊专心向孔子学习，只相差不大一点间隔，"未达一间耳"！以上二句意为：颜渊、闵子骞的道德是崇高的，但和孔子有一点距离。

平军汪海洋部进入广东，攻破嘉应州城。这时，正是黄遵宪新婚之后数日。他和全家乘着一条小船逃到大埔县三河墟，不久，又逃至潮州。在这期间，黄遵宪写了许多首敌视、污蔑太平军的诗，暴露了他的反动立场，但其中也有个别篇章，表现了清军骄奢淫逸、残害人民的真实面貌。例如《古从军乐》：

> 昨日贼兵移，我军尾其后。道有妇人哭，挟以上马走。夫婿昨伤死，还遣行杯酒。爷娘欲牵衣，手颤不敢救。今日报战功，正赖尔民首。[1]

任意掳掠妇女，任意屠杀人民，把老百姓的脑袋砍下来去虚报"战功"，这就是那些镇压太平军的"英雄"们的"业绩"。

1866年2月（同治五年正月），清朝政府的闽、浙总督左宗棠率军围攻嘉应，汪海洋在战斗中英勇牺牲，清军攻陷嘉应。黄遵宪和全家一起回来，经过战乱，从曾祖起聚族而居的房屋已成焦土，满院青苔，满室残书，几代通过剥削积累起来的珠翠财宝都散失无遗。过去，当铺里花花绿绿地堆满了别人的衣物；现在，要将自家的衣物拿出去典当了，库主会是谁呢？想到了这里，黄遵宪不禁感慨系之。黄遵宪又想起了在中原地带，捻军的战斗尚在发展；在海上，外国侵略者还在时时觊觎，准备兴风作浪。内忧外患，都刺激黄遵宪想为清王朝建立一番补偏救弊的"功业"。面对着家中杂物狼藉的情况，黄遵宪不禁想起了后汉时那个不愿意扫屋子，认为"大丈夫当为国扫除天下"的陈蕃。

对于人民革命的仇视，对于人民力量的恐惧，使得黄遵宪终其身只能成为一个资产阶级改良主义者。

---

[1]《集外诗辑》，第2113页。

二、在科举的道路上徘徊

1867年（同治六年）春天，黄遵宪参加院试，入了州学，算是秀才了。

自唐以后，封建社会的知识分子大都要通过科举考试才能挤进官僚阶层。明清以后，适应封建制度的发展，更建立了一套比唐宋时期完备的科举制度。为了培养驯顺的奴才，封建统治者特别看重八股文、试帖诗和楷法。所谓八股文，指的是考试中"代圣贤立言"的文章。全文除首尾外，分八段，每两段必须逐字成对。题目都来自"四书""五经"，作者用孔子、孟子的口气说话，对题目的理解只能以宋代唯心主义理学家朱熹的解释为依据。所谓试帖诗，也同八股文一样，有一定的格式，是一种没有内容的文字玩弄。楷法，则要求黑大方光，不能有任何独创风格的表露。这种考试有三级：院试，考中了是秀才；乡试，考中了是举人；会试、殿试，考中了是进士，第一名叫做状元。封建社会的知识分子，就是沿着这个阶梯一级级地爬上去。由于内容和方法都极为腐朽，因此，严重地禁锢人们的思想和才力，使得知识分子低首下心，钻在故纸堆里，抱着"四书"和坊刻的八股文读本，咿唔吟哦，日日沉浸于"春风得意马蹄疾，一日看尽长安花"的富贵梦中。三年一科，考不中的，一考再考，直至头秃齿摇；考中了的，做了官，或蝇营狗苟，或顽固保守，除幻想更高的禄位，会背几句"诗云""子曰"外，其他一无所知。清朝曾有人写了首曲子道："读书人，最不济。背时文[1]，烂如泥。国家本为求才计，谁知道变做了欺人技。三句破题，两句承题，摆头摇尾，便道是圣门高第。可知道三通、四史[2]是何等文章？汉祖、唐

---

[1] 时文，八股文。
[2] "三通"，《通典》《通志》《文献通考》。"四史"，《史记》《汉书》《后汉书》《三国志》。

宗是那一朝皇帝！"[1]生动地画出了士子们的颠顶相。

由于黄遵宪的家庭出身，他不可能不走科举的道路。经过战乱，黄氏家族明显没落，黄遵宪的母亲不得不操持家务，种菜、养鸡、养猪，似乎有些"焦劳拮据"了。她就曾对黄遵宪兄弟说过："如果你们有出息，我并不屑于做这些事情。只要将来能有一碗寻常茶饭，无事操作，我的愿望就满足了。"这些话实际上是激励黄遵宪兄弟通过科举，取得高官厚禄，借以重振家业。黄遵宪自己也希望能克绍箕裘，走父亲的路。但是，由于外国资本主义势力的入侵和封建政治的危机，他逐渐对科举制度产生了怀疑。

在进州学以后，黄遵宪紧接着便于同年夏天赶赴广州，准备参加秋季举行的第二级考试——乡试。这种考试由封建王朝中央派试官至各省省城举行，所以又称省试。在途经惠州时，黄遵宪游历了当地名胜丰湖。波光水影，泼眼而来，丰湖静静地躺着，宛如数顷青色的琉璃。雨后，到处浓绿层层，荷叶上的露珠晶莹闪亮，杨柳在风中轻轻播摆。黄遵宪在领略这千姿万态的自然风光时，不禁产生了一个问题：自己带着行囊，远行千里，不久以后就要在那密如蜂窝的号舍中，饱受热毒，究竟是为了什么呢？如果是为了考官赏识，从此博得一官半职，养家糊口，不正像《庄子》寓言中那条求升斗之水的涸泽之鱼吗？

这一次考试，黄遵宪未中。

第二年，黄遵宪写下了一组《杂感》诗。在这些诗里，他从对自己应试的怀疑，发展到对八股制艺和科举制度进行猛烈抨击。他认为科举制度宛如枷锁，使人们的精力疲于无用的书本之中，直至老死，而由此选拔出来的人才，或为迂腐的学究，或为浮华无耻之辈，所学非所用，

---

[1]《时文叹》，见徐大椿：《洄溪道情》。这首曲子在流传中文字多有不同，此处据徐珂：《清稗类钞》引录，商务印书馆1917年排印版第12册，第32页。略有校改。

买驴书券，三纸未有驴字；上焉者或尊汉学，或尊宋学，在封建王朝碰到危机时，这些人都束手无策。"三代学校亡，空使人材坏。"他怀念"三代"时的"学校"制度，认为学校废，人才也就坏了。在近代，科举与学校之争是地主阶级顽固派与资产阶级改良派斗争的重要内容，它和中学与西学之争、旧学和新学之争紧密联系着。资产阶级为了要培养自己的干部和人才，就必须把知识分子从封建文化的禁锢中解放出来，代之以自然科学和资产阶级的社会科学，这就要兴办新式学校。因而，黄遵宪在这里对科举制度和八股制艺进行的抨击，是有其进步意义的。这组诗中，黄遵宪又批评唐、宋学者的章句笺注之学，认为是郢书燕说，妄言欺人。其中一首特别值得注意：

大块凿混沌[1]，浑浑旋大圜[2]。隶首[3]不能算，知有几万年。羲轩造书契[4]，今始岁五千。以我视后人，若居三代先。俗儒好尊古，日日故纸研。六经字所无，不敢入诗篇。古人弃糟粕，见之口流涎。沿习甘剽盗，妄造丛罪愆[5]。黄土同抟人[6]，今古何愚贤？即今忽已古，断自何代前？明窗敞流璃，高炉爇香烟[7]；左陈端溪砚，右列薛涛笺[8]：我手写我口，古岂能拘牵？即今流俗语，我若登简编。五千年后人，惊为古斓斑。

在这里，黄遵宪提出了他的进化史观，认为今由古发展而来，今也

---

[1] 大块，大地。凿混沌，开天辟地之意。
[2] 浑浑，广大。大圆，指天。
[3] 隶首，传说中上古黄帝时的史官，数字和算术的发明者。
[4] 羲，伏羲。轩，轩辕，黄帝名。传说他们创造了文字。
[5] 罪愆，罪过。本句意为，如有创造，即被斥为"妄"，受到许多谴责。
[6] 抟，揉捏。中国古代有女娲用黄土捏人，创造人类的神话。爇，点燃。
[7] 端溪，在广东高要县东南，产石，可制优质砚。
[8] 薛涛笺，唐人薛涛所制的深红彩笺，旧时常用以指八行红格信笺。

会发展为古，今不必卑，古不必尊。世俗儒生埋首于故纸堆中，垂涎于古人的糟粕，把前人的创作视为不可企及的规范，剽窃类比，拾人涕唾，完全扼杀了自己的创造力。黄遵宪表示要"我手写我口"，不受古人的拘牵束缚，要以"流俗语"入诗。我们知道，地主阶级顽固派总是认为古人的一切都是好的，力图把古人偶像化，从而阻塞新事物的发展道路；在创作上，则是陈陈相因，以制造各种各样的假古董为荣。在这首诗里，黄遵宪虽然还不懂得文学创作的源泉在于社会现实生活，但是，却给了盲目崇拜古人的拟古主义倾向以有力批判，为中国近代文学带来了新的气息。

稍后，在《与周朗山论诗书》中，黄遵宪又说：

> 不能率其真，而舍我以从人，而曰吾汉、吾魏、吾六朝、吾唐、吾宋，无论其非也，即刻画求似而得其形，肖则肖矣，而我则亡也。我已忘我，而吾心声皆他人之声，又乌有所谓诗者在耶？汉不必三百篇，魏不必汉，六朝不必魏，唐不必六朝，宋不必唐，惟各不相师，而后能成一家言……是故论诗而依傍古人，剿说雷同者，非夫也。[1]

诗贵独创。从《诗》三百篇开始，中国诗歌经历了漫长的发展历程，出现过无数各具特色的优秀作家和作品，但是，古人的作品只是流而不是源，只能借鉴而不能硬搬或模仿。黄遵宪强调作品的个人风格，主张表现"吾今日所遇之时，所历之境，所思之人，所发之思"[2]，反对无病呻吟，"剿说雷同"，舍我从人，认为那样做就算不上一条汉子（非夫）！

---

[1]《岭南学报》第2卷第2期，1931年7月出版。
[2]《岭南学报》第2卷第2期，1931年7月出版。

大约就在这个时候，黄遵宪开始整理嘉应州丰富的民歌。长大了，有了自己的创作实践，接触到大量中国古典诗歌，黄遵宪更多地懂得民歌的价值了。

嘉应州，由于地主阶级的残酷剥削，加上山多地少，不少男子不得不离乡背井，甚至远走南洋谋生，一去多年，音讯杳无。因此，这些山歌大都以女子的口吻唱出，反映了她们对忠贞不贰的爱情的追求，和亲人远离时的痛苦以及别后的思念。语言活泼天真，表现上则采取了谐音、双关等传统的民歌手法。黄遵宪认为它们颇有六朝时《子夜》《读曲》等民歌的"遗意"[1]，曾经选择了若干首，进行过加工：

　　自煮莲羹切藕丝，待郎归来慰郎饥。
　　为贪别处双双箸，只怕心中忘却匙。
　　做月要做十五月，做春要做四时春，
　　做雨要做连绵雨，做人莫做无情人。[2]
　　买梨莫买蜂咬梨，心中有病没人知。
　　因为分梨故亲切，谁知亲切转伤离。
　　催人出门鸡乱啼，送人离别水东西。
　　挽水西流想无法，从今不养五更鸡。

此外，《新嫁娘诗》也可能作于这一时期，写少女在新嫁前后的心情与生活，明显地接受了山歌的影响。如：

　　前生注定好姻缘，彩盒欣将定帖传。

---

[1]《山歌》，见《诗草》卷1，第19页。
[2] 此诗《诗草》未收，见于《集外诗辑》，第16页。

私看鸾书偷一笑，个人与我是同年。

屈指三春是嫁期，几多欢喜更猜疑。

闲情闲绪素心曲，尽在停针倦绣时。

洞房四壁沸笙歌，伯姊诸姑笑语多。

都道一声恭喜也，明年先抱小哥哥。

迎门旧侣笑呵呵，东阁重开镜细磨。

最是夜深相絮语，娘前羞道一声他。

不过，这一组诗大都词采过于华丽，庸俗、色情的地方也较多，远不及山歌的朴实、健康。

1870年（同治九年），黄遵宪又经惠州至广州，第二次参加乡试。第一次没有考中，第二次就更为惴惴了。这种考试由于制度极为腐朽，所以考中与否，并不在于有无真才实学，而在于合不合主考的心意，字写得好不好，所以，一般士子们都趋于揣摩时尚、曲意逢迎的一途。这次考试，黄遵宪又未中试。满城风雨，叶声簌簌，"书在肩挑剑在囊，槐花空作一秋忙"[1]，黄遵宪不无牢骚地踏上了归途。

途中，经过香港。从《南京条约》起，香港割让给英国已经近三十年。黄遵宪漫步街头，重温了当年丧权辱国的历史。他看到的是英国殖民者筑起的高高的战垒，到处是准备运入内地的鸦片烟，也看到了一些资本主义世界的新事物，他沉痛地写下了"六州谁铸错，一恸失燕脂"[2]的诗句。离开香港后，黄遵宪到汕头，又至潮州，听到二叔黄翰藻去世的消息，匆匆驰归。

---

[1]《榜后》，见《集外诗辑》，第24页。

[2]《香港感怀十首》，见《诗草》，第26页。铸错，唐罗绍威有"聚六州四十三县铁，打一个错不成"之语，这里是对清朝政府的指责。燕脂，山名，《史记·匈奴传》注引《西河旧事》云：匈奴失焉支山，作歌说："失我焉支山，使我妇女无颜色。"焉支，同燕脂，这里比喻香港。

在这以后的几年内，黄遵宪一方面鄙弃科举的念头愈来愈强烈，在《和周朗山（琨）见赠之作》诗中，他直接讥斥儒生为读书不识羞，讽刺他们狭隘愚陋，不知道今日中国以外还有一个广大的世界。另一方面，却又不断参加各种科举考试。1871年（同治十年），在三年一次的考试中取得第一名，得到了由公家补助膳食的资格。1873年，又考取了拔贡生。清制，每十二年选拔在学生员中所谓文章、品行都优良的贡于京师，称之为"拔贡"。"拔贡生"由礼部奏请廷试，廷试优秀的参加复试，复试优秀的就可以授予七品京官或知县一类的低级职务。这一年，黄遵宪以新科拔贡的身份，第三次去广州应乡试，仍然没有中。这一次，黄遵宪游览了广州市容，集中留下了《羊城感赋》六首诗。

广州，这是中国南部一座美丽的城市。这里，三冬无雪，四季长花；又是一座富有光荣传统的城市，中国人民在这里最早举起了反抗外国资本主义侵略势力的斗争旗帜。在广州，又一次有机会让黄遵宪认识了清王朝所面临的严重危机。他想起了第二次鸦片战争期间被英国人俘虏送到孟加拉的两广总督叶名琛，想到了鸦片战争期间据守虎门炮台、痛击侵略者而英勇牺牲的提督关天培。"驱鳄难除海大鱼"[1]，怎样才能赶走在中国土地上横行的外国侵略者呢？黄遵宪发出了深沉的感慨。

1874年（同治十三年），黄遵宪怀着"一学蝇头世俗书"[2]的心情，按照拔贡取士的制度，北上赴廷试。在黄遵宪的心目中，北京是古代许多"侠义"之士出没的地方，又是明、清以来四百多年的帝都，因而他的心情颇为兴奋。这是第一次离乡远行，他觉得从此要奔走四方，成为"东西南北"之人了。走的是海道，经大沽，在天津登岸。大沽、天津都是第二次鸦片战争的战场，从那以后，天津即被辟为商埠，外国资

---

[1]《羊城感赋六首》，见《诗草》卷1，第39页。
[2]《将应廷试感怀》，见《诗草》卷2，第43页。蝇头世俗书，比喻书写试卷时所用的蝇头小楷。

本主义势力在这里有了很快的发展。黄遵宪骑着一条瘦驴，在扑面的风沙中进入天津城。他在这里看到了深入内地的外国轮船，想起了十多年前的屈辱往事。如果说外国侵略者过去势力所及都是些边远之地，而现在，被辟为商埠的却是北京的门户了。对于这种情况，清王朝却在那里嚷嚷什么"中外同家"。"地到腹心犹鼾睡，人来燕赵易悲歌"[1]，黄遵宪原来登程时的那种兴奋心情，已经转化为郁郁不平了。

到北京后，黄遵宪不曾遇见他想象中的"侠义"之辈，考试也仍然未中，既感到失意，又感到寂寞，短榻鸣虫，孤灯落叶，时时有故乡故友之思。这以后的一两年内，他认识了一些人，这些人对他以后的政治生活，产生过很大影响。在京内，他认识了嘉应州籍京官何如璋、邓承修等人。1876年（光绪二年），在随父黄鸿藻至烟台时，认识了闽县的龚易图和南海的张荫桓。张荫桓是个洋务派官僚，后来曾任总理各国事务衙门行走和出使美、日、秘三国大臣。黄遵宪在和他们诗酒联吟中，也向他们陈述了自己对时事的见解。当时，因为云南人民打死了迎接英国"武装探路队"的英使馆职员马嘉理，李鸿章正与英使威妥玛在烟台会谈。黄遵宪也见过他，大约也向他发表过自己的一些见解。李鸿章曾经在别人面前称道黄遵宪为"霸才"[2]。这是黄遵宪和洋务派发生关系的开始。

这年秋天，按例举行顺天乡试，黄遵宪的心情很矛盾。一方面，屡次应试，屡次失败，已使他相当灰心失望；另一方面，他对科举制度的批判思想，也较前更为明确："徒积汗牛文，焉用扶危颠。到此法不变，终难兴英贤。"[3]他已经认识到旧的科举制度培养不出济危扶颠的人

---

[1]《由轮舟抵天津作》，见《集外诗辑》，第39页。
[2]《李肃毅侯挽诗四首》自注，见《诗草》卷11，第381页。
[3]《述怀再呈霭人、樵野丈》，见同上节，第64、66页。汗牛文，形容八股文之多，使拉车的牛累得遍体出汗。

才，提出"变法"的口号来了。当时，中国军队正进入新疆，驱逐阿古柏匪帮，收复为沙皇俄国侵占的伊犁。阿古柏原是中亚细亚浩罕汗国的一个军队头目。他于1865年（同治四年）率军侵入中国神圣领土新疆，残暴地掠夺、屠杀新疆各族人民，建立所谓"哲德沙尔汗国"。阿古柏的罪恶活动，得到沙皇俄国和英国侵略者的支持。1871年，沙俄侵略军更直接袭占中国天山的重要山口，大举进攻新疆首府伊犁，无耻地宣布"伊犁永远归并为俄国领土"[1]。同年冬，沙俄侵略军又由伊犁向东进攻，妄图偷袭乌鲁木齐，占领全新疆，受到了新疆各族人民的沉重打击。"时时发狂疾，痛洒忧天泪"[2]，对于沙俄、阿古柏匪帮在新疆的侵略活动，黄遵宪无比愤慨，他写道：

如何他人睡，犹鼾卧榻侧？白气[3]十丈长，狼星[4]影未匿。群狐舞天山，尊者阿古柏，公与秦晋盟[5]，隐若树一敌。

1872年（同治十一年），阿古柏与沙俄订立条约，允许沙俄在南疆自由"旅行"和"经商"，沙俄则承认阿古柏为"一国元首"。诗中，黄遵宪愤怒地指责了这一侵犯中国主权的严重事件，响亮地表示，祖国神圣领土新疆不容敌人占领。"王师昨出关，军容黑如墨。"他想象着清军进入新疆、收复国土时威武雄壮的军容，殷切地等待着他们胜利的消息。

黄遵宪又写道：

---

[1] 陈复光：《有清一代之中俄关系》，云南大学出版社1947年版，第164页。
[2] 《述怀再呈霭人、樵野丈》，见同上节，第64、66页。汗牛文，形容八股文之多，使拉车的牛累得遍体出汗。
[3] 白气，西汉成帝时，谷永在奏章中曾说："白气起东方，贱人将兴之表也。"
[4] 狼星，天狼星。《晋书·天文志》说："狼为野将，主侵掠。"
[5] 秦晋盟，比喻阿古柏与沙俄等订立的条约。

今年问周鼎,明年索赵璧[1];恫疑与虚喝,悉索无不力。荡荡王道平,如行入荆棘。普天同王臣,咸愿修矛戟;荷戈当一兵,吾亦从杀贼。

面对外国资本主义势力一个又一个侵略要求,黄遵宪预感到民族的灾难将要日益深重。他激动地表示,愿意荷戈从军,杀贼卫国。

黄遵宪"从军"的愿望并未实现。"抡才国所重,得第亲亦喜"[2],犹豫再三,黄遵宪还是参加了顺天乡试,被录取为第一百四十一名举人。1877年(光绪三年)一月,清朝政府任命何如璋出使日本。何如璋与黄遵宪同乡,熟悉黄遵宪对"时务"的看法,因此,经何如璋奏请,黄遵宪被任命为驻日使馆参赞。

三、随使日本

1877年11月26日(光绪三年十月二十三日)傍晚,黄遵宪随何如璋等登上"海安"兵轮,由上海启程赴日本。第二天,舟出吴淞。一路上,天风浩荡,舟行顺利,黄遵宪的心情也是欢快的。30日,抵长崎。12月7日,抵神户,受到当地商人的热烈欢迎,沿岸张灯以千万计。20日,抵东京。28日,随何如璋等向日本明治天皇递了国书。这是中日两国自隋唐时代通好以来的第一次正式建交。1878年1月23日,移寓东京芝山月界僧院。这是中国大使馆在日本的最初馆址。

当时的日本,正处于明治维新之后。

明治维新是一次不彻底的资产阶级革命。资产阶级化的下级武士和

---

[1] 周鼎,周王朝的传国宝器。春秋时,楚曾进兵至周境,并询问鼎的大小轻重。赵璧,赵国的宝玉。秦昭王曾派人向赵国索要,假意表示愿以十五城易璧。

[2] 《述怀再呈霭人、樵野丈》见《诗草》卷2,第66页。抡才,选择人才。

京都贵族联合大商业资本家，利用农民起义的力量，推翻了保守反动的德川幕府封建政权，建立了地主和资产阶级的联合统治。这以后，明治政府一方面实行"求知识于世界"的政策，派人出使西方，考察欧美的政治制度及人情风俗；另一方面，则在国内扫除某些封建障碍，采取了一些有利于资本主义发展的措施，日本资本主义迅速发展起来了。但是，由于日本资产阶级力量微弱，它在明治维新中不曾居于领导地位，农村中的封建生产关系仍然大量存在，封建思想严重，浓厚的封建主义因素在上层建筑的各个领域都在起作用。因此，19世纪70年代，中小资产阶级和各阶层的人民又展开所谓"自由民权运动"，以板垣退助为首的明治政府反对派，组织"国会开设期成同盟"，要求建立"民选议院"。与此相呼应，一部分民主主义知识分子则积极介绍西方资产阶级"天赋人权"等自由、民主思想。福泽渝吉编辑的《西洋事情》，服部德翻译的卢梭《民约论》，成为流行一时的读物。

在日本，黄遵宪受到不少日本友人，特别是研究中国历史、文化、医学的汉学家的欢迎。他们经常访问黄遵宪。由于语言隔阂，而来访的日本友人又大都能写一手流利的汉字，因此，他们间就以笔代舌，开展笔谈。参加笔谈的日本友人有源辉声、石川英、龟谷省轩、冈鹿门等，其中，以源辉声为最积极、最热心。源辉声号桂阁，大河内人，原是世袭的藩主，明治维新后任高崎知事，后辞归，入修史馆。他热爱中国和中国文化，曾表示："如能游中国，不惜一命。"[1] 1878年3月3日，他在中国大使馆见到黄遵宪，表示非常钦佩，希望双方能够缔交，"为莫逆之好"；黄遵宪也很喜欢这个热爱中国文化的日本朋友，立即回应他的提议："自今缔交，敢不如命！"自此，二人成为好友。每次笔谈后，

---

[1]《笔谈世界》，香港《华侨日报》，1966年2月4日。

源辉声都于当晚将笔谈手稿加以整理，装裱成册。[1]

笔谈中，黄遵宪向日本友人细致地了解日本当代文学和历史著作情况，同时，也向日本友人介绍中国文化。黄遵宪曾将一部《红楼梦》送给源辉声，并对石川英说："《红楼梦》乃开天辟地，从古到今第一部好小说。"又说：论其文章，宜与左、国、史、汉并妙。[2]

当源辉声谈到日本小说《源氏物语》"作意"与《红楼梦》相似时，黄遵宪遗憾地说："恨不通日本语，未能读之！"

当时，不少日本友人以杜甫等中国诗人为学习对象，热情地写作汉诗，黄遵宪曾和他们坦率地讨论了创作中的问题。例如，1879年1月10日，黄遵宪和龟谷省轩等有下列一段对话：

黄遵宪：足下古诗大可成家，数今日之所造诣，即非余子所能及矣。

龟谷省轩：长复无事，日把《少陵集》读之，似少有悟。将录近制，乞大政。

黄遵宪：阁下诗学杜甚好，专意习之，必有进境。近制愿拜读。仆不能作诗，然自喜论诗，颇得要领。足下暇日与仆一谈，不知果有所进否？

龟谷省轩：敝土诗近来纤靡成风，识者愧之；与栗香辈谈，亦慨之。与有志之士二三辈约，欲矫之以宋、唐。愿得阁下提撕，一振颓风，以扶大雅。

黄遵宪：仆不肖，何敢当此！愿得随诸君子之后，力着一鞭耳。

---

[1]《黄遵宪与日本友人笔谈遗稿》，《戊寅笔话》第4卷，第27话，日本早稻田大学文学研究会1968年铅印本。

[2]《戊寅笔话》第21卷，第144话，同上书。"左""国""史""汉"，指《左传》《国语》《史记》《汉书》四部历史著作。

诗之纤靡，一由于性，一由于习，习之弊又深于性。欲挽救之，仍不外老生常谈，曰：多读书以广其识，以壮其气。多读杜、韩大家，以观其如何耳。

……

龟谷省轩：家在麻生，旧幕时为外国奉行[3]，其诗颇精细，未能博大沉郁耳。

黄遵宪：是有性焉，有习焉，不可强而能也。虽然，诗之为道，至博且大。若土地焉，如名山大川，自足壮人；则一丘一壑，亦有姿态，不可废也。[4]

风格的形成，和作家的性格有关，更主要的是取决于作家的取法和所接触的社会生活情况。"诗之为道，至博且大。"黄遵宪认为，诗歌的风格应该是丰富多彩的：巍峨如泰山、奔放如江河的雄篇壮制固然是好的，但是"一丘一壑，亦有姿态"的作品，也未尝不可以备一格。

笔谈之外，还有不少日本友人拿着诗稿、文稿来和黄遵宪讨论，请黄遵宪作序。这些序言，今天保存下来的还有为儿玉士常写的《〈中学习字本〉序》，为石川英写的《〈日本文章轨范〉序》，为浅田惟常写的《〈先哲医话〉跋》《〈仙桃集〉序》，为城井氏写的《〈明治名家诗选〉序》，为松本丰多写的《〈读书余适〉序》等十篇。在这些序言里，黄遵宪热情赞扬了日本友人在各方面的成就；日本友人对于黄遵宪的文章也给予很高的评价，例如石川英就称道黄遵宪，赞誉其为"裁云缝月之高手，殆似读老苏之文"[5]。

对于日本盛行的资产阶级民主主义思潮，最初，黄遵宪颇为惊怪。

---

[3] 旧幕时，指日本明治维新前幕府统治时期。外国奉行，官名。
[4]《己卯笔话》，第15卷，第88话，《黄遵宪与日本友人笔谈遗稿》。
[5]《〈日本文章轨范〉序》跋语，抄件。

在和黄遵宪交往的日本友人中，也有一些人思想比较守旧。例如浅田惟常，是旧幕府医官，明治维新后隐居不仕。又如青山延寿，是旧史官。榎本武扬，是德川旧臣。他们常常在黄遵宪面前谘嗟叹息，对明治维新微言讥刺。因此，黄遵宪在为他们写的文稿序言中，就常常流露出浓厚的封建思想来。他非常欣赏日本"尊王攘夷"的口号，即一方面排斥外国资本主义侵略势力，另一方面又维护并加强封建主义。从这一点出发，他对日本朝野向西方学习的热潮深致不满，对于"译蟹行之字，钞皮革之书"[1]的风气，抱着鄙夷的态度。他认为可以向西方学习的只是轮船、铁道、电信、务财、训农、惠工之类，而关于君臣、父子、夫妇等"伦常纲纪"，则"不可得而变革"[2]。也就是说，封建的伦理道德、政治制度不能变。在《〈中学习字本〉序》中，黄遵宪更直接标榜"孔孟之道"，从封建主义的立场斥责西方"国政共主之治，民权自由之习"的资产阶级民主制度。这些，说明黄遵宪虽然主张反抗外国资本主义侵略，挽救民族危机，对清朝政府腐败政治的某些部分例如科举制度有所不满，但这时基本上还是一个地主阶级改革派。

1879年（光绪五年），黄遵宪与来日本游历的王韬订交。王韬（1828—1897），学仲弢，号紫铨，别号天南遁叟，江苏苏州人。1867—1870年间，曾随英人理雅各去英国译书，游历了法、俄等国。后回香港，主编《循环日报》。王韬是近代中国早期的资产阶级改良主义思想家之一。他主张君主立宪，赞美英国的议会制度，称之为"君民共主"。又主张开发煤、铁等矿产，建立纺织等有利于民生的近代工业。黄遵宪与王韬订交后，谈得很投机，友谊发展得很快，每三数日即一会，或去忍冈赏花，或去墨川观荷。忍冈、墨川都是日本的名胜。黄遵宪与王韬

---

[1]《〈皇朝金鉴〉序》，未刊稿。

[2]《〈皇朝金鉴〉序》，未刊稿。

击钵联吟，酒酣耳热，谈及天下事，黄遵宪常常处于一种激昂沉痛的状态中，所以王韬比之为西汉的贾谊和南宋的陈亮。对于王韬的许多看法，黄遵宪也极表同意。在王韬归国后，二人还时通书札。

在对日本历史作了较多的研究后，黄遵宪开始从事《日本国志》的著述工作。在此之外，又网罗旧闻，参考新政，向日本友人访问、了解，取其杂事，分国势、天文、地理、政治等门，衍为小注，串之以诗，成为《日本杂事诗》。夏历七月，由清朝政府的总理各国事务衙门以同文馆聚珍版印行。次年，王韬又以活字版重印于香港循环日报馆。

> 拔地摩天独立高，莲峰涌出海东涛。二千五百年前雪，一白茫茫积未消。[1]

这是歌咏富士山的诗；

> 海外遗民竟不归，老来东望泪频挥。终身耻食兴朝粟，更胜西山赋采薇。[2]

这是歌咏在中日文化交流上起了积极作用的明末遗民朱舜水的诗；

> 一花一树来婆娑，坐者行者口吟哦；攀者折者手接莎[3]，来者去者肩相摩。墨江泼绿水微波，万花掩映江之沱[4]；倾城看花奈花

---

[1]《日本杂事诗》卷1，光绪五年活字本，第10页。
[2]《日本杂事诗》卷1，第29页。兴朝，取代前朝兴起的新朝代。赋，诵咏或写作。采薇，武王灭纣后，伯夷、叔齐隐居首阳山，不食周粟，采薇而食。这里是说朱舜水于明亡后移居日本，要比伯夷、叔齐强得多。
[3] 接莎，两手相搓。
[4] 沱，江的支流。

何,人人同唱樱花歌。[1]

这是歌咏日本人民观赏樱花盛况的诗;

　　长袖飘飘兮,髻峨峨,荷荷。裙紧束兮,带斜拖,荷荷。分行逐队兮,舞傞傞[2],荷荷。往复还兮,如掷梭,荷荷……[3]

这是黄遵宪翻译的日本西京街头青年男女的爱情歌曲;

　　同在亚细亚,自昔邻封辑[4];譬若辅车依[5],譬若掎角立[6]。所恃各富强,乃能相辅弼[7]。同类争奋兴,外侮日潜匿;解甲歌太平,传之千万亿。[8]

这是祝愿中日两国繁荣富强,世世代代友好下去的诗。

与此同时,黄遵宪还写了组诗《近世爱国志士歌》,歌颂日本明治维新前反幕府运动中的死难志士。序言中,黄遵宪盛赞他们"前仆后起,踵趾相接,视死如归"的大无畏精神,表示要以此激励国人,"兴起吾党爱国之士"。其一云:

---

[1]《樱花歌》,见《诗草》卷3,第82—83页。
[2] 傞,舞姿参差的样子。
[3]《都踊歌》,见《诗草》卷3,第88页。
[4] 邻封,邻国。辑,和睦。
[5] 辅车,古谚,辅车相依,唇亡齿寒。辅,颊骨;车,齿床,两者相互依存。
[6] 掎角,《左传·襄公十年》:"譬如捕鹿,晋人角之,诸戎掎之。"角,抓住角;掎,抓住腿。后指夹击敌人,引申为互相支援。
[7] 辅弼,辅助。
[8]《陆军官学校开校礼成赋呈有栖川炽仁亲王》,见《诗草》卷3,第87页。

> 宗五汝宗五，呼天诉民苦。恨不漆头颅，留看民歌舞。

农民佐仓宗五郎因为反对贵族的横征暴敛，越级上诉，和妻子一起被凌迟处死。诗中，黄遵宪对他表示了极大的同情。

"新诗脱口每争传"[1]，黄遵宪的诗篇得到了不少日本友人的热爱。1880年（光绪六年），商得黄遵宪的同意，源辉声曾将《日本杂事诗》的原稿埋藏于东京墨江畔的家园中、由黄遵宪亲题"日本杂事诗最初稿冢"九字，刻石树碑。[2]一个梅花盛开的日子，源辉声设宴邀请黄遵宪等赴饮。酒酣，黄遵宪浇酒祝诗：

> 一卷诗兮一抔土，诗与土兮共千古。乞神佛兮护持之，葬诗魂兮墨江浒。

源辉声和诗道：

> 咏琐事兮着意新，记旧闻兮事事真。诗有灵兮土亦香，我愿与丽句兮永为邻。[3]

源辉声逝世后，安葬于东京都北部的平林寺。为了实践他"与丽句兮永为邻"的遗愿，其子大河内辉耕也将诗冢迁到了该处。

由于在日本的这些诗篇，开拓了中国古典诗歌中所不曾描写过的题

---

[1]《奉命为美国三富兰士果总领事留别日本诸君子》，见《诗草》卷4，第122页。
[2] 据源辉声：《葬诗冢碑阴志》及《黄遵宪与日本友人笔谈遗稿》，刻石在1879年，树碑立冢则在1880年。
[3] 源辉声：《葬诗冢碑阴志》，见《人境庐丛考》，商务印书馆新加坡分馆1959年7月版，第165页。

材和境界，所以黄遵宪自负地称之为"吟到中华以外天"。[1]

在日本期间，黄遵宪还广泛地研究了国际形势和世界许多国家的历史。他向王韬推荐过日本冈本监辅的《万国史略》，认为它"搜罗颇广，有志于泰西掌故者，不可不参稽"[2]。从这时期黄遵宪所写的一些文章中，可以看出，他不仅研究了日本等许多亚洲国家，而且也研究了波兰、比利时、瑞士、荷兰等欧洲国家。1877年，为了扩大和巩固在巴尔干的势力，沙皇俄国向土耳其宣战。次年三月，沙俄强迫土耳其签订了《圣斯蒂凡诺条约》，使土耳其首都君士坦丁堡和博斯普鲁斯、达达尼尔两海峡处于沙俄的直接威胁之下。这一条约遭到了英国的强烈反对，声称将不惜为此对俄一战。"近事披图谈斗虎"[3]，1879年（光绪五年），黄遵宪曾和日本友人宫本鸭北讨论过土耳其问题，提醒他注意沙皇俄国的侵略野心。1880年，黄遵宪又指出：沙俄拥有"精兵百余万，海军巨舰二百余艘"，从"彼得王"以来，就积极对外扩张，"新拓疆土，既逾十倍，至于今王，更有囊括四海、并吞八荒之心，其在中亚细亚回鹘诸部落，蚕食殆尽"；不仅如此，又"得黑龙江之东于中国"，"屯戍图门江口，据高屋建瓴之势，其经之营之不遗余力者，欲得志于亚细亚耳"[4]！后来的历史发展证明，黄遵宪的这些看法是非常正确的。

由于阅历多了，黄遵宪的思想逐渐发生变化，和初到日本时有了很大不同。

1880—1881年之间，黄遵宪读到了孟德斯鸠和卢梭的著作，受到很大震动。孟德斯鸠是法国18世纪的自由资产阶级思想家，反对封建专制和神权思想，主张在资产阶级和贵族妥协的基础上，建立君主立宪

---

[1]《奉命为美国三富兰西士果总领事留别日本诸君子》，见《诗草》卷4，第122页。
[2] 王韬：《东游日记》光绪五年四月三十日，北京图书馆藏原稿本。
[3]《宫本鸭北以旧题长华园诗索和》，见《诗草》卷3，第81页。
[4]《朝鲜策略》，未刊稿。

制。卢梭是法国18世纪的资产阶级启蒙思想家，主张人民有权推翻破坏"社会契约"、蹂躏"人权"、违反"自然"的封建专制政体，建立由"最聪明的少数人"为领导，充分体现"共同意志"——实际上是资产阶级意志的民主共和国。后来，黄遵宪告诉梁启超说，他读了孟德斯鸠和卢梭的著作以后，认识到"太平世"必在民主。[5]也就在这前后，他对何如璋说，"中国必变从西法"，不是像日本似的维新自强，就要像当时世界上的某些国家一样被奴役、被瓜分。黄遵宪认为，他的这些话，三十年后一定要应验。[6]

1881年，黄遵宪在日本听到清朝政府撤回留美学生事，激愤地写下了《罢美国留学生感赋》一诗。

为了仿效西方的"船坚炮利"，巩固封建统治，清朝政府在1872年（同治十一年）曾派遣了第一批留学生三十人去美国，此后四年间，共选派了一百二十人。但是，清朝政府派出去的留学生监督，都是些封建顽固派。他们不断向清朝政府上报留学生"洋化"了："为运动游戏之事"，"读书时少而游戏时多"，连走起路来都是跳跳蹦蹦的，"跪拜之礼"也不行了。据说，"适异忘本，目无师长"[7]，将来不但不能为国效用，而且要有害社会。就这样，清朝政府分三批撤回了留美学生。对于这件事，黄遵宪虽然还不能做出完全正确的反应，在一些地方，也表现出他的阶级偏见。例如，他鄙视所谓"小家子"，主张从"高门大第"中选派留学生等。但是，他在诗中写道：

---

[5]《东海公来简》，《新民丛报》第13号，第55页。
[6]《己亥杂诗》（滔滔海水日趋东）自注，见《诗草》卷9，第295页。
[7]《留美中国学生会小史》，见《诗草》卷3钱注引，第109页。

> 环球六七雄，鹰立侧眼窥。应制台阁体[1]，和声帖括诗[2]；
> 二三老臣谋，知难济倾危。欲为树人计，所当师四夷。

他认识到在外国资本主义侵略威胁下，要挽救民族危机，必须学习"西方"，提出了"师四夷"的主张。毛泽东同志指出："自从一八四〇年鸦片战争失败那时起，先进的中国人，经过千辛万苦，向西方国家寻找真理……那时，求进步的中国人，只要是西方的新道理，什么书也看……这些是西方资产阶级民主主义的文化，即所谓新学，包括那时的社会学说和自然科学，和中国封建主义的文化即所谓旧学是对立的。学了这些新学的人们，在很长的时期内产生了一种信心，认为这些很可以救中国，除了旧学派，新学派自己表示怀疑的很少。要救国，只有维新，要维新，只有学外国。那时的外国只有西方资本主义国家是进步的，它们成功地建设了资产阶级的现代国家。日本人向西方学习有成效，中国人也想向日本人学。"[3]黄遵宪，正是当时这些寻找救国真理的"先进的中国人"中的一个。

从歌颂日本明治维新中牺牲的志士，到读孟德斯鸠、卢梭的书，以至于提出"师四夷"的主张，标志着黄遵宪已经从地主阶级改革派，逐步转变为资产阶级改良派。

四、在美国

1882年（光绪八年）春，黄遵宪调任驻美国圣佛朗西斯科总领事。

---

[1] 应制，应皇帝诏命。台阁体，明代永乐、成化年间上层官僚间形成的一种文风，形式华靡，内容多铺扬统治者的功德。

[2] 和声，音韵和谐。帖括诗，唐代明经科的考试，专注重记忆，应试者总括经文，编为歌诀，称帖括诗。

[3] 《论人民民主专政》，《毛泽东选集》第4卷，人民出版社1991年版，第1469—1470页。

大沼子寿等日本友人于墨江酒楼设宴饯别。席上，黄遵宪想起了在日本五年来的生活，提笔写了五首律诗，向日本友人表示惜别之意。"唐宋以前原旧好，弟兄之政况同仇。"[1]诗中，黄遵宪追溯了远在唐宋以前就开始了的中日两国人民的友谊史，希望在西方资本主义势力东侵的新的历史形势下，能进一步发展这种友谊。日本友人也都有唱和，他们赞美黄遵宪的文章和诗篇，称赞他的笔力劲如李广之箭，快如并州之刀，和他一起追忆"霞馆秋吟明月夜，曲街春酌早樱天"[2]的生活，并且热烈响应他的关于中日友好的呼吁。宫岛栗香诗云：

莫说天涯与地垠，电机通信意相亲。连衡画策希兴亚，唇齿论交贵善邻。十室由来犹有士[3]，中原到处岂无人！期君早遂经时志，海陆经营两火轮。[4]

诗中，宫岛栗香表达了中日"连衡"（联合），振兴亚洲的良好意愿，并祝福黄遵宪早日实现他的经世救国之志。

3月7日，黄遵宪携带着他的"明治维新史"——《日本国志》的草稿，由横滨启程赴美。"十分难别是樱花"[5]，临行之时，对于日本友人，对于日本的山水风物，黄遵宪充满了依依之情。

3月30日，抵达美国，接任视事。不久，就碰上了美国统治集团排斥华工事件。黄遵宪在任内，为保护华侨的正当权益做了一些工作。

---

[1]《奉命为美国三富兰西士果总领事留别日本诸君子》，见《诗草》卷4，第121页。
[2] 宫岛栗香：《黄参赞公度君将辞京，有留别作七律五篇，余与公度交最厚，临别不能无〈诗〉，黯然销魂，强和其韵，叙平生以充赠言》，见《诗草》卷4钱注引，第121页。
[3] 十室句，《论语·公冶长》载：孔子曾说："十室之邑，必有忠信如丘者焉。"
[4] 宫岛栗香：《黄参赞公度君将辞京，有留别作七律五篇，余与公度交最厚，临别不能无〈诗〉，黯然销魂，强和其韵，叙平生以充赠言》，见《诗草》卷4钱注引，第121页。
[5]《奉命为美国三富兰西士果总领事留别日本请君子》，见《诗草》卷4，第122页。

19世纪80年代的美国，资本主义经济已有高度发展，托拉斯垄断组织开始在铁路、石油等工业部门形成，社会财富愈来愈多地集中在少数资本家集团手中，广大工人、劳动人民日趋贫困，因而作为资本主义生产方式必然伴侣的经济危机，便不断出现。一方面，工厂、企业停工倒闭，大量产品找不到销路，被迫销毁；另一方面，千百万工人处于失业饥饿状态。继1836、1847、1857、1866、1873年的经济危机之后，1877年，美国西部的加利福尼亚州又爆发了新的经济危机，股票下跌，工厂倒闭，商业萧条，资本家大量解雇工人，压低工资，使得阶级矛盾空前尖锐起来。为了逃避危机，缓和矛盾，美国统治集团便发动了排斥华工运动。

还在19世纪40年代，美国资本家为了开发加利福尼亚州，曾派人到中国华南一带，以招请为名，诱骗劳动人民前往美国做工，这些人就被称为华工。在加利福尼亚以及美国其他许多地方的开发建设中，华工们付出了艰辛的劳动，做出了巨大贡献，他们荜路蓝缕，披荆斩棘，在风雪交加、空气稀薄的高山上，在烈日如火、挥汗如雨的沙漠里，在潮湿泥泞、水深没膝的沼泽中，筑铁路、凿运河、开金矿，做一般美国人不愿做的工作，但工资却要少一半，而且还要交纳繁重的赋税。

1879年，加利福尼亚州新宪法规定：各公司一律不许雇用中国人。自此，排斥华工事件日益频繁。圣佛朗西斯科华侨居住的唐人埠，成为美国种族主义分子和流氓的横行之地。他们抛砖掷石，殴辱劫掠，无所不为。1882年，美国议院订出了《限禁华人例案》十五条，对来美、在美华工及其他中国侨民，做出了许多无礼、苛刻的限制。于是，虐待、迫害、残杀华工华侨的事更层出不穷，种族主义分子愈益嚣张。一次，在黄遵宪到港口视察抵美华工船只时，居然有一名暴徒用手枪指着黄遵宪等人，说："如敢引华人入境，当以此相赠。"[1]

对于美国统治集团的这种排华运动，黄遵宪曾向上级提出过对策，未被采用。仰外国资本主义侵略势力鼻息的清朝政府，怎么会挺起腰板来呢！这就使得黄遵宪只能在他的职权范围内，做一点力所能及的工作。一次，美国官吏借口卫生原因，逮捕了许多华侨，满满地关在囚房里。黄遵宪便去狱中，让随从度量了囚房面积，做了仔细的调查，然后提出责问说："这里的卫生条件，难道比华侨居所更好吗？"[2]黄遵宪的责问，使得美国官吏无言以对，只好把关着的华侨放了。但是黄遵宪的这些工作，并不能从根本上改变华工、华侨的处境，他们仍然处在被迫害的地位。没有强大的祖国做后盾，黄遵宪个人又能解决多少问题呢！在《逐客篇》中，黄遵宪写道：

呜呼民何辜，值此国运剥[3]。轩顼[4]五千年，到今种极弱。鬼蜮[5]实难测，魑魅乃不若[6]。岂谓人非人，竟作异类虐[7]。茫茫六合内，何处足可讬？

黄遵宪热切地同情华工、华侨的不幸遭遇，哀叹国势的衰弱，期望着祖国强大。

在日本期间，黄遵宪对美国曾经有过许多幻想，认为美国"民主立国，共和为政"，因而能够讲"礼义"，"不贪人土地，不贪人人民，不

---

[1]《续怀人诗》（几年辛苦赋同袍）自注，见《诗草》卷7，第209页。
[2]《清史稿》本传。
[3] 剥，剥落；国运剥，国运不好。
[4] 轩，轩辕。顼，颛顼，轩辕之孙。
[5] 蜮，古代传说中的一种能害人的动物。
[6] 魑魅，传说中山林里能害人的怪物。不若，不祥之物。
[7] 以上四句意为：鬼蜮是难以测料的，魑魅是害人的不祥之物；哪里想到不把人当人，竟作为异类来虐待呢！

221

强与他人政事"[1]，这时，由于美国统治集团的排斥华工运动和这以后的总统选举，使得黄遵宪的这种幻想，在某些方面有所破灭。

1884年，美国举行总统选举，参加竞选的有共和党的布连与民主党的姬利扶兰。共和党代表大资本家金融集团的利益，民主党最初代表奴隶主利益，后来转变为北部金融资本家和南部工业、农业资本家的代表。两党在镇压人民、打击民主力量、维护资产阶级的利益上完全一致，只是在枝节问题上有些争吵。这种选举最典型地暴露了资产阶级民主制度的虚伪。黄遵宪目击这场选举，并在《纪事》一诗中写下了它的全过程。

竞选开始了。你看，它是如何庄严隆重，总统选举又被说得如何崇高神圣：

吹我合众笳，击我合众鼓；擎我合众花，书我合众簿。汝众勿喧哗，请听吾党语：人各有齿牙，人各有肺腑；聚众成国家，一身比尺土。所举勿参差，此乃众人父。击我共和鼓，吹我共和笳；书我共和簿，擎我共和花。请听吾党语，汝众勿喧哗：人各有肺腑，人各有齿牙；一身比尺土，聚众成国家。此乃众人父，所举勿参差。

一方说：我党执政以后，要推行"通商"与"惠工"政策，驱逐华人，使每一家农户都能增加收入，使每一个人都能得到温饱，只要大家选举了我，"其效可计日"，一定说到做到。另一方则说：别听他那一套空话，他们那一党的头儿乃是下流无耻之徒，"少作无赖贼，曾闻盗人牛"，狎妓、赌博，什么坏事都做，即使脸皮有十重铁甲厚，也遮盖不了这些羞耻。怎么能选举这样的人登上总统的宝座呢！

---

[1]《朝鲜策略》，未刊稿。

紧接着是争取选票的紧张活动：

某日戏马台，广场千人设。纵横乌皮几，上下若梯级。华灯千万枝，光照绣帷撒。登场一酒胡[1]，运转广长舌。盘盘黄须虬[2]，闪闪碧眼鹘[3]。开口如悬河，滚滚浪不竭。笑激屋瓦飞，怒轰庭柱裂。有时应者者[4]，有时呼咄咄[5]。掌心发雷声，拍拍齐击节。最后手高举，明示党议决。

演说事未已，复辟纵观场。铁兜绣裲裆[6]，左右各分行。宝象黄金络，白马紫丝缰。橐橐[7]安步靴，林林[8]耸肩枪。或戴假面目，或手执长枪。金目戏方相[9]，黑脸画鬼王。仿古十字军，赤旆[10]风飘扬。齐唱爱国歌，曼声[11]音绕梁。千头万头动，竞进如排墙。指点道旁人，请观吾党光。

众人耳目外，重以甘言诱。浓绿茁芽茶，浅碧酿花酒。斜纹黑普罗[12]，杂俎红氍毹[13]。琐屑到钗钏，取足供媚妇，上谒士雕

---

[1] 酒胡，醉酒的胡人。
[2] 盘盘，屈曲的样子。虬，原指传说中的一种龙，这里用以形容胡须卷曲。
[3] 鹘，一种凶猛的鸟，这里用以形容目光的狡诈猛厉。
[4] 者者，应诺声。
[5] 咄咄，惊怪声。
[6] 铁兜，头盔。裲裆，似背心，一当胸，一当背。
[7] 橐，状声词。
[8] 林林，众多。
[9] 方相，古代"驱鬼"之官。《周礼·夏官氏》记载：方相"蒙熊皮，黄金四目，玄衣朱裳，执戈扬盾"。本句及下句写戏剧演出中各式奇形怪状的人物。
[10] 旆，旗。
[11] 曼声，长声。
[12] 普罗，毛织品。
[13] 杂俎，形容斑驳的花纹图案。氍毹，毛织品。

龙[1]，下访市屠狗[2]，墨尿与侏张，相见辄握手。指此区区物，是某托转授：怀中花名册，出请纪[3]谁某。知君有姻族，知君有甥舅。赖君提挈[4]力，吾党定举首。丁宁再丁宁，幸勿杂然否[5]"。

俄而开会，口若悬河地胡讲乱吹；俄而演出，乱哄哄地百戏杂陈；俄而请客送礼，茶、酒、衣料、首饰，一应俱全；俄而握手拉人，外甥、舅子一大串。可以说，无所不用其极。投票开始了，车马奔驰，警戒森严，双方都紧张地等待着投票与开票的结果：

大邦数十筹，胜负终难知。赤轮日可中，已诧邮递迟。俄顷一报来，急喘竹筒吹[6]。未几复一报，闻锣惊复疑。

终于，总统选举出来了，礼炮如雷，旗帜高悬：

轰轰祝炮声，雷响云下垂。巍巍九层楼，高悬总统旗。

一场闹剧以庄严的正剧形式告终。在这里，黄遵宪给了资产阶级民主以辛辣的讽刺。

但是，黄遵宪并不完全理解他所反映的事件。他觉得，资本主义社会是"人人得自由，万物咸逐利"的社会，总统选举乃是"至公""大利"的事情，美国又是"泱泱大国"，出现了这种情况，乃是"怪事"。

---

[1] 士雕龙，如雕刻龙文一样细心撰写文章的士子。
[2] 市屠狗，市上杀狗卖肉的。
[3] 纪，记载。
[4] 提挈，提拔。
[5] 杂然否，拿不定主意。
[6] 竹筒吹，形容喘息之声。

其实，一点也不怪，它们是资本主义社会、资产阶级民主的必然产物。毛泽东同志指出："这种所谓两党制不过是维护资产阶级专政的一种方法，它绝不能保障劳动人民的自由权利"。资产阶级要维护自己的专政，就必然要采取这种蒙蔽人民的障眼法；而资产阶级不同集团之间争权夺利的斗争，也必然要产生各种各样的"怪事"。

黄遵宪也没有从美国总统选举中得出正确的结论。在他看来，像美国这样的国家，选举起总统来，都要出现这么多的问题："怒挥同室戈，愤争传国玺。大则酿祸乱，小亦成击刺。"像中国这样"民智未开"的国家，又怎么能实行呢？不是要出更大的乱子吗？在这里，又一次暴露了黄遵宪对人民的鄙视和恐惧。这样，他就从在日本时"读卢骚、孟德斯鸠之书"，主张"太平世必在民主"的立场上后退了。后来，他曾对梁启超自述这一时期的思想状况说："既留美三载，乃知共和政体万不可施于今日之吾国。自是以往，守渐进主义，以立宪为归宿，至于今未改。"[1] 如果说，西方资产阶级的文明，资产阶级的民主主义，资产阶级共和国的方案，不可能真正救中国，这是对的。但是，黄遵宪并没有认识到这一点，他只是觉得中国当时还没有资格，也没有水平接受这一套。这样，他就退到改良主义的"君主立宪"上去了。

1883年12月（光绪九年十月），中法战争爆发。在这次战争中，中越两国人民同仇敌忾，给了法国侵略者以沉重打击。

19世纪80年代，世界资本主义已由自由竞争进入垄断阶段，争夺殖民地、分割世界领土的斗争日益尖锐。还在19世纪60年代，法国侵略者就霸占了越南南部六省。19世纪80年代，又侵犯河内，占领顺化，迫使越南封建统治者屈服，接受"保护"，而且进一步发出对华战争的

---

[1]《致饮冰主人书》（光绪三十年七月四日），未刊稿。

叫嚣，声言"必须征服那个巨大的中华帝国"[1]。1884年8月（光绪十年七月），法国舰队轰毁台湾基隆港炮台，偷袭停泊在闽江口的中国海军舰队10月，侵占基隆，宣布封锁台湾。1885年，法国侵略军从越南东部战场再次向中越边境进犯。面对敌人的挑衅，3月下旬，帮办广西军务、七十岁的老将冯子材激于爱国热情，在中越两国人民高昂斗志的鼓舞下，团结各军将领，指挥了关系全域的一战。这一战打退了法国侵略军的疯狂进攻，并转守为进，重伤法军统帅尼格里，乘胜追击，收复谅山，巴黎震动。法国远征军总司令部电告法国政府说："我痛苦地报告你，尼格里将军受重伤，我军撤出谅山。中国军队人数众多，声势浩大地涌出三个纵队，势不可当地攻击我军。"[2]这是近代史上一次使中国人民扬眉吐气的大捷。捷报传来，黄遵宪极为兴奋。此后，他就积极收集材料，写作《冯将军歌》，热情地歌颂这位骁勇善战的爱国将领。

首先，写冯子材杀敌的决心：

将军气涌高于山，看我长驱出玉关。平生蓄养敢死士，不斩楼兰[3]今不还。

然后写他身临前敌时的飒爽风姿，和将士们奋勇战斗的英勇精神：

手执蛇矛长丈八，谈笑欲吸匈奴血。左右横排断后刀，有进无退退则杀。奋梃[4]大呼从如云，同拼一死随将军。

---

[1] 鲍维：《茹费里与法兰西帝国的复兴》，第169页。
[2] 黎贡德：《法军谅山惨败》，见"中国近代史资料丛刊"《中法战争》（三），上海人民出版社版，第501页。
[3] 楼兰，汉时西域国名，这里借指法国侵略军。
[4] 梃，木棍。

226

史载，当法国侵略军蜂拥而至，猛扑中国军队阵地时，冯子材大呼一声，手执长矛，杀进敌阵，全军将士一齐冲出，浩浩荡荡地向敌人杀去，法国侵略军心惊胆战，狼狈逃窜：

  将军一叱人马惊，从而往者五千人。五千人马排墙进，绵绵延延相击应。轰雷巨炮欲发声，既戟交胸刀在颈[1]。敌军披靡鼓声死，万头窜窜纷如蚁。十荡十决无当前，一日横驰三百里。

黄遵宪在这里为我们勾画出了一幅大快人心的进军图。

在这首诗里，黄遵宪有意识地运用了《史记》中某些传记的写法，连续十六次叠用"将军"二字，充分表现了他对于这一位爱国老将的敬爱之情。

必须要指出的是，诗中，黄遵宪肯定了冯子材早期镇压太平天国的行动，是错误的。"得如将军十数人，制梃能挞虎狼秦"，认为只要有十几个冯子材这样的将军，就能打败帝国主义了，这是只相信个人力量的唯心史观。

五、编写《日本国志》

1885年9月（光绪十一年八月），黄遵宪请假回国。途中，正值中秋之夜。明月一轮，高悬青天，海上烟波浩渺，水天相映，月光显得分外姣妍。黄遵宪绕着船沿漫步，不知是哪一位西方船客唱起了异国情调的歌曲，勾起了黄遵宪的缕缕乡思，于是，他写下了《八月十五夜太平洋舟中望月作歌》。在诗里，黄遵宪写出了他对祖国、对故乡的怀念，也写

---

[1] 既，已经。戟交胸，刀在颈，形容战斗时的紧张和剧烈。

进了他对世界的科学认识，境界阔大，表现了一种新的情趣。如：

> 举头只见故乡月，月不同时地各别，即今吾家隔海遥相望，彼乍东升此西没。嗟我身世犹转蓬，纵游所至如凿空[1]。禹迹不到夏时变[2]，我游所历殊未穷。九州脚底大球[3]背，天胡置我于此中？

这首诗，表现了一种诗风的变化，在旧体诗的格律中表现了新的科学知识，即所谓"以旧格调运新理想"[4]。丘逢甲在《人境庐诗草〉跋》中曾说："四卷以前为旧世界诗，四卷以后乃为新世界诗。茫茫诗海，手辟新洲，此诗世之哥伦布也。"[5]何藻翔也说："四五卷以下，境界日进，雄襟伟把，抱横绝五州。"[6]黄遵宪亲自编辑的抄本《人境庐诗草》中，《八月十五夜太平洋舟中望月作歌》是卷四中的第一篇，它标志着一种新诗风的开端。

途中，黄遵宪还曾写过一首五律《舟中骤雨》：

> 极天唯海水，水际忽云横。云气随风走，风声挟雨行。鹏垂天欲堕，龙吼海齐鸣。忽出风围外，沧波万里平。

海上的风云变幻，骤雨骤晴的景色，被生动地表现了出来。

10月，黄遵宪抵广州，在秋风萧瑟中登上越王台，吊古伤今，不胜感慨。在广州稍事停留后，黄遵宪便直接去梧州。中法战争中，黄遵

---

[1] 凿空，打开孔道。张骞通西域，《汉书》曾赞之为"凿空"。
[2] 禹迹，夏禹的足迹。夏时，夏代的授时方法，通称农历或阴历。
[3] 大球，指地球。
[4] 邹崖遁者（何藻翔）：《岭南诗存》第3册，商务印书馆1928年版，第76页。
[5] 《人境庐诗稿》卷末，未刊稿。
[6] 《人境庐诗稿》卷末，未刊稿。

宪的父亲黄鸿藻督办南宁、梧州军务，在供应清军粮饷工作中有所贡献。黄遵宪探视过父亲以后，就乘船回嘉应州，起早赶晚，兼程前进，"犬亦乡音吠"[1]，离故乡近了，狗的吠声听起来也感到亲切。

黄遵宪到家后，受到家人、乡亲的热烈欢迎。乡亲们关心海外情况，争着向他提出各式各样的问题。客人们走了，一家人围灯团坐，小女儿坐在他的怀里，摸着他的胡子，问这问那；"日光定是举头近[2]，海大何如两手围？"[3]在这一时期里，黄遵宪的诗明显地接受了杜甫的影响，注意事件的细密铺叙，注重细节刻画以及人物语言的表述。例如，在《春夜招乡人饮》一诗中，黄遵宪就细致地写出了乡人们对日本及海外生活的认识，表现了他们憨厚的性格。在稍后写的《拜曾祖母李太夫人墓》诗中，也表现了这样的特点：

上树不停脚，偷芋信手爬。昨日探鹊巢，一跌败两牙。噀血[4]喷满壁，盘礴画龙蛇。

这是黄遵宪对自己童年生活的回忆。寥寥数语，一个天真而淘气的儿童形象，被刻画了出来。

1886年（光绪十二年），驻美使臣郑玉轩解任，继之者为张荫桓。张荫桓是黄遵宪在烟台时的旧识，因而，檄召黄遵宪至广州，仍然希望他继续担任驻圣佛朗西斯科总领事，被黄遵宪辞却。同时，洋务派官僚、两广总督张之洞，又意欲命黄遵宪巡察南洋各岛。黄遵宪因在日本时写作的《日本国志》已有初稿，在美多年，因政务繁忙，一直未能修

---

[1]《夜宿潮州城下》，见《诗草》卷5，第145页。
[2] 晋明帝数岁时，有人从长安来，元帝问他："长安、太阳哪一个远？"回答说："太阳远，因为不曾听说有人从太阳那里来。"第二天再问，回答说："太阳近，因为举目见日，不见长安。"
[3]《小女》，见《诗草》卷5，第151页。
[4] 噀血，喷血。

改，这时正好重事编写，因而也辞却了这一工作。自此以后，黄遵宪便专门致力于《日本国志》的修改，至1887年夏历5月完成。计四十卷、五十余万言，前后共费时八九年。

日本古代志书不多，汉文资料也大都残缺不全，明治维新以后的典章、礼仪又条目繁多，黄遵宪以一个中国人而从事日本史的研究，语言不达，协助乏人，困难是很多的。在《日本国志·凡例》中，黄遵宪曾自述有采辑、编纂、校雠诸难，这是真实的。八九年中，黄遵宪不免有时搁笔仰屋，感到难以为继。但是，还是用很大的毅力把它写出来了。书成之日，其心情是可以想见的。他有《〈日本国志〉书成志感》一诗，中云：

湖海归来气未除，忧天热血几时摅[1]。千秋鉴借吾妻镜，四壁图悬人境庐。改制世方尊白统[2]，罪言我窃比黄书[3]。频年风雨鸡鸣夕，洒泪挑灯自卷舒。

《吾妻镜》是日本的一部编年体史书，《千秋金鉴录》则是唐朝张九龄的著作。史载：八月五日为唐玄宗生日，百官纷纷上表请定该日为千秋节。至期，王公们争着献上各色各样的宝鉴，唯独张九龄献的是历史故事十章，称为《千秋金鉴录》。"千秋鉴借吾妻镜"，黄遵宪写作《日本国志》的目的很明确，他是要借日本明治维新的历史，来给清朝统治者当"镜子"。

对于日本史的研究，中国学者一向注意不够。鸦片战争前后，徐松、林则徐、魏源、徐继畬等开始注意于西洋史的研究，但还没有注意

---

[1] 摅，表示出来。
[2] 改制，改革制度。白统，汉朝董仲舒认为历史的发展是循环的，夏朝为黑统，以寅月（夏历正月）为正月，商朝为白统，以丑月（夏历十二月）为正月，周朝为赤统，以子月（夏历十一月）为正月，如此循环不已。每一朝代开始，都要改历法，易服色。
[3] 罪言，有罪之言。《黄书》，明清之际进步思想家王夫之的政论著作。

到日本。有些著作，例如姚文栋的《东槎》二十二种、傅云龙的《游历日本图经》、李兆洛的《纪元编》等书虽有涉及，但记载含混，谬误很多。日本明治维新后，实行了一些有利于资本主义的改革，社会生产有一定发展，"富强之机，转移颇捷"[1]。既然中国与日本的情况一样，为什么不能像日本一样进行变法，"廓然更张"呢？于是，便产生了学习日本的要求。同时，中国的先进人物也感到日本有可能向外侵略，发展其势力，中国必然首当其冲，因而也需要了解日本情况。黄遵宪的《日本国志》，正是适应了这种需要写出来的。

在《自序》和《凡例》中，黄遵宪批判了封建士大夫"好谈古义，足己自封"的保守思想，主张了解世界，了解"外事"，了解当代。他说："检昨日之历以用之今日则妄，执古方以药今病则谬，故俊杰贵识时。"又提出了厚今薄古的历史编写方法，主张"详今略古，详近略远"，"凡牵涉西法，尤加详备，期适用也"。黄遵宪认为，研究历史是为了现实的需要，因而应该以较多的篇幅去探讨和现实有密切关系的各种问题。在实际写作中，黄遵宪也是贯彻了这一主张的。他以大量篇幅介绍日本明治维新后的社会政治、经济、文化、教育、军事各方面的情况，并且时常结合中国现实发表议论，提出对中国政治改革的意见。

在《日本国志》中，黄遵宪的进步思想大致有以下几个方面：

第一，主张学习西方自然科学和发展生产、管理经济的方法，发展民族工商业。黄遵宪认为，社会生产的发展程度，关系着国家的兴衰强弱。他曾介绍西方经济学家的思想，说："物力虚耗，国产微薄，则一国之大命倾焉，元气削焉。"[2]黄遵宪批判了中国封建社会传统的轻视工艺和科技发明的思想，主张重视声、光、化、电等自然科学的研究，认

---

[1] 薛福成：《〈日本国志〉序》，见《日本国志》，光绪十六年广州富文斋刊本，第1页。
[2]《物产志》，见《日本国志》卷38，第2页。

为"实验"多则"虚论"自少。[1]对于明治维新后日本政府所采取的各项奖励工商业的政策，黄遵宪极为欣赏。他主张工矿企业可以"听民为之"，"召募豪商，纠集资本"，清朝政府可以提倡，法律保护，但不必"鳃鳃代为谋也"[2]。为了抵制外国资本主义势力的侵略。保护民族工商业的发展，黄遵宪特别论述了限制外资、关税自主、贸易自主、防止入超和金银外溢等各方面的问题。

第二，主张学习西方资产阶级政治的某些方面。黄遵宪看到中国封建制度的一些弊端，认为秦汉以后，"君尊而民远"，以"竭天下以奉一人"，因而，必须作出某种改革[3]。黄遵宪主张研究西方政体，赞美资产阶级的立法制度，"人无论尊卑，事无论大小，悉予之权以使之无抑，复立之限，以使之无纵，胥全国上下同受治于法律之中"[4]。又认为，"议会者，设法之至巧者也"[5]。在《学术志》中，黄遵宪更描绘了一幅理想化的资产阶级国家图景："其国大政事、大征伐，皆举国会议，询谋佥同而后行；其荐贤授能、拜爵叙官，皆以公选。其君臣上下，无疾苦不达之隐，无壅遏不宣之情……"[6]资产阶级民主同中世纪制度比较起来，在历史上是一个大进步，但是，从本质上看，它又是狭隘的、残缺不全的、虚伪的，这一点，黄遵宪还认识不到。

当时，日本中小资产阶级发起的"自由民权运动"正在蓬勃发展，黄遵宪看出了资产阶级民主制度将要代替封建制度。他估计，日本在十年内必将召开国会，"或变而为共主，或竟变为民主"[7]。对于这种趋势，

---

[1]《天文志》，见《日本国志》卷9，第2页。
[2]《职官志》，见《日本国志》卷14，第19页。鳃鳃，忧惧貌。
[3]《食货志》，见《日本国志》卷17，第15页。
[4]《刑法志》，见《日本国志》卷27，第2页。
[5]《职官志》，见《日本国志》卷14，第35页。
[6]《日本国志》卷32，第1页。
[7]《国统志》，见《日本国志》卷1，第2页。

黄遵宪一方面觉得无法阻遏，另一方面，又有所保留。即使是对于日本政府为了扼杀"自由民权运动"所答允召开的"府县会议"，黄遵宪也是态度游移，既认为它可以"公国是而申民权，意甚美也"，又担心它不一定能比官吏统治更好，说什么"吾未知其果胜于官吏否也"[1]。这些地方，突出地表现了黄遵宪思想的软弱性、动摇性。

第三，主张建立强大的国防力量，以抵御外国资本主义势力的侵略。黄遵宪认为，当时的国际形势是"列国弱肉强食，眈眈虎视"[2]，在这样的情况下，要想"保大、定功，安民、和众、丰财"，必须"讲武"不可，幻想什么"投戈讲艺，解甲归田"，取消武器和武装，那是错误的。[3] 黄遵宪说："兵不可一日不备"，"弛备者必弱，忘战者必危"，"非练兵无以弭兵，非备战无以止战"[4]，要想防止外国资本主义势力的侵略，就必须"备战"。

第四，主张进行文体、字体的改革。在《学术志》中，黄遵宪指出，中国的书面语言和口语是脱节的。这是由于，汉语在历史发展中不断变化，但书面语言却一直以古老的文言为主。这样，它们之间的距离便越来越大，也就越来越不便于人们学习和使用。黄遵宪说："盖语言与文字离，则通文者少；语言与文字合，则通文者多。"[5] 黄遵宪总结了周、秦以来文体不断发展的历史，要求创造一种"明白晓畅，务期达意"，"适用于今，通行于俗"[6]的新文体。他特别赞扬小说家能采纳方言进行写作，要求书面语言和口语接近。在研究日本的"平假名"后，黄遵宪认为这种文字靠四十七个字母变化连属，因而极大地便利了人们的学习，

---

[1]《职官志》，见《日本国志》卷14，第35页。
[2]《兵志》，见《日本国志》卷21，第1112页。
[3]《兵志》，见《日本国志》卷21，第1112页。
[4]《兵志》，见《日本国志》卷21，第1112页。
[5]《学术志》，见《日本国志》卷33，第6117页。
[6]《学术志》，见《日本国志》卷33，第6117页。

"闾里小民，贾竖小工，逮于妇姑慰问，男女赠答，人人优为之"[1]，即使是数岁小儿，在经过短期学习后，也能很快掌握。黄遵宪认为，中国文字难认难写，希望能出现一种新字体，"愈趋于简，愈趋于便"[2]。

文化问题从来是从属于政治的。资产阶级在其和封建地主阶级进行斗争时，需要群众接受他们的宣传影响，因而便提出了文化普及问题，"欲令天下之农、工、商贾、妇女、幼稚皆能通文字之用"[3]。黄遵宪的文体、字体改革的要求，正是为其政治路线服务的。

黄遵宪的《日本国志》，是一部改良主义的政治历史著作，是继冯桂芬的《校邠庐抗议》（1861）、薛福成的《筹洋刍议》（1879）、王弢的《弢园文录外编》（1883）等著作之后，为资产阶级的改良运动制造舆论准备的。对于后来的戊戌变法，曾经发生过深刻的影响。

在《日本国志》中，黄遵宪思想的封建性和反动性也有清楚的表露，这就是害怕人民，害怕激烈的阶级斗争，顽固地维护封建制度和封建文化。他认为：人们不能没有尊卑、上下、亲疏之别，这是天理之当然，人情之极则；天不变，道亦不变，形而上的道，在尧、舜、禹、汤、文、武、周公、孔子之后，已经很完备，不可能再有发展。他反对君民同权、父子同权、男女同权，反对均贫富、均贵贱、均劳逸。他害怕西方资产阶级民主主义文化的传播会导致阶级斗争。在黄遵宪看来，这种斗争"蔓延数十年，伏尸百万，流血千里"，"视君如弈棋，视亲如赘旒"[4]，多么地可怕呀！

列宁指出："改良的道路是一迁延时日的、迟迟不前的、使人民机体中的腐烂部分的消亡过程缓慢得引起万般痛苦的道路……革命的道路

---

[1]《学术志》，见《日本国志》卷33，第4页。
[2]《学术志》，见《日本国志》卷33，第6117页。
[3]《日本国志》卷33，第6117页。
[4]《学术志》，见《日本国志》卷32，第2页。赘旒，虚居其位，没有实权。

是迅速开刀、使无产阶级受到的痛苦最少的道路,是直接割去腐烂部分的道路,是对君主制度以及和君主制度相适应的令人作呕的和卑鄙龌龊的、腐败不堪的和臭气熏天的种种设施让步最少和顾忌最少的道路。"[1]黄遵宪既然害怕阶级斗争,害怕暴力革命,那么,必然转而力图保存"君主制度"以及与之相适应的那些"腐败不堪"的东西。

1888年(光绪十四年)秋,黄遵宪带着《日本国志》,经广州北上入都,赋闲年余。当时,正是康有为第一次给光绪皇帝上书,要求学习西方,变法维新之后。

康有为(1858—1927),字广厦,号长素,广东南海人,近代中国资产阶级改良运动的领导人,出身封建官僚家庭。中法战争后,鉴于外国侵略势力已伸入中国西南边陲,洋务运动无济于事,因而上书要求"变成法",被顽固派所阻,光绪皇帝没有看到。但是,这一份上书已在士大夫中间流传开来。黄遵宪在北京的时候,康有为已离京返粤,因此,黄遵宪没有见到康有为。但是,却结识了文廷式、黄绍箕、沈曾植、盛昱、陈炽、丘逢甲、梁鼎芬、袁昶等人。其中,文廷式是光绪的宠妃珍妃的老师、帝党官僚,黄绍箕、沈曾植、盛昱是积极支持康有为上书的,陈炽是近代早期的改良主义思想家之一。

1889年(光绪十五年)夏,清朝政府任命薛福成为出使英、法、意、比四国大臣。冬,任命袁昶为总理各国事务衙门总章京。袁昶对黄遵宪很熟悉,对《日本国志》也很肯定,认为"翔实有体"[2],便向薛福成推荐黄遵宪。黄遵宪因而被任命为驻英二等参赞,再度开始了出使生活。

---

[1]《社会民主党在民主革命中的两种策略》,见《列宁全集》第九卷,人民出版社1959年版,第35页。
[2]《送黄公度再游欧西绝句十首》诗注,见《安般簃集诗续》,巳集,渐西村舍丛刻本,第12页。

六、从伦敦到新加坡

在赴英之前，黄遵宪曾回乡一行。

1890年2月5日（光绪十六年正月十六日），在薛福成所乘坐的轮船到达香港时，黄遵宪自嘉应州来，与薛福成会合，登舟。十六日，抵达锡兰的克伦伯（科伦坡），登岸，游览当地名胜开来南庙。庙有如来佛卧像，长二丈余。游览后，黄遵宪写了《锡兰岛卧佛》一诗，叙述佛教发生、发展的盛衰历史。佛教教义中有"众生总平等"的思想，黄遵宪用资产阶级的观点作了新的解释；对佛教"舍身饲虎""善恶皆忘"的妥协、退让哲学，则作了批判，指出在帝国主义猖狂、虎豹横行的时候，这种哲学只能是"愈慈愈忍辱"，"一听外物戕"。黄遵宪对当时的印度及东南亚许多国家被帝国主义欺凌、侵略的局势，深致哀痛。诗中，也流露了错误的大国主义思想。全诗约二千字，是《黄遵宪集》中最长的一首诗，也是中国古典诗歌中少见的长诗之一。梁启超曾说："欲题为印度近史，欲题为佛教小史，欲题为地球宗教论，欲题为宗教政治关系说"，"有诗以来所未有也"。[1]

3月6日，黄遵宪抵法国马赛。9日，抵巴黎，随薛福成拜会了法国上议院、下议院的议长及意大利、英国、土耳其、西班牙、俄国、奥国、德国等国的驻法使节。4月22日，离开巴黎，渡海至英国，抵达伦敦。

在使馆内，黄遵宪的主要工作是负责对下的批札及例行公牍，没有多少事做。伦敦比较冷，经年要穿棉衣，雾又多。在《伦敦大雾行》中，黄遵宪写道："我坐斗室几匝月，面壁惟拜灯光王。"黄遵宪的身体不好，对于这种生活不大适应；心情也郁郁不欢，"碌碌成何事，有

---

[1]《饮冰室诗话》，人民文学出版社1959年版，第5页。

船吾欲东"[1]，时时有归国之思。又时时怀念国内的友人，先后写了《岁暮怀人诗》三十余首。有时，对着黯淡的灯焰，听着窗外滚滚的车声，寂寞极了，甚至有"灯孤仆亦亲"[2]的感觉。

空闲的时间多了，黄遵宪便开始整理自己的诗稿。首先改订的是《日本杂事诗》，删去九首，增加五十五首，并写了《自序》。又开始编辑诗稿。在这以前，黄遵宪的诗大都随手散佚，这时才开始荟萃成编。

1891年（光绪十七年）夏，自撰《人境庐诗草序》，全面地提出了他的诗歌主张：

> 士生古人之后，古人之诗，号专门名家者，无虑百数十家，欲弃去古人之糟粕，而不为古人所束缚，诚戛戛[3]乎其难。虽然，仆尝以为诗之外有事，诗之中有人，今之世异于古，今之人亦何必与古人同。尝于胸中设一诗境。一曰：复古人比兴之体；一曰：以单行之神，运排偶之体；一曰：取离骚、乐府之神理而不袭其貌；一曰：用古文家伸缩离合之法以入诗。其取材也，自群经三史，逮于周秦诸子之书，许郑诸家之注，凡事名、物名切于今者，皆采取而假借之；其述事也，举今日之官书、会典、方言、俗谚，以及古人未有之物，未辟之境，耳目所历，皆笔而书之；其炼格也，自曹、鲍、陶、谢、李、杜、韩、苏迄于晚近小家，不名一格，不专一体，要不失乎为我之诗。

这篇诗序提出了以下几个问题：

一是古与今的关系。黄遵宪认为，古代的诗歌遗产是要学习的。这

---

[1]《重雾》，见《诗草》卷6，第183页。
[2]《郁郁》，见《诗草》卷6，第202页。
[3] 戛戛，困难。

种学习取径要广，不要偏执一隅。黄遵宪提出来的学习对象，有《离骚》、乐府、曹氏父子、鲍照、陶渊明、谢灵运、李白、杜甫、韩愈、苏轼，以至"晚近小家"等，要"不名一格，不专一体"，从不同流派、不同风格的作家、作品那里吸收艺术营养。同时，这种学习更要抛弃古人的糟粕，不要被古人捆住，不要亦步亦趋地去模仿古人；要努力表现"古人未有之物，未辟之境"；要有自己独特的风格，"不失乎为我之诗"。

二是吸收散文的特点来写诗的问题。诗是反映生活的，新的时代、新的生活、新的内容必然要求突破旧的形式，这就表现为自由化；同时，诗又要求有节奏，有音乐性，这就表现为格律化。它们是诗歌发展中一对相互对立而又相互依存的矛盾。鸦片战争前后，中国古典诗歌的一套格律已经趋于僵硬，因此龚自珍曾经大胆地用某些散文句式来写诗，表现了一种要求突破旧格律的自由化倾向。黄遵宪则是龚自珍以后第一个从理论上明确地提出这个要求的人。《自序》所说："以单行之神，运排偶之体"，"用古文家伸缩离合之法以入诗"，都是指的这一种倾向。

三是诗歌的内容问题。宋代诗人陆游的儿子陆通，向父亲请教作诗的方法，陆游回答他说："汝果欲学诗，工夫在诗外。"[1]所谓"诗外"工夫，结合陆游的其他文学主张看，应该是指现实中的生活和体验。黄遵宪所说的"诗之外有事"，也是这个意思。它和白居易所说的"文章合为时而著，歌诗合为事而作"[2]的"事"，应该是一样的。都是要求诗歌要为现实服务，要反映现实。后来，黄遵宪曾经把这一思想表述得更明确，他主张"用今人所见之理，所用之器，所遭之时势，一寓之于诗。务使诗中有人，诗外有事，不能施之于他日，移之于他人，而其用以感人为主"[3]。

---

[1]《示子通》，《剑南诗稿》卷78，《陆放翁集》，国学基本丛书本，第15页。
[2]《与元九书》，见《白氏长庆集》卷28，四部丛刊初编缩本，第143页。
[3] 黄遵楷：《先兄公度先生事实述略》，见《集外诗辑》附录，第133页。

四是诗歌的语言问题。黄遵宪主张自群经、"三史"[1]，周秦诸子之书，许慎、郑玄诸家之注，以至当时的"官书、会典、方言、俗谚"，一概可以作为诗歌语言的取材范围，这就打破了那种"六经字所无，不敢入诗篇"[2]的狭窄天地，提高了诗歌的表现力量。

从总的方面看，黄遵宪的这些主张，对当时的诗歌发展，有推动作用，是进步的。

黄遵宪的诗歌主张，也有严重的缺陷。这就是他没有明确提出诗歌要反映近代中国的主要矛盾，要为资产阶级政治运动服务，"诗之外有事"这一提法未免含混模糊；表现"古人未有之物，未辟之境"的提法，也有时容易使诗歌创作流于猎奇。他主张把旧格律和"古文家伸缩离合之法"结合起来，但是却没有提出创立新格律的要求；他主张采纳"方言、俗谚"入诗，但是却没有提出诗歌语言应以现代口语为基础，人民语言是诗歌语言的源泉。这样，就使得他不能在诗歌改革方面迈出更大的步子，创作出来的东西，旧的色彩、旧的气味还比较浓厚，同样成为一种改良主义的产物。与写作诗序的时间相近，黄遵宪开始致力于资本主义世界风物的描绘。他曾作有《今别离》四首，分咏轮船、火车、电报、相片和东西两半球昼夜相反的事实。例如咏轮船、火车的一首，写法上明显地脱胎于唐代诗人孟郊的《车遥遥》，而内容、意境则是新的。如：

今日舟与车，并力生离愁；明知须臾景，不许稍绸缪[3]；钟声一及时，顷刻不少留。虽有万钧柁，动如绕指柔；岂无打头风，亦不畏石尤[4]。送者未及返，君在天尽头。望影倏[5]不见，烟波杳悠

---

[1]"三史"，通常指《史记》《汉书》《后汉书》。
[2]《杂感》，见《诗草》卷1，第15页。
[3] 绸缪，缠绵。
[4] 石尤，顶头逆风。
[5] 倏，忽然。

悠。去矣一何速,归定留滞不?所愿君归时,快乘轻气球。

这些诗,帮助人们认识了一些前所不知的事物,懂得了一些前所不解的道理,在长期禁锢于封建社会的人们面前,展现了一个新的天地,使得他们有耳目一新之感。所以陈三立曾推之为"千年绝作"[1]。其实,由于没有真切的生活感受,是刻意在那儿作诗,并不是上品。

在黄遵宪寂寞的参赞生活里,所做的值得一提的事,便是为张之洞的炼铁厂订购机器设备。

1889年(光绪十五年),张之洞在两广总督任内,曾筹办炼铁厂,通过出使英国大臣刘瑞芬,向英国蒂赛德公司订购炼铁设备。不久,张之洞调任湖广总督,原来在两广筹办的炼铁厂,也就随着改设湖北。订购机器设备的任务,则由黄遵宪接任。

张之洞的办厂计划带有很大盲目性。"本设粤地,迁移于楚,既未知矿与炭为何如,遽纷纷然购备诸器。而经理其事者,于造炉则酌度于不高不卑之间,于炼钢则调停为可彼可此之用。"[2]黄遵宪接受任务后,参观了英国的炼铁厂,仔细调查生产过程,然后,写了一封长信给受张之洞委派创办汉阳铁厂的蔡锡勇,这就是《致蔡毅若观察书》。黄遵宪指出,设厂之先,应该首先勘查矿产,厂址不宜离矿区过远,还必须有煤,又必须检验煤与铁的性质,然后才能订购相应的设备。这封信从厂址选择、机器订购、工人训练、铁路建设等各方面,都提出了详细的意见。信中,黄遵宪对鸦片战争以后洋货充斥市场,连理发刀、缝衣针、铁钉之类都由国外进口的情况表示忧虑,提出必须发展民族工业,"保商务""夺利权"。黄遵宪又指出,今日中国的急务,不在于"强兵",制造新式武器,而在于

---

[1]《饮冰室诗话》,第22页。
[2]《致蔡毅若观察书》,未刊稿。

"兴物产"；必须注重建立钢铁工业。他说："西人以上古为金银世界，近今为铁世界，盖以万物万事无一不需此也。以中国之大，若直隶，若山西，若安徽，若福州，若粤东、西，即分设十数局，犹不为多"。此外，黄遵宪又再一次提出关税自主问题，要求通过关税以保护民族工商业。

"相期共炼补天石，一借丸泥塞漏卮"。[1] 张之洞等创办近代工业，主要的目的在于"强兵"，建设一支反动的军队，以巩固封建统治。而黄遵宪的目的，则在于发展民族工业，抵御帝国主义的经济侵略。他和洋务派的人物虽有来往，但思想是不同的。

如果说，黄遵宪的《致蔡毅若观察书》，表达了正在成长的民族资产阶级的经济要求的话，那么，他为《日本杂事诗》的改订所作的序言，就表达了民族资产阶级的政治要求。在这篇序言中，黄遵宪回忆了自己出使日本以来的思想发展历程，对初至日本时附和日本守旧分子的言论感到愧悔，对当时日本"已开议院"的情况表示钦慕，明确提出"改从西法，革故取新"[2] 的主张。这一时期，黄遵宪除了研究英国的工业以外，仔细考察了英国的政治，认为清朝政府应当学习英国，"尽废今之督抚藩臬[3] 等官，以分巡道为地方大吏，其职在行政而不许议政"，"上自朝廷，下至府县，咸设民选议院，为出治之所"[4]。

黄遵宪在英国的一段时间，是他改良主义思想确立和巩固的时期。

1891年（光绪十七年）秋，因薛福成推荐，清朝政府调黄遵宪往新加坡任总领事。

从英国启行前，黄遵宪曾有信与友人胡晓岑，内附手写嘉应山歌十五首。黄遵宪说：

---

[1]《岁暮怀人诗》，见《诗草》卷6，第195页。漏卮，漏杯。
[2]《日本杂事诗序》，见《日本杂事诗》，光绪二十四年长沙富文堂重刊本。
[3] 臬，清代的提刑按察司称臬台。
[4]《东海公来简》（壬寅五月），载《新民丛报》第13号，第56页。

十五国风妙绝古今，正以妇人、女子矢口而成，使学士大夫操笔而为之，反不能尔，以人籁[1]易为，天籁难学也。余离家日久，乡音渐忘，辑录此歌谣，往往搜索枯肠，半日不成一字。因念彼岗头溪尾，肩挑一担，竟日往复，歌声不竭者，何其才之大也！[2]

　　《诗经》是我国最早的一部诗歌总集，其中"国风"部分收集了十五个地区的土风歌谣，不少是劳动人民的口头创作。黄遵宪认为这部分作品由"妇人、女子"脱口而成，不是"学士、大夫"们所能赶上的。由之，他联想到故乡"肩挑一担"，于"岗头溪尾"整日歌唱的作者们，深深地佩服他们的才能。他表示将来要邀约胡晓岑等人共同从事辑录，汇集成编。

　　在经过法国时，黄遵宪写作《登巴黎铁塔诗》，歌颂了这个"拔地崛然起"的著名建筑。经过苏伊士运河时，也曾有诗歌咏这项伟大工程。

　　1891年10月31日（光绪十七年九月二十九日），黄遵宪抵达新加坡。新加坡是南洋华侨聚居的地区。据当时统计，全岛居民十八万四千余人，华侨即占十二万人左右。此外，槟榔屿、马六甲等地，尚有华侨十万余人。黄遵宪到任不久，即改组原领事左秉隆倡立的文社——会贤社为图南社，"讲论道德，兼及中西之治法，古今之学术"[3]，培养资产阶级改良运动的人才。又巡视各岛，了解华侨的情况、要求，积极保护华侨的正当权益。

　　长期以来，清朝政府一直实行禁海政策，对于去海外的中国人，一概以"通敌""通盗"论罪。据说，乾隆时，有一爪哇侨商归国，不久

---

[1] 人籁，人工原因所发出的声音。
[2] "题记"，见《诗草》卷1钱注引，第19页。
[3] 黄遵宪：《图南社序》，未刊稿。

即被清朝政府逮捕，财产全部没收。1860年（咸丰十年）以后，清朝政府和英、法等资本主义国家订立了条约，允许华人去海外当劳工，但对于华侨归国，没有明文保护。一些归国的华侨，常常受到清朝官吏或当地土豪、恶霸的各种讹诈勒索，被指为逃犯、人口贩子，甚至被安上"接济海盗""要结洋匪"的罪名，于是财产被掠夺，归国后所建屋宇被拆毁。因此，许多华侨都不敢回国。黄遵宪了解这一情况后，便立即上报薛福成，要求予以解决。黄遵宪指出，华侨大都是热爱祖国的，虽然居住海外多年，但是仍然保持中国人的风俗习惯，国内"筹赈、筹防"了，还常常捐献巨款，"拳拳本国"[1]。经过黄遵宪的一再力争，清朝政府不得不颁布几条保护归侨的规定。在此之后，黄遵宪又创立"护照"制度，颁发给华侨。

与此同时，黄遵宪还写了《番客篇》。这是《锡兰岛卧佛》诗之外又一首经过惨淡经营的长诗。诗中，黄遵宪用汉代作家写赋的方法，对他所参加的一个华侨商人的婚礼，做了细密淋漓的铺叙，详尽地描绘了南洋的社会风习和与会的各色各样的人物。

> 岂不念家山，无奈乡人薄。一闻番客归，探囊直启钥。西邻方责言，东市又相斫[2]。亲戚恣欺凌，鬼神助咀嚼。

婚礼会上，一个头发斑白的老人和黄遵宪作了娓娓长谈：既倾诉了对祖国、对故乡的怀念，也叙述了归国后所受到的欺凌、压榨。"言者袂掩面，泪点已雨落"，喜气洋洋的婚礼顿时变得悲悲戚戚。"比闻欧澳美，日将黄种虐"，老人又谈到了华侨在国外的境遇，殷切地表示了对

---

[1]《请豁除旧禁招徕华民疏》，见薛福成：《海外文编》卷1。拳拳，恳切怀念。
[2] 斫，砍。

祖国富强的期望。和《番客篇》的精工雕镂、工笔描绘不同，黄遵宪这一时期的另一些描写南洋风光的诗篇，则近于随手拈来，自然成趣：

> 高高山月一轮秋，夜半椰阴满画楼。
> 分付驯猿攀摘去，渴茶渴酒正枯喉。

> 桃花红杂柳花飞，水软波柔碧四围。
> 五尺短绳孤桿艇，小儿欢曳鳄鱼归。

> 荡荡青天一纸铺，团团红日半轮孤。
> 波摇海绿云翻墨，谁写须臾万变图？[1]

在新加坡的第三年，黄遵宪得了疟疾，寄住在华侨园林里，这些诗便是这一时期写的。

养病期间，黄遵宪还曾手摘莲、菊、桃、李等花，置于一瓶中，写出了《以莲、菊、桃杂供一瓶作歌》。"足遍五洲多异想"，对着这些花，黄遵宪展开了遐思。他把花拟人化，设想它们同处一瓶时的心情与神态，但有些地方受了佛教唯心主义的影响。

在新加坡的第四年，黄海上响起了中日战争的炮声，它标志着民族危机的愈益严重，黄遵宪的全部注意力，都被吸引过去了。

七、反映民族的深重灾难

19世纪末，各主要资本主义国家渐次完成了向帝国主义的过渡，

---

[1]《养疴杂诗》，见《诗草》卷7，第228—230页。

对中国的争夺日益尖锐、激烈；新兴的、富于侵略性的日本军国主义，首先发动了侵略朝鲜和侵略中国的甲午战争。

明治维新后，日本建立了地主资产阶级的联合专政，并且迅速走上军国主义道路。一方面，它对中国神圣领土台湾垂涎欲滴，企图以之作为进一步侵略中国和向东南亚扩张的基地；另一方面，则企图霸占朝鲜，进而侵占中国东北。

1894年（光绪二十年），朝鲜爆发了"东学党"领导的农民起义，提出"逐灭倭夷，尽灭权贵"的反帝、反封建口号。朝鲜国王要求清朝政府派兵帮助镇压，日本政府也玩弄阴谋，劝诱清朝政府派兵。六月初，清军叶志超部一千五百人开赴朝鲜牙山。日本政府按照事先预定的计划，也立即派出大批军队入侵朝鲜，人数陆续增加到一万多人。6月16日，日本外相向清朝政府提出共同"改革"朝鲜内政，实际上是干涉朝鲜内政的无理建议，遭到清朝政府拒绝。清朝政府要求双方立即撤兵，也为日本侵略者蛮横否定。7月23日，日军占领朝鲜王宫，组织傀儡政权。两天后，突然袭击牙山口外的中国海军和运兵船。不久，又进攻牙山的中国陆军。中日战争爆发。

随着战争的历程，黄遵宪陆续写下了《悲平壤》《东沟行》《哀旅顺》《哭威海》等一组诗篇。

黑云压山，山势峥嵘，平壤城中炮声隆隆，火光冲天，清军将领左宝贵正率部在北城玄武门山顶上浴血苦战。在日军的排炮轰击中，他英勇地屹立在城上指挥，杀伤敌兵无数。"肉雨腾飞飞血红，翠翎鹤顶城头堕[1]。一将仓皇马革裹[2]，天跳地踔[3]哭声悲"。在《悲平壤》中，黄遵宪歌颂

---

[1] 翠翎，孔雀翎，清代官员的帽饰。鹤顶，红顶珠。二者均用以区别官员的品级。本句写左宝贵中炮，帽子从城上掉下去。

[2] 马革裹，后汉马援请击匈奴，曾表示："男儿当效死于边野，以马革裹尸还葬耳。"本句写左宝贵牺牲。

[3] 踔，跳。

了壮烈牺牲的左宝贵,对下令撤退,狂奔五百余里的清军统帅叶志超,则给予尖锐的批判和嘲讽:"三十六计莫如走,人马奔腾相践踩","一夕狂驰三百里,敌军便渡鸭绿水"。

平壤战役后,10月,日军一路由朝鲜渡过鸭绿江,攻占中国的九连、安东;一路在中国辽东半岛东岸登陆,从背后包抄旅顺大连。清朝政府的大连守将不战而逃,旅顺守将徐邦道率兵激战三日,终因孤军抗战,不敌陷落。旅顺是北洋海军的根据地,依山面海,形势险要,设有海岸炮台、陆路炮台三十余座,大炮多数是德国克虏伯厂的新式产品,防务巩固,军储充足,日人称之为"东洋无双"。在《哀旅顺》中,黄遵宪写道:

海水一泓烟九点[1],北茝此地实天险。炮台屹立如虎阚[2],红衣大将[3]威望俨。下有深池列巨舰,晴天雷轰夜电闪。最高峰头纵远览,龙旗百丈迎风颭[4],长城万里此为堑,鲸鹏相摩图一啖[5],昂头侧睨何眈眈[6],伸手欲攫[7]终不敢;谓海可填山易撼,万鬼聚谋无此胆。

这样一个巩固的要塞,本来是应该成为祖国坚强的门户的,但是,"一朝瓦解成劫灰[8],闻道敌军蹈背来。"失守的竟是这样容易。黄遵宪写到了这里,顿时语哽意阻。无法写下去了。这首诗,首先极写旅顺之险,而陷落一事,只有寥寥二语,无限的哀痛和愤怒,尽在不言之中。

---

〔1〕泓,水深貌。李贺《梦天》:"遥望齐州九点烟,一泓海水杯中泻。"这里是借九点烟,比喻从高空所见的中国国土景象(中国古分九州)。
〔2〕虎阚,虎怒貌。
〔3〕红衣大将,指大炮。清太宗时,红衣大炮造成,命名为天佑助威大将军。俨,庄严。
〔4〕龙旗,清朝所制订的国旗。颭,招展。
〔5〕鲸鹏,比喻企图侵略中国的帝国主义国家。摩,迫近。啖,吃。
〔6〕侧睨,侧看。眈眈,贪婪地注视的样子。
〔7〕攫,用爪抓取。
〔8〕劫灰,劫火之灰,比喻兵火毁坏后的残迹。

正当中日战争吃紧关头，张之洞自湖广总督任调为两江总督，电奏调黄遵宪回国。12月，黄遵宪由新加坡解任启程。但是当黄遵宪到南京会见张之洞时，谈得却不很投机。张之洞让黄遵宪在江宁洋务局任总办，负责处理江南、江西、浙江、湖南、湖北五省堆积的"教案"。所谓"教案"，指的是各地人民和帝国主义传教士的冲突。这种冲突，是中国人民抵制帝国主义文化侵略的斗争的一种表现。张之洞让黄遵宪处理"教案"，不外是和帝国主义谈判以求息事宁人。在前方战事愈打愈紧的时候，黄遵宪对于这一工作感到很不愉快。

1895年3月23日（光绪二十一年二月二十七日），黄遵宪在南京参加沈葆桢的公祭。沈葆桢，字幼丹，福建侯官人。1874年（同治十三年），他在福建任船政大臣期间，日本政府出动陆海军三千余人，入侵中国神圣领土台湾，沈葆桢曾带兵到台湾部署防务，制止了日本的侵略。1879年（光绪五年）逝世。当黄遵宪等正在公祭的时候，忽然传来了日本兵舰进攻澎湖的警报。公祭完了，黄遵宪的心情非常愤激，写下了《乙未二月二十七日公祭沈文肃公祠》一诗。诗中，记叙了大东沟、威海卫等海战的失败，斥责了投降派官僚，歌颂了开足马力向敌舰撞去，准备和它同归于尽的邓世昌等爱国将领。这以后，黄遵宪又积极搜集材料，创作了《哭威海》《降将军歌》《度辽将军歌》《马关纪事》等诗篇。

威海卫之战是一次屈辱的海战。李鸿章为了保存实力，命令北洋舰队避居港内，结果日本陆军从荣成湾登陆，夺取了威海卫的南、北岸炮台，日本海军封锁了威海卫港口，北洋舰队腹背受敌：

敌未来，路已穷；敌之来，又夹攻。敌大来，先捬背[1]；荣成

---

[1] 捬，同抚。抚背，指日军从荣城湾登陆，包围威海卫。

摧，齐师溃[1]。南门开，犬不吠；金作台，须臾废[2]。万钧炮，弃则那[3]。炮击船，我奈何？船资敌，力犹可；炮资敌，我杀我。

在《哭威海》一诗中，黄遵宪完全用的是三字句，音节短促，令人有泣不成声之感。

在《降将军歌》中，黄遵宪愤怒地斥责了北洋海军中的投降派将领，刻画了这一群败类在民族敌人面前低声下气、贪生怕死的卑劣情态。日本海陆军围困威海卫后，窃据北洋舰队海军副提督的英人马格禄等勾结营务处道员牛炳昶和一批无耻将领，逼丁汝昌投降。二月十一日，丁汝昌服毒。次日，马格禄、牛炳昶等缴出残余舰只十一艘，向日军投降。黄遵宪想象着龙旗下降、海波呜咽的景况，悲愤得什么也说不出来，只能发出连连的慨叹："回视龙旗无孑遗[4]，海波索索悲风悲。悲复悲，噫噫噫！"

当时，清王朝统治集团中，分为主和与主战两派。主和派以慈禧太后为首，主要是李鸿章系统的洋务派，以及恭亲王奕䜣等当权的大官僚。主战派则是一部分没有实权的文职官吏，以及以翁同龢为首的帝党官僚。主和派是投降主义者，主战派中也有些人头脑腐败，识见愚昧，妄想乘此一战，个人可以立功封侯，结果在帝国主义面前一触即溃，很快也就成为投降派。湖南巡抚吴大澂就是这样一个人。他得到了一块刻有"度辽将军"四字的古印，据说是汉印，大喜，以为是万里封侯的预兆，便请求率兵出征。1895年1月，吴大澂率兵出山海关，驻兵牛庄等地。3月，日军攻占牛庄。吴大澂得信后，连夜奔逃，军队不战而溃，

---

[1] 齐师，借指清军。
[2] 金作台二句：指清将刘超佩仓皇逃遁，将以重金建筑的威海卫炮台拱手让敌。
[3] 弃则那，《左传》宣公二年载：宋将华元战败被俘，后赎回，曾有人作歌讽刺云："弃甲则那！"意为丢弃了战甲，则奈何。
[4] 无孑遗，一个不剩。

营口、田庄台等军事要地相继失陷。在《度辽将军歌》中，黄遵宪对吴大澂一类人给予辛辣的讽刺：

闻鸡夜半投袂起[1]，檄告东人我来矣。此行领取万户侯，岂谓区区不余畀[2]。将军慷慨来度辽，挥鞭跃马夸人豪。

声势多么烜赫，很像个英雄人物。

雄关巍峨高插天，雪花如掌春风颠。

在壮丽开阔的画面中，黄遵宪淋漓尽致地表现了吴大澂元旦大会上的骄狂情态：

岁朝大会召诸将，铜炉银烛围红毡。酒酣举白[3]再行酒，拔刀亲割生彘肩[4]。自言平生习枪法，炼目炼臂十五年。目光紫电闪不动，袒臂示客如铁坚。淮河将帅巾帼耳[5]，萧娘吕姥殊可怜[6]。看余上马快杀贼，左盘右辟[7]谁当前？鸭绿之江碧蹄馆[8]，

---

[1] 闻鸡，晋祖逖有志北伐，常常半夜听见鸡叫就起来舞剑。投袂，甩袖子。
[2] 《左传》昭公十三年记载：楚灵王占卜能否得天下，不吉，骂天说："是区区者，而不余畀！"意为：这么一点小东西，都不肯给我。
[3] 举白，干杯。
[4] 彘肩，猪腿。鸿门宴上，项羽曾赏给樊哙一条生猪腿。樊把盾覆在地上，拔剑在盾上切着吃。这里是借此形容吴大澂的装腔作势。
[5] 淮河将帅，指李鸿章创建的淮军。中日战争中，在朝鲜溃败的叶志超、卫汝贵等皆属淮军。巾帼，妇女首饰，亦用作妇女的代称。
[6] 萧娘、吕姥，梁武帝萧衍派萧巨集伐魏，萧巨集不敢深入，与诸将讨论回兵，部将吕僧珍极表赞同。于是，魏人给萧宏送来妇女头饰，作歌说："不畏萧娘与吕姥。"
[7] 左盘右辟，指挥舞兵器。辟，同劈。
[8] 碧蹄馆，在汉城西三十里。

坐令万里销烽烟。座中黄曾大手笔[1]，为我勒碑铭燕然[2]。么麽[3]鼠子乃敢尔，是何鸡狗何虫豸[4]！会逢天幸遽贪功[5]，它它籍籍来赴死[6]。能降免死跪此牌[7]，敢抗颜行[8]聊一试；待彼三战三北余[9]，试我七纵七擒计。[10]

先是自夸武艺高超，次是大骂在作战中溃败的淮军将领，再是保证马到功成，后是要幕客撰文，准备为他纪功立碑。在吴大澂看来，日本侵略军完全不堪一击。他在营门前竖起五六尺高白底黑字的"投诚免死牌"，专等日军前来"投诚"。然而，

两军相接战甫交，纷纷鸟散空营逃；弃冠脱剑无人惜，只幸腰间印未失。

昨日口发大言的"英雄"，原来是胆小如鼠的怕死鬼，帽子丢了，剑掉了，只保住了那颗"度辽将军"的古印，逃命入关。这是一个悲剧。像吴大澂这样一种狂妄自大而又满脑子功名利禄观念的昏庸统帅，怎么能战胜侵略者呢？当时封建地主阶级的一些代表人物，就是这样腐朽愚昧。在这首诗里，黄遵宪已经不只是愤怒，而是通过喜剧的形式，

---

[1] 黄，未详。曾，曾炳章。二人均为吴大澂幕客。
[2] 后汉时窦宪领兵打败北匈奴，登上燕然山，曾叫班固撰文刻石纪功。
[3] 么麽，微小。
[4] 虫豸，古代对虫子的通称。
[5] 会逢，适逢。天幸，老天帮助。遽，急。贪功，贪图成功，指日本侵略军。
[6] 它它籍籍，纵横狼藉。赴死，送死。
[7] 能降句：指吴大澂到旅顺后，对日军出劝降告示，并设立"投诚免死牌"。
[8] 颜行，前锋。
[9] 三战三北，三战三败。
[10] 七纵七擒，传说三国时，诸葛亮出兵南方，与孟获交战，擒住七次，放了七次。见《三国志·蜀志·诸葛亮传》。

给吴大澂一流人以尖锐的嘲弄、批判。

中日战争的结果是，李鸿章在日本签订了空前屈辱的卖国条约——《马关条约》。主要内容有：割让辽东半岛、台湾全岛及澎湖列岛在内的各附属岛屿，赔偿日本军费二亿两银子，允许日本资本家在通商口岸设立工厂，开放沙市、重庆、苏州、杭州为商埠等。在《马关纪事》中，黄遵宪写道："竟卖卢龙塞[1]，非徒弃一州。"又写道："括地难偿债，台高到极天[2]。行筹无万数[3]，纳币一千年。"赔款二万万两是前所未有的庞大数字，它相当于当时清朝政府每年收入的三倍，相当于北宋政府向辽、金缴纳的"岁币"的一千倍。即使把地皮刮净，也难以偿清呀！由于割让辽东半岛触犯了沙皇俄国的利益，因此，沙俄政府纠合法、德两国，迫使日本退还了辽东半岛，日本乘机又向清朝政府讹诈了三千万两白银。"瓜分倘乘敝，更益更来忧。"黄遵宪担心这种局面发展下去，会引起帝国主义瓜分中国的狂潮，那就不堪设想了。在这里，黄遵宪对民族的灾难、祖国的命运表示了深沉的忧虑。事实很快就证明了黄遵宪的估计。《马关条约》后，帝国主义国家纷纷在中国设立银行，在金融上、财政上扼住中国的咽喉，又纷纷夺取在中国修筑铁路的权利，霸占沿海港口或"租借地"。沙俄占据了旅顺、大连，英国占据了威海卫，德国占据了胶州湾，法国占据了广州湾。北起黑龙江，南至云南、两广，都分别被沙俄等帝国主义划为势力范围。

这年6月，黄遵宪因去湖北办理教案，舟行江上，望见夜空中的一轮圆月，想起了祖国山河残缺，不禁热泪滚滚。在《五月十三夜江行望月》诗中，他写道：

---

[1] 卢龙塞，地名，在今河北迁安市西北。《魏志·田畴传》载：田畴曾说过："岂可卖卢龙之塞以易赏禄哉！"这里借指清朝政府在《马关条约》中大片割地。

[2] 台高句：传说周王诞欠人债，无力偿还，上台逃避，周人称之为避债台。

[3] 筹，古代计数工具。行筹，用筹计算。无万数，极言其多，欲以万数计之，而不可得。

洒泪填东海,而今月一圆。江流仍此水,世界竟何年!横折山河影[1],谁攀阊阖天?增城高赤嵌,应照血痕殷。"[2]

赤嵌,台湾地名,在《马关条约》规定割让台湾全岛后,台湾人民掀起了英勇的抗日斗争。他们号召"人自为战,家自为守",保卫祖国的神圣领土,给登陆的日本侵略军以沉重打击。"增城高赤嵌,应照血痕殷。"黄遵宪深切地关怀着正在筑城坚守、流血牺牲的台湾同胞。

稍后,黄遵宪又创作了《台湾行》一诗。中云:

城头逢逢擂大鼓,苍天苍天泪如雨,倭人竟割台湾去!当初版图入天府,天威远及日出处,我高我曾我祖父,艾杀[3]蓬蒿来此土;糖霜茗雪[4]千亿树,岁课金钱无万数。

台湾自古以来就是中国的领土,中国人民世世代代在这片土地上劳动。还在两千多年前,大陆人民就知道台湾的存在。《汉书·地理志》所说的"东鳀",《三国志·吴志·孙权传》所说的"夷州",《隋书》所说的"流求",都是指的台湾。吴主孙权并曾派过甲士万人去过台湾。公元607年(大业三年),隋羽骑尉朱宽至台湾;610年(大业六年),虎贲陈棱又曾经略澎湖等三十六岛。唐代,大陆人民纷纷去台湾开发,宋、元两代更先后在澎湖、台湾设官建制。这是"我高我曾我祖父"辛勤开辟出来的土地呀!黄遵宪激愤地写道:

---

[1] 横折,折断。山河影,古人认为,月中有物,为山河之影。本句指清朝政府割台。
[2] 阊阖,神话中的天门,这里用以比喻清朝政府。
[3] 艾杀,割除。
[4] 糖霜,白糖。茗雪,茶名。

亡秦者谁三户楚[1]，何况闽粤百万户！成败利钝非所睹，人人效死誓死拒，万众一心谁敢侮？

黄遵宪肯定了台湾人民誓死抗日的精神，批评了扬言守台而又仓皇内渡的台湾巡抚唐景崧等人，对于少数投降日本帝国主义的败类，则给予愤怒的斥责。

八、参加"变法"活动

到湖北不久，黄遵宪即回到江宁。

江宁，是长江下游的名城，历史上曾是六朝的帝都，有好几个荒淫的国君在这里留下了耻辱的遗迹。这一时期内，因为送往迎来，黄遵宪和友人们常常饮集钟山，泛舟玄武、秦淮，面对着茫茫烟水，滚滚江流，想起了历史的盛衰，抚时感事，黄遵宪时常忧从中来。1895年6月（光绪二十一年五月），帝党中坚分子文廷式因反对《马关条约》，触怒慈禧太后和李鸿章，乞假回乡暂避，道过江宁。黄遵宪在赠文廷式的词中说："天到无情何可诉，只合埋忧地下。"[2]反映了由于在民族危难面前不能有丝毫作为，黄遵宪的思想正处于极大的苦闷中。他有时甚至有点颓唐。但是，这种情况并没有持续多久，黄遵宪很快就投入正在展开的资产阶级维新活动。

中日战争的惨痛失败，帝国主义瓜分中国的狂潮，这一切，都促进了中国人民的进一步觉醒，救亡图存成了当时最紧迫的要求；在十九世纪七八十年代出现的改良主义思潮，这时也有了进一步的发展。康有为

---

[1] 亡秦句：《史记·项羽本纪》载：楚被秦灭后，楚南公曾说："楚虽三户，亡秦必楚"。
[2]《贺新郎》，见文廷式《云起轩词钞》附载，南京王氏娱生轩1934年影印本。

在第一次上书光绪皇帝失败以后，于1891年（光绪十七年）刊刻《新学伪经考》，次年，编辑《孔子改制考》，企图为维新变法运动提供理论基础。1895年5月，《马关条约》签订时，康有为和他的学生梁启超联络了各省来京应试举人一千三百余人，联名给光绪皇帝上书，反对《马关条约》，提出了拒和、迁都、变法的主张。这以后，康有为又连续上了第三书、第四书。

与上书同时，改良派也加紧进行宣传活动和组织工作。1895年7月，康有为指示梁启超在北京编印《中外纪闻》。8月，组织强学会，接纳会员二十余人，成为近代中国资产阶级政党的最初萌芽。11月，康有为又去上海，组织强学会分会，次年1月12日，发刊《强学报》。康有为在上海期间，黄遵宪加入了强学会，并曾偕达县人吴德潚往见，"昂首加足于膝，纵谈天下事"[1]，自此朝夕过从，无所不语。这以后，黄遵宪就成为改良派中的积极分子。

这一期间，黄遵宪还接受两江总督、南洋大臣刘坤一的委托，与日本领事珍田舍己会谈，商定苏州开埠事宜。在《马关条约》中，曾规定开放苏州为商埠，日本政府据此提出，在苏州划定一地，成为"日本专管租界"。在会谈中，黄遵宪与珍田舍己反复驳诘，尽可能挽回失去的主权，"凡条约所已许者，能挽回而补救之；条约所未许者，亦未尝授人以隙，妄增一字"[2]，曾被认为"用意微妙，深合机宜"[3]。但是，黄遵宪所拟条款并不为当权的某些人物所重视，日本政府也坚决拒绝，并且撤回了珍田舍己，黄遵宪的努力终成泡影。

1896年（光绪二十二年）初，强学会、《中外纪闻》《强学报》均在后党的压迫下被封禁。为了继续强学会的工作，黄遵宪企图另办一

---

[1] 康有为：《〈人境庐诗草〉序》，见《诗草》，第2页。
[2] 黄遵楷：《先兄公度先生事实述略》，见《集外诗辑》，第129页。
[3] 黄遵楷：《先兄公度先生事实述略》，见《集外诗辑》，第129页。

报，便邀请梁启超自北京来上海任主笔。这时，梁启超刚二十出头，正是热情洋溢、意气风发之际，黄遵宪对他期望很大，在梁启超到达上海时，曾经奔告陈三立说，"吾所谓以言救世之责，今悉卸其肩于某君矣！"[1]又曾写了六首诗给梁启超，其中两首是：

寸寸河山寸寸金，侉离分裂力谁任[2]？
杜鹃再拜忧天泪[3]，精卫无穷填海心[4]。

青者皇穹黑劫灰[5]，上忧天坠下山颓。
三千六百钓鳌客[6]，先看任公出手来。

一种挽救祖国危亡的急切之情，跃然纸上。黄遵宪勉励梁启超办好报纸，出手大干；自己则捐款一千元为开办费。他对任经理的汪康年说："我辈办此事，当作为众人之事，不可作为一人之事，乃易有成。故吾所集款，不作为股份，不作为垫款，务期此事之成而已。"[7]其他事务，如修订办报《公启》，聘请日文、古文翻译，劝捐、派报等，黄遵宪也都积极出力。8月9日，正式出刊，每十日一册，每册二十余页，分论说、谕折、京外近事、域外报译等门。这就是近代中国著名的《时务报》。报纸受到了读者的欢迎，几个月内就发行到了一万余份。

---

[1]《致饮冰主人手札》（光绪二十八年十一月一日）。
[2] 侉离，垮塌。力谁任，谁有挽救之力呢？
[3] 杜鹃句：神话，蜀王杜宇辞位，死后，化为杜鹃。
[4] 精卫句：神话，炎帝女在东海中淹死后化为精卫鸟，常衔西山木石去填海。以上二句比喻当时爱国者的忧时救世之心。
[5] 皇穹，皇天。
[6] 赵令畤：《侯鲭录》载，唐李白曾自署海上钓鳌客，并称以虹霓为丝，明月为钩，天下无义丈夫为饵。
[7] 梁启超：《创办时务报原委》，见"中国近代史资料丛刊"，《戊戌变法》（四），第525页。

9月，黄遵宪奉光绪皇帝命入京。临行前，黄遵宪向汪康年表示："《时务报》规模大定，必可风行。"[1]断言它必将成为一张受欢迎的、有影响的报纸。到天津时，黄遵宪听说《时务报》在当地已经销到四百份，"闻誉四驰"[2]，非常高兴。为了研究俄国问题，进一步办好《时务报》，黄遵宪在天津聘请了一位俄文翻译。

原来，沙俄自1858年（咸丰八年）用武力强迫清朝政府签订《中俄瑷珲条约》以后，几十年之内，迅速掠夺了中国东北、西北一百五十余万平方公里的土地，但是欲壑难填，仍在积极谋求扩大对中国和亚洲等地的侵略。沙皇尼古拉二世反复强调说："在东亚确立和扩张俄罗斯的势力，正是我们统治世界的课题。"[3]对于沙俄的侵略野心，黄遵宪保持着充分的警惕，他要这位新聘的俄文翻译，"专译东西毗连界内事及俄国东方政略"[4]。

当时，《天演论》的译者严复，正在天津北洋水师学堂任总教习，二人相见之后，严复给黄遵宪的印象是："真可爱！谈吐气韵，通西学之第一流也。"[5]

10月，黄遵宪入京。清制，只有高级官吏才能由皇帝特旨命令觐见，道、府以下的官吏，必须由吏部带领分批引见，黄遵宪这时还只是个道员，自然只有等待吏部引见，但光绪却破格下特旨召见黄遵宪。光绪是慈禧太后的侄子，名字叫载湉。他从四岁起，就在慈禧的"训政"下做皇帝。光绪和慈禧有矛盾，想通过变法削弱后党，找寻出路，因此，就积极援引改良派人物。在召见时，光绪问黄遵宪："西方政治为什么胜似中国？"黄遵宪回答："西方国家的强大，原因都在于变法。"

---

[1]《致汪康年手札》，未刊稿。
[2]《致汪康年手札》，未刊稿。
[3]《布洛夫致梅特湛》，见《德国外交档》第18卷之一，第64页。
[4]《致汪康年手札》，未刊稿。
[5]《致汪康年手札》，未刊稿。

又说:"自己在伦敦时,听老人说,百年以前,英国还不如中国呢!"光绪听了这些话,开始有点惊讶,后来,笑着点头同意了。[1]

> 尧天到此日方中,万国强由法变通。惊喜天颜微一笑,百年前亦与华同。[2]

对于这一段经历,黄遵宪终生不忘。封建最高统治者笑了笑,就觉得无限荣耀了。这正是黄遵宪对清王朝忠驯和感恩的具体表现。

光绪召见后,黄遵宪又受到户部尚书翁同龢的接见。翁同龢是光绪的师傅,帝党的领袖。接见这天的当晚,翁同龢写下了对黄遵宪的印象:"诗文皆佳。"[3]

光绪和翁同龢召见后不久,清朝政府派黄遵宪为出使德国大臣。黄遵宪奏请梁启超同行。由于德国当时正阴谋强迫清朝政府"租借"胶州湾作为军港,便制造借口,拒绝黄遵宪出使。先是说黄遵宪"官阶尚小,不足膺钦差大臣之重任"[4],后又表示:"中国如肯以一岛可以泊船、屯煤如香港之类者畀之,彼当接待。"[5]黄遵宪不愿意国家因此受到要挟,便要求清朝政府收回任命,自己则留住北京,继续以书信指导《时务报》的工作。

1897年(光绪二十三年)初,《时务报》新聘章炳麟、麦孟华二人为主笔。对此,黄遵宪表示肯定,认为这将"大张吾军,使人增气"[6]。他读了章炳麟写作的《论学会大有益于黄人,亟宜保护》一文后,赞誉

---

[1]《己亥杂诗》,见《诗草》卷9,第300页。
[2]《己亥杂诗》,见《诗草》卷9,第300页。
[3]《翁文恭公日记》,光绪二十二年九月二十一日,商务印书馆影印手写本,第35册,第88页。
[4]《叻报》,1896年12月15日。
[5]《叻报》,1897年5月4日。
[6]《致汪康年手札》,未刊稿。

其为"才士",认为文章写得很"雄丽",但过于"古雅",在致汪康年书中特别指出:"此文集之文,非报馆之文。作文能使九品人读之而感通,则善之善矣。"他表示,一、二月中可发表章炳麟文一二篇。[1]

为了避免顽固派的阻挠,还在《时务报》创办前,黄遵宪、梁启超就声明,报纸"不论人","绝无讥刺",以"讪上横议"为戒[2]。在私下,黄遵宪也关照汪康年:"弟身在宦途,尤畏弹射","上年强学会太过恢张,弟虽厕名,而意所不欲。"[3]在这一思想指导下,《时务报》的议论一直是小心翼翼的、有克制的。但是,它仍然受到了顽固派和洋务派的猛烈攻击。《时务报》宣传过"民权"思想,有人就声称"要打民权一万板、民权屁股危矣哉!痛矣哉!"[4]在北京,黄遵宪也听到了不少对《时务报》的非难,有人直斥其为"谤书",因此,这一时期黄遵宪又再次叮嘱汪康年:"泛论之语","骂詈之辞","可省则省。"[5]

让步并不能换取顽固派的支持和谅解。维新运动中,改良派一直幻想走一条阻力最小的道路,但到头来,还是受到了无情的镇压。

在报馆人事安排上,从1896年(光绪二十二年)秋筹办时起,黄遵宪就主张"当如合众国政体,将议政、行政分为二事"[6],即除住馆办事各人外,另举总董四人,所有办事规条,由总董议定,交馆中执行。这一时期,黄遵宪在信中又重申此议。对此,汪康年认为是让他靠边"休息"[7],很不痛快,埋下了与黄遵宪不和的种子。

大约与此时间相近,翰林院编修曾广钧读到了黄遵宪的人境庐诗稿

---

[1]《致汪康年手札》,未刊稿。
[2] 参阅《致汪康年手札》及屠梅君:《辨〈辟韩〉书》,载《时务报》第30册,第20页。
[3]《致汪康年手札》,未刊稿。
[4]《梁鼎芬致汪康年手札》,未刊稿。
[5]《致汪康年手札》,未刊稿。
[6] 参阅《致汪康年手札》及屠梅君:《辨〈辟韩〉书》,载《时务报》第30册,第20页。
[7]《致汪康年手札》,未刊稿。

本,为之写了一篇序,称赞黄遵宪的诗"善变"[1]。黄遵宪写了一首诗答谢他:

> 废君一月官书力,读我连篇新派诗。
> 风雅[2]不亡由善作,光丰[3]之后益矜奇。[4]

诗中,明确地提出了"新派诗"的口号。

一切皆变,世界上的事物无不处在永恒的运动发展过程中。鸦片战争后,中国社会的政治、经济状况、阶级关系都发生了巨大的变化,新兴的民族资产阶级逐渐登上了政治舞台,自然,文学作品的内容和形式也要做出相应的变化。"新派诗"口号的提出,正反映了这一历史要求。

6月,由于翁同龢的推荐,黄遵宪被任命为湖南长宝盐法道署按察使,职责为管理一省食盐的生产和运销,同时兼管一路的钱谷和刑名。29日,他和翁同龢做了一次长谈。7月14日,向翁同龢辞行,又做了一次长谈。黄遵宪建议三事:第一,开学堂;第二,缓海军,急陆军,十五万人已足;第三,海军用守不用战。谈话中,黄遵宪表示有三大可虑:教案、流寇、欧洲战事。据说,"有一于此,中国必有瓜分之势"。[5]既害怕人民,又害怕帝国主义,这正是资产阶级改良派软弱性格的表现。

谈话次日,黄遵宪出都赴任。道经上海时,黄遵宪再度向汪康年提出《时务报》要推举董事,二人几乎翻脸。经黄遵宪力争,汪康年才勉强同意,推举了几个人,但以后遇事并未找他们商量。汪康年对梁启超

---

[1]《新民丛报》,第三年第四号。
[2]风雅,即《诗经》中的《国风》和《大雅》《小雅》,后代文人常以之作为诗歌创作的典范。
[3]光,道光;丰,咸丰。
[4]《酬曾重伯编修》,见《诗草》卷8,第271页。
[5]《翁文恭公日记》,光绪二十三年六月十五日,影印手写本第36册,第52页。

说:"公度欲以其官稍大、捐钱稍多,而挠我权利,我故抗之。"[1]汪康年在创办《时务报》和宣传维新思想上有一定功绩,但他把报纸看作自己的禁脔,"当初办之时,早已有据为汪氏产业之计"[2],这就非常错误了。

处理了《时务报》事务,黄遵宪便离沪西上。过南京,曾与谭嗣同有所商谈。过武昌,曾登黄鹤楼一游。黄鹤楼是武昌名胜,下临长江。面对浩浩东流的江水,黄遵宪想起了几年前曾在这里听到的"台湾溃弃"的警报,不禁感慨万端。数日后,黄遵宪在湖南登上岳阳楼时,也有同样的心情。岳阳楼在洞庭湖畔,登楼眺望,八百里湖面尽在眼底。宋朝的范仲淹曾在这里写下了有名的《岳阳楼记》。游览时,黄遵宪看到一个西方人带着望远镜登楼,陡然想起了近日看到的一张侵略者画的"势力范围图"。在那张图上,居然把长江上下游、浙江、湖南等广大地区划入英国属内。"即今砥柱孰中流"[3],谁来挽救民族的危机,做万丈狂澜中不倒的砥柱呢?在途经长沙时,黄遵宪又凭吊了贾谊宅,引起了他的异代同时之感。"百世为君犹洒泪"[4],贾谊是西汉时著名的年轻的研究时务的政论家,曾作有《治安策》等文。他在向汉文帝上疏时,说:"臣窃惟事势可为痛哭者一,可为流涕者二,可为长太息者六。"[5]在帝国主义步步入侵的情况下,不也应该为民族灾难的空前深重而痛哭、流涕、长太息吗?

黄遵宪抵湘后,即代理湖南按察使,掌管一省刑狱和官吏的考核。当时,湖南巡抚陈宝箴是支持变法的,因而,在推行新政方面,湖南算是比较认真的。

---

[1] 梁启超:《创办〈时务报〉原委》,见"中国近代史资料丛刊"《戊戌变法》(四),第527页。
[2] 梁启超:《创办〈时务报〉原委》,见"中国近代史资料丛刊"《戊戌变法》(四),第527页。
[3] 《上岳阳楼》,见《诗草》卷8,第272页。
[4] 《长沙吊贾谊宅》,见《诗草》卷8,第273页。
[5] 《贾谊传》,见《汉书》卷48,中华书局1962年标点本,第2230页。

9月，经黄遵宪建议，陈宝箴同意邀请梁启超来湖南主办时务学堂，为维新运动培养人才。于是，黄遵宪一面写信给梁启超劝驾，一面写信给汪康年劝其放人。信中说："学堂人师，为天下楷模，关系尤重，故弟愿公为公谊计，勿复维系之也。"[1]黄遵宪表示，梁启超到湘后，仍可每月为《时务报》作文数篇。11月，梁启超抵湘，任时务学堂总教习。这之前，谭嗣同也自南京弃官回乡，参加新政，在时务学堂任分教习。这样，时务学堂就成了《时务报》之后，改良派的又一主要宣传阵地。

时务学堂的教学，由梁启超、谭嗣同、唐才常等负责，黄遵宪对此亦极为热心。所有办学章程、授课科目，均由其参酌东西各国教育制度，一手订定。[2]此外，黄遵宪经常找学堂同学谈话。唐才质在回忆蔡锷时曾提道："按察使黄公度与时务学堂同学联系密切，常约吾辈往官舍谈话，娓娓不倦，态度和蔼，无清代官场习气。"[3]次年3月，经湘绅推荐，并经陈宝箴委派，黄遵宪还曾担任过时务学堂总理。

11月14日，德帝国主义派遣海军强占胶州湾。随后。沙俄舰队驶进旅顺港。紧接着，英国、法国分别强迫清朝政府"租借"威海卫和广州湾。帝国主义分子磨牙砺齿，随时准备瓜分中国。对此，黄遵宪极为愤激。他与下了《书愤》等诗。

其一云：

一自珠崖弃[4]，纷纷各效尤[5]。瓜分惟客听[6]，薪尽向予求[7]。秦

---

[1]《致汪康年手札》，未刊稿。
[2] 王仲厚：《黄公度诗草外遗著佚闻》，见《人境庐丛考》，第150页。
[3]《追忆蔡松坡先生》，未刊稿。
[4] 珠崖，地名，在今海南岛。这里以之代指胶州湾。
[5] 效尤，照样去做。
[6] 客听，听客之所为。指清廷丧权辱国，唯侵略者之命是听。
[7] 薪尽句：比喻帝国主义对我国的侵略没有止境。

楚纵横日，幽燕十六州。未闻南北海，处处扼咽喉。

黄遵宪认为，五代时，石敬瑭为了做儿皇帝，将燕、云十六州贿赂契丹，算是够耻辱的了，但是还不曾出现这种从南海到北海，处处被人扼住咽喉的状况。其二云：

岂欲亲豺虎，联交约近攻。[1]如何盟白马[2]，无故卖卢龙[3]？一着棋全败，连环结不穷。[4]四邻墙有耳，言早泄诸戎。[5]

在清朝政府中，慈禧、李鸿章等属于亲俄派。1896年6月（光绪二十二年五月），李鸿章接受了三百万卢布的贿赂，在莫斯科同沙俄大臣维特等签订《中俄密约》，帮助沙俄取得在中国东北占地筑路的侵略特权，使东北开始沦为沙俄的势力范围。本诗对李鸿章的卖国行径进行了揭露和抨击。其三云：

弱肉供强食，人人虎口危。无边画瓯脱[6]，有地尽华离[7]。争问三分鼎[8]，横张十字旗[9]。波兰与天竺，后患更谁知？

[1] 岂欲二句：指李鸿章的所谓"联俄制日"政策。
[2] 盟白马，杀白马为盟。
[3] 黄遵宪自注："光绪二十二年使俄密约，已以胶州许之。"
[4] 黄遵宪自注："光绪二十二年使俄密约，已以胶州许之。"
[5] 四邻二句：指李鸿章所订的《中俄密约》为各帝国主义所探悉。
[6] 无边句：无边，没有边界。瓯脱，两国中间的弃地。本句指清朝政府将领土划给帝国主义。
[7] 华离，垮塌分裂。
[8] 争问句：问鼎，见前注（周鼎）。三分，东汉末年，魏、蜀、吴曾三分天下。本句指帝国主义纷纷掠夺中国主权，阴谋瓜分。
[9] 十字旗，公元1096—1291年之间，西欧封建主、大商人和天主教会曾八次侵略东方伊斯兰教国家，以红十字为旗。

波兰，在 1772、1773、1795 年，曾三次遭到沙皇俄国、普鲁士等的瓜分。1815 年维也纳会议后，包括华沙在内的大片国土，更直接被"划归"了沙俄。印度，当时正处于英帝国主义的殖民统治之下。黄遵宪担心中国要遭到同样的命运，因此深深地忧虑。

这一时期，梁启超也读到黄遵宪的人境庐诗稿本，提笔写了一段长跋，认为它兼有"诗人之诗"和"非诗人之诗"的特点，关系着"国之存亡，种之主奴"。[1] 梁启超读后，介绍给徐仁铸。当时，徐仁铸心情郁闷，"患幽忧之疾"，读了人境庐诗稿后，霍然病已，提笔写了一段更长的跋语，赞美黄遵宪的诗"罗络中外，低昂古今，风起云涌，错采缕金"，有龚自珍所说的"怡魂泽颜"的作用。[2] 历史上，不同阶级有各不相同的文学批评标准，但是，莫不把政治标准放在第一位。"剖胸倾热血，恐化大千尘"，[3] 在黄遵宪的诗中，有炽烈的爱国主义激情，有拯时救世的迫切愿望，这样，自然会赢得梁启超等人的尊重了。

迫在眉睫的瓜分危机加速了变法维新运动的进程。在德国强占胶州湾后，康有为立即向光绪上了第五书，陈述局势的严重，警告清朝统治者，如果不进行变法，那么不仅"苟安旦夕，歌舞湖山"做不到，而且想当一个普通的"长安布衣"也不可能。[4] 1898 年 1 月（光绪二十三年十二月），康有为上第六书，提出改良派革新政治的全部要求。不久，又上了第七书。四月，在北京组织"保国会"，议定章程三十条。6 月 11 日，光绪颁布"明定国是"的上谕，接受改良派的政治纲领，宣布以变法为国家的根本方针。16 日，光绪召见康有为，任命他为总理衙门

---

[1]《梁启超、徐仁铸等十三人识跋》，未刊稿。
[2]《梁启超、徐仁铸等十三人识跋》未刊稿。
[3]《支离》，见《诗草》卷 8，第 275 页。
[4]《戊戌变法》（二），第 190 页。

章京上行走，准许专折奏事。康有为参与政权，取得了上奏折、提建议的权利。变法运动全面展开了。

与北京的形势相呼应，湖南的改良派也加紧活动。梁启超到湘后，倡议组织南学会，黄遵宪是积极的支援者。南学会是一个联络同志、讲求救亡图存之道的学术团体，同时也具有地方议会的规模，遇有地方重大事宜，也进行讨论。会员分议事会友、讲论会友、通信会友等类，以"无论官绅士庶，一切平等"[1]相号召，会员曾发展至千数百人之多。长沙设总会，地方设分会。在南学会中，黄遵宪是主会者，又是政教方面的主讲。1898年2月21日，南学会举行第一次讲演会，到会三百余人，陈宝箴、黄遵宪等均亲临参加。讲演者有皮锡瑞、黄遵宪、谭嗣同、陈宝箴等。《湘报》描写会议的情况说："钟十二下，主讲诸公就座，会者毕坐堂上。"铃声作，执事者唱："勿喧哗，咸屏息静听"，"讲毕，铃声作，众皆起，鱼贯趋出"[2]。

黄遵宪的讲稿刊登在《湘报》第五号上。

讲话中，黄遵宪认为，世界以人为贵，人必能群而后能为人，国以合而后能为国。他赞美周以前的政治，认为那时候"国有大政，必谋及卿士，谋及庶人"，一刑一赏，与众共之。又认为秦以后，官权独揽，官势独尊，官与民分隔，官不知民之疾病困苦，民不知官之昏明清浊，有些官吏甚至乘权肆虐，鱼肉百姓。黄遵宪要求到会的人，"自治其身，自治其乡"，兴利革弊，设学校，筹水利，兴商务，劝工业，捕盗贼，官民上下，同心同德，以联合之力，收群谋之益。

大概黄遵宪讲得比较生动，所以皮锡瑞当晚在日记中写道："公度更透彻，人以为似天主传教者，彼在外国习见过，以后可仿效之。"[3]

----

[1]《南学会大概章程》，《湘报》第34号。

[2]《湘报》第1号。

[3]《师伏堂未刊日记》，见《湖南历史资料》，1958年第4期，第97页。

根据现有资料，黄遵宪在南学会共作过九次讲演，其内容除上述第一次外，可考者如下：

1月27日，讲政教，以调迁频紧，官不能久任于事为撼。

3月6日，讲知觉不在心而在脑。

3月20日，讲日本、印度、法人邀索两广利益，云南铁路及台湾事。

3月27日，讲人类不灭，吾教永存，今日但当采西人之政、西人之学以弥缝我国政学之敝，不必张孔教与人争是非、较短长。

当时，湖南盛行"保教"之说：改良派把孔子说成是维新变法的祖师爷，顽固派则把孔子说成是维护君父大伦的至圣。黄遵宪的这一段议论，改良派分子皮锡瑞、樊锥等不同意，顽固派更认为罪不可恕。

4月3日，讲天主教必无剖心挖眼之事。

此后，由于《湘报》上出现了在黄遵宪看来是"骇俗"的较为激进的言论，也由于湖南地主阶级顽固派的日益嚣张，黄遵宪觉得："今即顿进，亦难求速效，不若用渐进法"[1]，因此，讲演的次数就越来越少了。

黄遵宪在南学会第一次讲演的目的，在动员湖南士绅参加新政建设，要求改良派能部分参与地方政权。这一点，在黄遵宪倡办"保卫局"的过程中，表现得很清楚。所谓保卫局，不过是西方警察局的翻版，其目的在于缉捕"盗贼痞徒"，巩固封建统治的地方秩序，没有什

---

[1]《师伏堂未刊日记》，见《湖南历史资料》1959年第1期，第88页。

么进步意义。但是，在黄遵宪为保卫局所拟立的规则、办法中，却反映了黄遵宪改良主义新政的部分设想。

据有关人士回忆，当时，黄遵宪在签押房（办公室）的壁上贴了许多二寸宽的纸条。他对人说："我是用司马光选《资治通鉴》材料的方法，随时想得一条就写出来贴在壁上。已经写了一个多月了，不久就要结束，把壁上纸条揭下来，一归类，全部章程就成功了。"[1]黄遵宪认为，"欲卫民生"，"必当使吾民咸与闻官事"，因此，保卫局就要"官民合办"，"使诸绅议事而官为行事"。他提出，每二百户选一户长，每千户选五户长，遇事即邀集各户长为"议事绅士"，到局公议。保卫局所用巡查，由户长公举，也可由户长公议撤换。[2]黄遵宪企图借此隐喻"地方自治"的规模，使得"民智自此开，民权自此伸"。这一计划得到陈宝箴的批准，也得到长沙许多绅士、商人的支援，终于成立起来了。但是，"于此寓民权"这一点，却一直没有讲明。直到后来梁启超流亡日本，黄遵宪才把这一点当作极大的秘密，告诉了他，并嘱他继续保密，希冀将来有机会仍然采用这一办法，说是："一息尚存，万一犹得藉此手以报我国民，亦未可定。"[3]

黄遵宪设置保卫局的目的，在于兴绅权，削官权，在保存封建主义的一整套政权机构的前提下，为改良派争得部分权力。这在戊戌变法前，有一定进步意义。但是它完全不触动封建地主阶级的政权机构，起不了多大作用，而且它还包含有强化反动统治的效用，所以戊戌变法后，湖南新政尽废，只有保卫局却保留下来了。此外，黄遵宪小心翼翼，一直不敢对人讲明他"于此寓民权"的真正目的，更突出地表现了资产阶级改良派的懦弱。

---

[1] 周善培:《黄公度臬台》，未刊稿。
[2]《湘报》第3号。
[3]《致饮冰主人手札》（光绪二十八年十一月），未刊稿。

与创办保卫局同时，黄遵宪又接受陈宝箴的委托，改组课吏馆。课吏馆原来是候补官吏"讲求居官事理，研究吏治刑名"的地方，但只是每月交一篇文章，弊端很多。在黄遵宪所草拟的章程中，则企图使之成为为维新运动培养干部的地方，要求入馆者讲求开民智、兴农桑，以至工艺制造、铁路轮舟、条约公法等方面的学问，并曾企图把它推广到全省在职官吏身上，都一律"教于未用之先"[1]。

　　梁启超在上海办《时务报》时，曾以报馆名义组织"不缠足会"，黄遵宪是入会的第一人。在湖南，他们也建立了同样的组织。黄遵宪并亲拟告示，明令禁止缠足。告示中，黄遵宪宣传资产阶级的"人权"思想，认为夫妻应该平等，反对视女子为犬马，或饰之如花鸟，作为"服役"或"玩好"的对象。黄遵宪指出，缠足严重摧残了妇女的健康，"四万万人半成无用之物"，必将使民族衰弱。[2]在黄遵宪等的积极倡导下，影响所至，连参加乡试的考生所用进场器物上，都贴上了"不缠足会"字样。[3]

　　此外，黄遵宪还曾参与《湘学新报》(1897)和《湘报》的创办工作，并曾议及"借洋款"，"用机器开垦"沅江的七十万亩洲地。[4]梁启超后来论及黄遵宪时，曾说："凡湖南一切新政，皆赖其力。"[5]这是符合事实的。

　　当时，湖南集中了不少改良派或倾向改良派的人物，除黄遵宪、谭嗣同、梁启超、陈宝箴外，还有唐才常、皮锡瑞、徐仁铸、陈三立等，都是主张或赞助变法的，因此湖南成了当时全国最活跃、有朝气的一省。

---

[1]《黄公度廉访会筹课吏馆详文》，载《湘报》第1号。
[2]《臬宪告示》，载《湘报》，第55号。
[3]《知新报》第38册，1897年11月24日。
[4]《师伏堂未刊日记》，载《湖南历史资料》1959年第1期，第120页。
[5]《戊戌政变记》，中华书局1954年版，第90页。

黄遵宪等在湖南的改良活动，受到洋务派和地主阶级顽固派的极端仇视。

湖南是曾国藩的老家，湘军的发源地，进步势力活跃，封建势力也很顽固。以大劣绅叶德辉、王先谦、苏舆为首的一些人，疯狂攻击维新派，骂他们是"无父无君的乱党"。他们骂黄遵宪"阴狡坚悍"，说黄遵宪等"聚于一方，同恶相济，名为讲学，实与会匪无异"。[1]有的说："自黄公度观察来而有主张民权之说"，"我省民心，顿为一变"。[2]1898年3月29日（光绪二十四年三月八日），《湘报》第二十号发表易鼐的《中国宜以弱为强说》，主张"西法与中法相参"，"西教与中教并行"，"民权与君权两重"，湖南地主阶级顽固派立刻大哗。4月11日，张之洞打电报给陈宝箴、黄遵宪，指责易鼐等文字"直是十分悖谬"，"远近煽播，必致匪人邪士，倡为乱阶"，要陈宝箴切嘱黄遵宪，"留心救正"。[3]此后，叶德辉等气焰日盛，公然哄散南学会，殴打《湘报》主笔，阴谋烧毁时务学堂，又联名写信给湖南籍京官，控告陈宝箴"不守祖宗成法，恐将来有不轨情事"，并把黄遵宪牵连在内。[4]有的人更主张将维新派人物都"脔割寸磔，处以极刑"。

由于黄遵宪多次受到陈宝箴等人的推荐，光绪又曾与黄遵宪面谈过，对黄遵宪有一定了解。1898年2月（光绪二十四年正月），光绪向翁同龢索阅《日本国志》，连续要了两部。5月，徐致靖向光绪奏保康有为、谭嗣同、梁启超等为"通达时务人才"；于黄遵宪，特别誉之为"器识远大，办事精细"。[5]6月14日，光绪命陈宝箴将黄遵宪送部引见。7月30日，光绪再次命陈宝箴饬令黄遵宪"迅速来京，毋稍延

---

[1] 梁鼎芬：《与王祭酒书》，见《翼教丛编》，光绪二十四年八月武昌重刻本卷6，第2页。
[2] 宾凤阳等：《上王益吾院长书》，见《翼教丛编》卷5，第5页。
[3] 《致长沙陈抚台、黄臬台》，见《张文襄公电稿》卷30，第26页。
[4] 《国闻报》，1898年5月25日。
[5] 《保荐人才折》，见《中国近代史资料丛刊》《戊戌变法》（二），第336页。

迟"。[1]8月11日，光绪又谕令军机大臣等，说是估计黄遵宪已经启程，"无论行抵何处，着张之洞、陈宝箴催令趱程，迅速来京"。[2]同日，任命黄遵宪为出使日本大臣。

光绪任命黄遵宪是有用意的。改良派一直幻想得到某些帝国主义国家，特别是日本的帮助。当时，英、美、日和沙皇俄国有矛盾。沙俄支持慈禧，英、美、日则拉拢光绪和改良派以对抗沙俄，以便从中捞取利益。1898年2月，日本曾派人和改良派联络过，前首相伊藤博文也乘机到中国活动。光绪任命黄遵宪，正是为了取得日本方面的帮助。加之，后党正在准备反扑，积极酝酿政变。在光绪颁布变法诏书的第四天，慈禧就强迫光绪，将帝党首领翁同龢免职回家，任命自己的亲信荣禄署理直隶总督，统帅董福祥、聂士成、袁世凯三军，控制北京。不久，又加授荣禄为文渊阁大学士、北洋大臣，掌握了军政实权。情势危急，光绪不得不催促黄遵宪迅速趱程；在为他准备的国书上，光绪还用朱笔改了几个字，称日本为"同洲至亲至爱之国"[3]。但是，黄遵宪却由于从这年春天起得了痢疾，卧病多日，一直未能就道。

在此期间，洋务派、顽固派和改良派之间争夺《时务报》的斗争日益激烈，黄遵宪也被卷了进去。汪康年原是张之洞的幕僚，与张关系密切。任《时务报》经理后，张不断通过幕僚梁鼎芬给汪康年写信，施加压力，汪康年顶不住，不仅自己不敢再写较为激烈的文字，而且还经常干涉梁启超的写作。1897年11月梁启超赴湘后，报务即由汪康年一人把持。次年7月26日，光绪下令将《时务报》改为官报，派康有为督办。汪康年有张之洞撑腰，将《时务报》改名《昌言报》，聘梁鼎芬为

---

[1]《光绪实录》，卷421，第14页。
[2]《光绪实录》，卷422，第10页。
[3] 康有为：《与品川子爵书》，见《民报》第24期，第85页。

主笔，并发表启事，声言《时务报》是他汪康年个人"创办"的[1]。为了揭示真相，黄遵宪与《时务报》另一创办人吴德潚，联名发表告白，说明《时务报》的创办经过，并表示："今恭读邸抄，知已奉旨改为官报，以后各事即一切归官接办。"[2]

大约就在发表告白后不久，黄遵宪离开了湖南，满头白发的陈宝箴亲自送他上船，二人洒泪而别。"白发沧江泪洒衣"[3]，后来，黄遵宪始终不曾忘却这个惜别的场面。

8月22日，由于康有为电称汪康年私改报名，抗旨不交，光绪又命黄遵宪道经上海时，"查明原委，秉公核议"[4]。9月15日，黄遵宪到达上海，痢疾复发，日泻数次，衰弱得几乎站不住，既无法处理事务，更不能北上。经过治疗，才略有好转。

就在黄遵宪卧病的时候，慈禧举起了镇压改良派的屠刀。

九、南归乡居

康有为等领导的变法运动，看起来是有一点声势的。一百零三天内，连下新政诏令一百一十余件：废八股，改科举，汰冗员，广言路，开办京师大学堂，设立铁路、矿务总局，兴办银行，以至允许剪发等类，应有尽有。光绪也似乎很有点儿"胆量"，居然可以"痛斥后党"的某些顽固人物，撤了阻挠新政的礼部尚书怀塔布等六人的官职，还将李鸿章等从总理衙门撵走。

然而，这个运动实际上又是极端软弱无力的。资产阶级改良派不相

---

[1]《国闻报》，1898年8月11日。
[2]《国闻报》，1897年8月16日。
[3]《己亥续怀人诗》，见《诗草》卷9，第303页。
[4]《光绪实录》，第423卷，第9页。

信人民。在他们看来，人民是"暴人乱民"。康有为就说过："天下岂有与暴人乱民共事而能完成者乎？"[1]他们只在缙绅、士大夫中间做宣传鼓吹工作，做得也很不够。改良派所依靠的只是一个光绪，而这个皇帝又是凶狠阴残的慈禧手中的傀儡。

正当光绪与康有为一股劲往下发新政诏令的时候，慈禧开始伸出她镇压的毒手来了。她除了当面申斥光绪，吓得他跪在地下发抖之外，又与荣禄密谋，准备利用9月在天津举行的阅兵，以武力胁迫光绪退位。在这种情况下，光绪只有通过"密诏"，告诉康有为等："今朕位几不保"，"可妥速密筹，设法相救"[2]。而康有为呢？没有一兵一卒，而且两脚悬空，脱离人民。他们去找英、日帝国主义的在华代表，没有结果，只能去找袁世凯，把希望寄托在宫廷阴谋上，幻想依靠袁世凯的武装力量去反对慈禧。不料袁世凯是个大两面派，口头上慷慨激昂，保证要"竭死力"救护"皇上"，"诛荣禄如杀一狗"[3]，但一转身就去向荣禄告密。于是，慈禧便于9月21日发动政变，把光绪软禁起来，重新"垂帘听政"，又逮捕并杀害了谭嗣同、康广仁、杨深秀、杨锐、林旭、刘光第等六人。所有新党人物，黜罢一空；新政诏令，一概废除。康有为因事先得到光绪的暗示，逃亡出京，梁启超也于政变后一日脱险。

政变的当天，黄遵宪在上海就读到慈禧的"训政令"。9月28日，读到谭嗣同等牺牲的抄报。10月1日，工科给事中张仲炘奏参黄遵宪"贪劣荒谬，湘人嫉之如仇"。[4]10月2日，黄遵宪接到陈宝箴的电报，中有"沦胥及溺"[5]之语，意思是大家都被水淹吧！在这期间，黄遵宪曾向清王朝呈请病休。10月3日，得到批准。10月6日，掌陕西道监

---

[1]《法国革命史论》，载《新民丛报》第85号，第31页。
[2]《戊戌政变记》，第65页。
[3]《谭嗣同传》，见《戊戌政变记》，第108页。
[4]《戊戌变法档案史料》，中华书局1958年版，第471页。
[5] 黄遵宪：《致陈伯严书》，未刊稿，钱仲联：《黄公度先生年谱》引，见《诗草》，第62页。

察御史黄均隆奏参黄遵宪"奸恶与谭嗣同辈等","请旨饬拿","从严惩办，以杜后患而绝乱萌"。[1]又有人奏说：康有为、梁启超都藏匿在黄遵宪的上海寓所。因此，清朝政府命令两江总督刘坤一查看。10月9日晨，上海道蔡钧根据刘坤一的命令，将黄遵宪扣留于洋务局，派兵二百余人围守，持枪鹄立，候命押解北上。

在黄遵宪还能自由见客的时候，曾经有一个在湖南时结识的年轻官吏去劝慰他，还没开口，黄遵宪便说道："每当变革时代，这种局面是史不绝书的，你想必知道这种局面是不能长久的。"你们青年人不必"去歔虚感慨，必须对未来的局面仔细观察"。"万不可气馁，尤其不可气愤，气愤是要误事的"。[2]

10月11日，清朝政府允许黄遵宪回乡。

在戊戌变法失败后，谭嗣同等都被杀害，为什么黄遵宪得以幸免呢？这是由于英、日等国的干预。当时，英、日等国为了捞取政治资本，曾出面保护某些改良派人物。例如英国之于康有为、张荫桓。英国公使窦纳乐就对李鸿章表示过：你们这样"匆忙秘密地处决像张荫桓这样一位在西方各国很闻名的高级官吏，将引起很坏的结果"，"给予西方人士一种凶暴的印象"。[3]同时，驻上海英国总领事则向清朝政府南洋大臣声言："如中国政府欲将黄遵宪不问其所得何罪，必治以死，则我国必出力救援，以免其不测之祸。"[4]英工部局并曾派巡捕、包探多名，准备截留黄遵宪。有几个西方人还曾闯到上海洋务局，想要劫持黄遵宪出海。此外，日本驻华公使也在伊藤博文、大隈重信等授意下，向清朝政府提出交涉，声言查办黄遵宪，"有伤两国交谊"，"彼此国交上不大好

---

[1]《戊戌变法档案史料》，第472—473页。
[2]《黄公度臬台》，未刊稿。
[3]《戊戌变法》（三），第541页。
[4]梁启超：《戊戌政变纪事本末》，《戊戌变法》（一），第326页。

看"。[1]据有人回忆,伊藤博文还曾从北京赶到上海,去看黄遵宪,"满面怒容,痛骂北京政府,最后说:'你的事交给我,不用着急!'"[2]这样,就使得清朝政府不得不有所顾忌。同时,清朝政府也担心钩求过广,容易引起舆论的不满,不得不有所收敛。

10月15日,黄遵宪乘舟南归。

月黑霜凝,正是深秋天气。路上,处处风波,病身憔悴。到家后,痛定思痛,黄遵宪时常彻夜无眠。望着孤悬中天的寒月,听着屋外的风声、水声,黄遵宪思绪联翩,想起了慈禧的"临朝",光绪的"称疾召医",袁世凯的两端首鼠、投机告密,荣禄的闭城门、断铁路的大搜捕;又想起了愿为变法牺牲、拒绝出去的谭嗣同,临刑前"诟天骂贼"的刘光第,以及康有为的弟弟康广仁等人。这真是一次"瓜蔓抄"呀!还有:徐致靖被判永远监禁,他的儿子徐仁铸也被免官了;李端棻已是七十多岁的老翁,还要被流放到新疆去,看来生还无望,只有死后返葬了;张荫桓不过和康有为来往较密,也要被遣戍;当年在湖南厉行新政的陈宝箴、江标、陈三立等,也都被革职永不叙用了。本来,维新志士就不多,经过这次屠戮、清洗,剩下的还有谁呢?维新的诏令也都被推翻了。"忍言赤县神州祸,更觉黄人捧日难",看来,祖国强大的希望就更难实现了。悲痛之余,黄遵宪把这些都写了出来,这就是《感事》八首,它们记述了近代史上这一次著名的政变。

在黄遵宪的人境庐旁边,有废屋数间,黄遵宪便把它买下来,建了一座无壁楼。当时,台湾抗日战争失败后内渡的爱国将领丘逢甲,也住在嘉应州。黄遵宪和他结成好朋友。丘逢甲为这座无壁楼写了一副对联:"陆沉欲借舟权住,天问翻无壁受呵。"[3]上联表现了他们对祖国灭亡

---

[1] 参阅钱仲联:《黄公度先生年谱》;及王树槐:《外人与戊戌变法》。
[2] 《黄公度皋台》,未刊稿。
[3] "人境庐之邻有屋数间……"见《诗草》卷9,第283页。

危机的忧虑,下联表现了对以慈禧为首的顽固派镇压维新运动的愤激。

在家乡,黄遵宪表面上过着安闲恬静的生活,时常扶着手杖,带着小童,或携着他六岁的孙子散步于青溪绿水间。有时,在抛书午睡之余,就去听盲艺人的鼓词,或是和几个友人小饮郊外,直到薄暮时,才在鹧鸪声里沿江归来。但是,这些都不过是为了躲避清朝政府迫害而做出来的,黄遵宪的内心非常苦闷。他在屋里挂着当时人画的"时局图"。图上,用熊、狗、蛙、鹰等象征沙皇俄国等帝国主义国家,它们都觊觎着祖国的大好河山。题词是:"沉沉酣睡我中华,那知爱国即爱家。国民知醒宜今醒,莫待土分裂似瓜!"看着看着,一种难以抑制的忧愤涌上心头。他在《仰天》诗中,写道:

仰天击缶唱乌乌[1],拍遍阑干碎唾壶[2]。病久忍摩新髀肉[3],劫余惊抚好头颅[4]。箧藏名士株连籍[5],壁挂群雄豆剖图。敢托鸩媒从凤驾[6],自排阊阖拨云呼。

他怀念被慈禧软禁的光绪。也怀念流亡国外的梁启超。有时大雁飞过头顶,他就自言自语地说:"可能沧海外,代寄故人书?"[7]

---

[1] 缶,瓦器,大肚子小口。乌乌,歌呼声。
[2] 拍遍句:辛弃疾归宋后,受到冷遇,曾在《水龙吟》词中写道:"把吴钩看了栏干拍遍,无人会、登临意。"又,晋王敦常歌曹操《龟虽寿》诗:"老骥伏枥,志在千里;烈士暮年,壮心不已。"以如意打唾壶为节,壶边尽缺。本句自写忧愤时事的种种表现。
[3] 髀肉,大腿肉。刘备在荆州时见髀里肉生,慨然流泪,并说:吾常身不离鞍,髀肉皆消;今不复骑,髀里肉生。日月若驰,老将至矣!而功业不建,是以悲耳!"本句感慨时光流逝,不能有所作为。
[4] 劫余:指政变屠杀之余。好头颅,隋炀帝曾对镜自照,并说:"好头颅,谁当斫之?"本句感慨自己幸免于戊戌之难。
[5] 株连,因一人之罪而牵连多人。籍,书册。
[6] 鸩媒,《离骚》:"吾令鸩为媒兮。"鸩是一种毒鸟,比喻奸佞之人。凤驾,天子的车驾。本句意为:自己不敢通过奸佞之人,去追随天子的车驾。
[7]《雁》,见《诗草》卷9,第285页。

闲居无事，黄遵宪有更多的时间回顾自己的一生。1839年（道光十九年），当龚自珍因为受到清王朝当权人物的猜忌，辞官南归，以一车载文集百卷出都时，途中曾以七言绝句杂记行程，感怀身世，写出了《己亥杂诗》三百十五首，成为自叙诗的一种形式。黄遵宪这时便也模仿龚自珍的这种做法，写了《己亥杂诗》，杂叙家居生活、嘉应风习及个人历史：

  我是东西南北人，平生自号风波民。
  百年过半洲游四，留得家园五十春。

  斜阳桥背立多时，偶有人过偶颔〔1〕之。
  商略〔2〕雨晴旋散去，不曾相识亦忘谁。

  云中水火界相争，相触相磨便作声。
  此是寻常推阻力，人间浪作震雷惊。

这些诗，虽似随手拈来，写身边事、眼前景，但是在闲淡的外表中，却寄寓着黄遵宪的一腔愤郁。

在《己亥杂诗》中，黄遵宪描写了他呱呱坠地的"老屋西头第四房"，回忆了他少年时代的读书生活，然后笔锋转到了山明水秀的日本三岛：

  岁星十二遍周天〔3〕，绕尽圆球胜半环〔4〕。

---

〔1〕颔，点头。
〔2〕商略，商量。
〔3〕岁星，木星，约十二年绕日一周。本句说自己在海外十二年。
〔4〕绕尽句：指周游世界，只有大西洋未渡；故曰"胜半环"。

法界楼台米家画[1]，总输三岛小神山。

　这以后，黄遵宪的回忆又漂洋过海，到了资本主义的美国。使他耿耿难忘的是，在美国统治集团排华运动中华侨的不幸遭遇：

　　当时传檄开荒令[2]，今日关门逐客书。浪诩皇华夸汉大[3]，请看黄种受人锄。

　他想起了自美返国途中，海轮上所见的日出奇景：烟波浩渺的东方水平在线，一轮红日扶摇直上，这应该是祖国未来的象征吧！

　　赫赫红轮上大空，摇天海绿化为虹。从今要约黄人捧，此是扶桑[4]东海东。

　锡兰的卧佛，埃及的象形石柱，沟通欧亚的苏伊士运河，英国的皇宫，伦敦的大雾，巴黎的铁塔，新加坡的佘山楼，一幕幕地在黄遵宪的脑际闪过，这些他都写在《己亥杂诗》里了。黄遵宪又怀着强烈的感情，回忆他和光绪的会见，皇帝的莞尔一笑，也记忆犹新。接着是在湖南参加新政，然后是上海寓所的被软禁，归家时对镜自抚头颅的惨笑。

　　左列牛宫右豕圈，冬烘[5]开学闹残年。
　　篱边兀坐村夫子，极口娲皇会补天。

──────────

[1] 法界楼台，佛教神话中的楼台。米家画，宋代米芾父子的画。
[2] 当时句：指美国统治集团最初实行的招徕华工政策。
[3] 浪诩，任意夸张。皇华，使者。本句指清朝政府在外国使者面前自夸为天朝上国。
[4] 扶桑，日本。
[5] 冬烘，知识浅陋的村塾先生。

寒垆爆栗死灰然，酒冷灯昏倦欲眠。
惊喜读书声到耳，细听仍是八铭篇。

村夫子们还在讲着女娲补天的神仙创世说，八股文读本还有人在孜孜不倦地吟哦，嘉应州的社会风貌，和维新变法前完全没有两样。

风雨鸡鸣守一庐，两年未得故人书。
鸿离渔网惊相避[1]，无信凭谁寄与渠[2]。

颈血模糊似未干，中藏耿耿寸心丹。
琅函锦箧深韬袭[3]，留付松阴[4]后辈看。

已经两年得不到梁启超的音讯了，谁能为我寄去问候的信件。谭嗣同牺牲了，眼前还时时出现他就义时的英姿，把他的著作珍藏起来，留给后来人去阅读吧！

古佛孤灯共一龛，无人时与影成三。
何方化得身千百，日换新吾对我谭。

腊余[5]忽梦大同时，酒醒衾寒自叹衰。
与我周旋最亲我，闭门还读自家诗。

---

[1]鸿离句：鸿雁避开渔网，指梁启超出亡。《诗·邶·新台》："渔网之设，鸿则离之。"
[2]渠，他。
[3]琅函，石匣。韬袭，收藏。
[4]松阴，日本维新时期爱国志士吉田矩方的字，后被杀。
[5]腊，古代十二月的一种祭祀。

黄遵宪有时在灯下，对着佛龛，感到一种难忍的孤寂。入眠了，梦中突然见到了理想的"大同世界"，但又被冻醒过来，毕竟衰老，顶不住夜寒了。只有自己的诗作还能使自己得到一点安慰，于是，黄遵宪摊开诗稿，吟诵起来。

戊戌变法的失败，说明了改良主义道路走不通。要挽救民族危机，争取祖国的独立和强大，就必须彻底推翻帝国主义的走狗——清朝政府，走革命道路。当时，中国人中，一部分先进分子，就是由于戊戌变法的失败，而打消了改良主义的梦想的。

还在戊戌变法前，中国民主革命的先行者、伟大的爱国主义战士孙中山，就开始了自己的革命活动。1894年（光绪二十年），他在檀香山组织革命团体兴中会，不久，即提出了"驱逐鞑虏，恢复中华，创立合众政府"[1]的鲜明革命口号。1895年10月（光绪二十一年九月），又在广州组织了第一次武装起义。戊戌变法失败后，以孙中山为代表的革命民主派，就在中国的思想界、政治界取得领导地位，逐步取得了广泛影响。人民群众中自发的反帝斗争，正在如火如荼地展开，历史，正孕育着一次巨大的革命风暴。慈禧用屠刀镇压了改良活动。但是革命力量却因此壮大起来，这是慈禧，也是一切顽固派没有料到的。历史的进程总是和反动派的如意算盘相反，这是一条规律。

黄遵宪僻处嘉应州，和海内外的政治运动隔绝，更主要的是由于他的改良主义立场，使他不可能从资产阶级革命派，更不可能从人民群众身上看到祖国解放的希望，因而他苦闷、彷徨、孤寂，这是很自然的。

在写作《己亥杂诗》同时，黄遵宪又写作了《己亥续怀人诗》，抒发了他对戊戌变法时代友人们的怀念：

---

[1] 冯自由：《兴中会组织史》，见《革命逸史》第四集，上海商务印书馆1946年版，第9页。

头颅碎掷哭浏阳[1]，一凤而今胜楚狂[2]；

龟手正需洴澼药[3]，语君珍重百金方。

唐才常是谭嗣同的友人，自署洴澼子，变法失败后逃亡日本。1899年（光绪二十五年）冬，自日本归国，创立正气会，"共讲爱国忠君之实，以济时艰"[4]，并准备起兵"勤王"，用武装力量使光绪复辟。黄遵宪对这一计划可能有所闻，所以希望他"珍重"，谨慎行事。

1900年1月（光绪二十五年十二月），慈禧立满族贵族载漪之子溥儁为皇子，准备废去光绪。"读诏人人泣数行"[5]，听到这一消息后，黄遵宪泪下涔涔，情绪非常激动。

同年，出任两广总督的李鸿章，多次以电函邀请黄遵宪一见。黄遵宪不清楚李的意图，"颇疑与党事有涉，不能不冒险一行"。见面后，李鸿章向黄遵宪询问"治粤"的策略，黄遵宪答以首先要"设巡警，免米厘"[6]。李以设巡警、开矿产二事相委，黄遵宪觉得没有什么做头，坚决推辞了。

戊戌变法失败后，历史已经提出了彻底推翻清朝政府的任务，黄遵宪仍然对光绪这个封建统治者充满感情，还在念念不忘"设巡警"。这样，他就必然要落在时代潮流后面，逐渐向反动的方面转化了。

[1] 浏阳，指谭嗣同。
[2] 一凤句：《论语·微子》载：楚狂接舆曾作歌讽刺孔子："凤兮凤兮，何一德之衰！"谭嗣同在湖南推行"新政"时，曾受到王先谦、叶德辉等的攻击。本句意为：凤凰不在，剩下的是讥刺凤凰的楚国狂人。
[3] 龟手，皮肤受冻开裂。洴澼药，《庄子·逍遥游》载：宋国有人善于制造不龟手的药，世代在水上漂洗丝絮，后被人以百金买去药方，献给吴王。某年冬天，与越国水战，吴军因不龟手，大胜。
[4]《正气会章》，"中国近代史资料丛刊"《辛亥革命》（一），上海人民出版社2000年版，第254页。
[5]《腊月二十四日诏立皇嗣感赋》，见《诗草》，第309页。
[6] 米厘，米捐。

十、生命的最后几年

1900年（光绪二十六年），爆发了轰轰烈烈、波澜壮阔的义和团反帝爱国运动。

义和团是从民间操演拳术的社团和信奉白莲教的群众中发展起来的。由于这一运动以反对帝国主义侵略为目的，得到了广大群众特别是农民的热烈拥护。几个月内，就席卷了中国北部，并波及南方各省，成为太平天国革命之后的第二次伟大革命高潮。

对于义和团运动，帝国主义极端恐惧。美国国务卿海约翰的亲信亚丹斯说：" 中国的暴动可能影响波斯和中亚细亚。并引起阿拉伯民族的总暴动。"[1]他们积极谋划，准备直接出兵镇压，并借机一举瓜分中国。1900年6月，英、德、俄、美、日、法、意、奥等八个帝国主义国家，联合组织侵略军，由天津向北京进攻。义和团手执刀矛，以血肉之躯英勇抗击用近代武器装备起来的凶残敌人，给侵略者以沉重打击，表现了中国人民的无畏气概和伟大革命力量。

清朝政府对义和团也是一直采取镇压政策的，只是后来由于义和团实际上已经控制了京津地区，同时也由于对英、日等国庇护逃亡在外的康、梁维新派，又不同意废光绪等事怀有猜忌，因此，便想利用义和团，借以躲过群众革命斗争的锋芒。6月21日，清朝政府向各国公使馆下达"宣战书"，装模作样地表示要"大张挞伐，一决雌雄"[2]，而实际上仍在努力谋求向帝国主义妥协投降。8月7日，正当义和团与侵略军浴血奋战时，清朝政府任命李鸿章为全权代表，向侵略者乞和。14日，侵略军占领北京，慈禧挟持着光绪仓皇出亡。自此，清朝政府就公开宣

---

[1]《亚丹斯书信》，《致海约翰》。
[2] 明清档案馆编：《义和团档案史料》上册，第163页。

布义和团为"匪",下令"实力剿办",斩尽杀绝,从而出卖了义和团。一场轰轰烈烈的反帝爱国斗争,就这样在帝国主义的血腥屠杀和封建统治者的无耻出卖下失败了。

对于义和团,不管资产阶级改良派抑或革命派,都是反对的。他们害怕人民群众的阶级斗争,只看到人民中某些斗争方式的落后性,而看不见也不相信人民群众的力量。他们被帝国主义的强大外貌吓住了,不敢依靠人民进行坚决的反帝斗争。黄遵宪也是如此。在这期间,他写了许多仇视义和团的诗,称之为"盗",为"贼",为"匪",为"狐党",为"狗偷",认为义和团的反帝斗争是荒唐的发狂行为,惹怒了帝国主义国家,引"强"入境,中国的局面必将不可收拾,来日大难,沧海洪流,无地埋忧。清朝政府下令剿杀义和团时,他兴高采烈,认为是"中兴"之机。他对于被慈禧挟持出亡的光绪,仍然系念不忘,希望他早日回驭返京,自己表示愿意执殳前驱。

这一时期,黄遵宪所写诗歌中,值得一提的是《夜起》。

千声檐铁百淋铃[1],雨横风狂暂一停。正望鸡鸣天下白,又惊鹅击海东青[2]。沉阴曀曀[3]何多日,残月晖晖[4]尚几星。斗室苍茫吾独立,万家酣梦几人醒。

1900年7月16日,沙俄侵略军突然将海兰泡的中国居民数千人包围于黑龙江畔,刀劈斧砍,枪击棒打,除八十余人泅水幸免外,其余全被杀害。次日,沙俄侵略军又疯狂驱赶和残杀江东六十四屯的中国居

---

[1] 檐铁,以金属为之,悬于屋檐下,风吹则相击发声。淋铃,挂在殿阁四角的占风铃。
[2] 海东青,鸟名,产于辽东。
[3] 曀曀,云气阴沉。
[4] 晖晖,晴朗明亮。

民，或赶到大屋子里火烧，或推入黑龙江中淹死，被害者估计在三万人以上。这以后，沙俄侵略军便大举入侵中国东北三省，迅速占据了东北各铁路线和主要城市。鹅俄谐音，"鹅击海东青"，指此。残月在天，斗室苍茫，诗人中夜不寐，想起了民族的深重灾难，他多么希望出现一个"鸡鸣天下白"的局面呀！

历史证明，不依靠人民，一切反帝的口号都只能是唱高调。在帝国主义的压力下，最终必然要走上妥协投降的道路。尽管黄遵宪满怀着对民族灾难空前加深的忧愤，但是，为了保住清王朝的统治，他只能主张"尊王第一和戎策"[1]。他认为，只有求和才能免去瓜分的危险，但是他却不知道，正是由于义和团的斗争才遏止了帝国主义的瓜分阴谋。在义和团的沉重打击下，八国联军的头目、帝国主义分子瓦德西不得不承认："无论欧、美、日本各国，皆无此脑力与兵力，可以统治此天下生灵四分之一"，"故瓜分一事，实为下策"。[2]

义和团运动后，清朝政府与侵略者签订更为屈辱的《辛丑和约》，从此，它便彻底投靠帝国主义，成为帝国主义的忠实走狗，并依靠其帮助来镇压人民革命运动。这样，中外反动派的联盟，就从反面进一步教育了中国人民，以推翻清王朝为目标的资产阶级民主革命运动愈益蓬勃发展起来，改良派的声誉则进一步下落并最后破产。

1902年（光绪二十八年），梁启超在日本刊行《新民丛报》，发表著名的《新民说》，大肆鼓吹他的"破坏主义"理论，认为"破坏"是古今万国求进步的独一无二的、不可逃避的公例。西方各国从封建主义发展为资本主义，莫不经过"破坏"阶段；中国要富强，也必须"大破坏"，"必取数千年横暴混浊之政体，破坏而斋粉之"[3]。

---

[1]《再用前韵酬仲网》，见《诗草》卷10，第342页。
[2] 佐原笃介：《八国联军志》，见"中国近代史资料丛刊"《义和团》（三），第244页。
[3]《新民丛报》第11号，第8页。

梁启超的这种理论，貌似激进，实质是反动的。梁启超认为，有两种破坏，一种是"无血之破坏"，如日本的明治维新；一种是有血之破坏，如法国1789年的资产阶级革命。在梁启超笔下，后者被描绘为"以血为渠"，"以肉为糜"，"杀人如麻"，"一日死者以十数万计"，是空前绝后的"惨剧"[1]。梁启超这样说，其目的是威吓清朝政府，接受改良主义路线，抵制资产阶级民主革命运动，以"小破坏"来代替"大破坏"，以"无血之破坏"来代替"有血之破坏"，从而保住清王朝的封建统治。

然而，梁启超的这种貌似激进的理论，却吓坏了黄遵宪。

从1902年起，黄遵宪与梁启超建立了通信联系，至1905年止，黄遵宪大约一共写给梁启超十封信。信中，黄遵宪告诉梁启超，他这几年乡居以来，"读书以广智，习劳以养生，早夜奋励，务养无畏之精神，求舍生之学术"，准备一有机会就投袂而起。他甚至表示，"加富尔变而为玛志尼，吾亦不敢知也"[2]。但是，他却完全不同意梁启超的"破坏主义"理论。1902年，在读了《新民说》后，黄遵宪曾经起草了一封长信，约六千字，寄给梁启超，劝他不要玩火，在纵笔放论时要稍加留意。黄遵宪说，中国人"麻木不仁"，"奴隶成性"，"无权利思想"，"无政治思想"，"无国家思想"，"胥天下皆昏昏无知、碌碌无能之辈"，对于这种人，大讲"破坏"，"震以非常可骇之论"是危险的。黄遵宪说，虽然资产阶级民主制度必将代替封建专制制度，但中国必须经过君主立宪阶段，只能积渐而至，不能跳跃等，一蹴而就。又说，清朝政府有轮船、有铁轨、有枪炮，革命是不会成功的；以暴易暴的结果是，"血涂原野，骸积山谷"，是不好的，应该和清朝政府"调和融合"，对抗外敌。[3]

---

[1]《新民丛报》第11号，第9页。
[2]《致饮冰主人手札》（光绪二十八年十一月一日）。加富尔，十九世纪意大利自由贵族和君主立宪派的领袖。玛志尼，意大利资产阶级革命民主主义者，加富尔的反对派。
[3]《水苍雁红馆主人来简》，载《新民丛报》第二四号，第37—46页。

这封信，充分暴露了黄遵宪鄙视人民、害怕革命的立场。

这一时期，黄遵宪在和梁启超的书信来往中，也还就"保教""保国粹"，以至沈括、李贽、黄宗羲、曾国藩、李鸿章等人物评价问题，广泛地发表过意见。

康有为逃亡海外之后，继续鼓吹"保教"，宣扬对孔子的宗教迷信。对此，黄遵宪仍然反对。他说：孔子为人极，为师表，而非教主，在"格致日精"的时代，"崇教之说，久成糟粕"，必须抛弃一切"天堂""地狱"等虚无玄妙之谈。[1] 他并说："儒教可议者尚多"，"昌言排击之无害也"。对中国封建社会的"亚圣"孟轲，黄遵宪觉得"尚有可疑者"；只有对孔子，黄遵宪认为如同日月，"无得而毁"，要梁启超"慎之"！[2]

在日本，梁启超曾准备创办《国学报》，"以保国粹为主义"，"取旧学磨洗而光大之"，并拟请黄遵宪担任撰述。对此，黄遵宪也不表赞同。他说："中国旧习，病在尊大，病在固蔽，非病在不能保守也。"他认为，当时的急务是，"大开门户，容纳新学"，至于"旧学"，可以"迟数年再为之"[3]。

对孔子的迷信始终打不破，对"旧学"，也缺乏革命的批判态度，这些地方，都表现了黄遵宪思想的局限性。但上述言论表明，在文化思想的某些方面，黄遵宪比康有为、梁启超要高明一些。

这一时期，黄遵宪和梁启超讨论得较多的，是文学改良问题。

梁启超在日本，为了推销他的改良主义思想，除了致力于报刊宣传外，也在积极提倡文学改良运动。戊戌变法前夜，谭嗣同、夏曾佑曾有过诗界革命的倡议，但那不过是堆积了一些从佛、孔、耶稣三教著作中

---

[1]《东海公来简》，见《新民丛报》第12号，第57—60页。
[2]《水苍雁红馆主人来简》，载《新民丛报》第20号，第51—52页。
[3]《法时尚任斋主人复简》，载《新民丛报》第20号，第49页。

掊扯而来的名词，意义不大。同时，他们又都忙于政治活动，所以也没能做更多的努力。这时，梁启超流亡日本，自然就有了较多的可能来从事这一方面的工作。当时，资产阶级革命派还无暇顾及文学领域，因而梁启超这一方面的努力，对于推动文学发展，还有某种进步意义。

1902年秋，黄遵宪从梁启超的来信中，知道他准备办《新小说报》，非常高兴。立即回信表示赞同，并希望先睹为快，他说：

> 怪哉怪哉！快哉快哉！大哉！崔嵬哉！滂沛哉！何其神通，何其狡狯哉！东游之孙行者拔一毫毛，千变万态，吾固信之，此《新小说》，此新题目，遽陈于吾前，实非吾思议之所能及，未见其书，即使人目摇而神骇矣。吾辈钝根[1]，即分一派，出一说，已有举鼎绝膑[2]之态，公乃竟有千手千眼，运此广长舌于中国学海中哉！具此本领，真可以造华严界[3]矣。生平论文，以此为最难，故亟欲先睹为快。同力合作，共有几人，亦望示其大概。[4]

写完信，黄遵宪还拟了一个回目："饮冰室草自由书，烧炭党结秘密会"。问梁启超："具此本领足以作《小说报》、读《小说报》否？"[5] 12月，黄遵宪读到了梁启超通过汕头洋务局寄来的《新小说报》，认为比《新民丛报》办得更好、更感人。他在回信中告诉梁启超，《新中国未来记》的政治观点，和他相同的有十之六七，《东欧女豪杰》文字最好。同时，也对所刊小说提出了意见，认为缺少小说的神采和趣味。他指出：

---

[1] 钝根，笨人。
[2] 膑，膝盖骨。举鼎绝膑，因举鼎而断了膝盖，意为力不胜任。
[3] 华严界，佛教神话中的世界。
[4] 《致饮冰主人手札》（光绪二十八年八月二十二日），未刊稿。
[5] 《致饮冰主人手札》（光绪二十八年八月二十二日），未刊稿。

> 此卷所短者，小说中之神采（必以透切为佳）之趣味耳（必以曲折为佳）。俟陆续见书，乃能言之，刻未能妄言也。仆意小说所以难作者，非举今日社会中所有情态一一饱尝烂熟，出于纸上，而又将方言谚语，一一驱遣，无不如意，未足以称绝妙之文。前者须富阅历，后者须积材料。阅历不能袭而取之，若材料则分属一人，将《水浒传》《石头记》《醒世姻缘》，以及泰西小说，至于通行俗谚，所有譬喻语、形容语、解颐语[1]，分别抄出，以供驱使，亦一法也。[2]

近代小说，大都仓促成篇，粗制滥造，重说教而不重于艺术表达。针对这些弊病，黄遵宪认为，小说作者必须"富阅历""积材料"，既有丰富的生活经验，又有扎实的语言素养，这是很有见地的。

在给梁启超的信中，黄遵宪也提出，《新小说报》应该发表部分诗歌，"弃史籍而取近事"，内容取材于现实，形式则不必模仿白居易等古人，可以"斟酌于弹词、粤讴之间"，或三言、或五言、或七言、或九言、或长短句，名叫"杂歌谣"。[3]他并且积极为之组稿，丘逢甲的一些采用了民间形式的"十七字诗"，就是在黄遵宪鼓励下寄去的。在读了奋翮生的《军国民篇》以后，黄遵宪自己也写作了《军歌》二十四首寄去。《军歌》表现了黄遵宪前期某些进步思想的回光，这就是对有悠久历史的伟大祖国和民族的感情。诗中，首先陈述了帝国主义虎视眈眈、磨牙欲瞰的危急形势。《辛丑条约》中，帝国主义勒索了四万万五千万两的巨额赔款，平均每个中国人要负担一两。对此，黄遵宪充满愤激。他呼吁人们起来雪国耻，报国仇，以死求生，改变国势衰弱、民族行将被奴役的局面，表现了昂扬的斗志和决死精神。例如：

---

[1] 解颐语，使人解颜欢笑的话。
[2]《致饮冰主人手札》（光绪二十八年十一月十一日），未刊稿。
[3]《致饮冰主人手札》（光绪二十八年八月二十二日），未刊稿。

剖我心肝挖我眼，勒我供贡献。计口缗钱[1]四万万，民实何仇怨？国势衰微人种贱，战战战！

阿娘牵裾密缝线，语我毋恋恋。我妻拥髻代盘辫，濒行[2]手指面。败归何颜再相见，战战战！

弹丸激雨刃旋风，血溅征衣红。敌军昨屯千罴熊[3]，今日空营空。黄旗一色盘黄龙，纵纵纵！

黄遵宪想象着：经过英勇的战斗，终于取得胜利，鼓吹齐鸣，铙歌奏凯，礼炮隆隆，高筑受降台，主权收回了，赔款索回了，不平等条约废除了，往年嚣张跋扈的帝国主义送来了谢罪书，在这个基础上，重新和各国订立平等的新约：

金瓯既缺完复完[4]，全收掌管权。胭脂失色还复还[5]，一扫势力圈[6]。海又东环天右旋[7]，旋旋旋！

玺书谢罪载书更[8]，城下盟[9]重订。今日之羊我为政[10]，一切权平等。白马拜天天作证[11]。定定定！

---

[1] 缗钱，成串的钱。
[2] 濒行，临行。
[3] 罴熊，比喻敌军。
[4] 金瓯，金杯。《南史·朱异传》："我国家犹若金瓯，无一伤缺。"本句意为收复失地，使版图重归完整。
[5] 胭脂，这里比喻香港。
[6] 势力圈，帝国主义在中国强行划分的势力范围。
[7] 海又句：东环，战国时邹衍想象世界为九州，中国名赤县神州。"有裨海环之"。天右旋，中国古代的一种天体运动理论。本句意为：自然又按照旧日正常的秩序运动了。
[8] 玺书，国书。载书，盟书。更，改换。
[9] 城下盟，敌人兵临城下以武力胁迫所订立的盟约。
[10] 今日句：《左传》宣公二年载，宋将华元在战前杀羊分食士兵，未给自己的车夫，打仗时，车夫说"畴昔之羊子为政，今日之事我为政。"赶着车子进了敌阵，华元因而被俘。这里借用其句，意为：往日由帝国主义摆布，今日我们自己做主了。
[11] 白马，杀白马为盟。本句指重订平等新约，拜天为誓。

全诗分《出军歌》《军中歌》《旋军歌》三组，每首诗句末一字联结起来就是"鼓勇同行，敢战必胜，死战向前，纵横莫抗，旋师定约，张我国权"二十四字。前四首最初发表于《新小说》第一号，署名"岭东故将军"。梁启超读后大喜，自称有"含笑看吴钩"[1]之乐。于是，黄遵宪又将全诗抄寄给他，自称："如上篇之'敢战'，中篇之'死战'，下篇之'旋张我权'，吾亦自谓绝妙也。"[2]又对梁启超说："此新体择韵难，选声难，着色难"，"愿公等之拓充之光大之。"黄遵宪打听：日本的"新体诗"是什么情况？和"旧和歌"是什么关系？[3]

在写作《军歌》之外，黄遵宪又写作了《小学校学生相和歌》十九首，其一云：

听听汝小生，我爱我书莫如史。此一块肉抟抟[4]地，轩顼[5]传来百余世；先公先祖几经营，长在我侬心子里。于戏[6]我小生，开卷爱国心，掩卷忧国泪。

特别值得提出的是，黄遵宪认识到对帝国主义必须以武力斗争："剑影之下即天堂"，祖国的独立必须要建立强大的军事力量。黄遵宪勉励小学生"生当作铁汉，死当化金刚"。

此外，黄遵宪还写了《幼儿园上学歌》：

春风来，花满枝，儿手牵娘衣。儿今断乳儿不啼。娘去买枣

---

[1]《饮冰室诗话》，第43页。
[2]《致饮冰主人手札》（光绪二十八年十一月一日），未刊稿。
[3]《致饮冰主人手札》（光绪二十八年十一月一日），未刊稿。
[4] 抟抟，同团团。
[5] 轩，轩辕，顼，颛顼，轩辕之孙。
[6] 于戏，同呜呼。

梨，待儿读书归。上学去，莫迟迟。

黄遵宪的这些诗，语言较为通俗，在旧的传统格律诗之外别创一格，形式上较为解放自由，但又保持了诗的韵律和节奏，在建立"新体诗"上是一种有意义的尝试。

这年 11 月末，黄遵宪在给新加坡华侨富商、诗人邱炜萲的信中，说：

> 少日喜为诗，谬有别创诗界之论。然才力薄弱，终不克自践其言。譬之西半球新国[1]，弟不过独立风雪中清教徒[2]之一人耳；若华盛顿、哲非逊、富兰克林[3]，不能不属望于诸君子也。诗虽小道，然欧洲诗人，出其鼓吹文明之笔，竟有左右世界之力。仆老且病，无能为役矣。执事其有意乎？[4]

黄遵宪在写作"新派诗"上取得了一定成绩，但是，终究没有能"别创诗界"，这主要不是由于"才力薄弱"，而是因为他的改良主义立场。例如 1902 年，在给严复的信中，他一方面鼓励严复"造新字""变文体"，另一方面又表示文界"无革命而有维新"[5]。这样，自然只能在旧形式上稍加改良，而不可能有勇气去大步踏上新路。

1903 年（光绪二十九年），梁启超游历美洲，受到了具有革命思想的广大华侨的冷落。仆仆风尘，情形很是惨淡。1904 年，梁启超回到日

---

[1] 西半球新国，指美国。
[2] 清教徒，英国新教徒之一派。十六世纪后半，因反对英国国教而起，主张改革教会，摈弃一切旧习惯、旧形式，后因受压迫，大量移居美洲，美利坚众国因之立国。
[3] 华盛顿，美国第一任总统，北美独立战争的领导者。哲非逊，美国第二任总统，曾参加北美独立战争。富兰克林，北美独立战争时期的资产阶级民主主义者，曾参加起草《独立宣言》。
[4]《小说月报》8 卷 1 号，见《诗草》插页。
[5] 钱仲联：《黄公度先生年谱》，见《诗草》第 70 页。

本，革命力量更见发展，改良派的声望如江河日下。这时，他再也不敢高唱"破坏主义"的调子，相反，倒很后悔，觉得是自己的"过激"言论引起了这么大的革命风潮。他写了一封信，向黄遵宪承认错误，再次表示要"保国粹"以"固国本"。[1]对此，黄遵宪仍不表同意。他认为普及教育才是"救中国的不二法门"，因此建议办学堂，编教科书，"于修身伦理，多采先秦诸子书，而益以爱国、合群、自治、尚武诸条，以及理、化、实业各科"。[2]他自己经常阅读汉译各种声、光、电、化诸学，并聘请梅州黄塘乐育医院外籍医生，讲解人体构造，解剖猪、羊、鸡、犬。1903年，他邀请地方人士设立嘉应兴学会议所，自任会长，创办务本中西学堂，并开始筹办东山初级师范学堂。[3]次年，又创立嘉应犹兴会，"以新学求切用，以专门定趋向，以分科求速效，以自治为精神"，集合成年人中的有志者按政治、修身、卫生、历史、算术、格致等科进行讲习。[4]

这一时期，黄遵宪把全部希望都放在梁启超身上。他曾对亲友说："任公为吾振法螺于外，而吾为其结权臣于内；局势有变，则任公归国，而吾出山，维新之业可复。"[5]由于思念梁启超殷切，1904年末，黄遵宪于病中做了一个梦，梦见梁启超在旅店中受到了暗杀，自己提着头颅来见他。梁启超告诉黄遵宪说：自己受到了青年人的辱骂，青年们说，革命党是杀不完的，你们主张立宪，既愚蠢，又迂腐！黄遵宪听到这里，一声鸡鸣，惊醒过来，残月正挂在屋檐上。于是，他提笔写了《病中纪梦述寄梁任父》。在这一组诗里，黄遵宪追述了自己的历史和思想变迁过程：

---

[1]《致饮冰主人手札》(光绪三十年七月四日)，未刊稿。
[2]《致饮冰主人手札》(光绪三十年七月四日)，未刊稿。
[3]《大公报》，1903年4月29日、7月12日。
[4]《警钟日报》，1904年10月19日。
[5] 黄允平：《梁启超的忘年交》，未刊稿。

> 人言廿世纪，无复容帝制。举世趋大同，度势有必至。

黄遵宪认识到，在20世纪，封建主义的君主专制制度是要完蛋的了，这是历史的必然趋势。但是，黄遵宪还是对清王朝恋恋不舍。当时，沙皇俄国和日本正在中国东北领土上进行肮脏的强盗战争，给中国人民造成了极大的灾难，清王朝却无耻地宣布中立："我今还中立，竟忘当局危，散作枪炮声，能无惊睡狮？"黄遵宪希望日俄战争的枪声，能够惊醒清王朝当权派的迷梦，赶快实行君主立宪：

> 岂谓及余身，竟能见国会。倘见德化成，愿缓须臾死。

黄遵宪迫切地期望资产阶级改良主义的政治理想得以实现，而这一理想的最高标志，就是在清王朝的控制下召开一个"国会"！

黄遵宪从在伦敦时起，就得了肺病。1904年，嘉应州有一段时期，连续阴雨六十余日，黄遵宪的肺病加剧，几乎不能起坐执笔。1905年初，又积雨二十余日。这时，黄遵宪的病略有起色。1月13日，黄遵宪得到梁启超的信，不久，得到和梁启超同时流亡在东京的另一个改良派分子熊希龄的信。熊希龄准备回国活动，拟在汕头和黄遵宪会商。黄遵宪在答复梁启超的信中表示，自己的痼疾已深，恐怕不能有什么作为了，但等天晴日暖，仍准备立即买舟去汕头一行。黄遵宪这时觉得清王朝已经完全无望，似乎非革命不行了，但他仍然对人民群众起来进行斗争主张"当逃其名而行其实"，企图用"潜移""缓进""蚕食"等方法，运动和控制清朝政府官吏，使改良派逐渐掌握政权。[1]害怕人民，鄙视人民，这是黄遵宪终其身是一个改良主义者的根本原因。"他们知道，

---

[1]《致饮冰主人手札》（光绪三十一年一月八日），未刊稿。

革命中的老百姓是莽撞的和过火的,因此,资产阶级先生们千方百计总想不经过革命而用和平方式把专制君主国改造成资产阶级君主国。"[1]这段话用以说明黄遵宪的思想,是非常合适的。由于自知病已不治,黄遵宪在信中说:

> 余之生死观略异于公,谓一死则泯然灭耳。然一息尚存,尚有生人应尽之义务。于此而不能自尽其职,无益于群,则颓然七尺,虽躯壳犹存,亦无异于死人。无辟死之法,而有不虚生之责。[2]

写完这封信后的第五天,即1905年3月28日(光绪三十一年二月二十三日),黄遵宪逝世。

十一、结束语

在《中国革命和中国共产党》一文中,毛泽东同志指出:"帝国主义和中华民族的矛盾,封建主义和人民大众的矛盾,这些就是近代中国社会的主要的矛盾。"又指出:"帝国主义和中华民族的矛盾,乃是各种矛盾中的最主要的矛盾。"[3]

在近代,帝国主义侵入中国,发动了多次侵略战争,抢去或"租借"去中国的大片领土,订立许多不平等条约,勒索巨额赔款,操纵中国经济和财政命脉,把中国变成他们的半殖民地。中华民族处于深重的灾难中。黄遵宪思想的积极部分是:要求挽救民族危机,救亡图存,主张发展国防力量,积极"备战",抵抗和防止帝国主义的侵略。他是个

---

[1]《道德化的批判和批判化的道德》,见《马克思恩格斯选集》第1卷,第186页。
[2]《致饮冰主人手札》(光绪三十一年一月八日),未刊稿。
[3]《毛泽东选集》第2卷,人民出版社1991年版,第631页。

爱国主义者。

对封建制度、封建文化，黄遵宪有一定程度的批判。他积极向西方寻找救国真理，赞同和参加康有为领导的变法维新运动，在湖南大力推行"新政"，力图改变中国社会的半封建半殖民地状况，使之独立、富强。他又是个政治改革家。

在国外任职期间，黄遵宪积极研究世界，了解外事，保护华侨的正当权益，是个有作为的外交官。他努力总结日本明治维新的经验，编写《日本国志》，热情和日本友人交往，在中日文化交流和人民友好中发挥了良好的作用。

"穷途竟何世，余事作诗人"。[1]诗，并不是黄遵宪一生活动的主要内容，但却是他一生的最大成就。黄遵宪诗歌思想内容的积极部分是：反映了帝国主义和中华民族这一最主要的矛盾，有系统地记述了近代中国的许多重大历史事件，揭露了清王朝、清军将领在帝国主义面前妥协投降的丑态，抒发了对地主阶级顽固派阻挠和镇压维新活动的愤懑，表现出强烈的民族主义和爱国主义精神。所以，近人曾称之为"诗史"。

在艺术上，黄遵宪的诗长于铺叙，长于刻画人物，长于运用和吸收散文的特点，长于写作规模宏大的长篇巨制，具有一定的感人力量。

文化路线总是从属于政治路线的，在为资产阶级政治改良运动服务的文学改良运动中，黄遵宪是"诗界革命"的一面旗帜。他反对封建正统诗坛的拟古主义、形式主义倾向，反对尊古贱今，主张诗歌要反映新的时代、新的现实。他努力开拓中国古典诗歌的新领域、新境界，力求在旧体诗歌中，表现新思想。他的诗在一定程度上突破了旧体诗严格的格律古缚，他所尝试创作的"新体诗"，比较通俗，比较接近口语。对五四时期的新诗运动，起着先驱作用。

---

[1]《支离》，见《诗草》卷8，第275页。

黄遵宪的思想和创作，又有极其严重的局限。这就是不敢彻底地反对帝国主义和封建主义。他小心翼翼地避免触动封建统治的根本方面，害怕人民，害怕革命，仇视太平天国，仇视义和团，仇视资产阶级革命，力图用改良的道路来代替革命的道路，在保存封建主义的前提下发展资本主义。黄遵宪要建立的，乃是地主、资产阶级联合专政的国家。他的民族主义和爱国主义，乃是资产阶级的狭隘民族主义和狭隘爱国主义。在许多情况下，常常表现为错误的大民族主义和大国主义倾向。

在"诗界革命"，实际上是诗歌改良运动中，黄遵宪也未能迈出更大的步子。他尝试写"新体诗"，但主要还是利用旧形式创作；他主张采纳"方言、俗谚"入诗，但诗歌语言主要还是以"群经、三史、周秦诸子"等古籍为源泉；他重视民歌，但基本特色还是传统的"文人诗"；他企图突破旧格律，但又突破不大。在艺术上，常常堆砌典故，失去了艺术的形象性和生动性。

黄遵宪是从地主阶级改革派转化而来的资产阶级改良派，和封建主义有极为密切的联系。他的思想和创作，表现出这些特点和局限，乃是必然的。但从黄遵宪一生的实践来看，他不失为一位近代中国资产阶级改良主义运动时期的政治活动家，杰出的爱国主义诗人。

[四]

鲁迅论丛

释"挤加纳于清风,责三矢于牛入"[1]

1910年12月,鲁迅任绍兴府中学堂监学期间,曾经给许寿裳写过一封信,中云:"学生之哄,不无可原。我辈之挤加纳于清风,责三矢于牛入,亦复如此。"[2]对于这一段话,旧注云:"加纳指弘文学院创办人加纳治五郎。清风亭,地名。三矢大约系弘文学院教职员,牛入即弘文学院所在地东京牛入区。"[3]这一注释大体是对的,但是,并没有说清楚。何谓"挤"?何谓"责"?

"三矢"者何人?到底是怎样一回事呢?

事情指的是鲁迅早年参加过的一次学生运动。

1902年4月,鲁迅进入日本东京弘文学院学习。当时,学院在教学内容、办学目的和管理规则上都存在不少问题。

创办人加纳治五郎是个尊孔派,1903年1月10日,加纳曾召集在

---

[1] 原载《鲁迅研究资料》第2辑,文物出版社1977年版,录自杨天石《哲人与文士》,中国人民大学出版社2007年版。
[2] 《鲁迅书信集》(上),人民文学出版社1976年版,第7页。
[3] 《鲁迅全集》第9卷,人民文学出版社1958年版,第385页。

弘文的广东、浙江、江苏等省"速成师范班"的卒业生,对他们大讲其"孔子之道"。加纳说:

> 振兴中国教育,以进入20世纪之文明,固不必待求之孔子之道之外,而别取所谓道德者以为教育,然其活用之方法,则必深明中国旧学而又能参合泰西伦理道德学说者,乃能分别其条理而审定其规律。[1]

在他看来,中国要发展教育,不能求之于"孔子之道"之外,而且还要"深明中国旧学"。这次会议,"在校诸生皆列席"[2],因此,鲁迅是参加了的。

加纳如此,学院当然弥漫着一片尊孔气氛了。鲁迅回忆说:"这是有一天的事情。学监大久保先生集合起大家来,说:因为你们都是孔子之徒,今天到御茶之水的孔庙里去行礼罢!我大吃了一惊。现在还记得那时心里想,正因为绝望于孔夫子和他之徒,所以到日本来的,然而又是拜么?一时觉得很奇怪。而且发生这样感觉的,我想决不止我一个人。"[3]

在办学目的、管理规则上,学校则一味希求"赚钱"。今天办一个"速成师范科",明天办一个"警务科""速成警务科",过些时候,又办什么"六月速成师范科""八月速成师范科""年半、三年速成师范科""本科""速成本科"等,什么牌子便于招徕中国留学生就挂什么。

学生们多次要求改革教学内容,"与之商改课程",每次,加纳都点

---

[1]《记加纳校长演说》,《游学译编》第3期。
[2]《记加纳校长演说》,《游学译编》第3期。
[3]《且介亭杂文二集·在现代中国的孔夫子》。

头表示同意,但是,"从未有改革之一日。"[1]

1903年3月26日,学监大久保、教务干事三矢重松、会计关顺一郎等忽然召集学生部长等十余人,出示规定十二条。学生们"初以为改良之课程也",一看,却是什么中国留学生"不论临时告假归国,或暑假归国,每月必须交纳金六元半"之类的规定,"无一关于学课,不过为赚钱计耳"[2]。

学生们要求修改规定,教务干事三矢却蛮横地说:"校长已有定见,诸君力争如是,诚不可解。无已,其退校如之何?我绝不强留也!"三矢的话激起了学生代表的愤怒,他们认为,这是对中国留学生的"污辱",指责三矢说:"子无复言!学生之至退校事,非得已。子敢借题迫胁,余将姑尝试之!"于是召开学生"特别会"讨论,一致议决退校。

3月29日,在弘文学习的中国留学生,计年半速成师范科八人,三年速成师范科十三人,浙江师范科十二人,本科五人,速成本科十四人等同时出校。

学生出校后,加纳表示要"改良课程",希望学生复校。中国留学生召集了"同窗会",据记载,"全体会员皆到会"[3],会上,学生们提出了"撤去荒谬之教务干事及会计""各科课程皆须更订,以图改良"等七项要求。[4]经过反复斗争,加纳应允在学生回院式上宣布撤去教务干事三矢的职务,但他要求学生同时在会上公开承认"措置冒昧之失"。对此,中国留学生表示:"无失之可谢。"并提出:"无端受辱,实与国际名誉有关。"[5]

4月16日,全体中国留学生回院,举行了回院式。会上,加纳

---

[1]《记留学日本弘文学院全班生与院长交涉事》,《浙江潮》第3期。
[2]《记留学日本弘文学院全班生与院长交涉事》,《浙江潮》第3期。
[3]《弘文学院学生退校善后始末记》,《江苏》第1期。
[4]《弘文学院学生退校善后始末记》,《江苏》第1期。
[5]《记留学日本弘文学院全班生与院长交涉事》,《浙江潮》第3期。

要学生代表先"演说",实际上是要求中国留学生承认错误,"学生默然";清王朝的留日学生总监督也催促学生代表"演说","学生又默然"。没有办法,加纳只好站起来讲话,承认了职员"不善之过"[1]。

此后,加纳不得不对教学作了某些改革,"故今之弘文,学课较前为胜"。[2]

一场要求改革教学和不合理的管理规则的斗争以中国留学生的胜利而结束。

斗争期间,鲁迅曾将"弘文散学"的情况写信告诉过周作人;斗争胜利后,鲁迅又曾写信告诉他:"弘文事已了,学生均返院矣。"[3]

"学生之哄,不无可原。我辈之挤加纳于清风,责三矢于牛入,亦复如此。"可以看出,鲁迅是积极参与了这一斗争的。

---

[1]《记留学日本弘文学院全班生与院长交涉事》,《浙江潮》第3期。
[2]《敬上乡先生请令子弟出洋游学书》,《浙江潮》第7期。
[3]《旧日记中的鲁迅》,见《鲁迅小说中的人物》。

《中国地质略论》的写作与中国近代史上的护矿斗争[1]

从青年时代起,鲁迅的写作活动就是和中国人民的革命斗争紧密相连的。《斯巴达之魂》以外[2],《中国地质略论》又是一个鲜明的例证。

《中国地质略论》(以下简称《略论》)是一篇科学作品,发表于1903年10月10日东京中国留学生出版的《浙江潮》第十期,署名索子,后来被收入《集外集拾遗》。

《略论》表现了青年鲁迅强烈的爱国主义热情。一开始,鲁迅就热烈讴歌了"广漠美丽最可爱"的祖国,指出了当时帝国主义"蔓我四周,伸手如箕,垂涎成雨",妄图吞掉中国这块肥肉的危急形势,揭露了沙俄等帝国主义"探险家"在我国土地上乱窜的狼子野心,然后,对中国地质状况和煤藏分布作了概述。

鲁迅是在怎样的情况下写作这篇作品的呢?

《略论》说:"今者俄复索我金州、复州、海龙、盖平诸矿地矣。初

---

[1] 原载《光明日报》,1976年10月23日,录自杨天石《哲人与文士》,中国人民大学出版社2007年版。
[2] 详拙作《〈斯巴达之魂〉和中国近代拒俄运动》。

有清商某以自行采掘请，奉天将军诺之，既而闻其阴市于俄也，欲毁其约，俄人剧怒，大肆要求。呜呼！此垂亡之国，翼翼爱护之犹恐不至，独奈何引盗入室，助之折桷挠栋，以速大厦之倾哉！"这段话是我们考察《略论》写作背景的一个重要线索。

查1903年10月1日日本大阪出版的《朝日新闻》上发表过这样一条消息："9月30日天津特电：奉天将军以金州厅、复州、盖平、海龙厅等矿山许清商出资开采，该清商联络俄国人，自俄国人出资，其权利尽落俄国人之手，故奉天将军近令禁止，俄国领事盛气诘问，奉天将军乃电请外务部，乞与俄国公使开议，以保护矿山权云。"[1]

显然，鲁迅写作《略论》是与这一史实直接相关的。

自从沙俄帝国主义的魔爪伸向我国东北以来，它就一直没有放松过对我国丰富矿产资源的掠夺，除强行索取、霸占外，通过中国买办骗取开采权也是一种重要的方式。例如沈阳的所谓"义胜鑫矿务总公司"就是如此。从表面上看，它是由中国商人梁显诚等"集得南省殷实富商股本银二十万两"后申请开办的，只不过是又吸收了沙俄的"华俄道胜银行"的股本银十五万两[2]，在他们所出具的"切结"中，也保证：

> 凡华人股票，只准售与在股华人，不得售与外人，亦不得售与在股俄人。俄人股票系华俄道胜银行入股，亦不得售与外人，惟在股华人可以承买。其所有华股，均系真正华人所入股本，并无洋人伙射冒名等弊[3]。

---

[1]译文见上海《国民日日报》，1903年10月5日；《中外日报》，1903年10月6日。又1903年10月12日日本《万朝报》亦曾刊载此项消息。
[2]《光绪二十九年二月二十日军机处交出增祺等抄折》，《华洋开办矿务案抄档》（抄件）。
[3]《华洋合办矿务，请旨饬部立案以昭慎重折》，《华洋开办矿务案抄档》（抄件）。

而事实上，梁显诚等不过是在华俄道胜银行"支取薪水"的中国买办[1]，这类"矿务公司"完全为沙俄帝国主义掌握。鲁迅写作《略论》正是为了提醒我国人民警惕沙俄帝国主义的这一阴谋，谴责梁显诚一流买办的卖国勾当。

《略论》又说："今复见于吾浙矣。以吾所闻，浙绅某者，窃某商之故智，而实为外人伥，约将定矣。设我浙人若政府，起而沮尼之，度其结果，亦若俄之于金州诸地耳。"《略论》的这一段话包含着另一历史事件，是促使鲁迅写作《略论》的另一重要原因。

1896年，帝国主义对华资本输出的侵略机构福公司成立。1897年，刘鹗（即《老残游记》的作者）被聘为华人经理。经由刘鹗的中介，帝国主义先后掠夺了我国山西、河南等地的矿产开采权。在此之外，自1898年起，刘鹗又与浙江官僚买办候选道高尔伊勾结，向帝国主义借款五百万两，成立所谓"宝昌公司"，企图为帝国主义攫取浙江矿产[2]。1903年，这项卖国活动被揭露，这就激起了我国特别是浙江人民的巨大愤怒。

8月20日，《浙江潮》第六期发表《刘铁云欲卖浙江全省路矿乎》的时评，指责刘鹗之流将国家矿产"暴于外人之膝下而跪献之"。

9月11日，《浙江潮》第七期发表《卖浙江全省路矿者非刘铁云一人也，别有人也》一文，点出和刘鹗勾结在一起的还有"吾浙江之官"。

10月3日，在日本东京和横滨的全体浙江人士于东京上野联合召开了特别同乡会，议决两事：一是致书国内，请浙江绅士责问高尔伊，令其废约；二是揭告日报，声讨高尔伊盗卖矿产之罪，表示留东同人坚决不认之意。会后，《浙江潮》第八期发表了《致高尔伊书》《浙江人

---

[1] 罗曼诺夫：《帝俄侵略满洲史》，商务印书馆1937年版，第318页。
[2] 《外务部收候选道高尔伊禀（附合办章程）》，《矿务档》，1977页。

听者！卖我浙江矿产者听者》等文，指出高尔伊"举亿万年无穷之宝藏以为献媚外人之赘见金，图博他日一高等奴隶之位置，真是狗彘不食之徒"。文章号召浙江人民奋起抗争，"断不能任断送吾侪祖宗坟墓、宗族聚居之一幅锦绣江山于高鼻红须儿之手"。

与此同时，在上海的浙江人士也发表了《为杭绅高尔伊盗卖四府矿产事敬告全浙绅民启》，表示抗议。

鲁迅曾经参加了在东京上野召开的浙江特别同乡会，《略论》就是在会后写作并发表的，文中所指"浙绅某"就是和刘鹗勾结在一起的高尔伊。

值得指出的是：《略论》的发表距大阪《朝日新闻》刊登揭露沙俄掠夺我国东北矿产的消息只有九天，距浙江特别同乡会的召开只有七天，和《斯巴达之魂》一样，鲁迅也是怀着强烈的爱国主义激情迅速完稿的。

在《略论》结尾，鲁迅说："吾知豪侠之士，必有恨恨以思，奋袂而起者矣。"《略论》发表后，东京中国留学生和上海、杭州等地掀起了规模更大的护矿斗争热潮。

10月10日，陈叔通、孙翼中等浙江人士在西湖会议，与高尔伊进行了面对面的斗争[1]。

10月12日、16日，上海《中外日报》发表《纪浙江矿务》《论高尔伊擅售浙矿事》等文，谴责高尔伊的卖国行为。

10月19日，上海《国民日日报》发表《恐怖时代》一文，严正声明："誓不容贼人擅卖我祖宗一片土。"

斗争延续了很长一段时间，直到1905年，东京中国留学生还在召

---

[1]《国民日日报》，1903年10月13日。

集会议,"筹议对付方法"[1]。1906年,鲁迅则进一步与人合编《中国矿产志》一书。在《征求资料广告》中,鲁迅等指出,近年来,护矿运动急遽发展,"争条约,废合同,集资本,立公司","以求保存此命脉",这是大好事。为了进一步保护祖国矿产资源,"为吾国民后日开拓之助",鲁迅等要求开展广泛的调查工作:

> 惟望披阅是书者,念吾国宝藏之将亡,怜仆等才力之不逮……凡有知某省某地之矿产所在者,或以报告,或以函牍,惠示仆等[2]。

鲁迅等特别提出,要着重调查,有无"外人垂涎",以期引起国人注意,"不致家藏货宝,为外人所攘夺"[3]。

护矿运动是近代反帝爱国运动的一个重要组成部分。《略论》的写作情况表明,青年鲁迅是这一运动中的一员积极的战士。

继护矿运动之后,护路运动也在全国各地掀起,它们共同促进了辛亥革命高潮的到来。

---

[1]《警钟日报》,1905年3月16日。
[2]《中国矿产志》三版封底。
[3] 马良:《〈中国矿产志〉序》。

读《鲁迅〈中国地质略论〉作意辩证》[1]

读了王杏根同志的《鲁迅〈中国地质略论〉作意辨证》[2]一文后，觉得有几点可议之处。

一是史料运用。

拙文《〈中国地质略论〉（后文简称《略论》）的写作与中国近代史上的护矿斗争》[3]一文引证了日本大阪《朝日新闻》上的一条消息，认为它与《略论》的写作"直接相关"，王杏根同志对此表示"怀疑"。据他说："促使鲁迅以沙俄夺我矿权事实警策国人的"，"并非由于《朝日新闻》上的有关消息"，而是在此之前八个月《浙江潮》第一期所刊登而为我所"疏忽"了的《要索纷来》。事实是否如此呢？不妨作一比较。

鲁迅《略论》：

---

[1] 原载《山东师院学报》，1978年第4期。
[2] 《山东师院学报》，1977年第6期。
[3] 《鲁迅研究资料》第1辑，文物出版社1976年10月。

今者俄复索我金州、复州、海龙、盖平诸矿地矣。初有清商某以自行采掘请，奉天将军诺之，既而闻其阴市于俄也，欲毁其约，俄人剧怒，大肆要求。

大阪《朝日新闻》：

［九月三十日天津特电］奉天将军以金州厅、复州、盖平、海龙厅等矿山许清商出资开采，该清商联络俄国人，自俄国人出资，其权利尽落俄国人之手，故奉天将军近令禁止，俄国领事盛气诘问，奉天将军乃电请外务部，乞与俄国公使开议，以保护矿山权云。"

《浙江潮》第一期《要索纷来》：

近来各国要求开凿矿山、敷设铁道之权，又觉纷至沓来。最初，俄国之署理黑龙江将军受黑龙江总督之命，力向中国政府要索东三省之矿山采掘权，现得中国政府之允许，即订立条约，建设公司五所，专事经营。

读者稍一用心，就不难看出，与《略论》写作"直接相关"的到底是哪一条消息，这里，王杏根同志也许又会问，时间上"怎么来得及"呢？我们的答复是：考虑问题不能从想象出发，而要从客观存在的事实出发。如果与鲁迅写作《略论》"直接相关"的不是大阪《朝日新闻》的有关消息，而是所谓《要索纷来》，那么，《略论》中提到的"金州、复州、海龙、盖平"等四个地方，"清商某""奉天将军"等人物，以及

"阴市于俄""俄人剧怒"等消息从何而来的呢?[1]

二是作意。

王杏根同志说：

> 东省矿事与浙省矿事相类,《略论》所争的是两者还是其中之一呢？鲁迅自己说，是"争刘铁云条约"。当时，东省抚顺煤矿已由候选府经理王承尧及候选知翁寿，会衔禀请奉天将军增祺，各愿报销银一万两，开采该处煤矿，增竟为之奏请允准。
>
> 光绪二十八年（1902）加进了道胜银行，报请增祺将军获得了许可。东省开掘已在进行，而"刘铁云条约"则尚在"将定"之时，"争"之可获近效。所以《略论》旨在攻刘约，而把矛头兼指始作俑者的沙俄及其在华买办。

这段话问题很多。

首先是：鲁迅自己说,《略论》是"争刘铁云条约"。王杏根同志提醒我们，这是鲁迅三年后在"亲拟"的《〈中国矿产志〉广告》中"揭示"了的。

事实上,《〈中国矿产志〉广告》并非鲁迅"亲拟"，因为其中有"留学日本东京帝国大学颜君琅及仙台医学专门学校周君树人，向皆留心矿学有年","实吾国矿学界空前之作"等语，完全是出版商的口吻，鲁迅自己是不会这样说的。《广告》云：

---

[1] 关于时间问题，还要补充几句：第一，当时日本印刷、装订书刊的速度很快,《浙江潮》第一期用了两天,《江苏》第一期只用了三天，有的刊物只用一天。第二，刊物封底所署印刷发行日期不一定与实际出刊日期相同，以《浙江潮》第八期为例，它署的日期就有一为光绪二十九年八月二十日（1903年10月10日）发行，一为明治三十六年（1903）十一月二十一日印，十一月二十五日发行，两者相差了四十余天。这种情况之所以出现，很可能前者为编辑部发稿时所署日期，后者为实际印刷、发行时期。

> 吾国自办矿路之议,自湖南自立矿务公司,浙人争刘铁云条约,皖人收回铜官山矿地,晋人争废福公司条约,商部奏设矿政总局诸事件踵生以来,已有日臻发达之势。

这里列举了四五个事件,旨在说明护矿运动的发展情况,通篇不曾有一个字谈到《略论》的写作。王杏根同志断言:鲁迅自己说,《略论》是"争刘铁云条约",何所据而云然呢?

显然,王杏根同志在引用上述材料时是欠审慎的。

我们并不否认《略论》的写作和"争刘铁云条约"之间的关系,这一点,正是拙文所着重论述的。拙文说:"一八九六年,帝国主义对华资本输出的侵略机构福公司成立。一八九七年,刘鹗(即《老残游记》的作者)被聘为华人经理……自一八九八年起,刘鹗又与浙江官僚买办候选道高尔伊勾结,向帝国主义借款五百万两,成立所谓'宝昌公司',企图为帝国主义攫取浙江矿产。1903年,这项卖国活动被揭露,这就激起了我国特别是浙江人民的巨大愤怒。"紧接着,前拙文引证了大量史料,说明《略论》是在对刘鹗斗争的高潮中写作并发表的,"文中所指'浙绅某'就是和刘鹗勾结在一起的高尔伊"。

但是,王杏根同志在正文中引述拙文的观点时,却有意无意地对读者隐瞒这一点。始则曰:"(杨天石同志虽然指出)'浙绅某者,窃某商之故智'六盗卖浙矿,是促使鲁迅写作的另一重要原因。继则曰:还把沙俄占我东北金州等多处矿山与意大利等国攫取浙江矿山分列为促使鲁迅写作《略论》的两个原因"。三则曰:"现在,已有研究者注意到了《略论》与护矿斗争的关联,但是没有直接指明它的作意就在"争刘铁云条约。"如此等等,就是绝口不谈拙文已经指出了《略论》写作和对刘鹗斗争之间的关系。然后,王杏根同志自己却大谈起"争刘铁云条约"来,矜为一大发现。这种做法,我认为是不严肃的。

倘要论争或"辨证",先决的条件是不要歪曲、改变或隐瞒对方的论点。愿以此与王杏根同志共勉。

其次是所谓"东省开掘已在进行"问题。王杏根同志说,抚顺煤矿已经在开采了,和"刘铁云条约"不一样,刘约尚在"将定"之时,"争"之可获近效。结论是:东省抚顺煤矿不在鲁迅所"争"之列,鲁迅提到它,只是"连类而言","矛头兼指始作俑者",云云。

已成定局的不必"争",不能获得"近效"的不必"争"——姑不论王杏根同志的这种观点怎样贬低了鲁迅,仅就地理知识而言,也是谬误的。《略论》所揭露的是"俄复索我金州、复州、海龙、盖平诸矿地"。金州、复州在辽东半岛南端,距旅大不远,海龙在今吉林省境内,盖平则接近营口,它们都和抚顺相距很远,可谓"风马牛不相及"。王杏根同志在"辨证"时,显然是忽略了这一点的。

当时,东省矿事不在"争"么?《略论》明明说:"(奉天将军)欲毁其约,俄人剧怒,大肆要求",王杏根同志对此也是注意不够的。

鲁迅是爱国主义者,不是乡土主义者;他写的是《中国地质略论》,不是《浙江地质略论》,他关心的是不容帝国主义觊觎我"广漠、美丽、最可爱的祖国",不只是浙江的某几个地方。鲁迅写作《中国地质略论》的这一年,拒俄运动正在蓬勃兴起。为了激励中国青年奋起反击沙俄帝国主义对我国东北的侵略,鲁迅曾专门译作了爱国主义小说《斯巴达之魂》。因此,鲁迅关心东北矿产资源是很自然的。他在《略论》中写进清商某勾结沙俄出卖金州、复州、海龙、盖平诸矿地正是这一关心的具体表现,其目的当然是"提醒我国人民警惕沙俄帝国主义的这一阴谋",谴责一小撮洋奴、买办出卖祖国矿产的卖国勾当。拙文在以大量文字论述对刘鹗的斗争是促使鲁迅写作《略论》的"重要原因"的同时,引证《朝日新闻》的有关消息,说明他是促使鲁迅写作《略论》的原因之一,为什么就不可以呢?

令人不解的是：王杏根同志自己不也在说"促使鲁迅以沙俄夺我矿权事实警策国人"一类的话吗？这不也是视为原因之一了吗？王杏根同志要"辨证"的到底是什么呢？

促使鲁迅写作《略论》的原因是多方面的，除反对帝国主义勾结中国买办掠夺我国矿产资源外，唤醒国人发展民族工业，"结合大群起而兴业"是原因之一，传播地质科学知识，破除风水迷信之说也是原因之一。《绪言》中，鲁迅就表示："凡是因迷信以弱国，利身家而害群者，虽曰历代民贼所经营养成者矣，而亦惟地质学不发达。"像王杏根同志那样，只承认一个原因，排斥其他原因，那是不可能正确地理解《略论》的"作意"的。

三是分类。《略论》分六章。绪言、外人之地质调查者、地质之分布、地质之发育、世界第一石炭国、结论。拙文在指出其和近代护矿运动的密切关联时，根据其主要内容和一般分类法，把它定为"科学作品"。王杏根同志不同意，他先引述了一种旧说，然后把拙文和旧说联系起来，指责我"仍然说《中国地质略论》是一篇科学作品"并云"恐怕也未必恰当"。

现在我们要弄清对"科学作品"应怎么看法？难道"科学作品"就低了一等？难道"科学作品"就一定是纯科学，不能有任何政论成分在内？不错，鲁迅是讲过，"空谈几溢于本论"，但是，鲁迅这里讲的是"几溢"，不是"已溢""大溢"，其"本论"仍然是"关于中国地质之源"。一篇作品只能根据其主要内容和倾向分类。不然，《略论》应归什么类呢？它是科学作品、文学作品还是政论作品呢？笼统地说一句"前无古人、后启来者的重要著作"是不能解决分类问题的。

以上所论，未必正确，欢迎王杏根同志和广大读者指正。

鲁迅早期的几篇作品和《天义报》上署名"独应"的文章[1]

1907年《天义报》11、12卷合刊上有篇文章，题为《论俄国革命与虚无主义之别》，署名"独应"，内容是根据克鲁泡特金的《自叙传》，分析屠格涅夫《父与子》一书中的巴扎洛夫形象，说明俄国革命源于"苛政未熄，天灾流行，民困莫苏，丧乱遂亟"；文章并指出虚无主义和恐怖手段有别，虚无党人不是"唯以喋血为快"的暴徒。文章说："虚无党人一语，正译当作虚无论者。始见于都介洛夫名著《父子》中，后遂通行，论者用为自号，而政府则以统指畔人。欧亚之士，习闻讹言，亦遂信俄国扰乱悉虚无党所为，致混虚无主义于恐怖手段，此大误也；是无异以哲学问题混入政治，如斯多噶宗派之与共和主义，相去不知凡几矣。恐怖手段之作，每与时势相缘，应时而生，已复寂灭，后或重现，亦不可知。盖纯为政界一时之现象，非如虚无主义根于哲理，趋势所及，远被来纪也。"文章还分析了虚无主义产生的社会根源："俄国历

---
[1] 原载《鲁迅研究资料》第3辑，文物出版社1979年版，录自杨天石《哲人与文士》，中国人民大学出版社2007年版。

世以来，家庭专制极重，盖以久用奴制，积习甚深，莫可挽救，有虚无主义起，将冲决而悉破之。"

据周遐寿的《鲁迅与日本社会主义者》一文所述，在日本留学时，鲁迅曾嘱他将克鲁泡特金的《自叙传》节译出来，送给刘申叔，登在《天义报》上；又据《知堂回想录》，周遐寿为《天义报》写稿时所用笔名为"独应"，因此，本文应为周遐寿作。

值得注意的是本文的《跋》：

> 且虚无主义纯为求诚之学，根于唯物论宗，为哲学之一枝，去伪振敝，其效至溥。近来吾国人心虚伪凉薄极矣，自非进以灵明诚厚，乌能有济！而诸君子独喜妄言，至斥求诚之士子为蠢物，中国流行军歌又有詈"印度、波兰马牛奴隶性"者。国人若犹可为，不应有此现象。

这里，有些观点和语言与鲁迅次年发表的《摩罗诗力说》等文很相近。如：《跋》谈到"求诚"，而鲁迅则表示："今索诸中国，为精神界之战士者安在？有作至诚之声，致吾人于善美刚健者乎？"(《坟·摩罗诗力说》)

又如《跋》批评"人心虚伪凉薄"，而鲁迅则说："近世人生，每托平等之名，实乃愈趋于恶浊，庸凡凉薄，日益以深，顽愚之道行，伪诈之势逞。"(《坟·文化偏至论》)

再如《跋》批评中国流行军歌中的"印度、波兰马牛奴隶性"一语，而鲁迅则说："今试履中国之大衢，当有见军人蹀躞而过市者，张口作军歌，痛斥印度波兰之奴性。"(《坟·摩罗诗力说》)后来，鲁迅进一步说："其时中国才征新军，在路上时常遇着几个军士，一面走，一面唱道：'印度波兰马牛奴隶性'我便觉得脸上和耳轮同时发热，背上

渗出了许多汗。"(《随感录》)

这种情况之所以形成,当然是由于此文是鲁迅"嘱"周遐寿"节译"的,周遐寿听取过鲁迅的意见,甚至,鲁迅动笔修改过,也不是不可能的事。

《天义报》上还发表过"独应"的其他几篇文章,它们和鲁迅的同期作品之间也存在着一定的联系。

例一,在《妇女选举权》一文的按语中,"独应"说:"顾比者女子为学,仍以物质为宗,冤哉!"(留学生亦多营营于铁道工艺,嗟夫!是攘攘者,皆杀吾族精神之虫害也夫!)

例二,在《读书杂拾》(二)中,"独应"说:"中国比来,人多言学,顾竟趋实质,凡有事物,非是以和用厚生、效可立待者,咸弃斥而不为,而尤薄文艺,以为文章者乞食之学,而美术利细,弗轨矿若也。虽然,明达之士于物质之足蚀精神亦既有知者,而或乃仍斥文章为小道,此故亦惑也。"

例三,在同文中,"独应"说:"实之为害,每至保其躯体而失其心灵,虽欲及今药之,第吾观中国,比走孳孳于实业商工者众,窃深为寒心也。"

显然,上述三例和鲁迅在《文化偏至论》中所主张的"掊物质而张灵明"的观点是一致的。

"独应"还有一篇文章,系有感于留日中国学生纷纷翻译"监狱学"一类的书籍而发,中云:

顾吾适市,乃见有书累累,标志狱务,皆留学生之所为,抑又何耶?国人远适求学,不有大愿,流连荒亡,及于殂落,斯亦已耳,何监狱之足道!

这不正是鲁迅的观点吗？《摩罗诗力说》中，鲁迅就曾愤激地批判某些留日中国学生不去"介绍"对中国人民解放事业有益的"新文化"，却热衷于翻译所谓"守阓阓之术"！

在《中国人之爱国》一文中，"独应"评介俄国诗人莱蒙托夫时说：

俄有勒孟埵夫，生为诗人，挚于爱国，顾其有情，在于草原浩荡，时见野花，农家朴素，颇近太古，非如一般志士之为，盲从野爱，以血剑之数，为祖国光荣，如所谓"兽性之爱国者"也。

这同样是鲁迅的观点和语言。《摩罗诗力说》中，鲁迅说："来尔孟多夫亦甚爱国，顾绝异普式庚，不以武力若何，形其伟大。凡所眷爱，乃在乡村大野，及村人之生活"。又介绍丹麦批评家勃兰兑斯的观点说："惟武力之恃而狼藉人之自由，虽云爱国，顾为兽爱。"在《破恶声论》中，鲁迅也表达过同样的思想，他激烈地批判那种依靠"甲兵剑戟"侵略他人，"喋喋为宗国晖光"的所谓"爱国者"，斥之为"兽性爱国者"。

此外，"独应"对裴彖飞（裴多菲）的介绍和鲁迅也很相似。

1907年，鲁迅正和周遐寿一起读书，研究文艺，筹办《新生》杂志，因而，在"独应"的文章中反映出鲁迅的某些思想和观点并不奇怪。此外，鲁迅早年的著作有时用周遐寿的名义发表，因此上述文章中是否有部分出自鲁迅手笔，亦有待于进一步研究。

越社和南社

林辰同志《鲁迅与南社》一文[1]，论证鲁迅参加的是越社，不是南社；越社成立于南社前，是南社的兄弟社团，而不是它的分社；鲁迅与南社无关。后来李诗同志《越社和鲁迅》一文[2]据南社成员陈去病、姚光的两篇文章修正了林辰同志的意见，指出：越社成立于南社后，是在南社影响之下成立的。但他仍然分割它们之间的关系，认为越社只是处在南社的"卫星组织"的地位，并无总社、分社的关系。对此，我愿进一步提出两条材料来加以考辨。

一为南社发起人高旭在1911年所写的一首诗，题为《闻广南社将继越南社出世为南社应声，喜而赋此》，见其所著《天梅遗集》卷六。越社的称呼越南社，其身份自是十分明确的。另一材料为越社的组织章程，载于鲁迅编辑的越社机关刊物《越社丛刊》第一集。中云："本社由南社分设于越，故以越名。"又云："本社书记应将社友姓名、住址及

---

[1]《光明日报》，1991年9月26日。
[2]《光明日报》，1962年1月11日。

一切社务情形于每年夏季、冬季报告南社书记员。"又同集登载的《南社条例》中也规定："社友有于所在地组织支社者，须于成立以前报告本社，由本社认可。""支社书记员须将社友姓名、住址及一切社务情形每半年于雅集前一日报告本社。"此外，这一集的开头还登有陈去病的《越社叙》，肯定越社是"吾南社"的一部分；末尾又登有高旭的《南社启》，诗文部分则有柳亚子及南社主要成员雷昭性（铁崖）等人的作品。此刊今存苏州博物馆柳亚子纪念室内。

根据以上材料，不难看出，越社确为南社的分社。

其次，是越社的成立时间和鲁迅参加该社的时间问题。据上引高旭诗题，越社成立于广南社前。高诗云："刮地风吹热血凉，铜琶铁板恨茫茫。五羊城畔妖云黑，夜半鸡豚礼国殇。"可知广南社当成立于1911年3月广州起义期间。又据姚光的《淮南社序》："自大江以南首倡南社，为海内之先声，而后如越、如辽、如粤，闻风响应。"可知广南社成立前，越社成立后，中间还成立过一个辽社，因而，越社的成立至少是1910年冬天的事。李诗同志推断成立于1911年3月到6月间是错误的。至于鲁迅参加越社的时间，则是在辛亥革命之后，不必如林辰、李诗同志推断的那么早，周建人在《绍兴光复前鲁迅的一小段事情》一文（《人民文学》1961年7、8期合刊）中曾指出过。此外，我估计，南社发起人陈去病在这段时期内也和鲁迅有过接触。《越社丛刊》出版于1912年2月，这以前，陈去病正担任着绍兴《越铎日报》的主笔（据金世德《陈去病先生年表》，原载苏州《明报》，范烟桥先生藏稿）。《越铎日报》是越社的机关报，报社社址则是越社的联络处；而鲁迅又正是该报的发起人。他们之间有交往的可能性是极大的。

鲁迅和越社新考

关于越社以及鲁迅和它的关系，前些年有些争论。笔者陆续读到一些史料，有助于这些问题的解决。

其一是越社成立的时间。陈去病的《越社叙》在《南社》第四集和《越社丛刊》第一集中发表时，都没有注明写作年月。但是它最初在北京《帝国日报》发表时，除题为《越社成立叙》外，文末并署明"辛亥仲春中浣一日吴江陈去病书"[1]，据此，该文的写作时间可以明确地定为1911年3月11日。又，鲁迅致许寿裳书，告以"近日拟立一社"，时在同年4月12日，陈去病介绍宋琳参加南社的时间是4月17日。[2] 综合这些材料，越社成立的时间当为1911年4月或5月。

其二为越社和南社的关系。《帝国日报》在《越社成立叙》之后，附有《越社简章》，其第一条为："本社由南社分设于越，故以越名"。文字和《越社第二次修改章程》完全一样。这就告诉我们，越社一开始

---

[1]《帝国日报》，1911年5月26日。
[2]《南社入社书》。

就明确地自认为南社的分社,而并非后来修订章程的结果。

其三为鲁迅和越社的关系。1912年3月,《越铎日报》内部发生争执时,宋琳曾投书上海《民声日报》,中云:

> 前琳以神州光复,特邀社友周豫才、张越民、王文灏诸君,在绍兴以越社名义组织《越铎日报》,以为文明之鼓吹。

这里,宋琳在周豫才的名字上,特别冠以"社友"二字,说明鲁迅曾明确地加入过越社,而并非如某些人所回忆,"又参加,又不参加"。宋琳写这封信的时候,距离越社成立不到一年,不会发生记忆上的差错。

其四为《越社丛刊》的影响。1912年2月20日,上海《民声日报》曾发表柳亚子的评论云:

> 越社为会稽宋紫佩君发起,与南社相掎角,振风骚于绝响,追几、复之芳踪,甚盛事也。顷复裒集社友著述,汇为《越社丛刊》,承以第一集见惠,挹雅扬风,芳馨悱恻,足以发扬大汉之天声矣。自建虏兴狱,文献坠地,民国初建,弦诵未遑,得此空谷足音,何快如之耶!

《越社丛刊》是鲁迅亲自编辑的,柳亚子的这篇文章也许可以看作是对鲁迅文学活动的最早评论吧?

附一：

越社成立叙

陈去病

　　风云惨淡之际，脱无人焉，挽狂澜之既倒，作砥柱于中流，则必天倾地圮，人事翻覆，一夺乎大中至正之道，而日即于邪，将三纲沦而万物，天下事其尚可为乎？惟夫君子禀百折不回之志，婴至艰极钜之任，毅然决然而无所恐怖，于是经历险阻，备诸困阨，而泰乎如履坦夷之途，斯其所由回劫运而贻衽席也。孰谓天定胜人而人定不可以胜天哉？盖亦视乎人而已矣。挽近以来，中国之变，亦既亟矣。上无道术以速其亡，下亦无所补救以视其亡，而天下因益加危。一二君子忧之，思有所藉手以为之援，乃终弗获。遁而之于旷荡之野，莽苍之乡，徒以放浪自娱，狂歌痛哭，以遣厥生，而于是大江之南，迄乎南海，有南之社挺焉。其为社也，上不系于皇之朝，下不托乎民之野，茫茫葱葱，若凭虚御风，而属乎帝之乡。其社之人也，抑又天子不得而臣，诸侯不得而友，颀乎散乎以自放乎山泽之间，而与古为之徒。故世莫之或闻，闻亦以为怪，而弗与之俱。然且植之，且拓之，且响应之，至于声大而洪，而铮，而扇厥风，以激荡于浙江之潮，而腾啸乎其东，则翘翘然正吾三千君子欢笑忭舞于会稽之峰，斯越社之雄也，亦我南社之所托以为功者也。

　　然则越社之成，余又乌可不文以为之庆乎！庸敢陈其鄙陋，为越社勖，且以祈吾南社将由越而闽而粤，以迄乎南海之南，北海之北，则天下事倘有济乎，抑又南社之庆也。是为叙。辛亥仲春中浣一日吴江陈去病书。

（《帝国日报》，1911年5月26日）

附二：

越社简章

一、本社由南社分设于越，故以越名。

二、本社以益智辅仁，兼敦友睦任■之风为主义。

三、品学优长，得社友之介绍者，即可入社。

四、入社者须由本社发给入社书，依式填送。

五、入社者应纳入社金一元，纳后即由本社发给收据。

六、社中设总干事一，总理一切事宜；副干事二，掌一切庶务；总编辑一，总理杂志事宜；副编辑二，协理杂志事宜；书记一，掌信件及记事；会计一，掌一切经费。

七、本社岁刊杂志两期（另订简章），社友均可投稿，由编辑员选集付梓。

八、杂志出版后分赠各社友，刊费由社友按月酌捐，每人一角以为常。如愿慨助多金，本社尤为欢迎，并将姓氏爵里随时谨登杂志。

九、本社遇春秋佳日，即邀同社友择湖山胜地雅集二次。如有特别事故须临时集议者，其地址及日期亦由书记预告。

十、职员每岁一易，雅集时投票公选，有连任者听。

附则：本章如有未尽完备之处，当雅集时公同修正。

本社通讯处暂设绍城大路坤记参局

（《帝国日报》，1911年5月26日）

"咸与维新"的来历[1]

鲁迅的名文《论"费厄泼赖"应该缓行》里有一段话:"革命终于起来了,一群臭架子的绅士们,便立刻皇皇然若丧家之狗,将小辫子盘在头顶上。革命党也一派新气——绅士们先前所深恶痛绝的新气,'文明'得可以;说是'咸与维新'了,我们是不打落水狗的,听凭它们爬上来罢。"关于"咸与维新",新版《鲁迅全集》注释道:"语见《尚书·胤征》:'歼厥渠魁,胁从罔治,旧染污俗,咸与维新。'原意是对一切受恶习影响的人都给以弃旧从新的机会。这里指辛亥革命时革命派与反动势力妥协,地主官僚等乘此投机的现象。"既找出了语源,也解释了鲁迅的用意,都是不错的。然而,又觉得没有完全抓到痒处。鲁迅明明写着:"革命党也一派新气","说是'咸与维新'了"。到底是哪位或哪些"革命党"说的呢?不把这位或这些"革命党"找出来,就不能认为注释已经功德圆满了。

---

[1] 原载《光明日报》,1990年1月7日,录自杨天石《哲人与文士》,中国人民大学出版社2007年版。

说来还真有来历。

1912年1月,孙中山刚当上临时大总统不久,章太炎曾经给孙中山写过一封信,目的是调和同盟会、光复会两个革命组织之间的矛盾,正事谈完了,章太炎忽然根据传闻给孙中山提了一条意见:"兼闻同盟会人(指在广东者)有仇杀保皇党事。彼党以康、梁为魁帅,弃明趋暗,众所周知;然附和入会者,尚不能解保皇名义,赤子陷阱,亦谓无罪于人。今兹南纪肃清,天下旷荡,虽旧染污俗,亦当普与自新。若以名号相争,而令挟私复怨者,得借是以为名,无损于虏,徒令粤东糜烂,此亦执事所当谨饬者也。"

保皇党,亦称保皇会、保救大清皇帝会,1899年成立,康有为任会长,梁启超任副会长,以保救光绪皇帝复辟为宗旨,既反对西太后,也反对孙中山领导的民主革命。章太炎提这条意见的目的是,提醒"同盟会人"注意政策,对旧日的政敌不能一概打击,而要区别首从;有些"附和入会者"什么都不懂,就像儿童掉进了陷阱里一样,是无罪的。写到这里,章太炎大概觉得需要加强理论力量,于是便将《尚书》原文略加改动,补充了一句,"虽旧染污俗,亦当普与自新"。(附带提一笔,这篇《胤征》其实是后人的伪作。)

孙中山和章太炎有段时期关系很不好,但孙中山襟怀博大,从善如流,收到章太炎来信后,立即给广东都督陈炯明和各省都督打了一封电报,中云:

> 近闻各省时有仇杀保皇党人事。彼党以康、梁为魁首,弃明趋暗,众所周知。然皆受康、梁三数人之蛊惑,故附和入会者,尚不能解保皇党名义,犹之赤子陷阱,自有推堕之人,受人欺者自在可矜之列。今兹南纪肃清,天下旷荡,旧染污俗,咸与维新,法令所加,只问其现在有无违犯,不得执既往之名称以为罪罚。至于挟私

复怨，藉是为名，擅行仇杀者，本法之所不恕，亟宜申明禁令，庶几海隅苍生，咸得安堵。

孙电基本上是章函有关部分的复述，但也有若干不同。其一是将"普与自新"按《尚书》原文改回为"咸与维新"。这样，"咸与维新"一语就在革命党人中流布起来了。鲁迅所说："革命党也一派新气"，"说是'咸与维新'了"，其源盖本于此。

鲁迅的文章博大精深，有些地方，看似漫不经心，随手拈来，实际上包含着丰富的历史内容。

周氏三兄弟与留法勤工俭学运动[1]

——近世名人未刊函电过眼录

近世文人之间写信，常有谜一般的语言。其内容，当时写信者知，受信者亦知，对于局外人，可就形同天书了。例如，1920年10月15日，周作人致钱玄同函云：

> 闻口天寿考元首男儿已由ㄒㄧㄢㄤㄞ到ㄊㄢㄒㄧㄢ，由ㄊㄢㄒㄧㄢ到ㄆㄝㄍㄧㄥ，不知道你已见到他否？他的招徒弟往佛郎机去，不知何日出始？我们的兄弟（名叫建人）想去ㄅㄧㄤㄛㄥ读书，曾同伯喈祭酒说起，他允转达口天公；现在祭酒将行，而佛郎机之事未定，不知可否请你于见到该寿考元首男儿时，代为一问消息？但虽欲往ㄅㄧㄤㄛㄥ，而无此资斧，故欲弄一点校里事务，而免费等；此事亦与伯喈祭酒谈起，亦望再提及，不知能做到否？又有K=符=伏庐之弟名福熙者，亦欲如此，曾往见伯喈祭酒说过，

---

[1] 原载《光明日报》，2003年4月15日，录自杨天石《哲人与文士》，中国人民大学出版社2007年版。

你能一并问及,则尤好矣!夫蔡既然将行,而口天公又找不到,故所以要消耗国朝的菩萨,幸赐大野光明焉。

此函系钱玄同之孙钱端伟先生家藏。颇难懂。首先是信中提到的"口天寿考元首男儿",其次是"伯喈祭酒"。倘不弄清楚这两个人,全函就不知何所云了。

还是先从"口天寿考元首男儿"解起。据周函,"口天寿考元首男儿"亦名"口天公",可知此人姓吴。据"寿考元首",可知此人在周作人、钱玄同等人中间,年龄必较大,属于"老"字辈。据"男儿",可知此人为男性。据"招徒弟往法郎机"一语,可知此人在1920年,曾有招收中国年轻人往法国留学之事。将这四个条件合起来,我想多少熟悉一点中国近代史的人都会脱口说出:"口天寿考元首男儿"者,吴稚晖也。至于"伯喈祭酒",则比较好解。"伯喈",东汉文学家蔡邕的字。"满村听说蔡中郎",是个曾经很著名的文人。"祭酒",古代学官名。汉有博士祭酒,西晋有国子祭酒,隋、唐及清有国子监祭酒。据此,则"伯喈祭酒"应指北京大学校长蔡元培。信中还提到一个人,"K=符=伏庐之弟名福熙者"。经查,"K=符=伏庐",指孙伏园,北京大学学生,文学研究会发起人之一。据此,则福熙应指孙福熙,时为北京大学图书馆职员。"ㄒㄧㄢㄤㄞ""ㄊㄢㄒㄧㄢ",均应为欧洲地名。"ㄆㄝㄍㄧㄥ",指北京。"ㄌㄧㄤㄛㄥ",指里昂。

辛亥革命前,中国人出国的留学目标大多是日本;辛亥革命后,则转向法国,而其提倡最力者,则是吴稚晖和蔡元培等人。1912年,吴稚晖与张继、张静江、李石曾、吴玉章等人在北京组织留法俭学会及留法预备学堂,鼓励人们赴法留学,向国内输入世界文明。1916年,蔡元培、吴玉章、李石曾及部分法国人士在巴黎成立华法教育会,"以法国科学与精神之教育,图中国道德、智识、经济之发展"。其后,北京、直隶、山东、上海、四川、湖南等地陆续成立分会。自1919年3月起，留法勤工俭学运动进入高潮，大批青年学子陆续离乡背井，赴法留学。同年，吴稚晖等提议在法国设立一所大学，为中国培养高级学者和研究人才。此议得到里昂大学校长儒班（P. Joubin）的支持。1920年4月，吴稚晖赴法，进一步规划此事。同年7月，法国政府决定将里昂西郊的一所报废兵营作为中法大学校址。于是，成立里昂中法大学一事便进一步具体化。周作人致钱玄同函中所称"招徒弟往法郎机"即指此事。

周作人函称："我们的兄弟（名叫建人）想去ㄌㄧㄤㄛㄥ读书。"据此可知，当年周建人曾有赴法勤工俭学的打算，其具体方案为一边在里昂"中法大学"，"弄一点校里事务"做，一边免费读书。这一目标能否达成，关键在中法大学的发起人吴稚晖。当年，吴稚晖为筹办中法大学四处奔波，忽而国内，忽而赴英、赴法。10月间，吴稚晖到北京，会同蔡元培、李石曾，要求北京政府落实原曾应允资助的款项。同月，《北京大学日刊》宣布蔡元培即将赴欧考察教育。周作人听说吴稚晖到了北京，但不知他的确切行踪，又以蔡元培出行在即，不得不要求钱玄同这位周作人眼中的"国朝的菩萨"出面，直接向吴稚晖斡旋此事，既为周建人说项，也顺便为孙福熙解决问题。

不过，应该指出的是，最早为周建人留法一事操心的还是鲁迅。台北中国国民党党史馆所存吴稚晖档案中保存有两封鲁迅致蔡元培函。其一云：

> 孑民先生左右：今晨趋谒，值已赴法政学校为怅。舍弟建人从去年来京，在大学听讲（本系研究生物学，现在哲学系），日愿留学国外，而为经济牵连，无可设法。比闻里昂华法大学成立在迩，想来当用若干办事之人，因此不揣冒昧，拟请先生量予设法，俾得藉此略求学问，副其素怀，实为至幸。专此布达，敬请道安！周树

人谨上。八月十六日。

其二云：

孑民先生左右：适蒙书祗悉。舍弟建人未入学校，初治小学，后习英文，现在可看颇深之专门书籍，其所研究者为生物学。曾在绍兴为师范学校及女子师范学校博物学教员三年。此次志愿，专在赴中法大学留学，以备继续研究。第以经费为难，故私愿即在该校任一教科以外之事务，足以自给也。专此布达，敬请道安。周树人谨状。八月廿一日。

二函合置于一个封套中。封面题：北京大学第一院，蔡元培先生，周寄，八月廿二日。

据鲁迅上述二函可知，为帮助周建人成行，鲁迅先于8月16日晨走访蔡元培，适值蔡外出，鲁迅便写了前一封信。蔡元培得信后，立即作复，要求鲁迅提供周建人的学历、经历等情况，于是鲁迅便写了第二封信。二函留存于吴稚晖档案中，说明蔡元培对鲁迅所托是重视的，及时将它们交给了吴稚晖。我在国民党党史馆读到此二函时，以为系首次发现，后来了解到，在我之前，日本学者阪元弘子早已看到，并且做了介绍（参见《鲁迅研究月刊》1999年第9期）。

周建人属于自学成才型人物。他因为两位兄长先后赴日留学，便独自留在故乡陪伴母亲，自习文字学与英文，同时研究生物学。先后任教于绍兴僧立小学、水神庙小学、明道女校、绍兴师范、绍兴女子师范等处。1919年12月，鲁迅回绍兴搬家，建人随母亲、鲁迅夫人朱安等同到北京，和两位兄长住在一起。次年，到北大哲学系旁听。他回忆说："在当时的社会，许多知识分子都感到要使中国富强起来，就要学习西方的科学技术。可是，社会本身有许多病症，总觉得还没有找出来。因此我就想，学自然科学的人，也得关心社会科学。1919年我到北京来，就曾经到北大去旁听哲学和社会学，听胡适讲欧洲哲学史，讲杜威。听了一学期，总觉得离中国的问题很远，就不想再听下去了。"(《早年学科学追忆》)周建人的赴法留学的念头大概即萌生于此时。

1921年10月，里昂中法大学开学，孙福熙如愿以偿，到该校任秘书，半工半读，但周建人却未能成行。在此之前一月，周建人因在北京找不到职业，又不愿"在家里吃白食"，到上海商务印书馆当了编辑。

读鲁迅与胡适轶札[1]

胡适有在日记中保存友朋信札的习惯,这封鲁迅致胡适的轶札就是我在访问美国期间阅读胡适未刊日记(缩微胶卷)时发现的。该札从未在任何地方发表过。

为:

适之先生:

今日到大学去,收到手教。

《小说史略》竟承通读一遍(颇有误字,拟于下卷附表订正),惭愧之至。论断太少,诚如所言;玄同说亦如此。我自省太易流于感情之论,所以力避此事,其实正是一个缺点;但于明清小说,则论断似较上卷稍多,此稿已成,极想于阳历二月末印成之。

百二十回本《水浒传》曾于同寮(僚)齐君家借翻一过,据云

---

[1] 原载《人民日报》,1990年12月3日,录自杨天石《哲人与文士》,中国人民大学出版社2007年版。

于保定书坊得之，似清翻明本，有图，而于评语似多所刊落，印亦尚佳，恐不易再得。齐君买得时，云价只四元。此书之田虎、王庆诸事，实不好，窃意百回本当稍胜耳。

百十五日本《水浒传》上半，实亦有再印之价值，亚东局只印下半，殊可惜。至于陈忱后书，其实倒是可印可不印。我于小说史印成后，又于《明诗综》见忱名，注云："忱，字遐心，乌程人。"止此而已，诗亦止一首，其事迹莫考可知。《四库书目》小说类存目有《读史随笔》六卷，提要云："陈忱撰，忱字遐心，秀水人。"即查《嘉兴府志·秀水·文苑传》，果有陈忱，然字用亶，顺治时副榜，又尝学诗于朱竹垞，则与雁宕（荡）山樵非一人可知。《四库提要》殊误。

我以为可重印者尚有数书，一是《三侠五义》，须用原本，而以俞曲园所改首回作附。

一是董说《西游补》，但不能雅俗共赏。一是《海上花列传》，惜内用苏白，北人不解，但其书则如实描写，凡述妓家情形者，无一能及他。

闻先生已看定西山某处为养息之地，不知现在何处？我现搬在西四砖塔胡同六十一号，明年春天还要搬。

作《红楼梦索隐》之王沈二人，先生知其名（非字）否？

迅上
十二月二十八日夜

本函作于 1923 年。当年 12 月 28 日鲁迅日记云："得胡适之笺。"12 月 29 日日记云："寄胡适之信。"这里所说的"寄胡适之信"当即本函。鲁迅于 1920 年在北京大学主讲中国小说史，同时，胡适也正以

《水浒传》的考证为开端，展开对中国小说历史演进的研究。1922年，双方开始以通信形式讨论《西游记》等中国古典小说研究中的问题。1923年12月，鲁迅刊行《中国小说史略》上卷。中国小说自来无史，鲁迅的这部书乃是开山之作，因此，他用力甚勤，出版后立即分赠胡适、钱玄同等人，征求意见，本函乃是对胡适所提意见的答复。

从函中可以看出，胡适、钱玄同都认为《中国小说史略》"论断太少"，鲁迅完全同意这一批评，并由此自我解剖："我自省太易流于感情之论，所以力避此事，其实正是一个缺点。"文艺科学和文艺作品不同，文艺作品需要艺术家灌注强烈的激情，文艺科学则需要冷静、缜密地分析，力避作者个人的主观爱憎，但是，又不可以只罗列材料，而不作必要的论断。鲁迅在写作《中国小说史略》的过程中，逐渐解决了这一难题。

《水浒传》版本众多。自金圣叹腰斩该书之后，坊间流行七十回本。1920年7月，胡适写作《水浒传考证》一文时，只见到几种七十回本，但是，他推断《水浒传》原本应为百回本。自此，引起了人们对《水浒传》版本的注意，百回本、百十五回本、百二十回本等陆续出现。鲁迅此函，向胡适介绍了他所见到的一种百二十回本的情况，并认为"此书之田虎、王庆诸事，实不好"，说明此时，鲁迅对《水浒传》及其版本问题也有着浓厚的兴趣。函中所云"同寮（僚）齐君"，应为齐宗颐（寿山），他是鲁迅在北洋政府教育部任职时的同事。

当时，上海亚东书局正根据胡适的意见，准备出版《水浒续集》两种，其一为《征四寇》，即百十五回本《水浒传》的第六十五回以后。胡适认为这一部分"除了它的史料价值之外，却也有他自身的文学价值"。其二为陈忱的《水浒后传》，胡适认为它是17世纪的一部好小说，其中有的段落，"真当得哀艳二字的评语"，"古来多少历史小说，无此好文章"。鲁迅赞成重印百十五回本《水浒传》的下半部，但认为上半部同样有重印的价值。至于陈忱的《水浒后传》，鲁迅则认为"可印可不印"。鲁迅特别指出：清初有两个陈忱。一个是乌程（今湖州市）人，字退心，号雁宕（荡）山樵，是《水浒后传》的作者；另一个是秀水人，字用亶，与《水浒后传》无关。《四库全书总目提要》将二人误合为一是错误的。差不多与鲁迅同时，胡适也得出了相同的看法。

12月28日函中，鲁迅还建议胡适重印《三侠五义》《西游补》《海上花列传》等三部小说，并谈了对它们的看法。后来，胡适重印了《三侠五义》和《海上花列传》，并分别写了序言。《三侠五义》根据鲁迅意见，用的是"原本"。

[五]

钱玄同论丛

钱玄同与胡适

钱玄同和胡适的友谊始于"五四"前夜，延伸至20世纪30年代。二人的思想性格虽然有较大的反差，但二十多年中，始终互相支持，互相影响，共同为中国新文化事业做出了巨大贡献。

"小批评，大捧场"

古有所谓"神交"之说，常用以指人们虽未见面，却已经精神交通，成为莫逆。钱玄同与胡适的友谊即发端于"神交"。1917年1月1日，《钱玄同日记》云：

> 往访尹默，与谈应用文字改革之法。余谓文学之文，当世哲人如陈仲甫、胡适之二君均倡改良之论。二君邃于欧西文学，必能于中国文学界开新纪元。余则素乏文学智识，于此事全属门外汉，不能赞一辞，而应用文之改革，则二君所未措意。其实应用文之弊，始于韩、柳，至八家之文兴，桐城之派倡，而文章一道，遂至混沌。

晚唐以后，至于今日，其间能撇去此等申申夭夭之丑文字者，惟宋明先哲之语录耳。今日亟图改良，首须与文学之文划清，不能存丝毫美术之观念，而古人文字之疵病，虽见于六艺者，亦不当效。[1]

当时，胡适还是个二十二岁的年轻人，正在美国哥伦比亚大学研究哲学，同时探索中国文学改革的道路。1916年8月，他寄书陈独秀，提出文学革命八条件。11月，写成《文学改良刍议》。钱玄同于此即断言，胡适"必能于中国文学界开新纪元"，这不能不说是独具慧眼。1月7日日记又云：

> 至尹默处，携胡适之《论文字句读及符号》一文（见《科学》第二卷第一期）往。因客冬尹默与幼渔及我，选有关于中国古今学术升降之文百余篇，拟由学校出资排印，尹默意欲用西文点句之法及加施种种符号，将以胡文所论供参考。此意我极谓然。

胡适的《论句读及文字符号》作于1915年8月，发表于1916年，并未受到重视，但是，钱玄同、沈尹默却敏感地注意到了，并且试图立即加以实践。

胡适的《文学改良刍议》当年1月在《新青年》二卷五号发表，钱玄同立即致函陈独秀，表示"极为佩服"，"其斥骈文不通之句，及主张白话体文学，说最精辟"，钱玄同并称：

> 具此识力，而言改良文艺，其结果必佳良无疑，惟选学妖孽，桐城谬种，见此又不知若何咒骂，虽然得此辈多咒骂一声，便是价

---

[1] 本文所引《钱玄同日记》，均据未刊原稿，不一一注明。

值增加一分也。[1]

2月15日，钱玄同再次致函陈独秀，特别肯定胡适"不用典"的主张，认为此论"实足祛千年来腐臭文学之积弊"。[2]他以中国文学的发展历史说明，齐、梁以前的文学，如《诗经》《楚辞》、汉魏歌诗、乐府等，朴实真挚，从无用典者，只是到了后世，才习非成是，竞相用典，成为文学窳败的一大原因。在《文学改良刍议》中，胡适虽主张"不用典"，但又认为"工者偶一用之，未为不可"，特别举了苏轼诗、江亢虎文等为例，作为"用典之工"的例子。对此，钱玄同不以为然，认为无论工拙，用典均为行文之病；至于普通应用文，更须老老实实讲话，务期老妪能解。他表示：

白话中罕有用典者，胡君主张采用白话，不特以今人操今语，于理为顺，即为驱除用典计，亦以用白话为宜。弟于胡君采用白话之论，固绝对赞同也。[3]

信中，钱玄同还就文章中人的称谓、骈散、文法，小说、戏剧的文学价值等问题，广泛发表了看法。信末，钱玄同再次表示了他对"桐城巨子""选学名家"的蔑视，称他们的作品为"高等八股"。

钱玄同是章太炎的弟子，有名的声韵训诂学家，当时是北京大学教授，他的信使胡适有受宠若惊之感。尽管胡适正在紧张地准备博士考试，还是于5月10日复函陈独秀，接受钱玄同的批评，承认所举用典五例，有"不当"和"失检"之处，对钱玄同所论文中称谓、骈散、文

---

[1]《新青年》第2卷第6号，《通信》，第12页。
[2]《新青年》第3卷第1号，《通信》，第1、2页。
[3]《新青年》第3卷第1号，《通信》，第1、2页。

法等问题,均"极表同情"。[1]信中,胡适也对钱玄同所论《聊斋志异》等小说提出了不同看法,由此二人反复通信,展开了中国古典小说评价问题的讨论。

钱玄同对《文学改良刍议》的批评是局部的、细节性的,而肯定则是总体的、根本性的,胡适后来称之为"小批评,大捧场"。他说:"钱玄同教授则没有写什么文章,但是,他却向陈独秀和我写了些小批评,大捧场的长信,支持我们的观点。这些信也在《新青年》上发表了。钱教授是位古文大家,他居然也对我们有如此同情的反应,实在使我们声势一振。"[2]

读了胡适的《文学改良刍议》后,钱玄同一直想写一篇《论应用之文亟宜改良》,因课务繁忙,未能执笔。7月,《新青年》三卷五号发表了他的致陈独秀函,提出应用文改革大纲十三事,其主要者为"以国语为之""绝对不用典""无论何种文章,必施句读及符号""凡纪年,尽改用世界通行之耶稣纪元","改右行直下为左行横迤"等。稍后,钱玄同又致函陈独秀,建议《新青年》同人带头使用白话。他说:

> 我们既然绝对主张用白话体做文章,则自己在《新青年》里面做的,便应该渐渐的改用白话文。我从这书通信起,以后或撰文,或通信,一概用白话,就和适之先生做《尝试集》一样的意思,并且还要请先生、胡适之先生和刘半侬(农)先生都来尝试尝试。[3]

钱玄同满怀信心地表示:"若是大家都肯'尝试',那么必定'成

---

[1]《新青年》第3卷第4号,《通信》,第7页。
[2] 胡适英文口述稿,唐德刚编校译注《胡适的自传》,见《胡适研究资料》,北京十月文艺出版社1989年版,第248页。
[3]《新青年》第3卷第6号,《通信》,第11页。

功'。'自古无'的,'自今'以后一定会'有'了。"

《新青年》同人积极回应钱玄同的倡议,自此,愈来愈多的人采用白话写作,中国文化发展中长期存在的言文脱节现象得到彻底纠正,文学语言、书面语言迈上了健康发展的大道。

初次相识

1917年8月,胡适应蔡元培之邀,回国任北京大学教授,讲授中国古代哲学史。10日,到达北京。12日,蔡元培在六味斋设宴接风,陪客有蒋竹庄、汤尔和、陶孟和、沈尹默、沈兼士、马幼渔及钱玄同等七人,这是钱、胡二人第一次见面。[1]14日,钱玄同赴北大拜访胡适,未晤。19日,钱玄同再至北大拜访,二人"畅谈甚乐"。胡适兴奋地谈起他对于中国儒学的新看法:

> 自汉至唐之儒学,以《孝经》为主,自宋至明之儒学,以《大学》为主。以《孝经》为主者,自天子以至庶人,均因我为我父之子,故不能不做好人,我之身但为我父之附属品而已。此种学说,完全没有个"我"。以《大学》为主,必先诚意、正心、修身,而后能齐家、治国、平天下,此乃以"我"为主者,故陆、王之学均能以"我"为主。如陆九渊所言,我虽不识一字,亦须堂堂做一个人是也。[2]

封建主义力图压抑、桎梏以至虐杀"我","五四"先驱者们则力图

---

[1]《钱玄同日记》,1917年9月12日。
[2]《钱玄同日记》,1917年9月19日。

拯救、发现以至扩张"我"。胡适的这段议论未必是对儒学发展的正确总结,但他力图重新审视中国思想史,并且力图用一种新的观点加以阐释,因此,使钱玄同极为佩服,归来后立刻在日记中记述了这段谈话,并且加了一句评语:"此说可谓极精。"

胡适又说:

> 古书伪者甚多。然无论何书,未有句句皆具本来面目者,读书贵能自择,不可为古人所欺。[1]

中国人喜欢托古立言或托古改制,因此,中国浩如烟海的文化典籍中便掺进部分伪书。胡适看出了这一点,强调"自择",摆脱古人的蒙蔽以发现历史的"本来面目",这一思想成为他后来提倡疑古辨伪的发端。对此,钱玄同也很佩服,认为"此说亦极是"。

9月25日,钱玄同第三次去北大拜访胡适,从下午三点谈到六点。这次,还是胡适高谈阔论。他说:

> 现在之白话,其文法极为整齐。凡文言中止词为代名词者,每倒在语词上,如不已知、莫我知、莫余毒、不吾欺、不汝疵暇、我诈尔虞之类,在白话则不倒置,略一修饰,便成绝好之文句。

胡适表示,他准备编辑《白话文典》一书,对此,钱玄同表示:"此意吾极以为然。"[2]

两次谈话,胡适思想活跃,才华焕发,使钱玄同极为倾倒,他开始

---

[1]《钱玄同日记》,1917年9月19日。
[2]《钱玄同日记》,1917年9月25日。

在各种场合赞美胡适。10月2日，钱玄同见到朱希祖，盛赞胡适的《墨经新诂》"做得非常之好"。[1]唐人杨敬之诗云："平生不解藏人善，到处逢人说项斯。"钱玄同之于胡适，颇有杨敬之对项斯的意味了。

在此期间，胡适和钱玄同之间多次通信，讨论并设计新式标点符号。[2]1918年1月，钱玄同在《新青年》四卷二号提出繁式和简式两种方案。1919年11月，胡适和钱玄同又联合马裕藻、周作人、朱希祖、刘半农，向教育部提出《请颁行新式标点符号议案》。[3]今天广为通行的标点符号正是他们当年呼吁、奋斗的结果。

关于中国小说的讨论

戊戌变法前后，严复、夏曾佑、康有为、梁启超等人为了启迪民智，开始重视小说的社会作用和艺术功能，小说在文学各门类中的地位得到了前所未有的提高。五四时期，胡适、钱玄同为了提倡白话文学，小说的地位再一次升腾，成了"正宗"，因此小说研究也就进入学术之宫，逐渐成为显学。

在《文学改良刍议》中，胡适于批判以模仿为能事的诗人、古文家的同时，高度评价《水浒传》《红楼梦》《儒林外史》以及吴趼人、李伯元、刘鹗的小说。他说："吾每谓今日之文学，其足与世界'第一流'文学比较而无愧色者，独有白话小说。"[4]钱玄同大体同意上述看法，他根据胡适所提出的批评标准对中国小说作过一个总体分析。1917年2月25日函云：

---

[1]《钱玄同日记》，1917年10月2日。
[2] 参见《胡适致钱玄同函》，1917年9月28日、9月30日，《中国现代文艺资料丛刊》第5辑，上海文艺出版社1980年版，第288—290页。
[3]《胡适文存》卷1。
[4]《新青年》第2卷第5号，第13页。

> 前此小说与戏剧在文学上之价值，窃谓当以胡先生所举"情感"与"思想"两事来判断。其无"高尚思想"与"真挚情感"者，便无价值之可言。旧小说中十分之九，非诲淫诲盗之作，即神怪不经之谈，否则以迂谬之见解，造前代之野史；最下者，所谓"小姐后花园赠衣物""落难公子中状元"之类，千篇一律，不胜缕指。故小说诚为文学正宗，而前此小说之作品，其有价值者乃极少。[1]

钱玄同反对胡适对《老残游记》的评价，认为该书只有写毓贤残民以逞一段是好的，其他所论，"大抵皆老新党头脑不甚清晰之见解"。

在"五四"先行者中，钱玄同的批判色彩最浓，而胡适则较淡。5月10日函中，胡适承认钱玄同对《老残游记》的批语中肯，但是，在若干小说的评价上，胡适也表示"未敢苟同"。

《聊斋志异》：钱玄同认为"全篇不通"，胡适认为"此言似乎太过"。

《西游记》：钱玄同认为"神怪不经"，胡适认为"其妙处在于荒唐而有情思，诙谐而有庄意"，其中写孙行者历史的八回，"在世界神话小说中实为不可多得之作"。

《七侠五义》：钱玄同视为"诲盗"之作，胡适认为"其书似亦有深意"。

《三国演义》：钱玄同视为"见解迂谬"之作，胡适视为世界历史小说中"有数的名著"，特别赞美它对于读者的"魔力"。

此外，胡适特别提出，《镜花缘》一书为吾国倡妇权者之作，寄意深远，请钱玄同注意。[2]

"五四"先行者们有一种坦率真诚的美德，既勇于坚持真理，也勇

---

[1]《胡适文存》卷1，第35页，《新青年》3卷1号所载文字与此有小异。
[2]《新青年》第3卷第4号，《通信》，第7—9页。

于修正错误。7月2日,钱玄同致函胡适,纠正自己在《聊斋志异》和《西游记》两书评价问题上的偏颇。他表示,《聊斋志异》一书,指责龌龊社会,讪笑肉食者流,就作意而言,尚有可取之处;而《西游记》一书,确可与《水浒传》《儒林外史》《红楼梦》三书并列为第一流小说。但是,在《三国演义》的评价上,钱玄同仍然坚持自己的看法——"未知其佳处"。他认为,该书的"帝蜀寇魏之论,原极可笑",而关羽的影响,尤为不佳,函称:

> 明清两代,社会上所景仰之古人,就是孔丘、关羽二位……不但愚夫愚妇信仰"关老爷",即文人学士亦崇拜"关夫子"。此等谬见,今后亟应扫荡无疑。玄同之不以《三国演义》为佳著者,此也。

信中,钱玄同还特别谈到了《金瓶梅》,认为其作意与《红楼梦》相同,"若抛弃一切世俗见解,专用文学的眼光去观察,则《金瓶梅》之位置,固亦在第一流也"。[1]

11月20日,胡适复函钱玄同,继续阐述对《三国演义》的看法,认为"以小说的魔力论,此书实具大魔力",至于褒刘贬曹,不过是受了习凿齿和朱熹的影响,并非独抒己见。关于《金瓶梅》,胡适认为"即以文学眼光观之,亦殊无价值"。他说:"文学之一要素,在于'美感'。请问先生读《金瓶梅》,作何美感?"[2]

钱玄同对《金瓶梅》的看法很快就改变了。还在7月末,他就致书陈独秀,指出该书"虽具刻画社会的本领,然而描写淫亵,太不成话"。[3]11月下旬,他又复函胡适,承认以前对《金瓶梅》的看法"大

---

[1]《新青年》第3卷第6号,《通信》,第15—18页。
[2]《新青年》第4卷第1号。
[3]《新青年》第3卷第6号,《通信》,第10页。

有流弊"。在《三国演义》的评价上，他也接受了胡适的部分观点，承认该书具有"大魔力"，但认为其原因，"并不在乎文笔之优，实缘社会心理迂谬所致"。钱玄同认为，中国的传统小说，即使是《水浒传》《红楼梦》，也非青年所宜读，因此，他寄希望于新小说，他说："中国今日以前的小说，都该退居到历史的地位，从今日以后，要讲有价值的小说，第一步是译，第二步是新作。"[1]

钱胡二人关于小说的通信是五四时期的重要学术讨论之一，它表现出良好的学风、文风，也部分地反映出那个时代的活跃气氛。

钱胡通信激发了胡适研究小说的兴趣。1919年，胡适向钱玄同吐露心愿，准备以科学方法写一部《中国小说史》。[2]次年，他以对《水浒传》的考证为开端，展开了对中国小说历史演进的研究。同年，他又促进上海亚东图书馆制定出版新式标点本中国小说名著的庞大计划。在这两项工作中，钱玄同都是积极的支持者。他曾应胡适之请，为亚东版的《儒林外史》和《三国演义》写过两篇序言。从那里可以看出，钱玄同继续受到胡适学术观点的影响。

《尝试集》及其批评

白话文的提倡始于晚清，这时候，人们只认识到，白话易读好懂，便于普及教育和社会启蒙，并不认识到白话可以成为优美、高雅的文学语言。到了"五四"前后，人们提倡白话诗，这就意味着承认白话可以进入文学中最辉煌神圣的殿堂，白话的身份也就前所未有地升腾起来了。

胡适是五四时期最早的白话诗人之一。1916年，他因与友人讨论

---

[1]《新青年》第4卷第1号，第79—80页。
[2]《胡适致钱玄同》，1919年×月16日，《中国现代文艺丛刊》第5辑，第297页。

文学，颇受攻击，一时感奋，发誓三年之内专作白话诗词，借此实地试验，考察"白话之是否可作为韵文之利器"。不过六七个月，写出的作品居然成集。陆游诗云："尝试成功自古无"，胡适因取名为《尝试集》。1917年2月，他在《新青年》二卷六号上发表了《朋友》等白话诗八首。这些诗，开始突破中国传统诗歌的严谨格律，采用自然音节和自由句式，是中国现代文学史上第一批新诗。但是又保留了若干旧诗的痕迹。对于胡适用白话写诗，钱玄同十分赞成，但又不十分满意。还在1917年7月2日，钱玄同就在信中批评这些诗"未能脱尽文言窠臼"。[1]同年10月22日，钱玄同收到胡适的《尝试集》稿本，在日记中写道：

适之此集是他白话诗的成绩，而我看了觉得还不甚满意，总嫌他太文点，其中有几首简直没有白话的影子。我曾劝他既有革新文艺的弘愿，便该尽量用白话去做才是；此时初做，宁失之俗，毋失之文。[2]

10月29日，胡适将新作的题为《唯心论》的诗给钱玄同看，钱玄同较为满意，在日记中写道：

诗用长短句，较从前所作白话七言、白话词自然得多。我对于用白话作韵语极端赞成，唯以为不可限于五七言，因字数规定，则必有强为增减之字也。白话填词，我意尤不以为然。适之谓词句有长短，较诗为佳，我则以为词句长短固佳，然其某长某短有一定，则比诗更为束缚也。[3]

---

[1]《新青年》第3卷第6号，《通信》，第20页。
[2]《钱玄同日记》，1917年10月22日。
[3]《钱玄同日记》，1917年10月25日。

31日,钱玄同致函胡适,函称:

> 现在我们着手改革的初期,应该尽量用白话去作才是。倘使稍怀顾忌,对于文的一部分不能完全舍去,那么便不免存留旧污,于进行方面,很有阻碍。[1]

对钱玄同的批评,胡适初时觉得很奇怪,后来平心一想,又认为是极不易得的诤言,觉得自己的"尝试"不过是一些"洗刷过的旧诗",于是,改弦更张,在北京所做的白话诗就都不用文言了。[2]

诗的特点之一是音乐性。白话诗打破了旧体诗的格律,同时也容易丢掉诗的音乐性。因此,"五四"先行者们在倡导白话诗的同时,又在探求一种新的形式,以保持诗的格律和节奏。钱玄同、刘半农产生过"填西皮二黄"的想法,胡适则看中了"长短无定的韵文"。11月20日,胡适在答钱玄同书中说:

> 由诗变而为词,乃是中国韵文史上一大革命。五言七言之诗,不合语言之自然,故变而为词。词旧名长短句。其长处正在长短互用,稍近语言之自然耳。[3]

但是,胡适又认为词的字句终嫌太拘束,只可用来表达一层或两层意思,至多不过能表达三层意思,因此,他又说:"最自然者,终莫如长短无定之韵文。元人之小词,即是此类。今日作'诗',似宜注重此种长短无定之体。"对胡适的主张,钱玄同表示同意,但他强调:"总而

---

[1] 函佚,见胡适《答钱玄同书》,《胡适文存》卷1,第61页。
[2]《尝试集自序》,《胡适文存》卷1,第282页。
[3]《新青年》第4卷第1号,第78页。

言之，今后当以'白话诗'为正体，其他古体之诗及词曲，偶一为之，固无不可，然不可以为韵文正宗也。"[1]

经过胡适、钱玄同等人的倡导，白话初步在文学殿堂里站稳了脚跟，但是，社会上怀疑和反对白话的人仍然不少。1918年1月，钱玄同为胡适的《尝试集》作序，再次为白话和白话诗护法。他从文字发展的历史论证语言和文字最初是完全一致的，后来言文分歧，乃是独夫民贼和文妖们弄坏的。他再一次宣称："白话是文学的正宗。"同时也再一次表示："现在做白话韵文，一定应该全用现在的句调，现在的白话。"[2]

五四时期的钱玄同是这样一个人——他看准了一个真理，就全身心地为之奋斗，决不彷徨，也决不妥协。

张厚载风波

胡适和钱玄同都热心倡导新文化，这是他们迅速成为莫逆的原因，但是，二人的思想性格又有着很大的差异。钱玄同炽烈、偏激，好走极端，不愿做任何调和，胡适则冷静、平和，乐于持中，因此，二人之间便免不了有时发生点风波。

《新青年》同人大都对中国传统戏曲没有好感。1917年2月25日，钱玄同在致陈独秀函中曾说："中国戏剧，专重唱功，所唱之文句，听者本不求其解，而戏子打脸之离奇，舞台设备之幼稚，无一足以动人情感。"[3] 1918年6月15日，《新青年》四卷六号发表了北大学生、《神州日报》通讯记者张厚载（豂子）的通信《新文学及中国旧戏》。该文表示赞成文学改良，但认为"一切诗文，总须自由进化于一定范围之内"，

---

[1]《新青年》第4卷第1号，第80页。
[2]《新青年》第4卷第2号，第141页。
[3]《新青年》第3卷第2号，《通信》，第6页。

"必以渐，不以骤"。该文指名批评钱玄同对脸谱的看法，认为中国旧戏中的脸谱，"隐寓褒贬之义"，未可以"离奇"二字一概抹杀之。该文并称："中国戏曲，其劣点固甚多，然其本来面目，亦确有其真精。"胡适、钱玄同、刘半农、陈独秀等人都在同期作了答辩。胡适首称：

> 镣子君以评戏见称于时，为研究通俗文学之一人，其赞成本社改良文学之主张，固意中事。但来书所云，亦有为本社同人所不敢苟同者。

接着，胡适逐一反驳了张厚载的有关观点：他说：

> 来书两言诗文须"自由变化于一定范围之中。"试问自由变化于一定范围之"外"，又有何不可？又何尝不是自然的进化耶？来书首段言中国文学变迁，自三代之文以至于梁任公之"新文体"，此岂皆"一定范围之中"之变化耶？吾辈正以为文学之为物，但有"自由变化"而无"一定范围"，故倡为文学改革之论，正欲打破此"一定范围"耳。[1]

胡适的答辩着重于说理，而钱玄同的答辩则嬉笑嘲讽，表现了完全不同的风格。他说：

> 我所谓"离奇"者，即指此"一定之脸谱"而言；脸而有谱，且又一定，实在觉得离奇得很。若云"隐寓褒贬"，则尤为可笑。朱熹做《纲目》学孔老爹的笔削《春秋》，已为通人所讥讪；旧戏

---

[1]《新青年》第4卷第6号，第622—623页。

索性把这种阳秋笔法画到脸上来了,这真和张家猪肆记卐形于猪鬣,李家马坊烙圆印于马蹄一样的办法。哈哈!此即所谓中国旧戏之"真精神"乎?[1]

钱玄同对胡适答张厚载信中"君以评戏见称于时"一段话不满,8月8日,他在复刘半农信中说:

> 这几句话,我与适之的意见却有点反对。我们做《新青年》的文章,是给纯洁的青年看的,决不求此辈"赞成"。

钱玄同并称,张厚载要保存"脸谱","实与一班非作奴才不可的遗老要保存辫,不拿女人当人的贱丈夫要保存小脚同是一种心理"。[2]

胡适则不然,他写了一封信给张厚载,要他把"中国旧戏的好处","详细再说一说"。为此,张厚载已在《晨钟报》上撰文和胡适辩论,但胡适仍要张厚载为《新青年》撰文,"预备大家讨论讨论"。[3]钱玄同反对胡适的这一做法,宣称要脱离《新青年》。同月20日,胡适致函钱玄同,批评他过于激动,主张"吾辈不当乱骂人"。函称:

> 至于老兄以为若我看得起张豂子,老兄便要脱离《新青年》,也未免太生气了。我以为这个人也受了多做日报文字和少年得意的流毒,故我颇想挽救他,使他转为吾辈所用。若他真不可救,我也只好听他,也决不痛骂他的。[4]

---

[1]《新青年》,第624页。
[2]《新青年》第5卷第2号,第187—188页。
[3]《新青年》第5卷第4号,第343页。
[4]《胡适来往书信选》(上),中华书局1979年版,第24—25页。该书系此函于1919年2月20日,误。

胡适说明，他之所以请张厚载做文章，目的是替自己找做文章的材料。他说："无论如何，总比凭空闭户造出一个王敬轩的材料要值得辩论些。老兄肯造王敬轩，却不许我找张豂子做文章，未免太不公了。"但是，钱玄同仍不同意胡适的做法，复函说：

> 至于张厚载，则吾期期以为他的文章实在不足以污我《新青年》（如其通信，却是可以），并且我还要奉劝老兄一句话，老兄对于中国旧戏，很可以拿他和林琴南的文章、南社的诗一样看待。

由此，钱玄同进而批评胡适的处世态度。函称：

> 老兄的思想，我原是很佩服的，然而我却有一点不以为然之处，即对于千年积腐的旧社会，未免太同他周旋了。平日对外的议论，很该旗帜鲜明，不必和那些腐臭的人士周旋。[1]

胡适也不接受钱玄同的批评，答复说：

> 我所有的主张，目的并不在于"主张"，乃在"实行这主张"，故我不屑"立异以为高"。我立"异"，并不"以为高"，我要人知道我为什么要"立异"，换言之，我"立异"的目的在于使人"同"于"我的异"。

胡适认为，提出一种主张，要考虑他的可实行性，考虑人们的接受程度，因此，不愿发表"曲高和寡"式的言论。函末，胡适坚决而又温

---

[1]《胡适来往书信选》（上），中华书局1979年版，第25页。

和地顶回了钱玄同的指责：

> 老兄说："你无论如何敷衍他们，他们还是狠骂你"。老兄似乎疑心我的"与他们周旋"是要想"免骂"的，这句话是老兄的失言，庶不驳回了。[1]

君子之交以道。胡适和钱玄同之间有分歧，有辩论，但是，这并不影响他们之间的融洽关系。10月，胡适在《新青年》五卷四号中以附录形式发表了张厚载《我的中国旧戏观》。该文论述中国旧戏有三大好处，声称中国旧戏是中国历史社会的产物，也是中国文学美术的结晶，可以完全保存，社会急进派必定要如何如何地改良，多是不可能的。同期，胡适发表《戏剧改良各面观》《再论戏剧改良》等文，批评张厚载的观点，于是，这一期《新青年》便成了《戏剧改良号》。

在《新青年》同人的矛盾中

1918年11月，胡适因母亲病故，回乡奔丧，次年1月返京。同月22日《钱玄同日记》云：

> 适之此次来京，路过南京、上海，不知怎样，捱了人家的骂，一到就和独秀说，有人劝我，为什么要同这班人合在一起，适之自己也发了多。

这段日记没有写完就被钱玄同涂去，看来钱玄同不愿记下《新青

---

[1]《胡适来往书信选》（上），中华书局1979年版，第27页。

年》同人中正在萌发的矛盾。1月24日日记又云：

> 午后三时半农来说，已与《新青年》脱离关系，其故因适之与他有意见，他又不久将往欧洲去，因此不复在《新青年》上撰稿。

如果说，胡适和刘半农之间还是私人矛盾，那么，胡适和李大钊、陈独秀之间的矛盾则反映出政治上的分野了。1月27日，《钱玄同日记》云：

> 《新青年》为社会主义的问题，已经内部有了赞成和反对两派的意见，现在《每周评论》上也发生了这个争端了。

胡适与李大钊之间关于问题与主义的争论发生于1919年7月，钱玄同的这则日记表明，《新青年》同人间的内部争论要比这早得多。

自六卷一号起，《新青年》成立编辑委员会，由陈独秀、钱玄同、高一涵、胡适、李大钊、沈尹默轮流编辑，由李大钊编辑的六卷五号成为马克思主义研究专号。胡适不赞成这种做法，提议刊物由他一个人来编。10月5日，《新青年》同人在胡适寓所集会，《钱玄同日记》云：

> 下午二时至胡适之处，因仲甫函约《新青年》同人今日在适之家中商量七卷以后之办法，结果仍归仲甫一人编辑。

1920年2月，陈独秀为逃避北京政府拘捕，迁居上海，《新青年》也随之在沪出版。5月1日，出版"劳动节纪念专号"。9月，八卷一号刊出"《俄罗斯研究》"专栏，译载苏俄革命理论和实际情况的有关资料。此后，陆续发表文章，和梁启超、张东荪等开展"社会主义论战"，这样，胡适和陈独秀之间的矛盾就逐渐尖锐起来了。1921年1月11日，钱玄同致函鲁迅和周作人,对胡、陈二人"已到短兵相接的时候"表示惊讶。他声明"于此事绝不愿为左右袒","若问我的良心,则以为适之所主张者较为近是",但是,胡适反对谈"宝雪维几",钱玄同也不以为然。他认为:"马克思啊,'宝雪维几'啊,'安那其'啊,'德谟克拉西'啊,中国人一概都讲不上。"[1] 1月18日,《钱玄同日记》云:

> 接守常信,知仲、适两人意见冲突。盖一则主张介绍劳农,又主张谈政;一则反对劳农,又主张不谈政治。其实是猪头问题罢了。

19日,钱玄同访问李大钊,讨论胡、陈二人冲突。[2] 22日,胡适写信给李大钊、鲁迅、钱玄同等人,征求对《新青年》前途的意见,钱玄同表示说:

> 玄同的意见,和周氏弟兄差不多,觉得还是分裂为两个杂志的好。一定要这边拉过来,那边拉过去,拉到结果,两败俱伤,不但无谓,且使外人误会,以为《新青年》同人主张"统一思想",这是最丢脸的事。[3]

当时,陶孟和主张停办,钱玄同表示和李大钊一样,绝对地不赞成。他说:"《新青年》这个团体,本来是自由组合的,即此(使)其中人彼此意见相左,也只有照'临时退席'的办法,断不可提出解散的话,极而言之,即使大家对于仲甫兄感情真坏极了,友谊也断绝了,只有他一个人还是要办下去的。我们也不能要他停办。"29日,钱玄同致

---

[1]《中国现代文艺资料丛刊》第5辑,第329—330页。
[2]《钱玄同日记》,1921年1月19日。
[3]《中国现代出版史料》甲编,中华书局1954年版,第11页。

函胡适，重申上述意见。他说："与其彼此隐忍迁就的合作，还是分裂的好。"又说："即《新青年》若全体变为《苏维埃俄罗斯》的汉译本，甚至于说这是陈独秀、陈望道、李汉俊、袁振英等几个人的私产……叫作《新青年》，我们和他们全不相干而已，断断不能要求他们停办。"[1]

事情的发展正如钱玄同所言，《新青年》继续按陈独秀的方针出版，而胡适则于1922年5月7日，另办《努力》周报。

整理国故与疑古辨伪

五四运动后，《新青年》同人分道扬镳，一派主要从事政治，一派主要从事学术文化活动，胡适、钱玄同属于后者。

1919年8月，胡适在《新潮》发表《论国故学》，主张"用科学的方法去作国故的研究"。12月1日，在《新青年》七卷一号发表《"新思潮"的意义》，提出"研究问题，输入学理，整理国故，再造文明"。胡适的主张得到了钱玄同的全力支持，他们首先致力的工作是"辨伪"。

中国人有制造伪书的传统，也有辨伪的传统。自汉以后，即不断有辨伪著作问世。1920年10月，胡适让顾颉刚整理清人姚际恒的《古今伪书考》，胡适自己则准备编辑《古今伪书续考》。1921年1月，钱玄同致函胡适，建议搜集古今辨别伪书的著作，自王充起至崔适止，编辑刊行。[2]同月，胡适收得崔述的《东壁遗书》，认为他是"二千年来的一个了不得的疑古大家"。[3]钱玄同完全同意胡适的看法，致函胡适说：

> 我以为推倒汉人迂谬不通的经说，是宋儒；推倒秦汉以来传记

---

[1]《胡适往来书信选》上，第121—122页。
[2]《古史辨》第1册，第23—24页。
[3]《古史辨》第1册，第27页。

中靠不住的事实,是崔述;推倒刘歆以来伪造的古文经,是康有为。但是宋儒推倒汉儒,自己取而代之,却仍是"以暴易暴","犹吾大夫崔子"。崔述推倒传记杂说,却又信《尚书》《左传》之事产为实录。康有为推倒古文经,却又尊信今文经——甚而至于尊信纬书。这都未免知二五而不知一十了![1]

钱玄同鼓励胡适用新方法来进行研究,绍述并光大前人的事业。他说"若足下做上几年'仿泰西新法,独出心裁的新国故党',我敢预言必大有造于国故界也。"

同年9月18日,钱玄同在中央公园遇见胡适。这时,胡适自上海回京。二人见面,分外亲热,寒暄之后,迅速谈到了中国古代的经书。钱玄同说:

> 我以为章炳麟师治经,笃信刘歆伪古文固非,但是他的治经方法甚为不错。他只是把经典当作一种古书看,不把彼当作什么圣经看。他对于经典持评论的态度,不持崇拜的态度。这都是正当的。

按照儒学保守派的观点,经书体现着先王和圣贤的精义,是中国人民必须遵循的典则。章炳麟把"经典"当作古书看,反映出近代的理性精神。钱玄同又谈道:

> 我们对于《尧典》《皋陶谟》只应作为古史看,不必于此中孔丘的微言大义看。不信《尧典》诸篇之事迹为真,则惟有下列之两种讲法尚可言之成理:(一)他们本是古代官书,所叙事功多是铺

---

[1]《古史辨》第1册,第27—28页。

张粉饰,不可据为实录;(二)他们也是孔子后人之所伪造,其价值等于《大禹谟》、□□之类。[1]

胡适非常赞同钱玄同的意见。

同月19日,钱玄同见到顾颉刚。顾正在胡适影响下收集辨伪资料,计划出版《辨伪丛刊》。他告诉钱玄同,已以书名为纲,将前人对于诸子的辨伪之说抄成一书,钱玄同极为欣赏这一工作,连声称:"这样办法很好。"[2]但是,钱玄同自己的兴趣则在辨伪经。他认为:"经"则"自来为学者所尊崇,无论讲什么,总要征引它,信仰它,故《伪经辨征集说》之编纂尤不容缓"。[3]

1922年1月,北京大学决定设立研究所,下设自然科学、社会科学、国学、外国文学四门。2月11日,国学门第一届委员会成立,蔡元培为当然委员长,李大钊、沈兼士、马裕藻、朱希祖、胡适、钱玄同等任委员。3月21日,国学门开会,决定创办《国学季刊》,推胡适为编辑委员会主任,钱玄同等十人为委员。11月,胡适将所作《发刊宣言》请钱玄同审阅,该文声称:"'国学'在我们的心眼里只是'国故学'的缩写,中国的一切过去的文化、历史都是我们的'国故',研究这一切过去的历史文化的学问就是'国故学',省称为'国学'。"钱玄同认真地阅读了这篇《发刊宣言》,并曾"指出几处毛病",请胡适改正。[4]

《国学季刊》于是1923年1月出版,横排,采用新式标点符号,表现出和"国粹派"不同的新姿态。钱玄同热心支持这一刊物,并期望它多登一些"离经叛道""非圣无法"的文章。当时,顾颉刚在上海

---

[1]《钱玄同日记》,1921年9月18日。
[2]《钱玄同日记》,1921年9月19日。
[3]《论编纂经部辨伪文字书》,《古书辨》第1册,第41页。
[4]《钱玄同日记》,1922年11月18日。

商务印书馆任编辑。2月9日，钱玄同致函顾颉刚，嘱他为《季刊》作文。顾早有这个意思，他想写一篇《层累地造成的中国古史》。2月25日，顾颉刚致函钱玄同，告以该文大意。该函第一次提出，禹是九鼎上铸的一种动物，大约是蜥蜴之类。4月27日，顾颉刚再次寄函钱玄同，详细地阐明了他的"古史说"。（1）时代愈后，传说的古史期愈长；（2）时代愈后，传说中的中心人物愈放愈大。5月25日，钱玄同复函顾颉刚，从文字学的角度说明禹是蜥蜴的说法难以成立，但热烈赞美他的"古史说"，希望顾"用这种方法常常考查，多多发明，廓清云雾，斩尽葛藤，使后来学子不致再为一切伪史所蒙"。[1]信中，钱玄同详尽地阐述了他对中国古史，特别是"六经"的看法。钱玄同认为：（1）孔丘无删述或制作"六经"之事；（2）《诗》《书》《礼》《易》《春秋》本来是各不相干的五部书；（3）"六经"的配成，当在战国之末。钱玄同并进一步说明，《诗》是一部最古的总集；《书》似乎是"三代"时候的"档类编"或"档案汇存"；《仪礼》《周礼》均是伪书；《易》是"生殖器崇拜时的东西"；《春秋》是"断烂朝报"，在"六经"中最不成东西。他说：

> 我们要看中国书，无论是否研究国学，是否研究国史，这辨伪的工作是决不能省的。"六经"在古书中不过九牛之一毛，但它作怪了二千多年，受害的人真是不少了；它作怪时用的许多法宝之中，"伪书"和"伪解"就是很重要的两件，我们不可不使劲来推翻。[2]

---

[1]《读书》杂志第10期，1923年6月10日。
[2]《读书》杂志第10期，1923年6月10日。

顾颉刚的观点受到了刘掞藜、胡堇等人反对，双方在胡适主编的《读书》杂志上展开辩论，6月25日，钱玄同发表《研究国学应该首先知道二事》，支持顾颉刚。他提出，要敢于疑古，对于"六经"，应该持"置疑""纠谬"两种态度，断不可无条件地信任。[1]

这次讨论历时九个月，在《读书》杂志共发表了八万字的辩论文章。1924年2月22日，胡适发表《古史讨论的读后感》一文，支持顾颉刚和钱玄同。文章说：

> 如果我们的翻案是有充分理由的，我们的翻案只算是破了一件几千年的大骗案，于人心只有好影响，而无恶影响。即使我们的证据不够完全翻案，只够引起我们对于古史某部分的怀疑……这也是好影响，并不是恶影响。[2]

顾颉刚、钱玄同、胡适的疑古辨伪工作极大地震动了中国学术界。1926年，顾颉刚将有关文章，结集为《古史辨》第一册，由朴社出版。钱穆评论说：《古史辨》不胫走天下，疑禹为虫，信与不信，交相传述。三君者或仰之如日星之悬中天，或畏之如洪水猛兽之泛滥纵横于四野，要之凡识字之人几乎无不知三君名。"[3]

为"汉字改革"放炮

钱玄同认为汉字难认、难写，"五四"前夜曾积极主张废除汉字、汉语，代之以世界语或某一种外国语。钱玄同的这一主张遭到了广泛的

---

[1]《读书》杂志第12期，1923年8月5日。
[2]《读书》杂志第18期，1924年2月22日。
[3]《崔东璧遗书序》，亚东图书馆1935年版。

非难,也遭到了胡适的批评。1918年5月29日,胡适致函钱玄同云:

> 中国文字问题,我本不配开口,但我仔细想来,总觉得这件事不是简单的事,须有十二分的耐性,十二分的细心,方才可望稍稍找得出一个头绪来。若此时想"抄近路",无论那条"近路"是世界语,还是英文,不但断断办不到,还恐怕挑起许多无谓之纷争,反把这问题的真相弄糊涂了。[1]

信中,胡适充分肯定钱玄同研究文字问题的热情,鼓励他研究出一些"补救"的改良方法,批评他的"抄近路"是"存一个偷懒的心",态度严格而语气温存,充分体现出胡适的论学为人风格。

在胡适等人的影响下,钱玄同逐渐感到,汉字一时不能废去,转而致力于"汉字改革"运动,同时,力图创造一种记录汉语的新式拼音文字。

1920年2月,钱玄同发表《减少汉字笔划(画)底(的)提议》,提出以简体字来补救汉字的缺点。[2] 1922年,教育部召开国语统一筹备会第四次大会。会上,由黎锦晖提出《废除汉字采用新拼音文字案》,钱玄同、黎锦熙等联署;又由钱玄同提出《减省现行汉字的笔划(画)案》,黎锦熙等联署。钱玄同在提案中指出:"现行汉字笔划(画)太多,书写费时,是一种不适用的符号,为学术上、教育上之大障碍。"他认为:改用拼音是治本的办法,减省现行汉字的笔划(画)是治标的办法,但是,"我们决不能等拼音的新文字成功了才来改革!所以治标的办法实是目前最切要的办法。"[3] 大会通过了钱玄同的提案,成立汉字

---

[1]《中国现代文艺资料丛刊》第5辑,第294页。
[2]《新青年》第7卷第2号。
[3]《国语月刊》第7期,第160页。

省体委员会,以钱玄同为首席委员。"汉字改革"运动取得了一个重要的胜利。

同年冬,钱玄同与黎锦熙在西单牌楼一家小羊肉馆雨花春楼上,共同决定利用中华民国国语研究会的《国语月刊》放炮,出版一期特刊《汉字改革号》,除各同志都写一篇论文外,并把历年讨论这个问题的文字都综合起来。1923年1月12日,钱玄同邀请胡适为《汉字改革号》做些短文。当时,胡适正在病中,但他"答应就做"。[1]13日,胡适即将文章寄给钱玄同。文中,胡适声称,他在研究语言文字的历史时,曾发现一条通则:"往往小百姓是革新家而学者文人都是顽固党。"胡适又称:从这条通则上又可得一条附则:"促进语言文字的革新,须要学者文人明白他们的职务是观察小百姓语言的趋势,选择他们的改革案,给他们正式的承认。"胡适赞美中国小百姓所创造的"破体字",赞美钱玄同等人以这些"破体字"作为"简笔新字"。他说:

> 这虽不是彻底改革,但确然是很需要而且应该有的一桩过度的改革。钱先生们的理论是很不容易驳倒的,他们的态度是十分诚恳的。我很盼望全国的人士也都用十分诚恳十分郑重的态度去研究他们的提议。[2]

胡适的这篇文章只提到了简笔字,而没有提到注音字母、词类连书、改用世界字母拼音等问题,钱玄同怕读者"或有误解",因此,特别加了一个跋语,说明"字体改简,只是汉字改革的第一步,只是第一

---

[1]《钱玄同日记》,1923年1月12日。
[2]《国语月刊》第7期,第1—4页。

步中的一种方法,而且只是第一步中的一件事;此外应该研究的问题很多很多。"[1]

钱玄同自己写了一篇《汉字革命》,提倡"汉字之根本改革的根本改革",即采用"罗马字母式的字母拼音"。钱玄同希望,以十年为期,完成这一任务。他说:"我希望从1932年(民国二十一年)以后,入学的儿童不再吃汉字的苦头!"[2]钱玄同完全明白,以十年为期根本办不到,他承认,"这不过聊作快语,以鼓励同志罢了"。[3]

1月20日,钱玄同在国语讲习所讲演"汉字革命"。未讲前,有人对他说,"革命"这个词儿太骇人听闻了,不如换个较和平的词儿好。钱玄同听后,不仅没有接受,反而故意在演讲中说了几句"激烈"的话,当日《钱玄同日记》云:

> 说的时候,自己觉得脸上热烘烘的,我想,鼓吹汉字革命,难道就会被枪毙吗?何以他竟会吓得如此?若果因此事而被枪毙,这真是为主义而牺牲,是最光荣的牺牲,是最值得的。[4]

在钱玄同发表"激烈"演说之后不久,某次宴会上,有人问胡适:"听说北大有提倡过激主义之说,信否?"胡适答道:"人数到了三千,自然形形色色的都有,这是不稀奇的。北大有提倡过激主义的,也有主张复辟的。"又说:"北大的人提倡过激主义倒不稀奇,读八股和信道教这才稀奇哩!"[5]胡适的答语使钱玄同非常满意,在日记中写道:"这句话说得真妙!"

---

[1]《国语月刊》第7期,第4页,参见《钱玄同日记》,1923年1月14日。
[2]《国语月刊》第7期,第24—25页。
[3]《钱玄同日记》,1923年1月17日。
[4]《钱玄同日记》,1923年1月20日。
[5]《钱玄同日记》,1923年2月3日。

对溥仪出宫的不同态度

溥仪出宫本来是 1912 年制定的清室优待条件规定的,但历届北京政府均意在优容,让溥仪继续在"黄圈圈"里做他的小皇帝。这种情况,直到 1924 年冯玉祥发动"首都革命"后才得以改变。11 月 4 日,黄郛摄政内阁通过修改清室优待条件,宣布"永远废除皇帝尊号",清室"即日移出宫禁"。次日,溥仪被迫出宫。

废除溥仪尊号,令其出宫一事得到社会舆论的普遍赞扬,但出人意料的是,胡适却认为,这不是"绅士的行为",于 11 月 5 日致函外交总长王正廷抗议,函称:

> 先生知道我是一个爱说公道话的人,今天我要向先生们组织的政府提出几句抗议的话。今日下午外间纷纷传说冯军包围清宫,逐去清帝;我初不信,后来打听,才知道是真事。我是不赞成清室保存帝号的,但清室的优待乃是一种国际的信义,条约的关系。条约可以修正,可以废止,但堂堂的民国,欺人之弱,乘人之丧,以强暴行之,这正是民国史上一件最不名誉的事。[1]

函中所言"欺人之弱",意指溥仪为弱者;所谓"乘人之丧",则指半个月前瑾太妃去世。胡适出发此信后,还亲赴醇亲王府慰问,声称"这在欧美国家看来,全是东方的野蛮"。[2]

钱玄同和胡适的态度迥然相反,11 月 6 日,他立即撰文,恭贺溥仪恢复"固有的人格和人权","超升为现代的平民",并且希望他"好好

---

[1]《胡适来往书信选》(上),第 268 页。
[2] 溥仪《我的前半生》,群众出版社 1981 年版,第 179 页。

地补习",把自己造就成一个"知识丰富"的人。[1] 12月2日,又撰文说明民国政府对溥仪的宽厚与仁慈。钱玄同写道:

> 我民国以宽大为怀,不念旧恶,将奴(努)尔哈赤以来三百余年残杀汉人之滔天罪恶一笔勾销,不效法夏启"予则孥戮汝"的行为,不主张孔丘作《春秋》所赞美的齐襄复九世之仇底(的)办法,仅仅取消溥仪的政权和帝号,既没有丝毫难为他,也不曾"夷其社稷,迁其宗庙",且还送钱给他用。民国对于满清,岂但是"仁至义尽",简直是"以德报怨"。[2]

不久,钱玄同得悉溥仪逃入日本使馆,极为愤怒,再次撰文表示:"对于亡清的武装已经解除了的,现在又重新要披挂起来了,看他们那样勾结外人来捣鬼,说不定仇恨之心比以前还加增些。"[3]

胡适的抗议曾经遭到他的一些朋友如周作人、李书华、李宗侗等人的批评。[4] 钱玄同虽然没有直接加入批评的行列,但他显然是站在周作人等一边的。

对溥仪出宫的不同态度再次显示出钱胡二人在思想、性格上的差异。尽管如此,钱玄同仍然尊敬并崇拜胡适。1925年4月,他在《回语堂的信》中说:

> 我以为若一定要找中国人做模范,与其找孔丘、墨翟等人,不如找孙文、吴敬恒、胡适、蔡元培等人。[5]

---

[1]《恭贺爱新觉罗·溥仪君迁升之喜并祝进步》,《语丝》第1期。
[2]《告遗老》,《语丝》第4期。
[3]《三十年来我对于满清的态度的变迁》,《语丝》第8期。
[4] 参见拙作《溥仪出宫、胡适抗议及其论辩》,《团结报》1989年4月8日。
[5]《语丝》第23期。

同心"驱虎"

1925年4月,章士钊出任北洋政府教育总长。他反对白话文和注音字母,主张小学生读经。同年7月,出版《甲寅周刊》,公开宣布"文字须求雅驯,白话庶不刊布。"该刊仿照民初《甲寅月刊》的旧例,封面上画一只老虎,其译名即为《The Tiger》;章士钊也因此被称为"老虎总长"。

面对思想文化界的昏谬、倒退现象,钱玄同十分着急。他致函胡适,动员他"开炮",但胡适有他自己的想法,复函说:

> 老兄不要怪我的忍耐性太高,我见了这些糊涂东西,心里的难受也绝不下于你。不过我有点爱惜子弹,将来你总会见我开炮时,别性急呵。[1]

然而,钱玄同耐不住。当年5月初,他即和黎锦熙二人以私人名义倡办《国语周刊》,坚持提倡国语和白话文。同月6日,钱、黎应胡适之约,到中央公园长美轩相见。当日《钱玄同日记》云:"邵西与谈行严之倒行逆施,适之允为作文致函,并允为《国语周刊》撰文。"这就是说,胡适准备"开炮"了。《国语周刊》筹办得很顺利。6月9日,钱玄同、黎锦熙邀约胡适、邵飘萍、孙伏园、李小峰、萧家霖等人在长美轩吃饭,庆祝《国语周刊》告成。[2] 14日,该刊第一期出版,发刊词是钱玄同的手笔,中云:

---

[1]《胡适致钱玄同》,1925年4月12日,《鲁迅研究资料》第9辑,天津人民出版社1982年版,第85页。
[2]《钱玄同日记》,1925年6月9日。

我们相信这几年来的国语运动是中华民族起死回生的一味圣药，因为有了国语，全国国民才能彼此互通情愫，教育才能普及，人们的情感思想才能自由表达。所以我们对于最近古文和学校的文言课本阴谋复辟，认为有扑灭它的必要，我们要和那些僵尸魔鬼决斗，拼个你死我活。[1]

钱玄同宣称：吴稚晖、胡适、林语堂、周作人、顾颉刚、魏建功等人已应允为刊物经常撰稿。这样，就形成了与"虎阵"对抗的局面。[2]

《国语周刊》提倡民间文艺，胡适很快就送来了《扬州的小曲》一文。8月27日，钱玄同编辑《国语周刊》第十二期，"专攻章士钊"。[3] 胡适通知钱玄同称，"有《老章又反叛了》一文，今晚撰成，不及送出，明日当一早送来。"次日晨七时，胡适如约送来稿子。30日，该文在《国语周刊》第十二期刊出。胡适说：

我们要正告章士钊君：白话文学的运动是一个很严重的运动，有历史的根据，有时代的要求。有他本身的文学的美，可以使天下睁开眼睛的共见共赏。这个运动不是用意气打得倒的。

同期，钱玄同也发表了《甲寅与水浒》一文，用冷嘲热讽的语言讽刺章士钊与反对白话文、视《水浒传》为"下等说部"的汪某之间的通信。钱文说：

这样一吹一唱，虽然一个是短短几行，一个是寥寥数语，而卫

---

[1]《国语周刊》第1期，1925年6月14日。
[2] 黎锦熙《国语运动史纲》，第135页。
[3]《钱玄同日记》，1925年8月27日。

道之诚,忧时之切,溢于言表,其有功圣门,殆有过于刻在《古文观止》里的那篇《原道》。

胡适和钱玄同的文章,庄谐杂出,尖锐地抨击了章士钊的复古卫道立场。

11月下旬,北京革命形势日渐高涨,人们高举着"首都革命"的大旗,多次集会、游行,要求打倒军阀政府,惩办卖国贼。愤怒的群众捣毁了章士钊等人的住宅,章士钊被迫潜逃天津。12月6日,钱玄同撰文说:

> 章行严去矣,后之来者,要是也像他那样做昏蛋们的代表,也像他那样要凭借官势来统一思想,不管他是张三或李四,阿猫或阿狗,亡国大夫或兴国伟人,绅士或暴徒,我还是与对待章行严一样,反抗他,攻击他。[1]

至此,"驱虎"之役取得了完全的胜利。

《钱玄同成仁纪念歌》与《胡适之寿酒米粮库》

钱玄同因人到中年,常常变得固执而专制,曾经不无感慨地说过:"凡人到了四十岁,便应该绑赴天桥,执行枪决。"[2] 1925年10月30日,他在一封信中又说:"我现在三十九岁了,照旧法算,再过两个月便到枪决之年了。即照新法算,也不过'枪监候'十个月罢了。"[3] 1926

---

[1]《在邵西先生的文章后面写几句不相干的话》,《国语周刊》第26期。
[2]《国语周刊》第21期。
[3]《国语周刊》第21期。

年是钱玄同的"成仁"之年。次年,有几个幽默的朋友和他开玩笑,打算在《语丝》周刊里发刊一期《钱玄同先生成仁专号》。钱玄同欣然同意,亲自致函友人索稿。当时,胡适正在上海,担任新月书店董事长,8月11日,他致函钱玄同说:"生离死别,忽忽一年,际此成仁周年大典,岂可无诗,援笔陈词,笑不可仰。"诗云:

> 该死的钱玄同,怎会至今未死!
> 一生专杀古人,去年轮着自己。
> 可惜刀子不快,又嫌投水可耻。
> 这样那样迟疑,过了九月十二。
> 可惜我不在场,不能来监斩你!
>
> 今年忽然来信,要作"成仁纪念"。
> 这个倒也不难,请先读《封神传》。
> 回家挖下一坑,好好睡在里面,
> 用草盖在身上,脚前点灯一盏,
> 草上再撒把米,瞒得阎王鬼判,
> 瞒得四方学者,哀悼成仁大典。
> 年年九月十二,处处念经拜忏,
> 度你早早升天,免在地狱捣乱。[1]

这一年,钱玄同贫病交攻,神经衰弱,精神极为痛苦,日记自云:"懒散颓废,日甚一日,真成了一个鲜鲜活死人了!这样活法,实在太

---

[1]《胡适致钱玄同》,1927年8月11日,《鲁迅研究资料》第9辑,第86页。

苦恼，太无意义了。"[1]大概他在致胡适函中有"回思数年前所发谬论，十之八九都成忏悔之资料"一类的话，因此，胡适在信中说：实则大可不必忏悔，也无可忏悔。所谓"种种从前，都成今我，莫更思量更莫哀"是也。我们放的野火，今日已蔓烧大地，是非功罪，皆已成无可忏悔的事实。胡适要求钱玄同持一种坚定的人生态度："此中一点一滴都在人间，造福造孽惟有挺身肩膀担当而已。"[2]

胡适的《纪念歌》写好了，其他人的挽联、挽诗也写好了，《钱玄同先生成仁专号》的广告也在有些地方发表了，但是，张作霖正统治着北京，对文化界采取高压政策，邵飘萍、林白水、李大钊等人都先后死在他的手下。为了避免引起"误会"，《钱玄同先生成仁专号》最终没有出版。

转眼到了1930年，胡适四十岁。11月28日，胡适离沪到北平任北京大学教授。这时，离胡适的生日已经很近，朋友们便酝酿为他做寿。12月4日，魏建功和钱玄同商量，拟联络马隅卿、黎锦熙、徐旭生、周作人等12人，共同送一篇寿辞，由魏建功作文，钱玄同书写。[3]15日，魏建功将寿辞写成，题为《胡适之寿酒米粮库》。文章称胡适为"从事革新中国文学的先锋将"，赞美他"慧眼高深，法力广大"，使中国文化界发生了一日千里的变化。寿辞说：

> 民国十九年（1930）十二月十七日便是他的四十整生日，他的朋友和学生们中间，有几个从事科学考古工作的，有几个从事国语文学研究和文字改革运动的，觉得他这四十岁的纪念简直比所谓"花甲""古稀"更可纪念，因为在这十三四年中间，他所尽力于中

---

[1]《钱玄同日记》，1927年9月12日。
[2]《鲁迅研究资料》第9辑，第88—89页。
[3]《钱玄同日记》，1930年12月14日。

国学术的辛苦,应该获得一些愉快,应该享受一点安慰。[1]

寿辞共两千余字,当日,钱玄同准备了优质的高丽纸,采购了笔墨,从晚七时直写至十二时。16日,约周作人、黎锦熙、魏建功来观看。17日,发现其中有两处错字,便割下重写了三分之二。当晚,钱玄同前去拜寿。本来,胡适因夫人规劝戒酒,其诗中有云:"幸能勉强不喝酒,未可全断淡巴菰。"魏建功等人在寿词中要求为胡适开戒,"好比乡下老太婆念佛持斋,逢了喜庆,亲友来给他开了斋好饱餐肉味一样。"不料,胡夫人却重申酒戒。《钱玄同日记》云:

胡夫人赠以戒指与适之,刻"止酒"二字。吃得半中晦时,他受戒了。我过去看看,被胡夫人推为"证戒人"。[2]

生日晚会在"大开玩笑"中结束,它显示出胡适和朋友们的良好关系,也显示出钱胡二人间的深厚友谊。

12月20日,胡适应钱玄同之请在信中谈了自己对《春秋》的看法。胡适认为,今日无法可以证或否证今本《春秋》为孔子所作,由于时代关系,其中"有所忌讳"乃是很平常的事:函称:"即使胡适之、钱玄同在今日秉笔作国史,能真正铁面不避忌吗?"函末,胡适对钱玄同费了那么多工夫书写寿词表示感谢,并称:"裱成时,还要请你签字盖章,使千百年后人可以省去考证的工夫。"[3]

---

[1]魏建功影印《钱玄同先生遗墨》。
[2]《钱玄同日记》,1930年12月17日。
[3]《胡适致钱玄同》,1930年12月20日,《鲁迅研究资料》第9辑,第86页。

国难期间

1933年1月1日，日本侵略军突袭山海关。3日，山海关和临榆县城失守，中国军民遭到疯狂的屠杀。2月21日，日军进犯热河。3月4日，占领承德，进迫长城脚下。自此，中国军队展开了英勇的长城抗战，历时80余天，其中如宋哲元部在喜峰口，徐庭瑶、关麟征、黄杰所率中央军队在南天门一带的血战，都极为悲壮激烈。5月22日，北平陷入日军三面包围之中。次日晨，华北军第七军团傅作义部在怀柔牛栏山抗击日军，演出了长城抗战最后的一幕。

从一开始，钱玄同就关注着长城战事。

1月3日日记云："今日看天津报，知1日晚日本兵在榆关开火，恐北平不能久居矣！"

3月5日日记云："在会中见报，知汤玉麟昨日逃，承德遂陷落，计日人攻热以来，不战而叛而降或逃。噫！"

3月14日日记云："古北口又失守了！"

3月15日日记云："塘沽日兵已上岸！"

由于忧心国事，而又自感缺少"执干戈以卫社稷"的能力，简直不知"究竟该做什么事才对"。[1]钱玄同从年初开始就谢绝参加各种宴会。他在致黎锦熙函中说："缘国难如此严重，瞻念前途，忧心如捣，无论为国为家为身，一念忆及，便觉精神不安，实无赴宴之雅兴也。"[2]5月17日，师大研究院毕业生宴请导师，钱玄同"照例谢绝"，只参加了饭后的摄影。[3]

进入5月以后，北平的局势日益紧张，敌机不断前来盘旋、侦察，

---

[1]《以西历1684年岁在戊子为国语纪元议》，《国语运动史纲》第4页。
[2]《钱玄同年谱》，齐鲁书社1986年版，第117页。
[3]《钱玄同日记》，1933年5月7日。

街头开始挖壕,设置沙包。21日,何应钦通知各国立大学,可以允许学生"请假旋里"。[1] 22日,军政首脑机关准备撤离,钱玄同也曾拟携子赴天津暂避。当日,北平政务整理委员会委员长黄郛开始与日方谈判停战。31日,签订《塘沽协定》,规定中国军队撤离长城区域,承认冀东为非武装区;同时也规定日军撤至长城线。

《塘沽协定》是屈辱的城下之盟,但它暂时稳定了华北地区的局势,钱玄同的心境也逐渐平静下来。6月初,胡适准备赴加拿大参加第五届太平洋国际学会。6日,钱玄同致函胡适,告以将在9日为他饯行。函称:

> 我从热河沦陷以后,约有三个月光景,谢绝饮馔之事。我并非以国难不吃饭为名高,实缘彼时想到火线上的兵士以血肉之躯当坦克之炮弹,浑噩的民众又惨遭飞机炸弹之厄,而今之东林党君子犹大倡应该牺牲糜烂之高调,大有"民众遭惨死事极小,国家失体面事极大"之主张。弟对于此等惨现象与新宋儒,实觉悲伤与愤慨,因此,对于有许多无谓之应酬实不愿参与,盖一则无心谈馔,一则实不愿听此等"不仁的梁惠王"之高调也。自塘沽协定以后,至少河北民众及前线士兵总可以由少惨死许多乃至全不遭惨死,故现在不再坚持不饮馔之主张了。[2]

钱玄同这里批评的"今之东林党君子",主要指的是"自己安坐而唱高调,而以为民众应该死"的空谈派,对于真正舍生忘死、英勇杀敌的战士们,他是敬仰的。这从他为傅作义部在怀柔战死将士书碑一事可以清楚地看出来。碑文由胡适执笔,铭文说:

---

[1]《钱玄同日记》,1933年5月21日。
[2]《胡适来往书信选》(中),第215—216页。

这里长眠的是二百零三个中国好男子，他们把他们的生命献给了他们的祖国。我们和我们的子孙来这里凭吊敬礼的，要想想我们应该用什么报答他们的血。

墓碑树立于绥远大青山下，这座由两位文化巨匠合作的纪念物堪称双璧，但是，遗憾的是，后来又有人命令说，一切抗日的纪念物都应该隐藏，于是，又在上面加了一层遮盖，另刻"精灵在兹"四字。

"只努力做工，就好像永永不死一样"

钱玄同长期为疾病所苦。从1929年起，他就身患高血压、血管硬化、神经衰弱诸症，此后，国事日非，他的疾病也日益加剧，身体与精神都日益衰颓。1934年冬天，他有一次在师大讲师，头目眩晕，几乎倾倒。1935年，他的右目突患视网膜炎，血压继续增高，因此，经常陷入目昏、头重、心悸、手颤的艰难境地。但是，他仍然孜孜兀兀于他所心爱的文字改革和国语统一工作，并作文自勉："一个人，无论事功或学问，总得要干，总得要努力干，不问贤愚，更无问老少。少年固然要努力干，老年因桑榆暮景，更应该乘此炳（秉）烛之明努力去干。"[1]1937年，钱玄同致函胡适，询问佛学中的若干问题。4月8日，胡适复函钱玄同，认为佛教是一种消极的人生观，但积极的人，如王安石、张居正等，均能从中寻出积极的人生观来。他说："尊恙正需一种弘毅的人生观作抵抗力，切不可存一'苟延残喘的悲观'。我曾听丁在君说一句英国名言，我曾替他译为韵语"：

---

[1]《哀青年同志白涤洲先生》，《国语周刊》第160期。

Ready to die to morrow, But work as if you Live forever !

明日就死又何妨!

只努力做工,就好像永永不死一样!^[1]

这是目前所能见到的胡适致钱玄同的最后的一封信。它是胡适对老朋友的慰勉,也可以看作是他对老朋友的评价。

---

[1]《鲁迅研究资料》第9辑,第101—102页。

振兴中国文化的曲折寻求[1]

——论辛亥前后至五四时期的钱玄同

中国社会长期处于封闭状态,中国的邻国大多落后于中国,因此,中国文化的发展一直没有受到过强劲的挑战。鸦片战争以后,中国人在西方的坚船利炮面前一再惨败,走到了亡国的边缘;同时,中国传统文化也第一次遭到西方文化的挑战,出现了前所未有的危机。这样,中国人就面临着两个难题:一是如何抵御列强侵略,振兴中华;一是如何对付西方文化挑战,振兴中国文化。这两个难题互相关联,近百年来一直困扰并激励着关心国家、民族命运的炎黄子孙,至今未已。本文企图研究钱玄同在辛亥革命至五四时期的曲折文化寻求,从而展现这一阶段文化思潮的发展轨迹,总结历史经验。

---

[1] 录自杨天石《哲人与文士》,中国人民大学出版社 2007 年版。

一、主张"师古""复古""存古"

钱玄同出生于浙江湖州的一个书香门第。父亲钱振常，曾任礼部主事，后任绍兴、扬州、苏州等地书院山长。长兄钱恂，曾任清政府驻日、英、法、德等国使馆参赞或公使。二人都对中国传统文化研究有素。钱玄同自幼即熟读"五经"《说文》《尔雅》及《史记》《汉书》等著作，也积累了浓厚的传统文化修养。1902年时拥护康、梁的保皇主张，1903年转而赞成"排满革命"。1905年12月，钱玄同随其兄赴日，开始学习日文和"蟹行书"。当时，东京的中国留学生可以说是中国知识分子中最活跃的一群，各种主义、思潮都有它的提倡者和追随者。钱玄同最初崇信国粹主义。1906年3月他读到了刚在上海创办不久的《国粹学报》，极感兴趣，在日记中写道："保存国粹，输入新思想，光大国学，诚极大之伟业也。数年以来，余扮了几种新党，今皆厌倦矣，计犹不如于此中寻绎之有味也。"[1]后来，他又对无政府主义发生兴趣。自1907年秋起，他多次参加张继、刘师培二人召集的"社会主义讲习会"。在那里，听过关于克鲁泡特金学说的演讲，也听过关于马克思主义的介绍。前者引起了钱玄同的共鸣，而后者则没有给他留下深刻印象，其证据就是，他曾经给人写过一封信，认为"世界大势所趋"，已至"无政府"阶段。[2]其间，日本无政府主义者大杉荣举办世界语讲习班，章太炎举办国学讲习会，钱玄同两者都想参加，由于时间冲突，最终选择了后者。自1908年4月起，至1910年5月归国止，钱玄同和鲁迅弟兄等一起，听章太炎讲《庄子》《说文》《汉书》《文心雕龙》等著作，达两年之久。在钱玄同文化观形成的过程中，章太炎起了重要作

---

[1]《钱玄同日记》第1册，1906年3月29日，未刊稿，以下均同。
[2]《钱玄同日记》第3册，1908年3月5日。

用。他发愿自此"一志国学,以保持种性,拥护民德"。[1]

中西文化由于社会条件悬殊,其性质、特点、色彩也迥然相异。钱玄同初至日本,即致力于两种文化的比较。1906年1月14日日记云:

> 父子之情,根于天性,东方学者提倡孝悌,实极有至理,断不能以"旧道德"三字一笔抹杀之也。吾见今之维新志士及秘密会党,大家习标"家庭革命"四字,而置其父母于不顾者,其尤甚者,有以父母为分吾利之人,为社会之蠹贼,可以杖逐可以鞭挞者,而开口辄曰"四万万同胞",是真所谓"世界有同胞,家族无伦理"矣![2]

这段文字矛头所指是标榜"家庭革命"的"维新志士"和"秘密会党",而实际批判的是西方伦理。在冷酷无情的金钱关系和孝父敬兄、长幼有序的家庭关系面前,钱玄同很容易地做出了选择。他说:"盖道德发达,我国究胜于欧西耳。"[3]

钱玄同不仅将"欧西道德"比了下去,而且也将西方宗教比了下去。他认为,墨子主张敬天、明鬼,堪称"中国宗教家",但墨子不谈天堂,远比西方高明。他说:"神州即宗教一端,亦高尚乃尔。虽人心不古,其教不昌,然固非西儒所及也。"[4]言外之意,"东儒"高于"西儒","神州文明"高于"西方文明"。至于日本文化,更不在钱玄同眼中,他说:"东洋文体粗率之书实不足观,且亦无甚道理。"[5]钱玄同的这种态度在"女子教育"问题上尤为突出。1909年9月24日日记云:

---

[1]《钱玄同日记》第5册,1909年1月22日。
[2]《钱玄同日记》第1册。
[3]《钱玄同日记》第2册,1907年2月27日。
[4]《钱玄同日记》第6册,1909年12月13日。
[5]《钱玄同日记》第1册,1906年3月29日。

> 中国自唐以来，古制沦亡，故有女子无才便是德之说，年来渐觉其非平。然借以打倒谬说者，有用日本贤母良妻之教育者，是以火止火（奴隶），且有甚焉。有倡西洋女子教育者，是荡检逾闲（妓女）也。[1]

反对"女子无才便是德"的谬说，表明钱玄同不同于封建顽固派，他对日本和西洋女子教育的不满，也不为无见，但他神往于中国的"古昔"。日记云：

> 盖论自来女子教育，于中国古昔最得其平。虽有阳尊阴卑之说，但学《诗》、学《礼》，无分男女，后妃、夫人、命妇、内子悉皆通《诗》《礼》，男女真平等也。[2]

钱玄同认为，只要按照"中国古昔"的这条路子走下去，并且除去"阳尊阴卑"之说，"神州女学"就将大兴而为"世界之冠"了。

从孔子表示"郁郁乎文哉，吾从周"以后，中国文人就逐渐形成了一种尊古贱今观念。这种观念和长期的社会封闭形成的民族自大、文化自大主义相结合，构成了一种特殊的心态。钱玄同上述对东西古今文明的批判，就是这种心态的典型表现。

钱玄同所神往的"男女真平等"的"中国古昔"也确是周代。据钱玄同说，那是中国文化的黄金时期。1910年初，章太炎、陶成章与同盟会分家，在东京重建光复会，发刊《教育今语杂志》，钱玄同曾为该刊写作《缘起》，其中说："中夏立国，自风姜以来，沿及周世，教育大

---

[1]《钱玄同日记》第6册。
[2]《钱玄同日记》第6册，1909年9月2日。

兴，庠序遍国中，礼教昌明，文艺发达，盖臻极轨。"此后呢？据说就学术退步，思想闭塞，一代不如一代了。《缘起》说："秦汉讫唐，虽学术未泯，而教育已不能普及全国。宋元以降，古学云亡，八比、诗赋及诸应试之学，流毒士人，几及千祀。"而且，危险的是，到了近代，"欧学东渐，济济多士，悉舍国故而新是趋。一时风尚所及，至欲斥国文，芟夷国史，恨轩辕、厉山为黄人，令己不得变于夷。语有之，国将亡，本必先颠，其诸今日之谓欤！"[1]很显然，钱玄同担心"东渐"的"欧学"会导致中国传统文化的危亡，并进而导致国家的危亡。

怎样振兴中国文化呢？钱玄同主张，"师古""复古""存古"。他说：

> 吾侪今日做事，宜师古，宜复古，宜存古，而决不可泥古。古圣做事，往往因事制宜，求其合于情势，故所作往往少弊（封建、宗法之制为古代之大弊政），后世事不师古，好骛新奇，凡有造作更张，多不合情势，第求苟简，故中国后世不如古代，即是故也（自唐以后，凡百事物，无一不日退一日）。时至今日，西学输入，凡唐以来之叔世弊政，相形之下，无不见绌。趋新之士，悉欲废之，有心人忧之。愚谓新党之浇薄诚可鄙，但此等敝（弊）政得以扫除，亦未始无裨，弊政去，而古之善政乃可见诸实行矣。[2]

钱玄同承认"封建宗法之制为古代之大弊政"，承认"西学"输入之后，唐以后之"叔世弊政"相形见绌，也承认"新党"扫除"弊政"的作用，但是，他并不准备和"新党"站在一起，而要回到"古圣"和"古之善政"那里去。据钱玄同说：所谓"师古"，乃是师法古代

---

[1]《刊行〈教育今语杂志〉之缘起》，《教育今语杂志》第1册。
[2]《钱玄同日记》第6册，1909年9月30日。

"圣王"制作的"精意";所谓"复古",乃是恢复"后世事物不如古昔者";所谓"存古",乃是保存那些因时势不同而"不适宜于今者",以使后人得以"追想其祖宗创造之丰功伟烈"。[1]

钱玄同所说的"存古",类似于博物馆的历史陈列,并不参与中国文化的再创造,可以不论,需要研究的是他"师古""复古"的内容及设想。

在思想流派方面,钱玄同主张兼取孔子、墨子,融合清代的乾嘉学派、今文学派和颜李学派。他说:"今日治学,虽不必确宗孔学,然孔氏立教以六艺为本,固与玄言有异。吾谓诚能兼取孔、墨最好。"[2]在钱玄同看来,"古圣立言垂教之旨,悉存于经",[3]但"经"语过于简古,这就需要有乾嘉学派的精神来考订"经训",同时以今文学派的精神来探求"经义",并以颜李学派的毅力实行,这样,就"圣学昌明不难复睹矣"![4]颜元反对读死书,注重实学,强调"习行""习动",因此,得到钱玄同的特别推崇,认为"居今之事,诚能致力于六艺,为实事求是之学,不特保存国故,尤足挽救颓波。"[5]

在音韵文字方面,钱玄同主张复古音,写篆字。他说:中国文字"发生最早,组织最优,效用亦最完备,确足以冠他国而无愧色"。[6]他对唐、宋以后"故训日湮,俗义日滋"的状况极为不满,主张恢复中国文字的古音、古义、古体,废楷字,用篆体,或用篆与隶之间的一种过渡形态——"隶古"。

在礼仪方面,钱玄同主张遵修古礼。他认为《仪礼》一书中婚礼

---

[1]《钱玄同日记》第6册,1909年9月30日。
[2]《钱玄同日记》第6册,1910年1月18日。
[3]《钱玄同日记》第6册,1910年1月18日。
[4]《钱玄同日记》第6册,1910年1月18日。
[5]《钱玄同日记》第6册,1909年10月17日。
[6]《教育今语杂志章程》,《教育今语杂志》第1册。

"最为文明",至于丧礼,"恐人所难行,惟衣服则宜从古。"[1]

在纪年方面,钱玄同主张恢复古代的太岁纪年法,例如中日甲午战争称为"阏逢敦牂战争",八国联军之役称为"上章困敦之变"等。[2]

在定名原则上,钱玄同主张以《尔雅》一书为准。他批评今人"师心自用",赞扬古人"煞费苦心,尽心下问,始定一确当之新名词"。[3]他认为当时的亲族名称"鄙俚不堪",曾经检取《尔雅》一书,对录古称,准备以"古式"正"今俗"。[4]他的长子原名秉雄,但他认为不合于西汉人的命名原则,另行取名。

在上列内容中,钱玄同尤其重视学术、文字、言语、衣服的复古,他说:"凡文字、言语、冠裳、衣服,皆一国之表旗,我国古来已尽臻美善,无以复加,今日只宜奉行者。"[5]至于礼仪、风俗、宫室、器具等,钱玄同认为"虽不能全数复古,而当法古者,必居多数"。[6]钱玄同自信,通过他的"师古""复古"的途径,中国文化就会繁荣昌盛,腾驾于西方、日本之上。

戊戌维新运动以后,中国文化界出现了一股革新潮流,"诗界革命""文界革命""小说界革命""道德革命"等口号相继问世。在文字方面,也有人提出拼音、简化等方案。对此,钱玄同持强烈反对态度。1908年9月27日日记云:"今日见有法部主事江某奏请废汉文,用通字云。通字系用罗马字母二十改其音呼者。噫!近日学部纷纷调王照、劳乃宣入内拟简字后,有此獠出现,何王八蛋之多也。"[7]情急而詈,可见

---

[1]《钱玄同日记》第5册,1909年5月9日。
[2]《钱玄同日报》第6册,1909年11月10日。
[3]《钱玄同日记》第1册,1906年2月17日。
[4]《钱玄同日记》第5册,1909年3月15日。
[5]《钱玄同日记》第6册,1909年9月30日。
[6]《钱玄同日记》第6册,1909年11月10日。
[7]《钱玄同日记》第4册。

其切齿痛恨的程度。

综上所述，不难看出，辛亥革命前，在钱玄同的文化思想中，有提倡实学、经世致用的成分，但是，又有着严重的保守和倒退的性质。

武昌起义、民国建立并没有丝毫减弱钱玄同"师古""复古"的热情，相反，他却认为是实现理想的好机会。1911年12月，他精研《礼记》《书仪》《家礼》等书，博考黄宗羲、任大椿、黄以周诸家学说，做了一部阐述古人服饰的著作《深衣冠服说》。1912年3月，钱玄同出任浙江军政府教育司科员，便穿上自制的"深衣"，头戴"玄冠"，腰系"大带"，昂昂然上班，企图为民国做出"复古"的表率。其结果，引起了同事们的哄笑。但是，钱玄同没有从一场喜剧中接受必要的教训，相反，却认为世风比清季更坏了。1912年9月1日日记云："时则土地虽复，人心之污浊则较清季愈况。颜公所讥弹琵琶、学鲜卑语者，世方以为能；弃国故废礼防者，比比皆是。"[1]为了坚守"国故"，他宁可戴所谓象征"六合一统"的瓜皮帽，而不愿戴西方传入的"礼帽"；宁可采用中国古代的"肃揖"，而不愿学洋人的鞠躬。民国改用阳历，这使钱玄同很反感。《钱玄同日记》云："孔子行夏时之语，固万世不易之理。如中国以农立国、建国，岂可不依农时乎！"[2]此际，他对1900年以后中国文化思潮的变迁做了一番考察，得出结论说：

> 余谓中国人最劣之性质在不顽固、不自大耳。计自庚子至今，一星终矣，上下之人，靡不尊欧美，过先祖，贱己国，过儓隶。世有如此而能善立人国于大地者乎！[3]

---

[1]《钱玄同日记》第9册。
[2]《钱玄同日记》第9册，1912年9月30日。
[3]《钱玄同日记》第9册，1912年12月3日。

20世纪初，愈来愈多的先进知识分子向西方寻求救国真理，尝试着对中国社会和封建文化进行批判，开通、进化成为美称，然而钱玄同却对此加以指责，希望中国人更"顽固"，更"自大"。至此，人们已经很难发现钱玄同和清末那些反对一切外来事物的"冬烘"们有多大区别了。钱玄同曾说他自己当时"比太炎先生还要顽固得多"[1]，诚然。

这一时期，钱玄同热衷于从古礼中为中国人民寻找行为规范。1914年9月，袁世凯举行祭孔仪式，钱玄同虽已在北京高等师范学校和北京大学任教，但不能亲往观礼，便设法找来"祭礼冠服图"。检阅之余，居然认为："斟酌古今，虽未尽善，而较之用欧洲大礼服而犹愈乎！"[2]他对袁世凯这一举动的意图居然毫无觉察。

国粹主义是清末民初泛滥一时的思潮。鼓吹这一思潮的人有着不同的政治倾向，其动机也就大相径庭：顽固派借以维护旧秩序，革命党人借以鼓吹"光复"和救亡。[3]钱玄同主张"师古""复古""存古"的原因，据他自己说是由于反清："我以为保存国粹底目的，不但要光复旧物，光复之功告成以后，当将满清底政制仪文一一推翻而复于古。不仅复于明，且将复于汉唐，不仅复于汉唐，且将复于三代。"[4]这种解释当然符合实际，但并不全面，在钱玄同的思想深层，还潜伏着另一个原因，这就是对"欧化"的恐惧与排斥。他说："我那时对于一切'欧化'都持'詛詛拒之'的态度。"[5]1917年，他在分析章太炎主张"保存国粹"的原因时，除了痛心于"举国不见汉仪"这一层外，也还有感慨于所谓"满街尽是洋奴"的另一层。[6]将这两层结合起来，才能正确揭示

---

[1]《三十年来我对于满清的态度的变迁》，《语丝》第8期。
[2]《钱玄同日记》第11册，1914年9月27日。
[3]参阅拙作《论辛亥革命前的国粹主义思潮》。
[4]《三十年来我对于满清的态度的变迁》，《语丝》第8期。
[5]《三十年来我对于满清的态度的变迁》，《语丝》第8期。
[6]《钱玄同日记》第16册，1917年1月1日。

当时部分革命党人倡言"国粹主义"的思想契机。

近代中国的主要矛盾是和帝国主义的民族矛盾，而西方文化的母国又正是侵略中国的资本主义列强。这就造成了令人眼花缭乱的情况。为了抵御帝国主义，钱玄同等人力图以中国传统文化唤起人们的民族主义、爱国主义感情，增强凝聚力，达到所谓"种性固，民德淳"的目的，这是极为自然的；他们对西方文化在中国的传播怀有警惕并企图不同程度地予以限制或抵拒也是自然的。他们不了解：帝国主义侵略是坏事，而西学的东渐则可能是好事；中国濒临灭亡是坏事，而中国传统文化的式微不一定是坏事。他们更不了解：当时中国人民的历史任务是建立以民主和科学为主要内容的新文化，昌言"保存国粹"，除了其正面效果外，也还会产生负面效果——助长旧质，抵排进步，窒息新机。

二、一百八十度的方向变化，激烈地批判中国传统文化

到了五四时期，钱玄同的文化寻求却发生了一百八十度的方向转变。

一反往日的"师古""复古""存古"主张，钱玄同对中国传统文化展开了全面的批判。他的批判，缺少深刻的理论思维，也缺少充分严密的论证，但其激烈程度却几乎没有人可以和他比拟。

清代中叶以后，主张"阐道翼教"的桐城派成为散文中占统治地位的流派，与之并立的是讲究骈俪、华藻的《文选》派，钱玄同的批判锋芒首先指向这两个文学流派。1917年1月1日，钱玄同访问沈尹默，讨论文学改良问题。他说："应用文之弊，始于韩、柳，至八家之文兴，桐城之派倡，而文章一道，遂至混沌。"[1]同年2月，他的《致陈

---

[1]《钱玄同日记》第16册，1917年1月1日。

独秀书》在《新青年》二卷六号刊出,该函第一次提出"《选》学妖孽、桐城谬种"的指责,是钱玄同投身新文化运动的标志。自此,钱玄同的批判遂一发而不可收。在内容方面,他指责两派"迂谬不化",思想顽固;在艺术方面,钱玄同指责其为装填古典,故作摇曳丑态,只能称为"高等八股"[1];在影响方面,钱玄同指责其为"有害文学之毒菌,更烈于八股试帖及淫书秽画"。[2]

由桐城派、《文选》派上溯,钱玄同的批判推广及于秦、汉以后的古文。他认为,此类古文的病症在于言文分歧,和口语严重脱节,"专为替贵人搭臭架子,什么'典丽矞皇',什么'气息高古',搅到嘴里这样讲,手下不许这样写,叫人人嘴可以生今人的手,一定要生数千年前的僵尸的"。[3]钱玄同指责西汉扬雄为第一个弄坏白话文章的"文妖",[4]批评以后的文人们因袭模拟,陈腔滥调,"将甘蔗渣儿嚼了又嚼"。他说:"公等所谓美文,我知之矣,说得客气一点,像个泥美人,说得不客气一点,简直像个金漆马桶。"[5]

戊戌维新运动以后,小说、戏曲在文学门类中的地位逐渐上升;新文化运动中,它自然成为热门话题。钱玄同认为,中国小说除《红楼梦》《水浒传》《儒林外史》等少数作品外,"非海淫海盗之作,即神怪不经之谈,否则以迂谬之见解,造前代之野史;最下者,所谓'小姐后花园赠衣物','落难公子中状元'之类,千篇一律,不胜缕指。"[6]至于戏曲,他认为除《桃花扇》外,《西厢记》《长生殿》《牡丹亭》《燕子笺》等,"词句虽或可观,然以无'高尚理想''真挚感情'之故,终觉无甚

---

[1]《致陈独秀书》,《新青年》第3卷1号,《通信》,第7页。
[2]《新青年》第4卷6号,第627页。
[3]《新青年》第5卷5号,第542页。
[4]《尝试集序》,《新青年》第4卷2号,第140页。
[5]《致陈独秀书》,《新青年》第3卷4号,《通信》,第2页。
[6]《致陈独秀先生书》,《新青年》第3卷1号,《通信》,第5页。

意味。"[1] "京调戏"是清末民初的新兴剧种，钱玄同评之为"理想既无，文章又极恶劣不通"。[2]对于"脸谱"等中国传统戏曲的表现形式，钱玄同尤为反感。他说："脸而有谱，且又一定，实在觉得离奇得很。若云'隐寓褒贬'，则尤为可笑。朱熹做《纲目》学孔老爹的笔削《春秋》，已为通人所讥讪；旧戏索性把这种阳秋笔法画到脸上来了，这真和张家猪肆记卐形于猪鬣，李家马坊烙圆印于马蹄一样的办法。"[3]

孔学和孔教是新文化运动中的另一热门话题。对于孔子，钱玄同表示对其"别上下，定尊卑"的学说，"实在不敢服膺"。[4]他认为，儒学的长期影响使得中国人形成了两种性格，一种是富而骄，一种是贫而谄，"苟遇富贵者临于吾上，则赶紧磕头请安，几欲俯伏阶下，自请受笞"，"一天到晚，希望有皇帝，希望复拜跪"。[5]值得注意的是钱玄同对道教的批判。他说："汉晋以来之所谓道教，实演上古极野蛮时代'生殖器崇拜'之思想。二千年来民智日衰，道德日坏，虽由于民贼之利用儒学以愚民；而大多数之心理举不出道教之范围，实为一大原因。"[6]指出道教对中国民族心理有重大消极作用，这在新文化运动的先驱者中是颇为独特的，也是相当有见地的。

钱玄同批判中国传统文化的代表作是《中国今后之文字问题》。他说："儒家以外之学，自汉即被罢黜。二千年来所谓学问，所谓道德，所谓政治，无非推衍孔二先生一家之学说。所谓'四库全书'者，除晚周几部非儒家的子书外，其余则十分之八都是教忠教孝之书。'经'不待论，所谓'史'者，不是大民贼的家谱，就是小民贼杀人放火的账

---

[1]《致陈独秀先生书》，《新青年》第3卷1号，《通信》，第5页。
[2]《致陈独秀先生》，《新青年》第3卷1号，《通信》，第6页。
[3]《新青年》第4卷6号，第624页。
[4]《致陈独秀先生书》，《新青年》第3卷4号，《通信》，第5页。
[5]《致陈独秀先生书》，《新青年》第3卷4号，《通信》，第5页。
[6]《随感录》，《新青年》第4卷5号，第464页。

薄，如所谓'平定什么方略'之类；'子''集'的书，大多数都是些'王道圣功''文以载道'的妄谈。还有那十分之二，更荒谬绝伦：说什么'关帝显圣''纯阳降坛''九天玄女''黎山老母'的鬼话。"他认为："二千年来用汉字写的书籍，无论那一部，打开一看，不到半页，必有发昏做梦的话。"[7]钱玄同主张废孔学、剿灭道教，不读中国书。他说："欲祛除三纲五伦之奴隶道德，当然以废孔学为唯一之办法；欲祛除妖精鬼怪，炼丹画符的野蛮思想，当然以剿灭道教——是道士的道，不是老、庄的道——为唯一之办法。欲废孔学，欲剿灭道教，惟有将中国书籍一概束之高阁之一法。何以故？因中国书籍，千分之九百九十九都是这两类书之故；中国文字，自来即专用于发挥孔门学说，及道教妖言故。"[8]由此，钱玄同进而批判曾经被自己认为是"世界之冠"的汉字。他说："中国文字，论其字形，则非拼音而为象形文字之末流，不便于识，不便于写；论其字义，则意义含糊，文法极不精密；论其在今日学问上之应用，则新理、新事、新物之名词，一无所有；论其过去之历史，则千分之九百九十九为记载孔门学说及道教妖言之记号。此种文字，断断不能适用于二十世纪之新时代。"[9]这里，钱玄同提到文法、词汇等问题，因而，它所说的文字实际上包含了语言。在《答姚寄人》一文中，他批评中国语言是单音，代名词、前置词不完备，动词、形容词无语尾变化，"根本上已极拙劣，"[10]这就连汉语也在批判之列了。

钱玄同认为，他的这种激烈的批判并不违背爱国主义原则。他说："我爱我支那人的热度，自谓较今之所谓爱国诸公，尚略过之。惟其爱他，所以要替他想法，要铲除这种'昏乱'的'历史、文字、思想'，

---

[7]《新青年》第4卷4号，第351页。
[8]《中国今后之文字问题》，《新青年》第4卷4号，第351页。
[9]《中国今后之文字问题》，《新青年》第4卷4号，第354页。
[10]《新青年》第5卷5号，第542页。

不复使存于'将来子孙的心脑中'。要'不长进的民族'变成了长进的民族,在二十世纪的时代,算得一个文明人。"[1]他严重警告人们,如果不进行这种"铲除",那么,循进化公例,中国人种总有一天将会"被逐出文明人之外",并被人家"灭掉"。[2]同时,他声明,中国的历史、道德、政治、文章还是需要研究的,但是,这种研究,目的是"鉴既往以察来兹","明人群之进化",而不是为了排斥新事新理,使社会生活倒退,"人人褒衣博带,做二千年前之古人"。[3]

钱玄同其人,好说过头话,好走极端。章太炎曾经规劝他,"立论不可太过"。[4]鲁迅也认为钱玄同喜欢将十分说到二十分。[5]在钱玄同对中国传统文化的批判里,人们不难发现他的偏激、偏颇以至谬误之处。例如,他较少看到中国传统文化的精华,无视它在中华民族生息、繁衍中的伟大作用及其对世界文明的贡献,不了解经过分析、扬弃或创造性的转换之后,这一文化的许多部分可以成为发展新文化的营养并迸发出新的光彩,等等。这种偏激和偏颇反映了"五四"先行者普遍的弱点,这是毋庸讳言的。但是,应该看到,钱玄同所批判的是中国传统文化的现实价值,而不是它的历史价值。对于历史价值,钱玄同还是承认的。例如,他肯定周秦诸子是可以和希腊诸贤、释迦牟尼并立的"圣贤"[6],孔子是"过去时代极有价值之人"[7];肯定韩愈、柳宗元之文比

---

[1]《新青年》第5卷2号,第173页。
[2]《新青年》第5卷4号,第543页。
[3]《新青年》第3卷5号,《通信》,第13页。
[4]《致钱玄同书》,1910年12月9日,《鲁迅研究资料》第19辑,中国文联出版公司1988年版,第15页。
[5]黎锦熙:《钱玄同先生传》。
[6]《致胡适之先生》,《新青年》第3卷6号,《通信》,第19页。
[7]《致独秀先生书》,《新青年》第3卷4号,《通信》,第5页。又,当时朱希祖做了篇研究孔子的文章,认为"孔子以前是信神时代,孔子之学说不信神而信人,在当时原是进步,但他以信古尊圣为言,以至二千年来滞于信人的时代,至今尚未走到信我的时代,比之欧洲,瞠乎后矣"。钱玄同认为"此文极有价值",为之圈点一过,并在日记中作了摘录。于此亦可见钱玄同对孔子思想历史价值的看法。见《钱玄同日记》第20册,1919年1月20日。

初唐骈文和后来归有光、方苞、刘大櫆,姚鼐诸人的文章"实在要好得多","在当时也还算有点价值"[1];肯定《水浒传》《红楼梦》《西游记》《金瓶梅》是"中国有价值的小说"[2],等等。钱玄同认为,这种历史价值是永恒的,无论到了30世纪、40世纪以至100世纪,都不会"贬损丝毫"[3]。但是,在历史上具有价值的文化形态不等于在后世具有同样的价值。产生于宗法小农制基础上的中国传统文化不能适应现代生活的需要。因此,从现实出发,重新估量其价值是必然的,它的逐渐式微并让位于新的、更高的文化形态也是必然的。这就是钱玄同所说的"退居到历史的地位"。[4]如果在这一时刻,旧的社会力量企图利用传统文化,特别是其中的封建毒素干预社会的民主化、现代化进程,维护旧制度、旧事物,那么,一场斗争就是不可避免的了。

钱玄同从"师古""复古"到批判中国传统文化的转折点是1916年。这一年,以尊孔复古为复辟帝制前导的袁世凯毙命,但是,再兴的民国也不过挂着共和的招牌,文化领域里仍然弥漫着浓重的尊孔复古气氛。这一切给了钱玄同以强烈刺激。他说:"共和与孔经是绝对不能并存的东西。如其要保全中华民国,惟有将自来的什么三纲、五伦、礼乐、政刑、历史、文字'弃如土苴'。如果要保全自来的什么三纲、五伦、礼乐、刑政、历史、文字,惟有请爱新觉罗·溥仪复辟,或请袁世凯称帝。"[5]这里,钱玄同所批判的就正是以"孔经"为代表的传统文化的现实价值。他又说:"我是因为自己受旧学之害者几及二十年,现在良心发现,不忍使今之青年再堕此陷阱。"[6]这也是对传统文化现实价值

---

[1]《新青年》5卷5号,第531页。
[2]《致独秀先生书》,《新青年》第3卷6号,《通信》,第9页。
[3]《新青年》第5卷5号,第531页。
[4]《新青年》第5卷1号,第79页。
[5]《新青年》第6卷2号,第224页。
[6]《新青年》第6卷6号,第649页。

的批判。

钱玄同是彻底的共和主义者,即使在辛亥革命前主张"师古""复古"的年代里,他也强烈反对君主制。正如他自己所说:"我那时复古的思想虽然极炽烈,但有一样'古'却是主张绝对排斥的,便是'皇帝'。"[1] 1916 年,当他发现袁世凯们利用传统文化复辟帝制,并由此进而发现中国社会"沉滞不进"的状态时,也就发现了"保存国粹"的负面效果,其转变就是必然的了。

在激烈批判中国传统文化的同时,钱玄同热烈肯定西方文化。他赞美外国小说家"拿小说看作一种神圣的学问或则自己思想见解很高,以具体的观念,写一理想的世界,或者拿很透辟的眼光去观察现在社会,用小说笔墨去暴露他的真相。自己总是立在'第三者'的地位。若是做的时候,写到那男女恋爱奸私,和武人强盗显他特殊势力那些地方,绝没有自己忽然动心,写上许多肉麻得意的句子。所以意境既很高超,文笔也极干净"。[2] 钱玄同认为:"拿十九、二十世纪的西洋新文学眼光去评判,就是施耐庵、曹雪芹、吴敬梓,也还不能算做第一等","《水浒》以下的几种小说,也还远比不上外国小说"。[3] 近代中西文化碰撞的结果是,中国传统的文化自大主义受到了很大冲击,于是,又产生了新的变种——文化上的精神胜利法。其典型的例子就是认为西方文明源于中国,说什么大同是孔子发明的,民权、议院是孟子发明的,共和是周公和召公发明的,立宪是管仲发明的,以至连礼帽和燕尾服也是孔子发明的等。对此,钱玄同尖锐地嘲讽说:"就算上列种种新道理、新事物的确是中国传到西洋去的。然而人家学了去,一天一天的改良进步,到了现在的样子,我们自己不但不会改良进步,连老样子都守不住,还有脸

---

[1]《三十年来我对于满清的态度的变迁》,《语丝》第 8 期。
[2]《致独秀先生书》,《新青年》第 3 卷 6 号,《通信》,第 9—10 页。
[3]《致独秀先生书》,《新青年》第 3 卷 6 号,《通信》,第 9—10 页。

来讲这种话吗？"[1]钱玄同认为"现在百事不如人"，要求中国人民正视现实，承认差距，承认落后，并且当机立断，急起直追。他说："人家的学问、道德、知识都是现代的；我们实在太古了，还和春秋以前一样。急起直追，犹恐不及，万不可再'徘徊歧路'了。"[2]中国封建统治者一向自视为"冠裳"之族，而将外国、外族视为近似于"鳞介"之类的野蛮人；在文化上则强调"华夷之辨"，反对用夷变夏。现在历史完全颠倒过来了，往日的"鳞介"之类竟成了"急起直追"的对象，而"冠裳"之族倒被认为有沦落为野蛮人的危险。这种认识的发生，反映出中国传统的文化自大主义的进一步崩溃，也反映出近代中国社会文化心理的急速而巨大的变迁。

为了改变中国的落后面貌，振兴中国文化，钱玄同主张"样样都该学外国人"，"完全学人家"。他说：

> 凡道理、智识、文学，样样都该学外国人，才能生存于二十世纪，做一个文明人。[3]
>
> 我的思想，认定中华民国的一切政治、教育、文艺、科学，都该完全学人家好的样子，断不可回顾七年前的"死帝国"。[4]
>
> 适用于现在世界的一切科学、哲学、文学，政治、道德，都是西洋人发明的；我们应该虚心去学他，才是正办。[5]

1918年7月，陈独秀曾经说："若是决计革新，一切都应该采用西

---

[1]《随感录》，《新青年》第6卷2号，第216页。
[2]《新青年》第6卷6号，第650页。
[3]《对于朱我农君两信的意见》，《新青年》第5卷4号，第425页。
[4]《新青年》第5卷1号，第81页。
[5]《随感录》，《新青年》第5卷3号，第296页。

洋的新法子。"[1]钱玄同的思想和陈独秀完全一致。尽管当时还没有"全盘西化"的提法，但实际思想已经有了。

基于对汉字、汉语的不满，钱玄同曾提出过一项惊世骇俗的主张，这就是以世界语或某种外国语来代替汉字，汉语。他说：

> 至于汉字之代兴物，我以为与其制造罗马字母的新汉字，远不若采用将来人类公用的 Esperanto。即退一步说，亦可采有一种外国语来代汉文、汉语。[2]

语言是民族文化中基本的、最有特色的因素。钱玄同主张以世界语或某一种外国语来代替汉语，这样，他的"完全学人家"的主张也就发挥到了极致。应该说，这在新文化运动的先驱者中也是少见的。

钱玄同认为，真理无国界，一切科学真理都是世界公有的。因此，他要求人们摆脱狭隘的民族主义和地域观念的束缚，勇敢地追求真理和文明。当时，周作人在与钱玄同的通信中曾经提出："将他国的文学艺术运到本国，决（绝）不是被别国征服的意思；不过是经过了野蛮阶级蜕化出来的文明事业在欧洲先发现，所以便跳了一步，将他拿来，省却自己的许多力气。既然拿到本国，便是我的东西，没有什么欧化不欧化。"[3]对此，钱玄同极为赞成。他说："我们对于一切学问事业，固然不'保存国粹'，也无所谓'输入欧化'；总之趋向较合真理的去学去做，那就不错。"[4]钱玄同自信，这种为追求真理去学外国，不会成为洋奴。他在提倡学外语的时候曾说："有了第二国语，才可以多看'做人'

---

[1]《今日中国之政治问题》，《新青年》第5卷1号，第3页。
[2]《对于朱我农君两信的意见》，《新青年》第5卷4号，第425页。
[3]《论中国旧戏之应废》，《新青年》第5卷5号，第527页。
[4]《新青年》第5卷5号，第528页。

的好书，知道该做'人'了，难道还肯做'洋奴'吗？"[1]

从17世纪中叶起，欧洲各主要国家陆续完成了从封建主义到资本主义的变革，创造了强大的生产力，并在此基础上建立了适应大生产需要的现代文化。中国当时还是封建主义和小农经济占统治地位的国家，因此，以学习西方为途径，借以振兴中华和中国文化乃是历史的必然。当然，西方文化并非一切都好，完美无缺。它有精华，也有糟粕；有积极面，也有消极面；有适用于中国的，也有不适用于中国的。因此，只能有选择地学，有分析地学，有批判地学，钱玄同的"完全学人家"的主张并不正确。这里，也有应予批评的偏激和偏颇。但是，去掉"完全"二字，他的"学人家"的主张却正反映出钱玄同对历史必然的认识，表现着他对民主、科学和现代文明的渴求。事实上，钱玄同所倡导学习的也主要是那些使中国人民自强、独立，成为"20世纪人类"的新思想，新文化，并非一切都学，完全照搬的。

三、振兴中国文化的三个方案："输入""新作""改革"

为了振兴中国文化，"五四"前后，钱玄同曾提出过不少方案，概括起来不外三点，即"输入""新作""改革"。

第一是"输入"，广泛汲取域外知识。钱玄同认为："前此闭关时代，苦于无域外事可参照，识见拘墟，原非得已。今幸五洲变通，学子正宜多求域外知识，以与本国参照。"他说："其实欲昌明本国学术，当从积极着想，不当从消极着想。旁搜博采域外之知识，与本国学术相发明，此所谓积极着想也；抱残守阙（缺），深闭固拒，此所谓消极着想

---

[1]《新青年》第5卷6号，第634页。

也。"[1]他明确指出："现在的中国文学界，应该完全输入西洋最新文学，才是正当办法。"[2]因此，他主张多译外国书，多读外国书，丰富"二十世纪之新知识"，"碰着与国人思想不相合的，更该虚心去研究，决不可妄自尊大"。[3]

第二是"新作"。翻译只是介绍和引进，它不能代替自己的创造。因此，钱玄同要求"新作"[4]，即在借鉴外国文化的基础上，创造出既不同于外国人，又不同于古人的全新的精神产品来。鲁迅的《狂人日记》等小说就是在钱玄同的一再动员下，"新作"出来的。

第三是"改革"。钱玄同认为，"中国现在没有一件事情可以不改革"，[5]"不但文章要改革，思想更要改革"[6]，但他的努力主要在语文方面。有成功，也有失败；有些方案、建议，在他及身之年始终是空中楼阁，只是在中华人民共和国成立后才得以实现。

成功的是他和胡适等人一起倡导了白话文运动。1917年1月，胡适发表《文学改良刍议》，钱玄同立即致函陈独秀，表示肯定和支持。随后，他又提出应用文改革大纲十三条，将白话的运用从文学推向更广阔的天地，这十三条的头一条就是"以国语为之"。[7]1917年7月，他并带头实行，致书陈独秀说："我们既然绝对主张用白话体做文章，则自己在《新青年》里面做的，便应该渐渐的改用白话文。我从这书通信起，以后或撰文，或通信，一概用白话，就和适之先生做《尝试集》一样的意思，并且还要请先生、胡适之先生和刘半农先生都来尝试尝

---

[1]《钱玄同日记》第16册，1917年1月20日。
[2]《致独秀先生书》，《新青年》第3卷6号，《通信》，第11页。
[3]《新青年》第4卷2号，第121页。
[4]《新青年》第4卷1号，第80页。
[5]《致独秀先生书》，《新青年》第3卷6号，《通信》，第11页。
[6]《新青年》第6卷2号，第242页。
[7]《致独秀先生书》，《新青年》第3卷5号，《通信》，第8页。

试。"[1]1908年,他又为胡适《尝试集》作序,明确宣布"白话是文学的正宗"。自此,白话文和白话文运动蓬勃发展,从根本上改变了我国书面语言和文学语言的面貌,成为新文化运动的显著业绩。

为了与提倡白话文相配合,并使白话文更完善,钱玄同回应胡适的建议,在应用文改革大纲中提出,"无论何种文章必施句读及符号"。[2]1918年1月,他总结《新青年》采用西文句读符号的情况,提出繁式和简式。[3]其中繁式采用的西文六种符号,已经和我们今天的情况大体一致。

从黄遵宪起,近代中国不断有人提倡白话文。1903年前后,更出现了一批白话报刊。钱玄同自己在辛亥革命前也办过《湖州白话报》和《教育今语杂志》。但是,这一时期,提倡白话文都是为了普及和启蒙,对象是文化低下的农工和市民,大家并不认为白话有资格成为正规的文学语言。新文化运动中,胡适提倡以白话写作文学作品,钱玄同提倡以白话写作各体"应用文",白话才真正昂首阔步地走进文学语言的圣殿,建立起对文言的绝对优势。1922年钱玄同在一次演讲中谈道:"改古文为今语,是为改良,不是求通俗;今语比古文精密,不是比古文浅俗。"[4]这些话,道出了两个时期白话文运动的不同特点,是早期提倡者不可能具备的认识。

与提倡白话文的成功相反,钱玄同以世界语代替汉语、汉字的企图遭到了完全的失败。最初,钱玄同只主张"不废汉文而提倡世界语",建议在高等小学加设世界语一课。[5]但他不久即头脑发热,认为世界进化已至20世纪,"去大同开幕之日已不远",因而于1918年5

---

[1]《致独秀先生书》,《新青年》第3卷6号,《通信》,第11页。
[2]《致独秀先生书》,《新青年》第3卷5号,《通信》,第9号。
[3]《新青年》第4卷2号,第183页。
[4]《钱玄同日记》第27册,1922年10月22日。
[5]《致独秀先生书》,《新青年》第3卷4号,《通信》,第3页。

月进一步主张废汉文,代之以世界语。钱玄同估计,此项工作有十年、二十年工夫即可完成。[1]但是,他的意见遭到了社会的强烈非难,连不少新文化运动的支持者也表示反对。陶孟和认为"国民性不可剪除,国语不能废弃"[2];任鸿隽批评钱玄同感情用事,"走于极端";[3]蓝公武致函傅斯年,认为《新青年》中有了钱玄同的文章,"人家信仰革新的热情遂减去不少"。[4]1919年1月,陈独秀发表《本志罪案之答辩书》,肯定钱玄同追求民主和科学的热情,说明他是由于"愤极了才发出这种激切的议论",同时声明:"钱先生这种用'石条压驼背'的医法,本志同人多半是不大赞成的。"[5]在这一情况下,钱玄同虽然废除汉字的主张坚持未变,但不得不承认,世界语尚在提倡时代,未至实行时代,汉字一时不能废去,不得不图改良,因此转而致力于"汉字改革"运动。

一切文化都发生于特定的时空环境中。它既有其时代的普遍性,又有其民族的特殊性;既有其发展的飞跃性,又有其历史的连续性。强调民族的特殊性和历史的连续性,反对外来进步文化,反对革故鼎新,当然是错误的;同样,强调时代的普遍性和发展的飞跃性,无视民族的特殊性和历史的连续性,也是错误的。钱玄同的上述成功和失败表明,重大的文化改革决不能无视民族传统,更不能脱离民族实际,浮夸、激烈的空想只能使自己失去人们的同情,增加改革的阻力。

钱玄同还有若干改革建议是在中华人民共和国成立之后付诸实施的:

一是汉字左行横移。还在1917年初,钱玄同就认为:"文字排列

---

[1]《新青年》第5卷5号,第543页。
[2]《致独秀先生书》,《新青年》第3卷6号,《通信》,第3页。
[3]《致胡适书》,《新青年》第5卷2号,《通信》,第170页。
[4]《钱玄同日记》第19册,1919年1月7日。
[5]《新青年》第6卷1号,《通信》,第11页。

之法，横便于直。"[1]同年5月15日，他致函陈独秀，论证"汉文右行，其法实拙"，希望今后新教科书从小学起，一律改用横写。[2]7月，他又再次致函陈独秀，建议《新青年》从四卷一号起，改用横式，信中说："《新青年》杂志拿除旧布新做宗旨，则自己便须实行除旧布新。所有认作'合理'的新法，说了就做得到的，总宜赶紧实行去做，以为社会先导才是。"[3]

二是数目改用阿拉伯号码，用算式书写。钱玄同认为，"此法既便书写，且醒眉目"。[4]

三是改用世界通行的公历纪元。此为他的"应用文改革大纲"十三条之一。1919年1月，钱玄同为陈大齐的《恭贺新禧》一文作跋，指出阴历不便于计算和应用，民国改用阳历是正确的；同时，他又指出，"民国将来如能改用公历记（纪）年，那就更便利了。"[5]同年10月，钱玄同发表《论中国当用世界公历纪年》一文，批评中国传统的以皇帝纪年的方法，也批评戊戌维新以来用孔子纪年、黄帝纪年的主张，认为"现在以后的中国，是世界的一部分；现在以后的中国人，是世界上人类的一部分"，应该爽爽快快地用世界通用的公历纪年。[6]

四是简化汉字笔划（画）。钱玄同认为："文字者不过是一种记号，记号愈简单，愈统一，则使用之者愈便利。"[7]1920年2月，钱玄同发表专文《减少汉字笔划（画）底（的）提议》，认为拼音文字非旦暮之功可以制成，不可粗心浮气，草率从事，提出以简体字补救汉字难

---

[1]《钱玄同日记》第16册，1917年1月6日。
[2]《致独季先生书》，《新青年》第3卷3号，《通信》，第17页。
[3]《致独秀先生书》，《新青年》第3卷6号，《通信》，第6页。
[4]致独秀先生书》，《新青年》第3卷5号，《通信》，第10页。
[5]《新青年》第6卷1号，第4页。
[6]《新青年》第6卷6号，第626—627页。
[7]《致陶孟和书》，《新青年》第4卷2号，第274页。

识、难写的缺点。他表示，将选取三千常用字进行简化，其办法有采用古字、俗字、草字、同音假借字、新拟同音假借字、借义字，减省笔划（画）字等八种。[1]

上述建议的实施过程表明，文化改革需要良好的政治环境，它最终不能脱离政治改革。1909年，钱玄同在东京时，与同学有过一次讨论。马裕藻认为，文化变革必须借助政治力量，"临之以帝王之威，始克有济"。钱玄同不同意，他说："止须其理正确，则真理自有明白之一日，故在野讲学，效力亦不少也。"[2]钱玄同不了解，个人虽可以发现真理、宣传真理，但要根本改变一个国家、民族的文化面貌，个人的力量仍然是微不足道的，仅仅靠"在野讲学"也是不能成事的。

自1918年下半年起，《新青年》同人逐渐分化，李大钊率先歌颂十月革命和社会主义，开始了对比资本主义更高一级的社会形态和文化形态的寻求。次年1月27日，钱玄同以无可奈何的心情在他的日记里写下了一段话："《新青年》为社会主义的问题，已经内部有了赞成和反对两派的意见，现在《每周评论》上也发生了这个争端了。"[3]1921年初，《新青年》同人之间的矛盾更为尖锐。陈独秀主张"介绍劳农，又主张谈政"；胡适"反对劳农，又主张不谈政"。钱玄同认为二人之间的分歧"其实是猪头问题罢了"。[4]他曾与李大钊商量，准备调解，但未成功。[5]此后，钱玄同一面致力于古书辨伪，认为"打倒伪经，实为推倒偶像之生力军，所关极大"，[6]同时企图以甲骨文和金文为基础，推求真古字、真古史、真古制；另一方面，则掮起"汉字革命"的旗帜，努力探索中

---

[1]《新青年》第7卷2号。
[2]《钱玄同日记》第5册，1909年4月16日。
[3]《钱玄同日记》第20册。
[4]《钱玄同日记》第23册，1921年1月18日。
[5]《钱玄同日记》第23册，1921年1月19日。
[6]《钱玄同日记》第27册，1922年12月24日。

国文字改革的途径。他虽然没有沿着李大钊、陈独秀的路子走，但继续在"五四"精神的光照下活动。他的工作仍然是近代中国民主主义文化大潮的一部分。

四、可资借鉴的经验与值得警惕的教训

从辛亥到"五四"，钱玄同走过了一段曲折的道路。他在两个时期的不同寻求代表了近代中国先后出现的两个文化派别——《国粹学报》派和《新青年》派。前者在不同程度上将"西学"的传播看作是中国文化的灾难，力主保存、发扬并光大中国传统文化，希冀从中筛选出民族救亡图存的思想武器，或在它的古老形式中灌注进某些时代内容。后者则激烈地批判中国传统文化，力主敞开大门，以向西方学习为途径创造新一代中国文化。此后近代中国的文化论争无不和这两派密切相关，也无不投下这两派或浓或淡、或密或疏的影子。从"师古""复古""存古"到主张"输入""新作""改革"，钱玄同做出了完全背反的选择。这种选择，既反映了他不怕自我否定、勇于追求真理的不懈热情，也反映了近代中国的进步文化总流向和近代中国不可逆转的历史总趋向。在钱玄同的寻求里，既有可资借鉴的经验，也有值得警惕的教训。钱玄同和他的同事们解决了近代中国文化发展中的若干问题，也留下了若干问题，例如，如何继承并发扬中国传统文化的优良部分，并进行创造性的转换或变革，使之适应现代生活的需要？如何在吸收西方文化长处的同时抵制其腐朽部分？如何立足现实，在会通中西的基础上创造一种新的文化形态？等等，都是钱玄同等人没有涉及或很少涉及的。有些问题，当时明确了，似乎解决了，但后来又以新的形式发生，再度成为问题。例如，在中国人民从西方找到了马克思主义并且建立了新中国之后，又出现了所谓"顶峰"说，从而形成新的文化封闭主义和文化自大主义，

似乎中国人"向人家"学习的过程已经走完，今后的历史只是"人家"学我们了。结果闭目塞听、故步自封，使我们远远落在世界现代化进程后面。

钱玄同的时代过去了，但是，钱玄同时代提出的任务还没有全部完成，他那个时代进行的文化论争还在继续。这就是20世纪80年代中华大地上再度掀起"文化热"的原因，也是我们重温"五四"历史的主旨所在。

论钱玄同思想[1]

——以钱玄同未刊日记为主所作的研究

钱玄同是五四新文化运动的主将之一，也是这一运动中最顶尖的激烈人物。他是北京大学、北京师范大学等校教授，先后参与编辑《新青年》《语丝》和《国语周刊》，倡导整理国故，推动古史辨学派的创立和形成，又倡导汉字改革、国语统一，是著名的文字、音韵学家。本文将以他的未刊日记为主，参以他的书札，勾画并评述他的思想的几个重要方面，从而探讨"五四"思潮中几个有普遍意义的问题。至于他公开发表过的文章，由于易于见到，故尽量少用。

一、无政府主义

20世纪初中国的先进人物大体都有一个从维新向革命发展的阶段，钱玄同也是如此。他最初歌颂光绪皇帝，向慕维新变法；后来转而赞同

---

[1] 原载台北《近代中国》，第132期，录自杨天石《哲人与文士》，中国人民大学出版社2007年版。

"排满革命"。1905年12月东渡日本留学,在短暂的立志改革教育后,迅速转向无政府主义。

钱玄同留学之初,日本社会党中的激烈派日渐活跃。1907年,幸德秋水、堺利彦、山川均、大杉荣等组织社会主义金曜讲演会,宣扬社会主义和无政府主义。张继、刘师培等受其影响,组织社会主义讲习会,刊行《天义报》报,认为只有无政府主义才是中国的最好出路。钱玄同多次参加社会主义讲习会的活动,听过堺利彦、山川均、宫崎民藏以及印度旅日革命者等人关于无政府主义和布鲁东、克鲁泡特金、马克思学说的演讲。例如,他在日记中记堺利彦演说称:"社会自有富豪而后,贵贱日分,贫富日区,今欲平此阶级,宜实行无政府至共产主义。"[1]显然,演说给他留下了深刻的印象。自此,钱玄同即反对"社会不平等",反对"金钱之为资本家掠夺"[2],信奉无政府主义者所标榜的"平民革命"。他在与人辩论时曾表示:"本国政府与外国政府其欺平民同,故即有国而富强,而平民终陷苦境。吾侪今日当为多数平民之革命,不宜为少数人之革命。"[3]1908年,刘师培归国投顺清朝大臣端方,社会主义讲习会一派受到东京中国革命党人和留学生的冷落和耻笑,但钱玄同信仰无政府主义之志不变。[4]自民国初年至20年代,他始终赞赏师复的心社及其主张。1925年8月4日日记说:"我自读师复之《心社意趣书》以来,久想废姓了。今又忽见此,更增我废姓之念。"一直到20世纪30年代,他仍然为刘师培编辑遗书。可以说,钱玄同对无政府主义始终怀有感情,心向往之。

不过,钱玄同的思想和张继、刘师培等仍然有着很大不同。社会主

---

[1]《钱玄同日记》,未刊,1907年9月15日,该项日记起于1905年,止于1939年钱玄同去世之前三天。
[2]《钱玄同日记》,1908年2月14日。
[3]《钱玄同日记》,1908年1月21日。
[4]《钱玄同日记》,1917年9月12日。

义讲习会一派的无政府主义者大都对孙中山的三民主义表示不满,甚至多所攻击,他们对排满革命、共和立宪也鄙夷不屑,要求在中国立即实行所谓"无政府革命"。"无政府",作为一种遥远的美好的理想,本无可非议,但是,以"无政府"作为一种行动纲领或近期目标,则不仅在理论上是错误的,而且在实践上是有害的。同盟会在辛亥革命准备时期的分裂和两次反对孙中山的风潮,都和这一思潮相关。[1]钱玄同虽然一度认为,世界大势,已至无政府阶段。[2]但是,他赞成"排满",反对保皇,热烈拥护共和,支持孙中山的革命活动。[3]他虽师从章炳麟,与陶成章、龚宝铨等光复会系统的人员过从甚密,但从不参与和孙闹矛盾的派别活动。还在1907年初,他就渴望"吾国之孙公",能够早日"撞革命之钟,卷三色之旗",建成"吾中华民国"[4]。1926年3月,更给了孙中山及其三民主义以极高的评价。他说:"夫彼孙公中山者,宁非当世伟人! 彼之《三民主义》《孙文学说》,虽不高明之言论也颇有,然他的功业一定比得上王安石,他的著作(即《三民主义》《孙文学说》)一定比得上黄梨洲之《明夷待访录》。老实说,我是觉得不谈政治则已,苟谈政治,救中国之策,莫良于三民主义矣。"[5]

除了刘师培、张继等人外,吴稚晖、李石曾、张静江等在巴黎发刊《新世纪》,成为中国思想界的又一个宣传无政府主义的中心。这一派,和东京的《天义报》派,既有共同点,又有相异点。其相异点之一是,《天义报》派反对孙中山,而《新世纪》派则支持孙中山的民主革命理想和活动;之二是《天义报》派对中国传统社会和传统文化常怀脉脉深情,而《新世纪》则多持批判、嘲笑态度。辛亥革命前,钱玄同

---

[1] 参阅拙作《同盟会的分裂与光复会的重建》。
[2] 《钱玄同日记》,1908年3月5日。
[3] 《钱玄同日记》,1907年1月1日。
[4] 《钱玄同日记》,1907年1月7日,3月5日。
[5] 《致周作人》,《鲁迅研究资料》第9辑,第111页。

称誉《天义报》"精美绝伦"[1]，对《新世纪》派虽有所肯定，但时有不满。日记称："购得《新世纪》五至八号，于晚间卧被中观之。觉所言破坏一切，颇具卓识，惟终以学识太浅，而东方之学尤所未悉，故总有不衷于事实之处，较之《天义报》，瞠乎后矣！"[2]个别时候，他甚至辱骂《新世纪》同人为"诸獠"，"丧心病狂"。[3]在刘师培和吴稚晖二人之间，他也扬刘而贬吴，日记说："（申叔）不斥旧学，贤于吴朓诸人究远矣！"[4]而在"五四"前后，则对《新世纪》派时加赞许，肯定该刊"实为一极有价值之报"。[5]对这一派的代表人物吴稚晖则引为同道，尊敬有加。1917年9月24日日记说："阅《新世纪》。九年前阅此，觉其议论过激，颇不谓然。现在重读，乃觉甚为和平。"1925年4月，他更将吴稚晖和孙中山、胡适、蔡元培等一起列为中国人的"模范"。[6]这种变化，和钱玄同对中国传统社会、传统文化态度的变化密切相关。

近代中国的许多先进人物都曾信仰过无政府主义，或者受过它的影响。钱玄同之所以向往无政府主义，除了它的"平民"立场外，还在于它的"厌恶阶级社会"，反对一切压迫和"强权"，怀疑一切、破坏一切的"彻底性"和世界主义的倾向。这些方面，曾经影响了"五四"及其以后钱玄同的思想和性格。

二、反传统思想

新文化运动诸人大都具有比较强烈的反传统思想，但其顶尖人物则

---

[1]《钱玄同日记》，1907年7月11日。
[2]《钱玄同日记》，1907年10月3日；参见同年9月18日日记。
[3]《钱玄同日记》，1908年6月6日；1910年1月20日。
[4]《钱玄同日记》，1908年7月1日。
[5]《钱玄同日记》，1917年1月11日。
[6]《回语堂的信》，《语丝》第23期。

是钱玄同。

钱玄同1908年在东京师从章炳麟,和龚宝铨等人一起听章讲《说文》《汉书》《文心雕龙》等著作,一度主张复古。在这一方面,钱玄同甚至走得比他的老师更远,更彻底。但是,袁世凯的复辟帝制使他受了强烈的刺激,袁世凯之后的北洋军阀统治也使他深恶痛绝。1917年天津大水,但督军曹锟却到"太乙庙"去三跪九叩首地祭拜"蛇精"。钱玄同愤慨地在日记中写道:"此种野蛮原(猿)人居然在二十世纪时代光天化日之下干这种畜牲(生)事业。唉!夫复何言!"[1]1919年,被鲁迅等讥为"大东海国大皇帝"的徐世昌连续下达卫道命令,钱玄同讽刺道:"这几天徐世昌在那里下什么'股肱以脊'!什么'祈天永命'!什么'吏治'!什么'孔道'的狗屁上谕!这才是你们的原形真相呢!"[2]

正是这些原因,使钱玄同转而反对复古,对中国传统道德、礼仪、历史和以汉字为载体的传统文化持全面的激烈的批判态度。他反对旧的"三纲五常",反对妇女的"三从"之训,反对迷信,反对旧的婚礼、葬礼、丧服,以及拖辫、缠脚等恶习。他说:"凡过去的政治、法律、道德、文章,一切都疑其不合理。"[3]1918年,他一度认为,在中国二千年的古籍中,"孔门忠孝干禄之书"占百分之五十五,道家及不明人身组织的医书占百分之二十,海淫海盗、说鬼谈狐,满纸发昏梦疯之书占百分之二十五。[4]在稍后公开发表的《中国今后之文字问题》一文中,他进一步提出:"欲废孔学,不可不先废汉文;欲驱除一般人之幼稚的野

---

[1]《钱玄同日记》,1917年9月25日。
[2]《钱玄同日记》,1919年1月5日、1月7日。
[3]《钱玄同日记》,1925年8月4日。
[4]《钱玄同日记》,1918年3月4日。

蛮的顽固的思想，尤不可不先废汉文。"[1]

中华民族在漫长的历史中创造了光辉灿烂的文化。但是，在我们研读钱玄同的著作时，总感觉到，他否定较多，看消极面较多。1923年7月1日，他致函周作人说："我近日很'动感情'，觉得二千年来的'国粹'，不但科学没有，哲学也玄得厉害。"在他看来，不仅"理智的方面毫无可满足之点"，即就"情感方面的文学"而论，也问题很多。[2]为此，他以疾恶如仇的态度激烈地攻击国粹的崇拜者，声称对"国故派之顽凶"，"必尽力攻讦"。"前此已然，于今为烈"。[3]

在这一方面，他较之陈独秀、鲁迅、胡适诸人，也都走得更远，更彻底。还在"五四"前夜，他就认为胡适"微有《老》学气象"；[4]又批评他对外议论，旗帜有欠鲜明，"对于千年积腐的旧社会，未免太同他周旋了"。[5]1923年，更批评胡适"思想虽清楚"，而态度则不如陈独秀和吴稚晖二人"坚决明了"。他甚至说："旧则旧，新则新，两者调和，实在没有道理"，主张将"东方文化连根拔去"。[6]这是中国近代很少有人发表过的极端言论。

近代中国正处于社会转型阶段。与社会转型相适应，文化也会发生不同程度的转型。钱玄同的反传统思想虽然偏激，有其谬误之处，但它是这一历史条件下的产物，有其必然性和合理性。同时，应该看到，钱玄同在事实上并未全盘反传统。对于中国文化中的优良部分，他仍然是

---

[1]《新青年》第4卷4号。据钱玄同1918年1月2日日记云："独秀、叔雅二人皆谓中国文化已成僵死之物，诚欲保种救国，非废灭汉文及中国历史不可。此说与豫才所主张相同，吾亦甚然之。"可见当时主张废除汉字的不止钱玄同一人，不过别人没用像钱玄同一样"放炮"而已。
[2]《致周作人》，《中国现代文艺研究资料丛刊》第5辑，第340—341页。
[3]《致胡适》，《胡适遗稿及秘藏书信》第40册，第270页。
[4]《钱玄同日记》，1918年1月2日。
[5]《致胡适》，1918年7月或8月，《胡适遗稿及秘藏书信》第40册，第255页。
[6]《致周作人》，《中国现代文艺研究资料丛刊》第5辑，第346页；又见于其1924年4月8日日记。

充分肯定的。例如：对周秦诸子，特别是墨学，对司马迁、刘知几的史学，对王充、鲍敬言、邓牧、李贽等人的异端思想和无君思想，对宋代的永嘉学派、清代的颜李学派和浙东学派，以及对《水浒传》《三国演义》《金瓶梅》《红楼梦》《儒林外史》等等，钱玄同都是肯定的，有些，还肯定得很高。例如，他之所以改名"玄同"，就是"妄希墨子"，"想学墨子的长处。"[1]。对《诗经》中的《国风》，他评之为"狠（很）真狠（很）美"。[2]对司马迁的《史记》，他认为"作意"好，有"特识"，可以使人"得鉴既往，以明现在，以测将来，决（绝）非帝王家谱、相斫书"。[3]一直到20世纪20年代，禅宗的语录、王阳明的《传习录》都还在他的常读书之列。[4]即使对于有些所谓"伪书"，他也不轻易否定。1922年9月1日，钱玄同致函胡适说："'托古改制'是中国人的惯技，自来造假书的最有名的人是刘歆和王肃，但此二人所造的伪书，尽有他的价值，未可轻于抹杀。"[5]

还特别应该指出的是，钱玄同所反对的主要是传统文化的当代价值或此时价值，而非其历史价值或彼时价值。对传统文化的历史价值或彼时价值，钱玄同也是肯定的，认为这种价值可谓"不废江河万古流"，虽岁月变迁，不能"贬损丝毫"。例如，钱玄同对孔子，就肯定得很高。新文化运动期间，他虽然主张"废孔学"，但同时明确表示："如孔丘者，我固承认其为过去时代极有价值之人。"他所"实在不敢服膺者"，不过只有"别上下，定尊卑"这一点。[6]他同意朱蓬仙的看法，认为"孔子以前，榛榛狉狉，极为野蛮。孔子修明礼教，拨乱反正"，有文明

---

[1]《钱玄同日记》，1917年4月14日。
[2]《致胡适》，1921年12月7日，《胡适遗稿及秘藏书信》第40册，第297页。
[3]《钱玄同日记》，1919年1月1日。
[4]《钱玄同日记》，1922年9月12日。
[5]《胡适遗稿及秘藏书信》第40册，第316页。
[6]《致陈独秀》，《新青年》第3卷第4期。

开化的功劳。[1]"五四"后,他进一步表示:"一部《论语》,确是古代底大学者的言论。"[2]又说:"孔丘确是圣人,因为他是创新的,不是传统的;秦汉以来的儒生,直到现在的孔教徒是蠢才(材),因为他们是传统的,不是创新的。"[3]他对孔学在中国历史上因时变迁的情况也有很好的分析。他认为,在孔子成为"教主"后,经过汉、宋、晚清等不同时期学者的解释,"三次增加,真相愈晦"。[4]钱玄同提出:"适用于古昔,未必适用于今日。"[5]他所反对的,主要是袁世凯、孔教会之流利用孔学,毒化当代人,为复辟帝制或为巩固北洋军阀统治服务。因此,他明确表示:孔学不适用于二十世纪共和时代,"孔门忠孝干禄"一类书籍:"断不可给青年阅看,一看即终身陷溺而不可救拔"。[6]可见,他对传统文化的批判的立足点、着眼点都在当代。

钱玄同主张,新的时代,中国应该有一种新的文化出现,传统文化必须"退居到历史地位"。[7]这一思想仍然有其合理性。打个比方,商鼎周彝之类,在彼时是适用的礼器、食器、酒器,但在此时,则只能送进历史博物馆陈列。它们可以价值连城,但是,却不再具有实用价值。假如今天仍然有人要求社会公众普遍使用,那只能是笨蛋。1922年9月22日,钱玄同致函周作人称:"我尊重《红楼梦》有恒久的文学价值,犹之乎尊重《诗经》有恒久的文学的价值;但现在作诗,人之知其决不应该'点窜'《周南》《召南》字,涂改《郑风》《卫风》诗,则现在做文当然也不应该'点窜贯中、雪芹字,涂改承恩、敬梓

---

[1]《钱玄同日记》,1917年3月28日。
[2]《古史辨》(1),第52页。
[3]《钱玄同日记》,1922年10月1日。
[4]《钱玄同日记》,1926年9月14日。
[5]《钱玄同日记》,1917年1月28日。
[6]《钱玄同日记》,1918年3月4日。
[7]《新青年》第4卷第1号。

文'也。"[1]钱玄同所反对的只是"拒新崇故",用旧事物、旧文化拦阻新事物、新文化的出生和成长。[2]

任何文化形态都是特定时空状态下的产物,它常常只适应于特定的时间和空间,因此,文化的发展总是如长江、黄河,一浪一浪地向前发展,所谓"江山代有人才出,各领风骚五百年"是也。但是,在文化的发展中,也总有若干东西、若干成分,可以适用于其他时代、其他环境。这里,有着文化发展的阶段性和连续性的辩证关系,也有着民族性和世界性的辩证关系。应该承认,钱玄同只看到了文化发展的阶段性,较少看到其连续性和可继承性,这是其缺陷。同时,也应该看到,一种过时的文化,在不同的历史条件下,可以再度焕发生命;或者在经过改造、转换后,可以为新的时代服务。我们这个民族有许多宝贵的东西,腐朽尚且可以化为神奇,何况本来就是宝贝呢!近年来,有些学者提倡对"儒学"进行"创造性的转换",力图使古老的儒学和现代化结合,或者以之作为对西方现代病的一种补偏救正的药方。这方面的探索当然是有益的、有意义的。这些情况,当年的钱玄同当然无法梦见,但是,1922年4月,钱玄同评论沈尹默"五四"后的"笃旧"倾向时,曾经表示,"旧成绩"总有一部分可以"供给新的","为材料之补充",这样的观点就较为全面了。

三、欧化思想

钱玄同主张中国的出路是"欧化"。所谓"欧化",也就是"西化"。他说:"我的思想,认定中华民国的一切政治、教育、文艺、科学,都

---

[1]《中国现代文艺研究资料丛刊》第5辑,第335—336页;参见《钱玄同日记》,1922年10月1日。

[2]《致周作人》,《中国现代文艺研究资料丛刊》第5辑,第343页。

该完全学人家的样子,断不可回顾十年前的死帝国。'不好的样子'虽然行了数千年,也该毅然决然地扑灭他;合理的新法,虽然一天没有行,也该毅然决然,振兴他。"他号召中国国民"做一个二十世纪时代的文明人,不做那清朝、唐朝、汉朝、周朝、五帝、三皇、无怀葛天时代的野蛮人"。[1]钱玄同这里所说的"学人家",自然指的是学西方。钱玄同甚至公开主张,要废除汉语,改用一种外国语当国语。他说:"中国的语言文字总是博物院里的货色,与其用了全力去改良他,还不如用了全力来提倡一种外国语为第二国语——或简直作为将来的新国语,那便更好。我的意思,以为今后中国人要讲现在的有用学问,必当懂几国语言文字。"[2]辛亥革命前,钱玄同曾经辱骂主张改革汉字或废汉字的人为"发疯",是"王八蛋"[3],至此,算是转了一个一百八十度的大弯子。

此后,在"西化"和"保存国粹"之间,他总是肯定"西化"。1920年8月16日,钱玄同致函周作人说:"纯粹美国派固亦不甚好,但总比中国派好些。专读英文,固然太偏,然比起八股、骈文的修辞学来,毕竟有用些。"又说:"我近来对于什么也不排斥(因为我自己太无学问也),惟对于'崇拜国故者',则以为毫无思想与知识之可言。虽著作等身,一言以蔽之曰,屁话而已。"[4]

近代中国人的难题是:中国人一方面学习西方,但是,西方列强却又侵略和欺负中国,于是,顽固派和"国粹"派就有了市场。钱玄同却能正确处理这一难题。他认为,为了爱国,不吸哈德门香烟是对的,但是,不能回过头去提倡三尺长的旱烟筒。后来,他进一步明确表示:"忍受帝国主义者侵略的暴力,是糊涂蛋丢脸的行为;服从先进国发明

---

[1]《新青年》第5卷第1号,第81页。
[2]《钱玄同日记》,1919年1月5日。
[3]《钱玄同日记》,1908年4月29日、8月27日。
[4]《中国现代文艺资料丛刊》第5辑,第317页。

的学术，是明白人合理的举动。"[1]

钱玄同的所谓欧化，实际上是现代化的同义语。他说："到了民国时代，还要祀什么孔，祭什么天，还要说什么纲常名教，还要垂辫裹脚，还要打拱叩头……你想，人家是坐了飞机向前直进，我们极少数人踱着方步向前跟走，那班'治平'大家还气不过，还要横拖直扯地把少数人拉扯上了哪吒太子的风火轮，向后直退。"[2] 又说："我坚决地相信所谓欧化，便是全世界之现代文化，非欧人所私有，不过欧人闻道较早，比我们先走了几步。我们倘不甘'自外生成'，惟有拼命去追赶这位大哥，务期在短时间之内赶上，到赶上了，然后和他们并辔前驱，笑语前行，才是正办。"[3] 这两段话，可以帮助我们了解钱玄同提倡"欧化"及其心情迫切的原因。

如所周知，民族语言是民族文化中最重要的因素，钱玄同却主张用一种外国语来作为中国的国语，自然，这是彻底的西化论。在日记和私人信札中，钱玄同也曾有过"全盘承受西洋文化"的说法。[4] 陈序经的"全盘西化"论和胡适的"充分世界化"论，都出现于20世纪30年代，比起钱玄同来，要晚很多年。

"全盘西化"论当然是错误的，以一种西方语言代替汉语作为国语的意见也当然是错误的。但是，必须指出的是，钱玄同所主张引进的主要的是西方的自然科学和进步的社会科学、文学，如达尔文的进化论、易卜生的问题戏剧，以及博爱、互助、平等、自由等学说之类，并非认为西方什么都好，连月亮也是外国圆。[5] 他清醒地看到，西方也有"臭

---

[1]《通讯》，《国语周刊》第9期。
[2]《新青年》第6卷2号，第241页。
[3]《回语堂的信》，《语丝》第23期。
[4]《致周作人》，《中国现代文艺研究资料丛刊》第5辑，第346页；又见于其1924年4月8日日记。
[5]《致周作人》，《鲁迅研究丛刊》第7页；参见《新青年》第6卷6期，第650页。

虫"，反对将它移到中国来"培养"。1923年7月16日，钱玄同致函周作人说："我以为纵然发现了外国人的铁床上有了臭虫而不扑灭，但我们决不应该效尤，说我们木床上发现的臭虫也应该培养，甚至说应将铁床上的臭虫捉来放在木床上也。"他反对什么都效法西方，亦步亦趋，认为"外国女人虽穿锐头高跟的鞋子，但中国女人并非不可穿宽头平底的鞋子。"[1]1925年6月25日，他又进一步解释道："我常说'欧化'，似乎颇有'媚外'之嫌，其实我但指'少数合理之欧'而言之耳。'多数之欧'，不合理者甚多，此实无'化'之必要。"[2]这样，他就又在实际上修正了自己的"全盘西化"论。

西方世界从18世纪起陆续脱离中世纪（也就是大陆学界通常所说的封建社会），进入现代化过程；到20世纪20年代前后，西方发达国家的现代化已经达到了相当的高度。中国则自鸦片战争之后，长期沉沦于半殖民地半封建的泥潭中。摆在中国人民面前的所谓"欧化"问题，实际上是一个学习西方，实现中国的现代化问题。自林则徐、魏源以至严复、康有为、梁启超、孙中山等先进的中国人无不提倡学习西方，今天的现代中国文明的许多方面也确实来源于西方。因此，我们应该看到"欧化"思想的合理内核，而不应该恐惧"欧化"，拒绝"欧化"。试问，我们能拒绝在西方充分发展起来的"声（学）、光（学）、化（学）、电（学）"等近代科学吗？能拒绝以选举制、代议制、政党制等为特征的近代民主吗？当然不能。

坚定不移地从事改革，从事开放，世界各个国家、各个民族一切比我们先进的东西都要学过来，这是历史的经验，也是历史的结论。自然，我们也要记住钱玄同的话，不要引进西方的"臭虫"。

---

[1]《中国现代文艺资料丛刊》第5辑，第344页。
[2]《致周作人》，《鲁迅研究资料》第10辑，第7页。

四、自由主义思想

如上述,钱玄同早年就羡慕社会主义和无政府主义,但是,很奇怪,当陈独秀和胡适因在赞成或反对社会主义这一问题发生分歧,《新青年》内部因而分裂时,钱玄同却站到了胡适一边。

根据《钱玄同日记》所述,分歧始于1918年1月,爆发于1919年10月李大钊将《新青年》六卷五号编为《马克思主义研究专号》时。冲突的结果是改变《新青年》四、五、六三卷所实行的轮流编辑制,仍如此前各卷一样,归陈独秀一人编辑。[1] 1920年,陈独秀先后出版《劳动纪念节专号》和《俄罗斯研究专栏》,陈、胡分歧加剧,双方"短兵相接"。"一则主张介绍劳农,又主张谈政;一则反对劳农,又主张不谈政治。"[2]从思想自由的理念出发,钱玄同认为"统一思想"是"最丢脸的事",[3]反对胡适"不谈宝雪维几(Bolshevism)"的意见,主张陈独秀等人可以谈,《新青年》可以任由陈独秀办下去,办成《苏维埃俄罗斯》的汉译本也无不可。[4]但是,他认为中国人的程度不够,要改良中国政治,首先要改良中国社会,改变中国人的思想,"好好地坐在书房里","请几位洋教习"来教"做人之道","等到略有些'人'气了,再来推翻政府"。[5]因此,他明确表示,"布尔什维克"主义"颇不适用于中国"[6]。

钱玄同之所以有上述看法,固由于他从早年起,就反对"强凌弱,众暴寡"。[7]但更重要的原因则在于,他觉得中国人"专制""一尊"的

---

[1]《钱玄同日记》,1919年10月5日。
[2]《钱玄同日记》,1921年1月18日。
[3]《关于〈新青年〉问题的几封信》,《中国现代出版史料》甲编,北京中华书局1954年版,第11页。
[4]《钱玄同致鲁迅、周作人》,《鲁迅研究资料》第12辑,第18页。
[5]《钱玄同致鲁迅、周作人》,《鲁迅研究资料》第12辑,第18页。
[6]《致周作人》,1921年6月12日,《中国现代文艺研究资料丛刊》第5辑,第332页。
[7]《钱玄同日记》,1917年1月5日。

思想过于强烈，有关传统过于深厚，会发生"学术专制""思想压迫"的可怕状况。1920年9月25日，他致函周作人说："我们实在中孔老爹学术思想专制之毒太深，所以对于主张不同的论调，往往有孔老爹骂宰我，孟二哥骂杨、墨，骂盆成括之风。"[1]1922年4月8日，再致周作人函说："我近来觉得改变中国人的思想真是唯一要义。中国人'专制''一尊'的思想，用来讲孔教，讲皇帝，讲伦常……固然是要不得，但用它来讲德谟克拉西，讲布尔什维克，讲马克思，讲安那其主义，讲赛英斯，……还是一样的要不得。反之，用科学的精神（分析条理的精神），容纳的态度来讲东西，讲德先生和赛先生等固佳，即讲孔教，讲伦常，只是说明它们的真相，也岂不甚好。我们从前常说'在四只眼睛的仓神菩萨面前刚刚爬起，又向柴先师的脚下跪倒'，这实在是很危险的事。"[2]他神往于中国古人所幻想的"万物并育而不相害，道并行而不相悖"的宽阔而自由世界，只要不"有害于社会"，个人的各种信仰、崇拜、爱好都可以听其自由。[3]1926年3月14日，钱玄同致函周作人称："我的谬见，总觉得还是'太丘道广'些好。""三民主义也好，好政府主义也好，'苏'制也好，无政府主义也好（只要比曾琦略为不讨厌些，也就可以容纳）；国语也好，方言也好；汉字暂且维持也好，注音字母也好，罗马字母也好；规规矩矩的文章也好，放屁放屁的文章也好；赞美《马太福音》的第五章也好，反对基督教也好；到天安门前去痛哭流涕也好，在爱人怀里做'狄卡丹'也好。"[4]又说："若有人肯研究孔教与旧文学，鳃理而整治之，这是求之不可得的事。即使那整理的人，佩服孔教与旧文学，只是所佩服的确是它们的精髓的一部分，也是

---

[1]《中国现代文艺研究资料丛刊》第5辑，第322页。
[2]《鲁迅研究资料》第9辑，第112页。该刊将本函写作年代系于1932年，误。
[3]《钱玄同日记》，1921年1月1日。
[4]《鲁迅研究资料》第9辑，110—111页。

415

狠（很）正当，狠（很）应该的。但即使盲目的崇拜孔教与旧文学，只要是他一人的信仰，不波及社会——波及社会，亦当以有害于社会为界——也应该听其自由。"[1]钱玄同认为，天下最可厌的事便是"清一色"，不能大家都做"千篇一律，千言万语只是一句话"的文章，"要它驳杂不纯些才好"。[2]

20世纪20年代的钱玄同主张改变五四时期"排斥孔教，排斥旧文学"的绝对态度，但是，他仍然坚持，"很鲜明的'浑'不得不反对"，"例如鼓吹复辟，鼓吹文言，鼓吹向孔丘与耶稣叩头"。[3]1925年5月，当他读到章太炎主编的《华国》杂志第38期时，不胜愤愤，认为"'敝老师'的思想的的确确够得上称为昏乱思想"，"其荒谬之程度远过于梁任公之《欧游心影录》"，不可不辨而辟之。他致函胡适，希望他出来做"思想界的医生"，为思想界注射"防毒针和消毒针"，不仅写《中国哲学史》《中国佛学史》《国语文学史》一类著作，而且尤其希望他写《评东西文化及其哲学》《科学与人生观序》一类文章。他谦虚地自称："钱玄同是'银样镴枪头'，心有余而力没有（还配不上说'不足'），尽管叫嚣跳突，发一阵子牢骚，不过赢得一班猪猡冷笑几声而已，所以不得不希望思想、学问都狠（很）优越的人们来干一下子。"[4]同年，当章士钊出任北京政府教育总长，攻击白话文，企图恢复文言的一统天下时，钱玄同奋然再起，组织反击，致函胡适说："现在古文妖焰太盛了，这种'反革命'的潮流，实有推翻它之必要。"[5]不久，反章斗争胜利，钱玄同又著文宣布："章行严去矣，后之来者，要是也像他那样做昏蛋们的代表，也像他那样要凭借官势来统一思想，不管他是张三或李四，阿

---

[1]《鲁迅研究资料》第9辑，第113页。
[2]《致周作人》，1926年3月14日，《鲁迅研究资料》第9辑，第110—111页。
[3]《鲁迅研究资料》第9辑，第110页。
[4]《胡适遗稿及秘藏书信》第40册，第352—356页。
[5]《胡适遗稿及秘藏书信》第40册，第360—362页。

猫或阿狗，亡国大夫或兴国伟人，绅士或暴徒，我还是与对待章行严一样，反抗他，攻击他。"[1]

思想自由与思想斗争相辅相成。没有思想自由，就会窒息新机，使社会和文化趋于僵化、停滞；但是，没有思想斗争，也会使谬种流传，真理不彰，无法除旧布新，推动社会和文化向更高层次的发展。当然，这种思想斗争，凭借的是真理自身的力量，而不是凭借权势或其他。争论双方都应该是平等的。

五、整理国故思想

研究一种民族文化，只懂得这种文化本身是不够的。还在新文化运动初期，钱玄同就主张研究外国文化，扩大外国文化知识，然后才能获致对民族文化的精确认识。他说："前此闭关时代，苦无域外事可参照，识见拘墟，原非得已。今幸五洲变通，学子正宜多求域外知识，以与本国参照。域外知识愈丰富者，其对于本国学问之观察，亦愈见精美。"[2]

"五四"以后，钱玄同是整理国故运动的倡导者之一。他主张用新思想、新方法研究国故，反对顶礼膜拜。1920年8月16日致周作人函称："我以为'国故'这样东西，当他人类学、地质学之类研究研究，也是好的，而且亦是应该研究的。"[3]在他和胡适等人的推动下，古史辨学派兴起。

疑古思潮古已有之。钱玄同推尊自唐代刘知几、宋代欧阳修、明代李贽直至清代康有为等人的疑古思想，大力提倡辨伪之学，企图将疑古精神普遍扩展到当时对中国古代历史和传世古籍的研究中去。还在辛亥

---

[1]《国语周刊》第26期，1925年12月6日。
[2]《钱玄同日记》，1917年1月20日。
[3]《中国现代文艺研究资料丛刊》第5辑，第317页。

革命前，钱玄同就对刘知几的著作有极高的评价。日记说："晚阅《史通》，先取前儒所痛斥为非圣无法之《疑古》篇而观之，觉其伟论卓识，独具眼光，钦佩无量。"[1]李贽在其著作《焚书》中对被儒家尊为大圣人的舜有所非议，钱玄同也表示赞赏，有先得我心之喜。[2]五四前夜，钱玄同的疑古思想进一步发展。当时，朱希祖曾认为"虽子思、孟子所说亦不足信"，钱玄同赞成此说，声称："思、孟之义既不可信，何以左丘明之事实便可信，义可伪造，事宁不可伪造乎？"[3]"五四"后，他多次表扬宋人、明人"勇于疑古"。[4]他甚至认为，善疑是学术进步的必要条件，声称："学术之进步全由于学者的善疑，而'赝'最多的国学界尤非用极炽烈的怀疑精神去打扫一番不可。"[5]

钱玄同认为，辨伪经重于辨诸子，辨伪事重于辨伪书。

西汉时，儒学从九流中脱颖而出，定于一尊；自此，儒学和与儒学有关的若干著作也就上升为"经"，具有了"天经地义"、不容置疑的权威性和永恒性。钱玄同重视辨伪经。1921年11月5日，他致函顾颉刚，认为辨伪经的重要性超过辨子书，刻不容缓的工作是编纂《伪经辨证集说》一书。他说："'子'为前人所不看重，故治'子'者尚多取怀疑之态度；而'经'则自来为学者所尊崇，无论讲什么，总要征引它，信仰它（直到现在，还有人根据《周礼》来讲周史的！）。"[6]后来又说："我觉得宋以来有四个大学者，本来都是可以有大成就的，因为被'经'罩住了，以致大蒙其害。"[7]可见，钱玄同着眼辨伪经，目的是打掉笼罩在儒

---

[1]《钱玄同日记》，1908年1月2日。
[2]《钱玄同日记》，1908年1月23日。
[3]《钱玄同日记》，1917年3月28日。
[4]《钱玄同日记》，1921年1月5日，1922年1月10日。
[5]《研究国学应该首先知道的事》，《读书》杂志第12期，1923年8月5日。
[6]《古史辨》（1），第41页。
[7]《古史辨》（1），第52页。

学著作上的神圣光轮,将人们的思想从"经"的桎梏中解放出来。1921年12月7日,他曾将这一工作戏称为"毁冠裂冕""撕袍子""脱裤子",致函胡适说:"我们是决心要对于圣人和圣经干'裂冕,毁冕'撕袍子,剥裤子的勾当的,那么,打'经字招牌'是狠(很)要紧的事了。"[1]

儒家学说有稳定社会秩序的作用,汉以后,历代的统治者大都提倡读经,清末和北洋时代的军阀们尤其如此,凡疑"经"、非"经"者均视为非圣无法,大逆不道,可以"正两观之诛"。[2]钱玄同说:"在官厅方面,打'经字招牌'更是极重要的事。教育部虽然比较别部稍微干净一点,可是遗老、遗少,卫道的君子们,晚晴簃的诗翁,此中亦复有之,在这种地方发点'非圣无法'的议论,也是功德。""晚晴簃的诗翁",指徐世昌及其清客们。由此不难看出钱玄同的辨伪经和当时现实的反对北洋军阀斗争的关系。

古无文字。人类的远古史靠一代一代人的口耳相传,自然,其可靠性、科学性是极为有限的。在这种口耳相传中,后人会不断地、层层叠叠地附加自己臆想的成分,自然,离古史的实际情况也会越来越远。中国古代流行尊古、崇古观念,各家各派常常自觉不自觉性地托古改制,或借古喻今,或自我作古,伪造古事以至伪造古书的情况更时有发生。钱玄同认为:三皇、五帝、三代(至西周止)的事实,百分之中倒有九十分以上是后人虚构的。[3]又认为:孟子、墨子、荀子以至宋代的"朱老爹"等人,"无不造假典故"。[4]因此,钱玄同主张将辨伪作为研究工作的"第一步",[5]既辨伪事,也辨伪书,以便清除古史、古籍中的虚假成分,还其真实面目。1921年1月27日,钱玄同致函顾颉刚称:

---

[1]《胡适遗稿及秘藏书信》第40册,第46—18页。
[2]《古史辨》(1),第52页。
[3]钱玄同《三国演义序》。
[4]《胡适遗稿及秘藏书信》第40册,第316页。
[5]《古史辨》(1),第30页。

419

"考辨真伪，目的在于得到某人思想或某事始末之真相，与善恶是非全无关系。"[1]他认为，只有这样，才能将历史学和文献学的研究建立在科学的、可信的基础之上。

近代古史研究的重要推进是对甲骨文、金文的利用。在这方面，王国维做出过重大成就。钱玄同虽然强烈反对一切忠于清王朝的人，称罗振玉为"罗遗老"，王国维为"王遗少"，但是，他仍然充分肯定"王遗少"的研究方法，提出要"应用甲、金二文，推求真古字、真古史、真古制。"[2] "五四"以来的中国古史研究证明，这是一条正确的道路。

有些古代著作，并非伪书，但是，经过历代儒生的解释后，面目全非，《诗经》就是最典型的例子。钱玄同认为：《诗经》只是一部最古的"总集"，与后来的《文选》《花间集》《太平乐府》等书性质相同，不是什么"圣经"。他反对汉儒动辄牵合政治，主张不去理会所谓某篇"刺某王""美某公"，以及"后妃之德""文王之化"一类注解，同时主张将解《诗》的汉儒"毛学究、郑呆子"的文理不通处举出几条来示众。[3] 1921年12月7日，钱玄同致函胡适，要求他在阐述"国语文学"时，首列《诗经》中的《国风》，同时建议胡适，赶紧"请它洗一个澡，替它换上平民的衣服、帽子"。他说："腐儒误解的，我们更要替它洗刷，留它的'庐山真面目'才是。"1923年，他又曾致函顾颉刚，鼓励他说："救《诗》于汉宋腐儒之手，剥下它乔装的圣贤面具，归还它原来的文学真相，是很重要的工作。"[4]钱玄同勉励胡适重新整理《诗经》，他说："孔圣人虽未一定干过'删诗'的事业，而胡圣人则大可——而且应该——干'删诗'的事业。"[5]钱玄同这里称胡适为"胡圣人"，让

---

[1]《古史辨》(1)，第24页。
[2]《钱玄同日记》，1922年7月15日。
[3]《覆顾颉刚》，1922年2月22日，《古史辨》(1)，第46—47页。
[4]《致顾颉刚》，《古史辨》(1)，第50页。
[5]《胡适遗稿及秘藏书信》第40册，第46—48页。

他和"孔圣人"平起平坐,虽是戏言,但却充分表现出钱玄同平视古今的勇敢态度。

《诗经》是旧时"六经"之一。钱玄同认为"六经"之说,乃是"无端将几部无条理、无系统、真伪杂糅,乱七八糟的什么'经'也者硬算是孔二先生的著作,还造了许多妖魔鬼怪之谈,什么'三统'咧,什么'四始'咧……强说是他老先生说过这样不通可笑的话,他真被冤诬了!"因此,钱玄同主张将《六经》与孔丘分家。[1]

《春秋》长期被认为是孔子的重要著作。钱玄同认为,《春秋》是历史,但不是孔子做的,"以他老人家那样的学问才具,似乎不至于做出这样一部不成东西的历史来。"[2]

《尚书》,钱玄同认为其《金縢》篇"满纸鬼话","其荒诞不经的程度,比《三国演义》中诸葛亮借东风那一段还要加增几倍"。[3]

可以看出,疑古思潮、整理国故运动、古史辨学派的出现都是"五四"精神在学术领域内的深入和发展,具有反对老八股、老教条,解放思想,存真求实的作用。在这一精神的光照下,古史辨学派在中国古史、古籍的辨伪、还原等方面,做出过一定的贡献。但是,万事万物都有度,过了度,真理就可能成为谬误。近年来考古学、古代文献学等方面的发展已经证明,钱玄同和古史辨学派的疑古有许多过头之处,因此,又出现了"走出疑古时代"的呼吁。

信古和疑古,是两个对立面,也是两个极端。迷信古人,易为古人所欺;反之,怀疑过分,也会否定了应该肯定的东西。科学的态度应该是,尽力摆脱政治附庸、宗派师承、个人好恶的局限,客观冷静,实事求是,当信则信,当疑则疑,这才能接近真理,掌握真理。

[1]《古史辨》(1),第52页。
[2]《古史辨》(1),第276页。
[3] 钱玄同《三国演义序》。

六、文学革命、汉字革命思想

辛亥革命前，钱玄同一度是中国传统文学的崇拜者。1909年6月，他在阅读清代作家张惠言的《茗柯文编》时，评价说："阅其赋，庶几汉人矣，而其散文出入韩文，颇有桐城气息。"[1]他的朋友和同学朱蓬仙准备学习骈体文，以清代汪中为榜样，他也极表赞成。[2]但是，新文化运动兴起后，钱玄同却尖锐地批判"桐城谬种，《选》学妖孽"，成为旧文学的强烈反对者。1917年1月25日日记说："若如近世所谓桐城派之文，江西派之诗……直欲令人作三日呕。"

钱玄同积极支持胡适、陈独秀等倡导的文学革命。胡适发表《文学改良刍议》后，钱玄同即断言"必能于中国文学界开新纪元"。但是，钱玄同提倡一种比较彻底的白话文学。他总觉得胡适的白话还不到家，有点像宋词和明清小说。1917年，钱玄同读了胡适的《尝试集》后，在日记中写道："适之此集是他白话诗的成绩，而我看了觉得还不甚满意，总嫌他太文点，其中有几首简直没有白话的影子。我曾劝他既有革新文艺的弘愿，便该尽量用白话去做才是；此时初做，宁失之俗，毋失之文。"[3]他主张："我们现在做（作）白话诗，不但应该脱尽古诗、律诗的俗套，而且应该脱尽从前的白话诗词至民歌的俗套。"[4]在钱玄同的帮助下，胡适才"放手去做那长短无定的白话诗"。[5]其他白话诗作者，如刘半农、周作人、汪静之等，也都得到过钱玄同的鼓励或帮助。例如，钱玄同认为，周作人的《小河》等诗"作得比适之、半农都好"，

---

[1]《钱玄同日记》，1909年6月18日。
[2]《钱玄同日记》，1909年10月22日。
[3]《钱玄同日记》，1917年10月22日。
[4]《钱玄同日记》，1922年10月1日。
[5] 胡适《五十年来的中国文学》，《胡适文存》2集卷1。

汪静之的诗,"确是一种葱茏、清新气象,可羡可妒"。[1]

钱玄同也提倡一种比较彻底的白话文,认为"不但应该脱尽古文、骈文的俗套,而且应该脱尽从前的白话文学(如禅宗及宋儒的语录、宋明人的笔札、曹吴诸人的小说)的俗套。[2]但是,他也主张,"凡明白易晓的文言,可以尽量输入于白话之中,使白话的内容逐渐丰富起来"。此外,他还主张,吸收西方语言的优点,做欧化的白话文。[3]1922年10月19日,钱玄同致函周作人,称赞周的"欧化语体文",要求"努力做得'极力各洛',使其去中国旧白话文愈远愈好"。[4]

中国小说长期有文言小说、白话小说两派。还在辛亥革命前,钱玄同就认为小说应该以白话为正宗。1906年2月3日日记称:"小说总以白话章回体为宜,欲以文笔为之,殊难讨巧。"1920年,他又为《儒林外史》作序,称颂这部书的出世,"可以说他是中国国语文学完全成立的一个大纪元"。[5]他甚至提出,要将《儒林外史》作中等学校的《模范国语读本》[6]

在提倡以白话写作文学作品之外,钱玄同特别提倡在应用文领域内普遍使用白话。1917年,他致函陈独秀,提出应用文改革大纲,其第一条就是,以国语写作。[7]这就空前地扩大了白话的使用范围,使它全面占领汉语书面语言的各个领域。钱玄同多次指出,近语比古语精密,[8]提倡白话,不是为了求通俗,求普及,而是要将它"作为高等文化、高

---

[1]《钱玄同日记》,1919年2月5日,1922年9月29日。
[2]《钱玄同日记》,1922年10月1日。
[3]《三国演义序》。
[4]《中国现代文艺研究资料丛刊》第5辑,第338页。
[5]《儒林外史新叙》,亚东版《儒林外史》,1920年11月。
[6]《儒林外史新叙》,亚东版《儒林外史》,1920年11月。
[7]《新青年》第3卷第5号,《通信》,第8页。
[8]《钱玄同日记》,1922年10月22日。

等知识的媒介"。[1]1922年10月2日,他在北京女子高等师范学校演讲,特别说明:"我们主张文学革命,不是嫌古文太精深,乃是嫌古文太粗疏;不是单谋初级教育和通俗教育的方便,乃是谋中国文学的改良。我们不仅主张用白话文来做初级教育和通俗教育的教科书,尤其主张用彼来着学理深邃的书籍。"[2]

提倡白话,将白话定为正统的汉民族的书面语言和文学语言,对于普及文化,提高民族文化素质,引进先进的外来文化,发展新文化、新文学,都极为有利。它是五四新文化运动的重大功绩。这一革命的主将自然是胡适,而助其成者,陈独秀之外,就是钱玄同。

在提倡白话的同时,钱玄同主张改良汉语。1919年1月5日日记说:"国语的用处,当限于普通信札、报纸等等。以中国现在的普通语言,即所谓的官话也者为根底,其有不备,古文、方言和外国语里的字都应该采用。"钱玄同从1917年加入国语研究会起,就一直以满腔热情投入提倡国语和国语统一的各项工作。他提出,"国语应该以民众的语言为基础","要仔细搜集考察民众的语言、文艺的精髓",[3]这都是有价值的见解。

钱玄同对汉字进行过猛烈的攻击。他认为汉字是低级的文字。日记说:"论其本质,为象形字之末流,为单音字之记号。其难易巧拙已不可与欧洲文字同年而语。"又说:"此等文字亦实在不可以记载新文明之事物。"[4]因此,他大力提倡汉字革命。其主要内容是,为汉字注音或改用罗马字拼音。1927年,钱玄同对早年的激烈言论颇多后悔,但是,对提倡"国语罗马字"一事却始终坚持。致胡适函说:"我近来思想稍有变动,回思数年前所发谬论,十之八九都成忏悔之资料。今后大有'金

---

[1]《国语月刊发刊词》。
[2]《国语月刊》第1卷第9期。
[3]《答裴文中》,《国语周刊》第27期。
[4]《钱玄同日记》,1918年3月4日。

人三缄其口'之趋势了。新事业中至今尚自信为不谬，且自己觉得还配干的唯有'国语罗马字'一事。"[5]

钱玄同很清楚，废汉字、改为拼音文字不是短时期所可以完成的。因此，他主张首先简化汉字，同时减少汉字字数，挑选白话中所用及普通文言中所常用而为白话中所欠缺的字约三四千字，作为常用字。

钱玄同非常重视他的汉字革命思想，把它看成一件很重要的事业。他说："这也是一种大胡闹，和文学革命一样，不是一班'主张通俗教育的人们'（如劳乃宣、王照之流）做给'小百姓'吃的窝窝头，实是对于鱼翅、燕窝改良的食物，是鸡蛋、牛乳之类。"[6]

汉字有自己的特点，在地域广大、方言繁多的中国，汉字在传播和发展民族文化等方面发挥过无可替代的作用。它具有卓越的构词能力。少数汉字便可以发展出数量庞大的新词。在人类进入计算机时代的今天，汉字更显示出若干新的过去为人们所不知的优越性。因而，钱玄同视汉字为低级文字的思想是错误的，主张废除汉字的思想也是错误的。但是，他的汉字拼音方案不应完全否定，作为一种学习汉字的辅助工具，今天在华人世界和非华人世界已普遍流行。他的减少常用汉字字数和简化汉字笔划（画）的意见也是正确的。从汉字发展的历史看，简化是主流趋向。当然，这一点，热爱繁体的朋友可能不同意，这是一个可以讨论并让历史去选择的问题。

七、既要倡导改革，扶植新芽，又要防止偏激、过当

五四时期，曾经有人称道，钱玄同是"文学革命军里一个冲锋健

---

[5]《胡适遗稿及秘藏书信》第40册，第377页。
[6]《致周作人》，1922年12月27日，《中国现代文艺资料研究丛刊》第5辑，第339页。

将", 又说他是"说话最有胆子的一个人", 这是正确的。[1]

如前所述, 近代中国处于转型时期。随着社会向现代化的发展, 文化也必然要向现代化发展。这就要扬弃旧文化中不适合现代需要的部分, 创造符合现代社会需要的新文化。这是一个不可阻挡也不应阻挡的历史大趋势。在五四时期的反对旧文化, 提倡新文化的斗争中, 钱玄同有摧陷廓清、倡导改革和扶植新芽之功, 应该予以充分肯定; 对他发表过的若干偏激、过当、极端以至谬误的言论, 则应该在批评的同时, 加以分析。

谬误有两种。一种是旨在推动时代前进的谬误, 一种是保守现状、阻碍时代前进, 甚或是"拉着车屁股"向后的谬误。这是两种不同的、应该加以区别的谬误, 显然, 钱玄同的谬误属于前者。傅斯年在反思五四新文化运动时曾经说过: "发动这个重新估价, 自有感情的策动, 而感情策动之下, 必有过分的批评; 但激流之下, 纵有旋涡, 也是逻辑上必然的, 从长看来, 仍是大道运行的必经阶段。"[2] 钱玄同的偏激和谬误就是傅斯年所说的激流奔腾时的"旋涡"。

但是, 既然是谬误, 就不能不加以批评。应该承认, 钱玄同的偏激言论在当时就有负面作用。1918 年, 任鸿隽批评钱玄同废灭汉字的主张, "有点 Sentimental"。[3] 1919 年 1 月 5 日,《时事新报》发表漫画, 讥刺钱玄同主张废汉文, 用西文的主张。同年 1 月 7 日, 蓝公武在《国民公报》上发表给傅斯年的信, 声称《新青年》中有了钱玄同的文章, 于是人家信仰革新的热心遂减去不少。由于批评的言论多了, 以致陈独秀不得不出面声明, 钱玄同的主张是"用石条压驼背的方法""本志同人多半是不大赞成的"。

---

[1]《新青年》第 5 卷 3 号, 第 303、306 页。
[2]《五四二十五周年》, 重庆《大公报》, 1944 年 5 月 4 日。
[3]《新青年》第 5 卷 2 号, 第 170 页。

近代以来，中国人在现代化的过程中已经走过了漫长的途程，曲折很多，犯的错误也很多。我们既要坚持不懈地向前走，又要力戒偏激，力求片面，尽量让曲折少一点，错误少一点。

汉字"横行"与钱玄同[1]

现在汉字以"横行"为主了。

余生也早,躬逢汉字"直行"的一统时代。书报,一律从上往下排。读书时,脑袋需一上一下地移动。遇到其中夹有西洋文字,便需把书侧转过来看。写字作文时,先从上到下一个字一个字写,然后一行一行从右向左移。如果墨汁未干,那手腕上便会沾满斑斑墨迹。此情此景,而今的年轻朋友也许不大能够体会。诚然,除整理古籍、书法艺术和报纸调剂版面外,汉字应该"横行"。那么,谁是汉字"横行"的提倡者呢?手头有一份钱玄同的书信手迹,文曰:

独秀、半农、适之、尹默、孟和诸兄均(钧)鉴:
　　上月独秀兄提出《新青年》从六卷起改用横行的话,我极端赞成。今见群益来信,说:"这么一改,印刷工资的加多几及一倍。"

---

[1] 原载《光明日报》,1986年6月15日,录自杨天石《哲人与文士》,中国人民大学出版社2007年版。

照此看来，大约改用横行的办法，一时或未必能实行。我个人的意思，总希望慢慢的可以达到改横行的目的。

此信写于 1918 年 11 月 26 日。当时，钱玄同是《新青年》编辑部的成员，收信的几个人也都是。不知为什么，此信未在《新青年》上刊载，似乎也没有在其他地方发表过。从信中看，陈独秀提倡"横行"而钱玄同"极端赞成"，似乎陈早于钱。然而，且慢。

1917 年 5 月 15 日，钱玄同致陈独秀函云：

我固绝对主张汉字须（需）改用左行横移，如西文写法也。人目系左右相并，而非上下相重，试立室中，横视左右，甚为省力，若纵视上下，则一仰一俯，颇为费力。以此例彼，知看横行较易于直行。且右手写字，必自左至右，故无论汉字、西文，一字笔势，罕有自右至左者。然则汉文右行，其法实拙。若从西文写法，自左至右，横移而出，则无一不便。

同年，大概是 7 月吧，钱玄同再次致函陈独秀，要求《新青年》从四卷一号起，改用横式。他说："《新青年》杂志拿除旧布新做宗旨，则自己便须实行除旧布新。所有认作'合理'的新法，说了就做得到的，总宜赶紧实行去做，以为社会先导才是。"这样，提倡"横行"的还是钱早于陈。

汉字由"直行"改"横行"，看来是小事，却也还需要一点勇气。因为我们的老祖宗，从用刀在乌龟壳上刻字时便"直行"，此后相沿不改，成为定规。清末时，西方文字传入，因为与我们的"祖宗旧法"不合，所以被轻蔑地称为"蟹行"文字，意思是像螃蟹一样横着爬。当时的《国粹学报》有一段名文曰:"蟹行文字,横扫神州,此果黄民之福哉?"中国人读了几本西洋书,便被视为黄帝子孙的灾难;如果汉字也"蟹行"起来,那还了得!所以,单以提倡"蟹行"这一点来说,钱玄同也配授以勇士称号。

不过,话说回来,提倡归提倡,《新青年》却一直未能"横行"。其原因,既由于经费困难,也由于内部意见并不一致。所以虽有陈望道的激烈的批评和呼吁:"诸子既以革新为帜,我狠(很)愿诸子加力放胆前去,不稍顾忌,勿使'后人而复哀后人'才好。"但是,钱玄同还是表示:"因印刷方面发生许多困难的交涉,一时尚改不成。"这个"一时"也就长了,直到新中国成立后,国家明文规定,汉字以"横行"为主,钱玄同的愿望才得以实现。在我们这个"五千余年古国"的泱泱大国里,要想搞一项改革也真难!

古语云:闻鼓鼙而思将帅。因作此文,戏拟一语曰:忆"横行"而望勇士。

钱玄同自揭老底[1]

五四时期的钱玄同,确实是位勇士。他写过不少犀利的文章。其中有一篇《中国今后之文字问题》,认为中国两千年来的所谓学问,所谓道德,所谓政治,"无非推衍孔二先生一家之学说";所谓《四库全书》,十分之八是教忠教孝之书;所谓史,不过是"大民贼"的家谱或"小民贼"杀人放火的账簿;要使中国不亡,使中国民族成为"二十世纪文明的民族",必须以"废孔学"作为"根本之解决"。这些话,在今天看来,难免显得偏激,但当时,在推倒偶像,破除迷信,解放思想方面,又自有其不可磨灭的功绩。

然而,谁想到,钱玄同还曾是个复古迷呢!

那是在辛亥革命时期。部分革命党人热衷于复古。当时有句流行的口号,叫作"光复旧物"。有的人考证出,中国文化的黄金时期是在夏、商、周三代。据说:有一种"通天屋",比现代的摩天楼还好;有

---

[1] 原载《光明日报》,1986年8月17日,录自杨天石《哲人与文士》,中国人民大学出版社2007年版。

一种"深衣",穿起来蛮惬意;有一种《鹿鸣》之曲,听起来可以感到"皇汉"民族的尊严;还有一种"干舞",跳起来可以不失"陶唐氏之遗风"。受此影响,钱玄同也觉得:光复之功告成以后,应该将清的政制仪文,"一一推翻而复于古"。不仅复于明,且将复于汉唐,不仅复于汉唐,且将复于三代。总而言之,一切文物制度,凡非汉族的都是要不得的;凡是汉族的都是好的,而同是汉族的,则愈古愈好。钱玄同是个言必行、行必果的人。武昌起义之后,"辫发胡装"自然可以免去,但西装革履也非所愿。怎么办呢?他想起了"深衣"。古书上记载,这是诸侯、大夫和士平时在家闲居时所穿的一种服装,上衣和下裳相连,大概是一种男式连衣裙吧?古代没有摄影术,也没有裁剪大全一类的书籍,具体式样早已失传。好在钱玄同曾经从学于国学大师章太炎,考证是拿手好戏。于是,从1911年12月中旬起,他便参考《礼记》、司马光的《书仪》、题为朱熹所著的《家礼》以及黄宗羲、任大椿、宋绵初、张惠言、黄以周诸家的论述,做了一部书,叫作《深衣冠服说》,并且照所说的做了一身。1912年3月,钱玄同到浙江军政府教育司当科员,便穿上这一身自制的套服:头戴"玄冠",身穿"深衣",腰系"大带",上办公所去,其结果是赢得大家笑了一场。

上述故事,见于钱玄同的一篇回忆文章《三十年来我对于满清的态度的变迁》。文中,钱玄同还坦率地承认,更早的时候,他是个地地道道的保皇派:崇拜清朝"皇上";为此,撕毁过谭嗣同的《仁学》;指责过具有革命思想的朋友:"吾侪食毛践土,具有天良,胡可倡此等叛逆之论?"钱玄同写这篇回忆文章是在1924年末。那时新文化运动早已"铙歌奏凯",钱玄同也早已成了名人了。

世事多艰。人难免要做错事,走错道,贵在能不断总结,弃旧图新。钱玄同复了一阵子古,在袁世凯称帝的时候,他"大受刺激","知道凡事总应前进,决(绝)无后退之理",于是进而"疑古",这就好;

又进而在成为名人之后，仍能自揭老底，以自己做错的事、走错的路昭示来者，这就更好。生活、事业都需要这种精神。

有些人，总想塑造自己一贯正确的圣哲形象。讳言错误，讳言失败，明明有错，却硬不认错，甚或饰非为是，又甚或打击别人，以非作是。这种人，在钱玄同精神面前，是否汗颜呢？

潘汉年与钱玄同[1]

——近世名人未刊函电过眼录

潘汉年以从事中共的秘密工作著名,但是,他还是一位优秀的文化人。关于前者,史学界研究已多;关于后者,史学界也已开始研究,不过,留下的空白尚多。钱玄同家藏潘汉年书札一通,可以帮助我们认识这位传奇人物早年活动的一个方面。函云:

玄同先生:

你老虽只欢迎民间文艺里的戏剧、故事、小说,我偏要抄几首我"收藏袋"里的歌谣给你看看,你会说它的价值在故事、剧本之下吗?——所以我主张ㄍㄨㄛㄩㄓㄡㄎㄢ(《国语周刊》——笔者注,以下同)上同样收载歌谣。今先寄上几首给你看看,你如欢迎在ㄓㄡㄎㄢ(周刊)上发表,我尽可络续抄来;我的"收藏袋"里至少也有百余首了!

---

[1] 原载《百年潮》,2003年第7期,录自杨天石《哲人与文士》,中国人民大学出版社2007年版。

ㄌㄧㄣㄌㄠ（您老）如一定说：穷鬼！你要出风头好送到《歌谣周刊》上去发表，则我也只有叩头谢罪，不应该多此一举！我对于民间文艺兴味特别好，像有些故事，很高兴用笔去述出来（有现成文字记述的，我当然不必费神），不过我一度试验的"（苦啊）故事"寄给周作人先生后，《语丝》上也不见刊出，大概是我的文字太坏，被扔在字纸篓里去了！本来我也忒年小胆大，我的狗屁文字，怎么好送去与你们的大作排在一起呢！但我总还希望有一天周先生能把我的大作退回让我重做一篇！

再让我说几句闲话。ㄍㄨㄛㄩㄓㄡㄎㄢ（《国语周刊》）的印刷有时太不清楚了，你们为什么不和手民先生们交涉一下？

哈，我的上司ㄌㄧ（黎）今灰和郭后觉，看见我身上"落汤鸡"的样子，我想他们正在那里代我可怜，（每月得廿元，只够吃吃住住，他们也知道我买不起雨伞皮鞋，然而他们对我似更说，你的二十元还是侥幸呀！）编辑室里有这么一个穷小子！哪知道我目空一切，悠悠自得在这里写信给你ㄌㄜ（呢）！请原谅我第一次写信给你便发牢骚。

你的小朋友潘汉年

我今年廿岁，对你称"小"，称你为"老"，不算得罪吧？哈，我笑了！

一四、七、三，下午

潘汉年1906年出生于江苏省宜兴的一家书香门第。1919年毕业于宜兴县立第三高等学校，其后，陆续就读于武进延陵公学、无锡国学专修馆、上海中华国语专科学校等处，均因家庭经济困难，中途辍学，到小学任教。1923年10月12日，潘汉年在上海《民国日报》发表爱情诗《不敢》，自此步入文坛。1924年，潘汉年到上海中华书局，在黎锦晖创办的《小朋友》杂担任校对员。本函用红墨水书写，显系在编辑部的校对案上写成。函中所称"今灰"，指的就是黎锦晖；"郭后觉"，未详，当为《小朋友》的编辑。从函中可以看出，潘汉年在杂志社，地位很低，工资也很低。有不少"牢骚"。

写信这一天，潘汉年出门后突遇大雨，但因身无分文，买不起雨伞，只好一手用报纸盖头，一手提着衣襟，穿着浸水的破皮鞋，赶到编辑部上班。自然，浇成"落汤鸡"，狼狈不堪。进门时，穿着"拷绸"衣褂的听差看到潘汉年这般模样，不禁一笑。这笑，令潘汉年感到饱含着讥讽；走进编辑部，潘汉年又受到几个同事的奚落。有一位还向黎锦晖瞪眼，那意味，让潘汉年感到是在埋怨，不该找"这么一个落拓下属来杀编辑部的风景"。潘汉年坐定之后，开始为钱玄同、黎锦熙共同主编的《国语周刊》写稿：首先叙述自己当天成为"落汤鸡"的遭遇，接着就慨叹："我也不恨他们，只恨我的祖宗不曾留遗产——不，只怪不共产；否则我年纪轻轻，那要混到这里来骗饭吃！"字里行间，已经透露了潘汉年后来投身"共产革命"的讯息。

《国语周刊》出版于1925年6月14日，作为《京报副刊》之一，星期日随报附送。钱玄同在《发刊词》中表示：

> 我们相信这几年来的国语运动是中华民族起死回生的一味圣药，因为有了国语，全国国民才能彼此互通情愫，教育才能普及，人们的情感思想才能自由表达。所以我们对于最近古文和学校的文言课本阴谋复辟，认为有扑灭它的必要，我们要和那些僵尸、魔鬼决斗，拼个你死我活。

五四新文化运动的重大胜利之一是白话文取得正宗地位。不仅白话诗、白话小说风行一时，而且，应用文也已通行白话。但是，世间事常有反复。1925年4月，章士钊出任北洋政府教育总长，公开反对白话文和注音字母，提倡小学读经。钱玄同《发刊词》所称"阴谋复辟"白话文的"僵尸、魔鬼"，就是指的章士钊等人。

当年5月15日，上海日本纱厂资本家枪杀工人顾正红。30日，上海学生在租界游行，英国巡捕开枪射击，群众死十余人，史称"五卅惨案"。事件激起了中国人民的巨大愤怒。在《发刊词》中，钱玄同写道：

> 我们相信中华民族今后之为存为亡，全靠民众之觉醒与否；而唤醒民众，实为知识阶级唯一的使命。这回帝国主义者英吉利和日本在上海屠杀咱们的学生和工人的事件发生，我们更感到"祸至之无日"，唤醒民众之万不容再缓。讲到唤醒民众，必须用民众的活语言和文艺，才能使他们真切地了解。

可见，钱玄同等办《国语周刊》并不仅是为了反对文言文复辟，而是有着明确的爱国主义自觉，旨在通过提倡国语，唤醒民众。潘汉年之所以乐于为《国语周刊》写稿，首先是一种政治上的契合。

钱玄同高度评价民间文艺。《国语周刊》创刊时，钱玄同即发表启事，征求民间文艺。启事称："民间埋藏着狠（很）丰富的、美丽的、新鲜的、自然的文艺，如故事、小说、戏曲等，一定非常之多。现在我们想尽力地发掘这个宝库。"大概由于此前已经有一个《歌谣周刊》，所以启事没有提到歌谣。潘汉年对此有异议，认为《国语周刊》也应该征集、发表民间歌谣。从潘函可以看出，他对民间歌谣极有兴趣，"收藏袋"里有百余首之多。这次给钱玄同投稿，即有《落雨沉沉》《有钱使得鬼推磨》《铜钱亲》《光棍》《不嫁读书郎》等多首。在抄录这些歌谣时，潘汉年有时还穿插一两句话，为"穷人"，也为自己鸣不平。例如，一开头，潘汉年就写道："今天落雨沉沉，我穷人真正气勿过，再唱几支民歌出气。"又如，在"光棍好比活神仙，一把雨伞到天边"两句下边，潘汉年注道："今天我没有雨伞，光棍也做不得。"这些地方，都说明在这位二十岁的年轻人的内心，已经积累了很多对当时社会的不平。

潘汉年投稿时间是1925年7月3日，同月26日，稿件即在《国语周刊》第七期发表。不仅如此，钱玄同还立即复函潘汉年，说明表扬民间文艺的目的在于建立"国语文学的基础"，国语文学"必须根据于活语言"，"国语必须有文学的美"。他要求潘汉年将"收藏袋"里的宝贝陆续寄给刊物。同月30日，潘汉年在宜兴复函钱玄同，自称"穷人大肚皮"，绝无吝啬，同意将"收藏袋"里的宝贝陆续寄上，但潘同时声明，"收藏袋"掉在上海，不在手边，只能先行寄上"一周内所得的成绩"——《两首歌的故事》。

新文化运动确立了白话文的地位，但是，如何做好白话文，进一步发展白话文，当时有两种意见。一种是从传统文言文中蜕化，这就要多读古书，一种是从民众口语中提炼，这就要大力倡导民间文艺。钱玄同所提倡的是后一种。对此，潘汉年极表赞同。7月30日函中，潘汉年说：

> 数年前我就听到"拥护国语文"的先生们说过："要求国语文的活泼美丽，当学胡适之、梁任公两先生，因为他们古书读得很多，不像你们唯读过几本"的吗了呢"的语体文，做起文来，不免生硬拙劣。"当时我听了，真气得肚皮发涨（胀）！我想这样的"缘木求鱼"，将来"丨ㄙㄇ国语（主义）"总得要遭厄运！果然，至今有许多"效颦"胡、梁二先生的，大做其不文不语的文章，自以为活泼美丽，大可与胡、梁二先生比拟了。因是胡、梁二先生已深受了古文的束缚，胡先生虽有"八不主义"的提倡，一旦打破了旧

的桎梏，要实行有生命的语体文，正如现在的"半老徐娘"取消她的"一对金莲"中的裹脚布，穿了天足女学生的皮鞋，走起路来，一扭一捏，总难免"牛吃蟹"；不料会行路的天足女孩，倒要来学假天足的胡、梁二先生，其丑何如？何况先天有别，死也学勿像。（《国语周刊》第23期）

潘汉年认为，胡适、梁启超的白话文，受古文束缚过多，不文不白，好像缠脚女人放脚，只是一种"假天足"，一旦穿起皮鞋走路，必然一扭一捏，不像样子。因此，潘汉年反对以胡、梁的文章作为白话文的典范，而要提倡做"有生命的语体文"。

钱玄同以激烈著称，但是，似乎不完全赞成潘汉年对胡适和梁启超的评价。12月11日，钱玄同复函潘汉年说：

> 胡、梁的白话文所以有时候还能够活泼美丽者，正因为他们熟读《水浒传》《红楼》《琵琶记》《牡丹亭》诸书也；然而他们的白话文究竟不免"像煞有介事者"，便是您所谓"深受了古文的束缚"，或别人所谓"古书读得狠（很）多"的缘故。有人想做活泼美丽的白话文吗？学活语言跟民间文艺，斯为上策；学有名的小说跟戏曲，尚不失为中策；学胡、梁的白话文，实不免为下策。不过下策究竟还是策。（《国语周刊》第23期）

钱玄同承认胡适、梁启超的白话文，有时"还能够活泼美丽"，但是，钱玄同认为，其原因，不在于他们读的古书多，而是他们继承了古代白话文学的传统。因此钱玄同不像潘汉年那样激烈，他认为胡适、梁启超的白话文还是可以学，虽然"实不免为下策"。在婉转地表达了对潘汉年的不同意见后，钱玄同再次盛赞民间文艺："这才是真正活泼美丽的语言，表情最真率，达意最精细，用字造句尤极自由。"钱鼓励潘汉年和自己合作，函称："我们表扬民间文艺，认为它为国语的灵魂，国语的血液，只希望深明此理者——例如您——来同力合作，咱们大家伙儿努力地干起来。"

上引潘函提到的《两首歌的故事》，即《苦哇鸟的故事》，写一个悲惨的民间传说：一户人家领养了一个童养媳，男孩病死，婆婆虐待童养媳，将她关在水缸里。几天后，童养媳化鸟飞出，整天哭叫"苦啊！"因名"苦哇鸟"。潘汉年写这个故事，同样表现出他对社会底层人物命运的关怀和同情，这篇故事经周作人之手发表于1925年7月出版的《语丝》第35期。潘汉年给钱玄同写信的时候，他还不知道此稿的处理情况。

潘汉年给钱玄同写信的时候，是一个刚刚二十岁的小小校对员，而钱玄同已经是著名的大学者。上引潘函写得轻松、随便，并未将钱玄同看成大权威，而钱也不以大权威自居。

钱收到当年7月30日潘函后，因为要"驱虎"（驱赶章士钊），后来又因为左臂跌坏，两手患湿症，没有及时给潘汉年回信，特别在12月11日函中道歉：

> 从我收到这封信跟"两首歌谣的故事"到现在，不差么儿有一百天了；九月中又接到由周岂明先生转来"长女怨幼夫及其他"。这两次收到的信在我们的"乾坤袋"中搁得那么久，不但未曾登出，连回信也不写一封，我想您总在那儿骂我了——纵子不吾骂，我独能无动于衷乎！则我当向您道歉，殆无疑义。

这封信文白夹杂，既有大白话，又有文言，诙谐与庄重兼而有之，生动地体现出钱玄同的幽默和平易近人的性格。

《钱玄同日记》（整理本）前言[1]

钱玄同是近代中国著名的学者，以文字音韵学见长，但又是思想家、教育家、史学家、编辑家、文化改革家，有着多方面的造诣。

钱玄同祖籍浙江湖州。1887年9月12日（清光绪十三年七月二十五日）出生于苏州。原名师黄，字德潜。辛亥革命前改名夏，别号中季，亦称季。1916年改名玄同，1921年以疑古为别号，自称疑古玄同。1937年11月，再次名为"夏"。

父亲钱振常，曾任礼部主事及绍兴、扬州、苏州等地书院山长。异母兄钱恂，号念敂，清末历任驻日、英、法、德、俄、荷兰、意大利等国使馆参赞或公使。嫂单士厘，随钱恂出使各国，是近代中国最早走向世界的知识女性之一。

钱玄同幼受家教，熟读传统经籍。1902年前后赞同"保皇"，欣赏梁启超的政治主张。1903年冬，受《苏报》案影响，开始转向"排满

---

[1] 原载《学习时报》，2007年1月1日，录自杨天石《哲人与文士》，中国人民大学出版社2007年版。

革命"。1904年与方于笥（青箱）等人创办《湖州白话报》。1905年冬，钱恂出任湖北留日学生监督，钱玄同随兄赴日，进入早稻田大学师范科学习。次年，结识章太炎，成为章的崇拜者，主张"保存国粹""光复旧物"。1907年加入同盟会。当时，日本"左翼"知识界流行无政府主义思潮，钱玄同一度醉心于此。他一面参加国学讲习会，与朱希祖、朱宗莱、黄侃、周树人、周作人、龚宝铨、许寿裳、马裕藻、沈兼士等共同受教于章太炎，学习《说文》《庄子》《文心雕龙》等书；一面参加"社会主义讲习会"，与无政府主义者刘师培等人交往。1910年，协助与同盟会分离之后的章太炎、陶成章创办《教育今语杂志》，批评当时知识分子中的"欧化"倾向，以白话讲述中国的文字学、经学、诸子学等方面的知识。同年，钱玄同归国，先后任教于湖州、海宁、嘉兴等地的中学堂。1911年春，拜见今文经学者崔适，自此，崇信今文经学派。后来并曾尊崔适为师。

武昌起义，浙江光复，钱玄同无比兴奋。1912年3月，钱玄同在浙江教育司任科员。他在"复古"思想影响下，参考《礼记》等书，自制"深衣""玄冠"，穿戴上班，一时引为笑谈。1913年，钱玄同随兄到北京，任教于北京高等师范学校及附属中学。不久，兼任北京大学预科文字学教员。1915年，任北京高等师范学校国文部教授，兼任北京大学文字学讲师。1918年，在北大讲授音韵学。此后，钱玄同长期任北大教授。1922年2月，北京大学成立研究所，钱玄同任国学门第一届委员会委员。次年初，创办《国学季刊》，钱玄同任编委。1923年，北京高等师范学校改名为国立北京师范大学，钱玄同仍任教授。1928年任该校国文系主任。其间，曾一度在孔德学校、北京女子高等师范学校（后改北京女子师范大学）及中法大学服尔德学院兼课。

钱玄同热忱拥护共和，袁世凯复辟帝制的行为给了钱以巨大刺激。当时，部分复辟分子利用孔子学说制造舆论，钱玄同因之主张"孔氏之道断断不适用于二十世纪共和时代"。[1] 1917年1月,钱玄同读到胡适发表在《新青年》杂志上的《文学改良刍议》,致函陈独秀,表示"绝对赞同",同时激烈地攻击"《选》学妖孽"与"桐城谬种"。1918年初参加编辑《新青年》。他在该刊发表了大量批判旧文化,要求学习西方,在文化领域实行改革的文章,成为新文化运动中的一员骁将。但是,其间他也发表过一些废汉字、汉语、不读中国书的偏激之论,受到社会批评,以致连陈独秀也不得不出面声明:"这种用'石条压驼背'的医法,本志同人多半是不大赞成的。"[2] 他积极提倡白话文,曾化名王敬轩致函《新青年》,攻击新文化运动,供刘半农反驳,二人共同演了一出有名的"双簧"。又曾多次访问正在埋头抄古碑的周树人,劝他为《新青年》写稿,鼓励周树人走上以文学改造社会的道路。1919年10月,《新青年》仍归陈独秀一人编辑。次年,编辑部迁回上海,钱玄同与该刊关系日疏。1921年1月,李大钊与胡适之间为《新青年》的办刊方针发生冲突,钱玄同认为是"猪头问题"。[3] 他主张思想自由,认为尽可任《新青年》"劳农化","我们和他们全不相干而已,断断不能要求他们停版"。[4] 1922年3月,与周作人、沈兼士等发表《主张信教自由宣言》,反对当时的"非基督教运动",宣称人的信仰"应当有绝对的自由"。[5]

"五四"当日,钱玄同曾随学生一起游行。"五四"之后,当年的《新青年》同人向政治与学术两途分化,钱玄同选择的是学术之途。他坚持新文化运动的精神,继续反对复古倾向,认为"赛先生绝对不是西洋人所私有,的的确确是全世界人类所公有之物","分明是世界文

---

[1]《钱玄同日记》,1919年1月1日。
[2]《本志罪案之答辩书》,《新青年》第6卷第1号。
[3]《钱玄同日记》,1921年1月18日。
[4]《胡适来往书信选》(上),第121—122页。
[5]《晨报》,1922年3月31日。

化"。[1]因此,他积极主张:《新青年》的议论,"现在还是救时的圣药"。[2]当时,因整理中国传统文化而出现"疑古思潮"。钱玄同为了探讨中国古史和古书的真伪,积极支持胡适和顾颉刚的学术研究,鼓励他们对于"圣人"和"圣经""干'裂冠,毁冕',撕袍子,剥裤子的勾当"。[3]他说:"打倒伪经,实为推倒偶像之生力军。"[4]1921年,他与顾多次通信,提倡收集古今辨伪著作,点校刊行,不仅辨"伪书",而且辨"伪事"。他认为,《诗经》只是一部最古的"总集",与后来的《文选》《花间集》等书无异,不是什么"圣经"。他要胡适为《诗经》中的《国风》"洗一个澡,替他换上平民的衣服、帽子"。[5]1923年,顾颉刚致函钱玄同,提出"层累地造成的中国古史"说,钱玄同在复函中评之为"精当绝伦"。函中,钱玄同进一步提出自己对"六经"的怀疑意见。二人之间的通信一时成为"轰炸中国古史的一个原子弹",[6]引起学术界的激烈争论。"仰之如日星之悬中天,或畏之如洪水猛兽之泛滥纵横于四野"。[7]

1924年11月,钱玄同与周树人、周作人、顾颉刚等共同发起创办《语丝》周刊。当时,适值冯玉祥发动"首都革命",溥仪被逐出故宫,钱玄同曾在该刊发表《恭贺爱新觉罗·溥仪君升迁之喜并祝进步》等文,坚持民主、共和立场,认为中国出路在于接受"全世界之现代文化",而不是"复兴古人之精神"。[8]他的文章,鲁迅曾评论说:"玄同之文,即颇汪洋,而少含蓄,使读者览之了然,无所疑惑,故于表

---

[1]《钱玄同日记》,1923年4月6日。
[2] 周作人:《钱玄同的复古与反复古》,《文史资料选辑》第94辑。
[3]《胡适论学往来书信选》,第1119页。
[4]《钱玄同日记》,1922年12月24日。
[5]《胡适论学往来书信选》,第1120页。
[6] 顾颉刚:《我是怎样编写〈古史辨〉的?》,《古史辨》第1册,上海古籍出版社1982年版。
[7] 钱穆:《崔东壁遗书序》,《崔东壁遗书》,亚东图书馆1935年版。
[8]《回语堂的信》,《语丝》第23期。

白意见，反为相宜，效力亦复很大。"[1]《语丝》出版后，迅速风行，成为《新青年》之后北京的又一名刊。1925年5月，北京女子师范大学发生反对校长的风潮，钱玄同曾与周树人、周作人、马裕藻等共同发表宣言，支持女师大学生的正义斗争。1926年，钱玄同反思"五四"前后的偏激之论，自称"十之八九都成忏悔之资料"。[2]

钱玄同一生用力时间最长、用功最勤的是"国语统一"和"汉字改革"运动。1917年间，钱玄同曾加入中华民国国语研究会。同年，参与审定吴稚晖主编的《国音字典》。1919年4月，教育部成立国语统一筹备委员会，钱玄同任委员兼常驻干事。同年，钱玄同与胡适等共同提出《请颁行新式标点符号议案》。在推行"国语统一"的同时，钱玄同又提倡世界语，鼓吹汉字改革。1920年，钱玄同撰文提出减少汉字笔划（画）的建议。1922年，任汉字省体委员会首席委员。同年，国语研究会出版《国语月刊》，钱玄同利用该刊，积极提倡"汉字革命"与"国语文学"。1925年4月，章士钊出任北京政府教育总长，创办《甲寅》杂志，反对白话文和注音字母。钱玄同坚决反对文化界的昏谬和倒退，愤而与黎锦熙等创办作为《京报》副刊之一的《国语周刊》，钱玄同宣称，要与"僵尸""魔鬼"决斗，"拼个你死我活"，同时，提倡"丰富的、美丽的、新鲜的、自然的"民间文艺。[3]同年9月，《新青年》旧日同人刘半农自欧洲归国，组织语音学团体"数人会"，钱玄同、黎锦熙、赵元任等均成为会员。该会研究的《国语罗马字拼音法式》于1926年11月公布，成为中华人民共和国成立后广为推行的《汉语拼音方案》的基础之一。1928年，钱玄同被南京国民政府聘任国语统一筹备委员会常委。1931年，兼任教育部国音字母讲习所所长。同年，《国语

---

[1]《两地书》，《鲁迅全集》第11卷，人民文学出版社1981年版，第47页。
[2]《胡适遗稿及秘藏书信》第40册，第377页。
[3]《国语周刊发刊词》，《国语周刊》第1期；参见该刊钱玄同启事。

周刊》在北平《世界日报》复刊。1932年,钱玄同耗费多年心力主持编纂的《国音常用字汇》由教育部公布。1933年,与黎锦熙分任中国大辞典总编纂。1934年,钱玄同提出"简体字"方案,于1935年通过,但未能推行。同年,任教育部国语推行委员会常委。

钱玄同是爱国主义者。五四运动后,他虽潜心治学,但仍关怀时事政治。1925年,上海发生五卅惨案,钱玄同发表文章,主张一面"反抗帝国主义对于我国施加的政治和经济的侵略",一面积极"唤醒国人","请德先生(Democracy)、赛先生(Science)、穆姑娘(Moral)来给咱们建国"。[1]1933年,日军突袭山海关,华北危急,钱玄同痛感于日本侵略,而自己缺乏"执干戈以卫社稷之能力",曾谢绝宴饮。5月,傅作义所辖部队在北平近郊抗战。事后,胡适以白话为该部队牺牲将士墓撰写碑文,钱玄同为之书丹,反映出他们二人共同的爱国热情。1936年,与北平文化界七十余人联合签名,要求南京国民政府抗日救国。

自1929年起,钱玄同即患高血压、神经衰弱等病。1935年,右目患视网膜炎,身体日衰,但他仍作文自勉,声称"一个人,无论事功和学问,总得要干,总得要努力干"。[2]1937年卢沟桥事变,北平沦陷,师大迁往陕西,钱玄同因病留平。他托人寄语随校西迁的老友黎锦熙,宣称决不"污伪命"。1939年1月17日,因脑出血逝世,终年五十二岁。其生平著作,近年已辑为《钱玄同文集》出版,但并不完整。

钱玄同的日记始于1905年12月9日东渡日本之初,终于1939年1月14日,距逝世仅三天,长达三十四年。

治史者大都重视日记,因为它记叙个人经历和亲见、亲闻的世界,比较准确,也比较具体,常常可以据此考证若干历史事件发生的时间、

---

[1]《关于反抗帝国主义》,《语丝》第31期。
[2]《哀青年同志白涤洲先生》,《国语周刊》第160期。

地点和人物关系，更常常有正史、官书所不可能有的"私房"情节，有助于补正史之缺，甚或解正史不能解之谜。但是，前人日记也有两种。一种是专为写给别人看的。这种日记，倘能真实地记录世事、人情，亦自有其价值；倘不以记录世事、人情为目的，而以装腔作势，自扮圣贤为事，则这种日记的价值就很小。另一种日记，是主要为写给自己看的。或为备忘，或为个人道德修养，或为情之所发，不能自已。这种日记，率性操觚，一任本真。其记录世事、人情者固然可贵，即使纯记个人经历或感情，也可以从中见到一个赤条条的未经包裹的"自我"。其价值不言而喻。钱玄同的日记，显然属于后者。他解剖自己时，坦率真诚，至情流露；论事论人时，直言无隐，毫无粉饰，不像日常交往和著书时总有不可避免的某些顾虑。

钱玄同一生，历经维新保皇、辛亥革命、五四运动以至抗日战争等近代中国的许多重大历史事件。他的日记，不同程度地折射出时代的面影，可以帮助我们了解20世纪前半个世纪的中国史。钱玄同是文化人，他的生平活动关涉近代中国文化的启蒙与转型，可以帮助我们了解那一时期的思想史、文化史、教育史、学术史。他的日记，不仅记个人经历、思想，而且大量记述自己的读书心得与研究成果。他是大学问家，研究面广，阅读面更广，涉及经学、诸子学、史学、文学、艺术、宗教、文字、音韵、训诂、碑帖、书法等门类，可以帮助我们了解钱玄同多方面的成就。钱玄同的日记还记录了他和同时代许多文化人的交往和对他们的评价，有助于我们研究近代的文化人。

钱玄同的日记书写极为潦草、紊乱，难以辨识，因此整理工作的第一步是"认字"。日记涉及许多专门的学术门类，除包含日文、法文、德文、世界语以及甲骨文、金文、篆文、国际音标、当时在讨论中的各类汉语拼音方案外，还有许多钱玄同自制的符号和词语，这使我们的整理工作分外艰难。有时，钱玄同将古书记错、古字写错，麻烦就会更大。《钱玄同日记》的整理在20世纪80年代开始,断断续续地进行了近二十年,其重要原因之一固在于我个人各事丛杂,但另一重要原因则在于认读艰难。我们不愿也不舍得轻易放弃对疑难字词的辨识。一段文字,常常在反复阅读、反复揣摩之后,才能读懂,这以后还要广泛阅读各种古籍或相关文献,多方验证,方敢确定释文,施加标点。有些字,多年不识,年深日久,忽然解悟,相关段落也就豁然贯通。这时候,我们真有像发现一颗小行星那样的欢乐。在全书排出清样后,我又"大海捞针",利用互联网进行检索和验证,解决了许多人工检索难以迅速解决的疑难问题。现在的整理稿中还有少数字,有的因原稿缺损,或因字迹漫漶,或因过于潦草,我们虽已尽力,而仍然无法辨识;在整理工作中,我们也可能还有其他讹误不当之处,均祈高明教之。

《钱玄同日记》的最大缺点是详略不一。有些日记洋洋洒洒,连篇累牍,有些日记则只有一两句话。钱玄同自称是一个"无恒"的人,日记时断时续,有些年,只有少数月份有记,有的年,则干脆一字不记。

钱玄同对自己的日记很重视,生前曾亲自清点,一一编号,最早的少部分日记还曾誊录重抄。钱玄同去世后,日记连同其藏书由其长子钱秉雄先生珍存。"文革"期间,日记一部分由鲁迅博物馆取走,一部分被查抄,其被查抄部分虽在"文革"结束后发还,但其中第十五册(1916年10月26日至12月31日)及第四十六册(1926年2月12日至6月22日)已不见踪迹。20世纪80年代,我参与编辑《中国哲学》,为刊物开辟稿源,不想却自此陷进此书的整理工作里。钱秉雄先生热情支持并授权我主持整理此稿,但钱先生生前未能见到此书的出版,这是令我深自愧疚的事。钱先生的长子端伟先生继承先人遗志,继续支持整理工作,热情古道,令我感动。鲁迅博物馆两任领导王士菁、陈漱渝教授均曾关怀并支持此事,谨致谢意。

[六]

胡适论丛

溥仪出宫、胡适抗议及其论辩[1]

溥仪出宫本来是1912年制定的清室优待条件规定的。此项条件共八款。其第一款规定："大清皇帝辞位之后，尊号仍存不废。中华民国以待各外国君主之礼相待。"其第二款规定："大清皇帝辞位之后，岁用四百万两，俟改铸新币后，改为四百万元，此款由中华民国拨用。"其第三款规定："大清皇帝辞位之后，暂居宫禁，日后移居颐和园。侍卫人等，照常留用。"当时不少革命党人就对这一优待条件表示不满，认为"存废帝之名，辱我民国；糜四兆之款，吸我利源"，它"貌袭文明，实伏乱源"，要求修改或推翻。孙中山虽同情这一主张，但因客观条件限制，无力改变。民国初年，清室曾经有过按优待条件搬往颐和园的准备，但因感到袁世凯无相逼之意，也就在紫禁城里住下来了。此后，经过张勋复辟，社会上不断有人呼吁废除溥仪尊号，令其出宫，但历届北洋政府均意在优容，这就使得溥仪在"黄圈圈"里继续做他的小皇帝。

---

[1] 原载《团结报》，1989年4月8日，录自杨天石《哲人与文士》，中国人民大学出版社2007年版。

这种情况，直到1924年冯玉祥发动"首都革命"后才得以改变。当年11月4日，黄郛摄政内阁会议通过修改清室优待条件，其主要内容为："永远废除皇帝尊号，与国民在法律上享有同等权利"；"每年补助清室家用五十万元"；"清室按照原优待条件即日移出宫禁，自由选择住居，但民国政府仍负保护责任。"次日，溥仪被迫出宫。有关情节，电视剧《末代皇帝》有很多生动表现。

废除溥仪尊号，令其出宫一事得到了社会舆论的普遍赞扬。章太炎致电黄郛等人，誉为"第一功"。他认为，溥仪身在"五族共和"之中，而妄行复辟，制造内乱，本应受刑事处分，现在饶他一命，令其出宫，"仍似过宽，而要不失为优待"。孙中山也致电冯玉祥，认为"复辟祸根既除，共和基础自固"。即使是溥仪本人，虽然满肚子不高兴，也不得不在对记者谈话时表示："余极愿为一自由人，长此困守深宫，举动胥为礼法束缚，余甚难堪。此次出宫，为余夙愿，今始克偿，故并无其他不便之感。"但是，出人意料的是，被认为是"新文化领袖"和"新思想代表"的胡适却提出了抗议。11月5日，胡适致函外交总长王正廷，内称：

> 先生知道我是一个爱说公道话的人，今天我要向先生们组织的政府提出几句抗议的话。今日下午外间纷纷传说冯军包围清宫，逐去清帝；我初不信，后来打听，才知道是真事。我是不赞成清室保存帝号的，但清室的优待乃是一种国际的信义，条约的关系。条约可以修正，可以废止，但堂堂的民国，欺人之弱，乘人之丧，以强暴行之，这正是民国史上的一件最不名誉的事。

函中所言"欺人之弱"，意指溥仪为弱者；所谓"乘人之丧"，则指半个月前瑾太妃去世。胡适发出此信后，还亲赴醇亲王府向溥仪表示慰问，声称"这在欧美国家看来，全是东方的野蛮"。

胡适的抗议信部分发表于 11 月 9 日的《晨报》。除了溥仪的英文老师庄士敦致函胡适表示赞许外，进步人士纷纷指责。周作人致函胡适，认为在民国放着一个复辟过而保存着皇帝尊号的人，在中国的外国报纸又时常明说暗说地鼓吹复辟，十分危险。他说：

> 这次的事，从我们秀才似的迂阔的头脑去判断，或者可以说是不甚合于"仁义"，不是绅士的行为，但以经过二十年拖辫子的痛苦的生活，受过革命及复辟的恐怖的经验的个人的眼光来看，我觉得这乃是极自然极正当的事。

12 日，胡适复函周作人，回忆他 1922 年和溥仪的第一次相见，认为溥仪在那时就诚心诚意要求"取消帝号"，"不受优待费"，并称庄士敦也"没有什么复辟谬论"，因此，完全可以从容办理，多保存一点"绅士的行为"。信末，胡适表示，倘要讨论"什么是极正当"，那就非二十五万字不可，自己不愿继续讨论下去。

继周作人之后，李书华、李宗侗也致函胡适，对他的言论表示"非常骇异"。信中说：

> 中华民国国土以内，绝对不应该有一个皇帝与中华民国同时存在。皇帝的名号不取消，就是中华民国没有完全成立，所以我们对于清帝废除帝号，迁出皇宫，是根本上绝对赞同的。这是辛亥革命应该做完的事，而现在才做完，已经迟了十三年了。

针对胡适所谓优待清室乃是一种"国际信义"和"条约关系"的说法，信中提出："这是民国对于清废帝的关系，与国际条约的性质，当然不能相提并论。"针对胡适所谓"欺人之弱，乘人之丧，以强暴行之"的说法，信中指出："对于溥仪先生的帝号，当然不能承认是他应有的权利。所以修改优待条件的举动，当然与强者对弱者强夺完全不同。至于'乘人之丧'的理由，尤其不能成立。清室取消帝号的问题，是民国国体的问题，焉能与一妃之丧拉在一起？"

对二李的批评，胡适复函称："你们两位即屡以民国为前提，我要请你们认清，一个民国的要素在于容忍对方的言论自由。"他满腹牢骚地说：

一个民国的条件多着呢！英国不废王室而不害其为民国，法国容忍王党而不害其为民国。

我亦不主张王室的存在，也并不赞成复辟的活动，我只要求一点自由说话的权利。我说我良心上的话，我也不反对别人驳我。但十几日来，只见谩骂之声、诬蔑之话，只见一片不容忍的狭陋空气而已。

他表示：

你们既说我是"根本错误"，我也不愿申辩。我只要指出，在一个民国里，我偶然说两句不中听、不时髦的话，并不算是替中华民国丢脸出丑。等到没有人敢说这种话时，你们懊悔就太迟了。

胡适的这封信明显地离开了原来论辩的主题，因此二李于12月5日再次致函胡适，说明："我们的信，不过是与你辩论是非，并没有一点干涉你自由说话权利的意思。你的信中，屡次提到言论自由，似乎已到题外。"二李并指出，"英国不废王室"确是事实，但英国只能算作君主立宪国，而不能称为民国；法国虽"容忍王党"，但却没有保存王号，路易十六还被送上了断头台。信末，二李套用胡适的话说：

> 我们知道你是个"并不主张王室存在，也不赞成复辟活动"的人，但是这种人，国内仍然不少，异日他们如果对于中华民国弄出他种是非的时候，还要以你"偶然说的两句话"为借口，那个时候，"你懊悔就太迟了"！

对此信，胡适未再作复，真的"不愿申辩"了。

《醒世姻缘传》与胡适的"离婚"观[1]

——近世名人未刊函电过眼录

胡适与钱玄同是好友。多年前，我在忙于各种事情的时候，也附带作一点胡适研究。某次，我询问钱玄同的长公子秉雄先生，家中有无胡适手札，钱先生很感伤地告诉我，这些均已在"文革"中为人"夺去"。但不久，钱先生就寄给我几封他手抄的胡适函件，说是玄同先生生前夹在书中，因而留存的。2002年，我得秉雄先生公子端伟、晓峰二先生允许，几次到晓峰先生府上阅读玄同先生藏札，不想又发现几封。下面讨论的就是其中之一。

道中

July24, 1926

玄同：

　　匆匆走了，不曾和你作别。现在出国境已三日了，已过了贝加尔湖了。道中一切平安，可以告慰。

---

[1] 原载《百年潮》，2003年第5期，录自杨天石《哲人与文士》，中国人民大学出版社2007年版。

有一件小事来托你，不知道你有工夫做么？

汪原放之兄乃刚标点了一部《醒世姻缘》，我曾许他作一篇序。但我现在走了，很觉得对他不住。你肯作一篇短序吗？

那天听说你读了此书，并且有批评的意见，我便存了此意，想请你作序。

我以为此书有点价值。你那天说，除了楔子之外，便是迷信，一无足取。我以为除了它的大结构是根据于一种迷信观念之外，其余的描写很富于写实的精神，语言也很流畅漂亮，很有可取之处。

古人见了一种事实，不能用常识来解释，只好用"超自然"的理由来解释。其实狄希陈的怕老婆，和他老婆的憎恶他，都是平常得很的现状。狄希陈本是一个混蛋，他不配讨一个好老婆。一个一无所长的混蛋讨了一个美而慧的老婆，自然怕她；她也自然嫌他。后来积威既成，她越凶，他越萎缩；他越萎缩，她越看不起他，越讨嫌他。

这是常识的解释。但古人不肯从这方面着想，所以不能明白其原因在于"性情不合"，在于婚姻的根本制度不良。其实是他们不是"不能"，只是"不敢"。试看《聊斋》上记那个《马介甫》（？）的故事；本是道地事实，却夹一个狐仙在内！（《恒娘》一篇，也是如此。）

我们今日读《马介甫》，或读《醒世姻缘》，自然要问："为什么古人想不到离婚的法子？"这个问题差不多等于晋惠帝问的"何不食肉糜？"古代婚姻生活所以成为大悲剧，正因为古人从不敢想到离婚这个法子。请看狄希陈与他的父母，与他的朋友，那一个想到这个法子？离婚尚且不敢，更不必说根本打破婚姻制度了。

老大哥，我出了题目，并且表示了"范围"。你难道当真不肯交卷吗？请你帮点忙罢！

乃刚还标点了一部《封神榜》，我已托颉刚作一篇短序。我今天给他一信，也是出题目兼表示范围。

嫂夫人好点了没有？你这几个月常说太太快怎样怎样了。要是我在你太太的地位，听你这样诅咒他，争一口气，偏要好给你看看。

车摇得利（厉）害，纸也没有了。再谈罢。

适之

1926年7月，胡适赴英国出席中英庚款委员会。22日，自哈尔滨乘西伯利亚火车出发，途经俄国。本函写作时间为同月24日，注明"道中"，函中有"已过了贝加尔湖了"，"车摇得厉害"等语，说明此函写作于俄国西伯利亚火车上。

汪原放（1897—1980），安徽绩溪人。"五四"以后曾标点《红楼梦》《水浒传》等小说，由上海亚东图书馆出版，《醒世姻缘传》就是其中之一。

《醒世姻缘传》是清朝初年以家庭、婚姻为主题的长篇小说，全书一百回，百万余字，相传为蒲松龄所作。该书写冤仇相报的两世姻缘。前二十三回写前世姻缘：武城县晁源射死一头仙狐，纵容其妾珍哥虐待妻子计氏，以致计氏上吊身亡。二十三回以后写今世姻缘：晁源托生为狄希陈，仙狐托生为其妻薛素姐，计氏托生为其妾童寄姐，珍哥托生为童之婢女珍珠。结果，珍珠被童逼死，狄希陈受到素姐与寄姐的种种虐待。其中素姐尤为狠毒，常以囚禁、针刺、棒打、火烧等办法虐狄。后狄经高僧点明因果，诵读《金刚经》万遍，得以消除宿孽。

钱玄同看到了这部小说宣扬因果报应的一面，因而对它评价很低，认为它"除了楔子之外，便是迷信，一无足取"。胡适同意此书的"大结构"是"根据于一种迷信观念"，但认为"富于写实精神"，语言"流畅漂亮"，"很有可取之处"。

胡适信中还提到《聊斋志异》中的另一篇小说《马介甫》，写大名诸生杨万石与尹氏一对夫妇的故事。尹泼辣悍毒，鞭挞丈夫，虐待公公，杨极为软弱，后万石遇一狐仙幻化的年轻人，名马介甫，二人订交。马知杨惧内，便多次助杨，设法惩罚尹氏，但杨始终不能改变惧内的毛病。一篇是《恒娘》，写洪大业其人，妻（朱氏）貌美而妾貌平平，但洪却昵妾疏妻。另有布商狄某，妾貌美而妻（恒娘）貌平平，但布商却昵妻疏妾。朱氏向恒娘求教，在恒娘的指导下，终于得到丈夫的专房之爱，两人遂成闺中密友。数年后，恒娘才向朱氏坦陈，自己是狐仙。

夫虐妻或妻虐夫，一夫多妻，妻妾争宠，都是一种社会现象，需要从社会找寻其发生根源，也需要从社会找寻解决办法。胡适不同意用因果报应说解释其发生原因，也批判依赖"超自然"的力量——"狐仙"解决矛盾的幻想，反映出五四时期的科学精神。他提出发生上述现象的"真原因"在于男女"性情不合"与"婚姻的根本制度不良"，部分地接触到了问题的本质。信中，胡适认为"古代婚姻生活所以成为大悲剧，正因为古人从不敢想到离婚这个法子"，提出以"离婚"的办法来解决婚姻悲剧，这是符合五四时期的"个性解放"精神的。

中国古代社会是男女极为不平等的社会。男子可以"出妻""休妻"，而女子则不能"出夫""休夫"，基于平等原则的"离婚"是近代中国"西风东渐"之后的产物。它是对传统婚姻制度的重要改革，是人类社会进化的重要一步。胡适本函，其重要性不仅在于用新视角对《醒世姻缘传》提出了新评价，而且在于它提出了解决婚姻悲剧和劣质婚姻的办法，为"离婚"的正当性与合理性作了论证。这在长期处于封建桎梏，封闭、落后的旧中国，显然具有开风气的意义。

尽管胡适大力推崇《醒世姻缘传》，但是钱玄同始终不觉得怎样好，再加上其他一些原因，序言一直未写。1927年8月2日，钱玄同致函胡适云：

> 去年您在西伯利亚火车中给我写的信，我因为实在交不出卷，故没脸写回信；兼之一年多以来，贫（我）病（我妻）交攻，心绪恶劣，神经衰弱，什么兴趣也没有，连无聊的骂人文章也做不出（自然也是不愿做），遑论还有点意思之论议文乎？其实《醒世姻缘》之新序，有两个人很可以做得，而且都是很配做的：一是徐旭生，一是冯芝生也。芝生最恭维此书，谓其决可与《金瓶梅》《红楼梦》媲美，旭生亦甚以为然。至于区区，则对此书终觉感情平常，且评论文学作品之文，实在不会做，故只好交白卷了。谅之！[1]

徐旭生，原名炳昶，河南唐河人。1888年生。1919年毕业于法国巴黎大学。1921年任北京大学哲学系教授。1925年主编《猛进》杂志。冯芝生，指冯友兰，与徐旭生同籍，1895年生。1918年毕业于北京大学哲学门。1922年毕业于美国哥伦比亚大学研究院。先后在中州大学、广东大学、燕京大学等校任教授。

钱玄同推荐徐、冯二人为标点本《醒世姻缘传》作序，但二人均未作。后来为该书作序的是徐志摩。

---

[1]《胡适论学往来书信选》，河北人民出版社1998年版，第1128页。

跋胡适、陈寅恪墨迹[1]

1931年9月19日,胡适应陈寅恪之请,为之题唐景崧先生遗墨:

南天民主国,回首一伤神。
黑虎今何在?黄龙亦已陈。
几枝无用笔,半打有心人。
毕竟天难补,滔滔四十春!

9月23日,陈寅恪复函胡适,对他的题诗表示感谢,函云:

适之先生讲座:昨归自清华,读赐题唐公墨迹诗,感谢感谢!以四十春悠久之岁月,只今仅赢得不抵抗主义,诵尊作既竟,不知

---

[1] 原载《中国文化》第4期,1991年8月,录自杨天石《哲人与文士》,中国人民大学出版社2007年版。

涕泗之何从也！常函敬叩著安！

弟陈寅恪顿首
九月二十三

上述诗与函墨迹，均见于胡适日记。

唐景崧（1841—1903），字维卿，广西灌阳县人。同治四年（1865）进士，先后任翰林院庶起士、吏部主事等职。中法战争时慷慨请缨，出关援越抗法，因功被清政府升二品秩，加赏花翎。光绪十三年（1887），任福建台湾道员，后升台湾省巡抚。

光绪二十一年（1895），中日战争失败，清政府被迫与日本订立《马关条约》，规定将台湾地区割让给日本。台湾人民纷起反对，爱国士绅丘逢甲等决定自主抗日，成立"台湾民主国"，推唐景崧为"大总统"，以蓝地黄虎为旗，建元"永清"，以示永远臣属清朝之义。唐景崧在致清廷电中表示："台湾士民，义不臣倭；虽为岛国，永戴圣清。"又发表文告称："仍恭奉正朔，遥作屏藩，气脉相通，无异中土。"[1] 6月2日，清政府派出李经芳与日本签署"台湾交接文据"，日军向台湾发动进攻，唐景崧命文武官员限期内渡，自身逃回厦门。日军旋即占领台湾。

唐景崧内渡后闲居桂林。光绪二十八年（1902）冬病逝。著有《请缨日记》《寄闲吟馆诗存》等。

1928年，陈寅恪与唐景崧的孙女唐篔结婚。1931年，胡适任北京大学教授，陈寅恪则任清华大学中文、历史两系合聘教授。二人同为中央研究院理事、中华教育文化基金董事会编译委员会成员，学术上时相切磋。当年5月，胡适请陈寅恪为其所藏《降魔变文》卷子作跋，陈寅恪因亦有请胡适为唐景崧遗墨题词之举。

---

[1] 中国史学会主编《中日战争》（六），上海人民出版社1957年版，第145页。

日本帝国主义长期蓄谋侵占我国东北。1931年9月18日晚，日本关东军自行炸毁沈阳北郊南满铁路的一段路轨，诬称系中国军队所为，借此突然袭击中国东北军驻地和沈阳城，史称"九一八事变"。当时，南京国民政府奉行对日妥协政策，蒋介石电令张学良"力避冲突，以免事态扩大"[1]，结果，十万东北军不战而退。日军于19日晨占领沈阳等二十座城市，不久，东三省全部沦陷。

胡适于19日晨得悉有关消息，午刻见到《晨报》号外，确证此事，并知"中国军队不曾抵抗"[2]。他义愤填膺，"什么事也不能做"[3]，于是翻读唐景崧遗墨，见到其中有"一枝无用笔，投去又收回"之句，感慨万端，因此挥笔题写了上述律诗。

当日，胡适在日记中写道：

> 此事之来，久在意中。八月初与在君（指丁文江——笔者）都顾虑到此一着。中日战后，至今快四十年了，依然是这一个国家，事事落在人后，怎得不受人侵略！

胡适的这页日记可以作为他的诗的注脚。

陈寅恪同样对东北事变感到巨大震惊。他有一友人刘宏度自沈阳来北平，二人偕游北海天王堂，陈寅恪赋诗云：

> 曼殊佛土已成尘，犹觅须弥劫后春（天王堂前有石牌坊，镌须弥春三字）。辽海鹤归浑似梦，玉滦龙去总伤神（耶律铸《双滨醉隐集》有"龙飞东海玉滦春"之句）。空文自古无长策，大患吾今

---

[1]《西安事变资料》第1辑，人民出版社1980年版，第1页。
[2]《胡适日记》，1931年9月19日。
[3]《胡适致周作人》，《胡适来往书信选》（中），中华书局1979年版，第83页。

有此身。欲著辨亡还阁笔，众生颠倒向谁陈！

——《辛未九一八事变后刘宏度自沈阳来北平，既相见后偕游北海天王堂》

晋朝的陆机，曾经写过一篇《辨亡论》，探讨东吴兴亡之由；陈寅恪也想写一篇，但最终只能"搁笔"。全诗抚时感事，苍凉凄切，和他复胡适函中表现出来的思想感情一脉相通。

胡适撰写的一篇白话碑文[1]

旧时的碑文讲究古朴典雅，大都用文言文写作。1934年，胡适应傅作义将军之邀，为抗日阵亡将士公墓写了一篇碑文，用白话，并且分段，加标点，开创了碑文写作的新风气。

1933年1月，日本侵略军攻占山海关。3月，占领热河，中国军队展开了英勇的长城抗战。4月末，傅作义所部华北军第七军团第五十九军奉令开到北平附近，在怀柔西北山地构筑阵地。5月，日本侵略军占领密云，进逼通县，北平危急。22日夜，黄郛奉南京国民政府行政院长汪精卫指示，与日方谈判停战。23日晨4时，黄郛接受日方条件。也就在同时，日本侵略者决定给予傅军以"彻底打击"，出动主力第八师团向傅部发动进攻。此时友邻部队早已撤退，傅军身处危境，但仍然英勇抵抗，"人人具必死之心，有全连被敌炮和飞机集中炸死五分之四，而阵地屹然未动的；有袒臂跳出战壕，肉搏杀敌的；有携带十几个手榴

---

[1] 原载《光明日报》，1991年1月27日，录自杨天石《哲人与文士》，中国人民大学出版社2007年版。

弹,伏在外壕里,一人独力杀敌人几十的"。总计此役五十九军官兵共战死三百六十七人。当时草草掩埋。9月,怀柔日军撤退,傅作义派人置办棺木,到作战地带,寻得遗骸二百零三具,全数运回归绥(今呼和浩特),公葬于城北大青山南麓,建立抗日阵亡将士公墓,并且辟为公园,"以唤起爱国观念,继续奋斗,收复河山"。

有墓,不可无碑。1934年3月,傅作义致函胡适,请他撰写碑文,胡适慨然应允。5月,碑文写成,除叙述傅部英勇抗敌事迹外,胡适还用白话写了四句铭文:

> 这里长眠的是二百零三个中国好男子,
> 他们把他们的生命献给了他们的祖国。
> 我们和我们的子孙来这里凭吊敬礼的,
> 要想想我们应该用什么报答他们的血。

傅作义对碑文很满意,但胡适在其中直书:"五月二十一、二两日,北平以北的中央军队都奉命退到故都附近集中。二十二日夜,中央政府电令北平政务整理委员长黄郛开始与敌方商议停战。"傅作义担心会刺激有关方面和人士,托人委婉要求胡适删除"明书黄郛姓名并友军退却之句"。胡适得知后,仅删去"中央政府电令"等字,仍然保留了黄郛的名字和"友军"撤退的事实。

碑文定稿,书写的任务落到了钱玄同身上,7月,钱玄同冒着酷热写好碑文。8月,胡适将钱书碑文交《学文》月刊影印发表时特意写了《后记》,中云:"碑版文字用白话,这未必是第一次;但白话的碑文用全副新式标点符号写刻,恐怕这是第一次。"

又过了两个月,公墓举行揭幕典礼。由于公墓安葬的是抗日战死英雄,碑文的作者、书写者都是名家,因此成为一时盛事。

但是，死难的烈士们并没有风光多久。1935年6月，日本帝国主义加紧侵略华北地区，并且蛮横地要求南京国民政府取缔全国一切反日团体及活动。同月10日，国民政府发布《睦邻敦交令》，规定"对于友邦，务敦睦谊，不得有排斥及挑拨恶感之言论行为"。随后，北平军分会代理委员长何应钦打电报给傅作义，要求消灭一切抗日的标志，尤其是阵亡将士公墓。傅不得已，将塔上的"抗日阵亡将士公墓"的"抗日"二字改成"长城"二字，胡适所撰碑文则被蒙上一层沙石，另刻"精灵在兹"四个大字。全国各地送来的匾、联、铭、赞，凡有"刺激性"的，一一迁毁。7月初，胡适到绥远旅行，由傅作义陪同，去大青山视察公墓状况，发现已经面目全非，胡适非常生气，当日在日记中写了一段话："我曾说：'这碑不久会被日本毁灭的。'但我不曾想到日本人还不曾占据绥远，我的碑已被'埋葬'了。"

同日，胡适还写了一首诗："雾散云开自有时，暂时埋没不须悲。青山待我重来日，大写青山第二碑。"

尽管当时阴霾密布，但胡适相当乐观，并且准备重写碑文。然而，抗战胜利了，胡适没有再到绥远，似乎也没有重写碑文。

胡适与杨杏佛

杨杏佛和胡适曾是好朋友。在胡适的文学道路上，杨杏佛起过支持的作用。在新文化运动前后，二人依然相互支持。进入20世纪20年代后，由于政治态度逐渐发生分歧，二人的友谊也慢慢淡薄，终于形成无法消解的隔阂。

杨杏佛（1893—1933）名铨，江西清江人。1907年入上海吴淞中国公学就读。次年秋，公学内部发生矛盾，杨杏佛随大多数学生退学，组织中国新公学。1910年加入同盟会。1911年8月，进入河北路矿学堂预科。10月，赴武昌参加起义。1912年南京临时政府成立，任秘书处收发组组长。同年3月，加入文学团体南社。不久，南北和议成功，孙中山让位于袁世凯，杨杏佛遂申请赴美留学。同年11月成行。

一、异国唱和的诗友

1912年12月1日中午，胡适下山，到绮色佳（Ithaca）车站迎接来美留学的任鸿隽和杨杏佛。任、杨都是胡适在中国公学时的同学，杨又是胡适在中国新公学时英文班的学生。"多年旧雨，一旦相见于此，喜何可言！"[1]当时，胡适在康奈尔（Cornell）大学文学院学文学，任鸿隽来到该校后也进了文学院，杨杏佛则学的是机械工程。这样，胡和杨杏佛再次成了同学。尽管二人所学专业不同，但都喜爱文学，尤好诗歌。异国风光，常常闯入他们的诗篇。1914年3月，春暖雪消，胡适作诗云：

  春暖雪消水作渠，万山积素一时无。欲檄东风讨春罪，夺我寒林粉本图。

诗贵新。自来的诗人大都谴责严冬，歌颂春天，而胡适却独出心裁，声讨"东风"破坏了雪景，显示出对生活的独特观察和思考。杨杏佛和作云：

  潺潺流水满沟渠，漠漠林烟淡欲无。归思欲随芳草发，江南三月断魂图。

江南多胜景，三月的江南尤为迷人。六朝人丘迟有"暮春三月，江南草长，杂花生树，群莺乱飞"之句；杨杏佛的诗，以眼前的连天芳草暗喻勃勃难收的乡愁，也写得很有情味。绮色佳位于美东，景色清幽；康奈尔大学的校园本身就是一座美丽的园林。胡适、杨杏佛、任鸿隽自此常以当地的山水为题，互相唱和。5月23日，胡适作《春朝》云：

  叶香清不厌（人但知花香，而不知新叶之香尤可爱也），鸟语韵无嚣。柳絮随风舞，榆钱作雨飘（校地遍栽榆树，风来榆实纷纷

---

[1]《胡适留学日记》（一），台湾远流出版公司1989年版，第116页。

下，日中望之，真如雨也）。何须乞糟粕，即此是醇醪。天地有真趣，心人殊未遥。

杨杏佛和作云：

山路蔽苍翠，春深百鸟嚣。泉鸣尘意寂，日暖草香飘。欲笑陶彭泽，忘忧藉浊醪。栖心若流水，世累自相遥。

二诗都歌颂自然美，以为远过于醇酒，鼓励人们去大自然中寻求"真趣"，也是有新意的作品。

异国相逢最相亲。杨、胡本来就关系不错，绮色佳的同窗生活更增加了二人之间的友谊。1915年8月，胡适将赴纽约哥伦比亚大学学习，杨杏佛作《水调歌头》赠别，词云：

三稔不相见，一笑遇他乡。暗惊狂奴非故，收束入名场。秋水当年神骨，古柏而今气概，华贵亦苍凉。海鹤入清冥，前路正无疆。羡君健，嗟我拙，更颓唐。名山事业无分，吾志在工商。不羡大王（指托那斯）声势，欲共斯民温饱，此愿几时偿？各有千秋业，分道共翱翔。

当年在上海的时候，胡适青春年少，有过一段放浪轻狂的生活。本词赞美胡适一改故态，立志修学，祝愿他前途无疆，同时自述志在工商的缘由，不在于成为富可敌国的托那斯大王，而在于"欲共斯民温饱"。胡适极为欣赏杨杏佛的这一志向，和词云：

朔国秋风，汝远东来，过存老胡。正相看一笑，使君与我，春申江上，两个狂奴。万里相逢，殷勤问字，不似当年旧酒徒。还相问:"岂胸中块垒,今尽消乎?"君言:"是何言欤!只壮志新来与昔殊。愿乘风役电,戡天缩地(科学之目的在于征服天行以利人事),颇思瓦特(Jame Watt),不羡公输。户有余糈,人无菜色,此业何尝属腐儒!吾狂甚,欲斯民温饱,此意何如?

胡适的这首词,模仿辛弃疾的风格,以对话入词,纵横开阖,生动地写出了杨杏佛的一腔壮怀。杨杏佛很喜欢胡适的这首词,回信说:"《沁园春》极自然,词中不可多得也。"[1]

中国诗词发展到了清末民初,已经非变不可。在绮色佳期间,胡适逐渐萌生了"文学革命"的念头。1915年9月17日,胡适《送梅觐庄往哈佛大学诗》有"文学革命其时矣"之句。19日,任鸿隽送胡适往哥伦比亚大学诗有"文学今革命,作歌送胡生"之语。20日,胡适在车中作《戏和叔永再赠诗》,赠给绮色佳的朋友们:

诗国革命何自始?要须作诗如作文。琢镂粉饰丧元气,貌似未必诗之纯。小人行文颇大胆,诸公——皆人英。愿共勠力莫相笑,我辈莫作腐儒生。

这首诗,可以看作是胡适动员绮色佳的朋友们共同致力诗界革命的宣言。

11月29日,胡适在《留美学生季报》读到了杨杏佛的一首《遣兴》诗:

黄叶舞秋风,白云自西去。落叶归深涧,云倦之何处?

---

[1] 杨杏佛致胡适函手迹,1915年9月15日,中国社会科学院近代史研究所藏,以下均同。

大概这首诗比较符合胡适的"诗国革命"理想，所以他认为，这是杨杏佛近年来的最佳作品。

离开绮色佳时，梅光迪、任鸿隽、杨杏佛、胡适四人曾合摄一照。1916年1月，胡适得到杨杏佛寄来的照片，随后又得到任鸿隽寄来的合影诗：

> 适之渊博杏佛逸，中有老梅挺奇姿。我似长庚随日月，告人光曙欲来时。

同月28日，胡适成和诗，赞美三人品格。其二云：

> 种树喜长杨（最喜挪威长杨，纽约尤多），非关瘦可怜。喜其奇劲枝，一一上指天。

这里的"长杨"，借指杨杏佛。"奇劲"二字，贴切地表现出杨的为人。2月14日，杨杏佛也写了一首《题胡、梅、任、杨合影》，中云："适之开口笑，春风吹万碧。似曰九州宽，会当舒六翮。"也很好地写出了胡适当时的气质。

在诗歌创作实践中，胡适的"诗国革命"主张逐渐成熟。1916年6月，胡适重到绮色佳，与杨杏佛、任鸿隽、唐钺三人唱谈文学改良之法，力主以白话作文、作诗、作戏曲小说。24日，胡适自绮色佳到克利夫兰城开会，收到杨杏佛寄来的一首题为《寄胡明复》的白话诗：

> 自从老胡去，这城天气凉。新屋有风阁，清福过帝王。境闲心不闲，手忙脚更忙。为我告夫子（赵元任），《科学》要文章。

1914年6月，任鸿隽、杨杏佛、赵元任、胡达（后改名明复）等九人因感于中国科学落后，决定创办《科学》杂志，"以传播科学提倡实业为职志"。1915年1月，杂志第一号问世。同年10月，成立中国科学社，任鸿隽、赵元任、胡明复等任董事，杨杏佛任编辑部部长。杨杏佛的这首诗便是为《科学》托胡明复向赵元任约稿的。它其实是一首信笔写来的游戏之作，但由于语言通俗，明白如话，符合胡适的主张，因此，受到胡适推崇。当时的诗坛霸主是以南社为代表的诗人们，杨杏佛本人也是南社成员，但胡适却认为这首诗"胜南社名士多多矣"！

在胡适的影响下，杨杏佛等人开始改变诗风。8月，任鸿隽赴波士顿，杨杏佛赠诗有"疮痍满河山，逸乐亦酸楚""畏友兼良师，照我暗室烛。三年异邦亲，此乐不可复"之句，自跋云："此铨之白话诗"。朱经农有一首和诗，有"征鸿金锁绾两翼，不飞不鸣气沉郁"之句，自跋云："无律无韵，直类白话"。但是，胡适对这两首诗都不满意，写了一首打油诗讽刺他们，诗云：

老朱寄一诗，自称"仿适之"。老杨寄一诗，自称"白话诗"。请问朱与杨，什么叫白话？货色不道地，招牌莫乱挂。

杨、朱的"白话诗"不过是较为浅显的旧体，胡适的不满是自然的。这一时期，胡适自己写的诗，口语化的程度确实较杨、朱二人为高。他的和杨杏佛送任鸿隽赴波士顿诗写道：

救国千万事，选人为最要。但得百十人，故国可重造。眼里新少年，轻薄不可靠。那得许多任叔永，南北东西处处到？

同月底，朱经农到纽约造访胡适，作三日留，畅谈极欢。别后，胡适作《寄朱经农》，云：

> 年来意气更奇横，不消使酒称狂生。头发偶有一茎白，年纪反觉十岁轻。旧事三天说不全，且喜皇帝不姓袁。更喜你我都少年，"辟克匿克"来江边。赫贞江水平可怜，树下石上好作筵。黄油面包颇新鲜，家乡茶叶不费钱。吃饱喝胀活神仙，唱个"蝴蝶儿上天"！

9月6日，胡适又有《思怀祖国》一首云：

> 你心里爱他，莫说不爱他。要看你爱他，且等人害他。倘有人害他，你如何对他？倘有人爱他，更如何对他？

胡适一向认为，口语新鲜活泼，具有表现力量，可以成为优秀的文学语言。胡适的这几首诗，自觉地运用大量口语，在探索中国传统诗歌的改革上迈出了大步。宋代诗人陆游曾有"尝试成功自古无"之句，胡适不赞成这一思想，反其意而作《尝试篇》，诗称："我生求师二十年，今得'尝试'两个字。作诗做事要如此，虽未能到颇有志。"这首诗，可以看作胡适创造新文学的自誓。杨杏佛读了胡适的上述诸诗后写信给胡适说：

> 今日读《致叔永函》，《与经农诗》甚佳，达意畅而传情深，虽非纯粹白话诗，然固白话诗中杰作也。《怀祖国诗》似为字累。此体至难作，必字简意深然后能胜。《尝试篇》说理亦佳。兄白话诗进境颇速，不负此试。[1]

---

[1] 杨杏佛致胡适函手迹，1916年。

杨杏佛此函，有鼓励，有批评，既不一味捧场，也不一概否定，确实是良友诤言。不过，后来杨杏佛始终未能在写作白话诗上迈出更大的步子，而胡适则精进不已，终于在中国诗的创作上开拓出新天地。

杨杏佛不仅为胡适评诗，而且为胡适改诗。1917年1月，胡适作《寒江》诗三首，其一云：

江上还飞雪，遥山雾未开。浮冰三百亩，载雪下江来。

"亩"字原作"丈"，为杨杏佛所改。胡适认为杨的意见很好，在《留美学生季报》发表时即加以采纳，同时附跋说明："此一字师也，记之以谢。"

同年6月初，胡适即将归国。这时，他的诗作已小有成就。他自感这些成就中有任鸿隽、杨杏佛的助力，因此，写了一首《文学篇》，与任、杨、梅三人作别。

序云："吾数年来之文学的兴趣，多出于吾友之助。若无叔永、杏佛，定无《去国集》。若无叔永、觐庄，定无《尝试集》。"诗中回忆1912年与任、杨、梅见面时的情景：

明年任与杨，远道来就我。山城风雪夜，枯坐殊未可。烹茶更赋诗，有唱还须和。诗炉久灰冷，从此生新火。

戊戌维新前后，黄遵宪、谭嗣同、梁启超等一直想点燃起中国诗歌改革的火焰，始终未能成功。人们不会想到，这一簇火焰却在美洲的山城里点燃起来了。

胡适归国前，朋友们赶到纽约送别，杨杏佛因事未能成行，他写了一首诗寄给胡适，诗云：

遥泪送君去，故园寇正深。共和已三死，造化独何心？腐鼠持旌节，饥鸟满树林。归人工治国，何以慰呻吟？

当时，张勋正率领辫子军北上，威胁黎元洪解散国会，杨杏佛亲自参加缔造的共和制度再一次面临夭折的危险，他勉励胡适归国后投入斗争，拯救人民的苦难。7月3日，胡适在太平洋上航行。当夜，月色明朗，胡适在甲板上散步，面对万顷银波，想起了美洲的朋友们。次日，作成《百字令》一首寄给任鸿隽、杨杏佛等人，词云：

几天风雾，险些儿把月圆时辜负。待得他来，又苦被如许浮云遮住。多谢天风，吹开孤照，万顷银波怒。孤舟带月，海天冲浪西去。遥想天外来时，新洲曾照我故人眉宇。别后相思如此月，绕遍人寰无数。几点疏星，长天清迥，有湿衣凉露。凭阑自语，吾乡真在何处？

胡适的这首词，有情有景，在阔大清迥的意境中表达出对朋友的无限思念，也隐约地表露了对国家状况的感慨。杨杏佛读后，复函称："舟中词曲折苍凉，佳作也。有此景乃有此作，诚不负烟士披里薰矣！"[1]

二、"君作游天龙，吾为笼内鸡"

杨杏佛本在康奈尔大学机械系学电机，1916年8月毕业，转入哈佛大学攻读工商管理硕士学位。1918年冬学成归国。10月下旬抵沪。11月与赵志道女士结婚，胡适曾作词祝贺。此词今不传。23日，杨杏佛复

---

[1] 杨杏佛致胡适函手迹，1917年8月15日。

胡适函云：

> 贺词及书均拜收，谢谢。词极佳，在白话、文言之间，为新婚纪念。迟日得暇，或能作答，今则俗务纷纭，不敢语此矣！[1]

当时，国事混乱，不少留学生怀着报效乡邦的壮志归来，但不久即沮丧消沉，无所事事。胡适与他们不同，归国后即积极投入新文化运动，成绩煊赫。对此，杨杏佛表示钦佩，信中说：

> 国中事无一可人意。留学生混饭易，做事难。昔之以志士自命者，今多碌碌养妻子，如兄之能始终言新文学者，诚为凤毛麟角。

他要求胡适今后经常通信，互相勉励，以期不负初衷。信中又说：

> 吾此后行事当时时告兄，愿兄尽直言之责，吾亦当勉贡刍荛也。今日在国中能尽言者惟兄与叔永、明复耳。人少责重，吾所望于兄者多矣！

同年12月，杨杏佛准备应汉阳铁厂之聘，任会计处成本科长。但他对这一工作并无多大热情，想在两三个月后即回上海，与人合办工厂。同月11日致函胡适说：

> 铨明春二、三月即拟返沪，因沪上已与人约同办工厂，果开办，势不能爽约也。汉厂人习气极深，难与有为。吃饭易，做事

---

[1] 杨杏佛致胡适函手迹，1918年11月23日

难，故欲别就。[1]

汉阳铁厂虽是座现代化的工厂，但也像当时中国许多地方一样，充满了衙门气。果如杨杏佛所料，他到厂不久，就对这个环境感到厌倦。1919年初致函胡适说：

> 铨来汉阳虽已一月，所为尚茫无头绪。职为成本会计，然厂中习气甚深，时有五斗米折腰之叹。今始知在中国做工商与做官等耳，安望其能与世界相竞！[2]

中国长期依靠官僚治国，官僚主义成为深入膏肓的痼疾，做工商如同做官，自然，和现代化企业的要求也就相距天壤了。胡适能理解杨杏佛的牢骚，于1月30日、2月2日连致两书劝慰。2月5日，杨杏佛再致胡适函云：

> 铨对汉阳不满意者，不在中国大局，但为小己着想耳。黄金虚牝，自惜华年而已。果能有益国家，虽驭此微贱之事，亦所乐为也。[3]

同函中，杨杏佛告诉胡适，詹天佑曾拟聘请他担任《中华工程师会会报》编辑，月薪两百元，并可在铁路上兼事，但他犹疑不愿接受。函称：

> 归国后辞《科学》编辑，即因欲实地办事始然。今何能以受薪遽易初志。又线路事业本非所习，若胡乱就之，真成饭碗主义矣！

---

[1]《胡适来往书信选》（上），中华书局1979年版，第18页。
[2] 杨杏佛致胡适函手迹，1919年1月15日。
[3] 杨杏佛致胡适函手迹，1919年2月5日

惟此间会计事亦极无聊，或于2月底请假来京一行，亦未可知。在中国习实业学生无资本者诚属可怜，若能自办工厂，何致如丧家之犬耶！

从本函看，杨杏佛在上海与人合办工厂的计划也没有什么进展。正当他为生活无聊不能有所作为而苦闷时，任鸿隽过汉。久别重逢，两个好朋友自然有许多话要说。但是，杨杏佛为厂事所羁，竟找不出畅谈的时间，而任鸿隽也只能停留三日，就匆匆离去。杨杏佛感叹之余，成诗一首：

联翼涉美亚，归道忽东西。君作游天龙，吾为笼内鸡。值此千里逢，难同一日栖。友情空复热，心远暮云低。

——《叔永过汉，余与厂事不得久谈，书此致别》

胡适归国后，于1917年9月10日就任北京大学教授，次年1月参加《新青年》编委会，4月发表《建设的文学革命论》，成为新文化运动中的风云人物，而杨杏佛则困顿下僚，郁郁不得志。"君作游天龙，吾为笼内鸡。"这两句本来是杨杏佛用以比喻自己和任鸿隽的不同境遇的，但是，移来比喻胡适和杨杏佛也许更加合适。

4月22日，杨杏佛将上引诗寄给胡适，请他指正。函称："吾近来自由丧失殆尽，作诗词之权利亦被剥夺。""此间自由少，时间少，而吾偏好事，所以忙不胜忙。"[1]同函中，杨杏佛告诉胡适，月内又将担任《科学》编辑，稿件尚不知向何处去找，要求胡适能以讲义"帮忙"。当年，中国科学社将在杭州召集年会，信中杨杏佛也要求胡适能提供哲学上的研究成果。胡适虽然志趣在文学，但他也参加了科学社，是该社的

---

[1]《胡适来往书信选》（上），第39页。

永久社员。还在 1916 年，胡适就在《科学》二卷一期上发表《论句读及文字元号》一文，第一次提出使用新式标点。1916 年，又在该刊三卷一期上发表《先秦诸子之进化论》，成为胡适用西方科学观念研究中国古代文化的开端。胡适收到杨杏佛此函后即将《清代汉学家的科学方法》一文寄给了杨杏佛，该文旋即发表于《科学》五卷二至三期上。

三、分道翱翔中的相互关怀与支持

1919 年夏，杨杏佛应聘担任南京高等师范学校教授。其后，该校改为东南大学，杨杏佛历任商科主任、文理科经济教授、工科教授等职，同时致力于中国科学社的工作，声名日著，真正做到了和胡适"分道各翱翔"了。

由于所业不同，二人间的联系自然不能十分密切，有两三年工夫不曾见过一面，但是，二人间仍然时通讯息，相互关怀，相互支持。胡适有一首《戏杨杏佛的大鼻子》，可能作于这一时期，诗云：

> 鼻子人人有，惟君大得凶。直悬一宝塔，倒挂两烟囱。亲嘴全无伤，闻香大有功。江南一喷嚏，江北雨蒙蒙。

正如诗题所说，胡适写这首诗完全是"戏"，不过，从中倒可以看出二人之间的融洽关系，也可以看出胡适性格中幽默、诙谐的一面。[1]

1922 年 5 月，胡适与丁文江等在北京创办《努力》周报，以学者的身份谈政治，提倡"好人政府"，"希望在一个无可奈何的环境里，做一

---

[1]《胡适手稿》第 10 集，卷 4，台北胡适纪念馆 1966 年版，第 321 页。

点微薄的努力"[1]。虽然是一种温和的改良主义，但仍然表现出对旧秩序的不满。杨杏佛始终关注着这份刊物。当年12月17日，胡适因身体不好，决定请假一年，离开北大休养。同月24日，在《努力》第三十四号登出启事，一时引起许多猜测。次年1月19日，蔡元培因反对北洋政府教育总长彭允彝，发表《不合作宣言》，宣布不再到北大办事。21日，胡适在《努力》第三十八号上发表《蔡元培以辞职为抗议》的评论，支持蔡的不合作立场。2月4日，杨杏佛在病中读到《努力》，很高兴，致函胡适称：

> 阅《努力》，知复奋斗，为知识界争人格。北方之强，毕竟不同。前闻兄病，是否旧疾复发，甚以为念。铨近肺疾亦发，但不甚剧，亦无复原之望。天时人事皆使人不得不病也[2]。

1923年10月，胡适决定将《努力》周报暂时停刊，改出半月刊或月刊，以彻底批评"复古的混沌思想"和"颂扬拳匪的混沌思想"。上海商务印书馆对此感兴趣，要求承办。同年12月下旬，努力社与商务印书馆签约，筹备出版《努力》月刊。杨杏佛曾积极参与刊物的筹备。他拟邀在法国的张奚若回国担任主撰。1924年2月20日，杨杏佛致函胡适云：

> 《努力》稿件如何？我假中病仍无愈望，故未敢作文，惟总必拼命为《努力》成一文，大约月内或下月初可交卷，题为《中国之劳动立法问题》。

---

[1]《一年了》，《努力》周报第35期。
[2] 杨杏佛致胡适函手迹，1923年2月4日。

他告诉胡适，张奚若已同意出任编辑，但回国需旅费一千元，商务不能预支，自己愿与胡适等各筹一二百元凑足[3]。但是，这以后，虽经长期努力，《努力月刊》始终未能问世。

胡适也关怀杨杏佛在东南大学的情况。

1923年4月21日，胡适离开北京，到上海参加新学制课程起草委员会。29日，利用休会机会，与任鸿隽、陈莎菲及曹佩声等同游杭州，杨杏佛夫妇自南京赶来参加。5月3日胡适回到上海，不久就病了。25日，胡适收到杨杏佛寄来的一首《西湖纪痛》诗，诗云：

> 今年浪迹欲何依，每到西湖便当归。换世谁知丁令鹤，凄魂犹梦老莱衣。病缠中岁孤儿瘦，春晚南屏墓草肥。三日盛游还痛哭，此生无计报春晖。

杨杏佛早年住在杭州。其父1919年5月在当地逝世。此诗为思亲之作。从"病缠中岁孤儿瘦"等句看来，杨杏佛在东南大学的境遇并不好。当时，东大教员分新旧两派，杨杏佛因经常演讲劳动问题和社会改造思想，议论时局，批评校务，受到进步青年的爱戴，成为新派的首领；旧派则拥护校长郭秉文的保守主张和措施。学校经常发生风潮，郭秉文认为均出于杨杏佛的挑唆，必欲去之而后快。东大的教授一年一聘，"年年续约之时，辄生去留问题。郭氏及其党徒，暗示明言，无不讽其辞职。"[4] 1923年6月初，郭秉文代表中国赴英参加教育会议，行前召开行政委员会，指使代理校务的人辞去杨杏佛等人的教职。同月3日，杨杏佛赶到上海，质问郭秉文。不料郭竟一赖到底，矢口否认开过

---

[3]《胡适来往书信选》（上），第237页。
[4]《与东大同学论军阀与教育书》，《杨杏佛文存》，上海平凡书局1929年版，第317页。

什么会。这时，胡适的同情完全在杨杏佛方面。当他从杨的电话中得知此事时，激愤地认为郭的行为"真是无耻"！此次斗争，杨杏佛得到胜利。6月8日，他致函胡适报告说：

> 至铨之续约书，则于归后次晨即送来。我决向校中提出教授人格保障及讲学自由为条件，因此事发生，行政方面并以吾讲社会改造思想为借口。一场黑剧，竟于三四日中和盘托出，可称痛快。兄等闻之，当为我浮一大白也。我亦将从此努力读书著述，不更与群小周旋矣！[1]

次日，再致胡适一函云：

> 东南之黑幕完全败露，梅、竺皆暂留，弟亦因学生坚留，拟暂不表示辞职，惟恐前途暗礁甚多，非精神改组，亦不过暂时清静耳！[2]

树欲静而风不止，杨杏佛在东南大学无法得到他所企求的"暂时清静"，因此，他又时萌去志。1924年2月20日致胡适函云："弟病须养，而贫不能无业，故进退维谷，不得不勉留南京。"[3]1924年夏，郭秉文为了排挤杨杏佛，竟利用军阀齐燮元的淫威，以经费不足为名，要求停办东南大学工科。同年10月，杨杏佛赴广州，任孙中山秘书。11月，随孙中山北上。其间，杨杏佛曾向北洋政府教育部次长马叙伦控告郭秉文。1925年1月初，教育部宣布解除郭秉文职务，改以胡敦复任。不料此举却遭到旧派的强烈抵制。19日，胡适在北京一家俱乐部请客，杨

---

[1]《胡适来往书信选》(上)，第204页。
[2]《胡适来往书信选》(上)，第205页。
[3]《胡适来往书信选》(上)，第237页。

杏佛在座，胡适出示任鸿隽（时任东南大学副校长）的一封信，中云："郭当去而去之之法太笨，遂使郭因祸而得福，反不易去了。"[1]胡适特别将这段话记在日记里。看来，胡适同意任鸿隽的观点。

四、争取"庚款"中出现的分歧

1924年，美国国会决定将庚子赔款余额六百余万退还中国，用作教育文化事业经费。中国科学社同人获知信息后，决定争取其中一部分用于科学社的研究。5月25日，科学社在南京召开理事会，认为此事已刻不容缓。26日，杨杏佛致函胡适，希望他赴美活动。函称：

> 科学社近因美退赔款余额，颇思分羹，其详经农、叔永均已函告，惟弟等颇拟请兄专为此事赴美一行，由社供给旅费，兄且可借此一换空气。[2]

胡适对此事也很感兴趣。他建议将此款全数作为基金。6月11日，胡适代表各学术团体向外交部部长顾维钧提出美国退还庚款管理办法，顾随即转知驻美公使施肇基，请施和美国政府接洽。杨杏佛赞成胡适的意见，16日再致胡适一函云：

> 信悉。已转上海。此间当分头鼓吹，叔永已在起草一宣言，弟亦将以私人资格发表一文（或载《教育与人生》），惟美国方面似较有望，故仍盼兄大力进行也。[3]

---

[1]《胡适的日记》（手稿本），1925年1月19日，台湾远流出版公司1990年版。
[2]《胡适来往书信选》（上）第252页。
[3]《胡适来往书信选》（上）第254页。

7月31日，美国政府指派哥伦比亚大学师范学院教授孟禄（Paul Monroe）前来中国，和北京政府谈判。随签订协定，规定由双方政府任命，建立中美联合董事会，负责管理、分配此项款额。9月17日，曹锟根据外交总长顾维钧、教育总长黄郛的呈请，指派颜惠庆、张伯苓、郭秉文、蒋梦麟、范源濂、黄炎培、顾维钧、周贻春、施肇基等九人为中华教育文化基金会董事，美方则指派孟禄、杜威等五人为董事。次日，中华教育文化基金董事会成立，以范源濂为会长、孟禄为副会长。由于中方董事为北洋政府指派，因此，排斥南方国民党人和亲国民党的科学家，杨杏佛对此很不满意，埋下了后来改组董事会的种子。

继美国国会之后，英国国会也于1925年6月决定退还一部分庚款给中国，但又同时决定，该项款额须由英国外交大臣全权保管与支配，所设咨询委员全由英国政府指派，且英人占多数。1926年2月11日，丁文江致函胡适，告以已得英公使正式函件，聘请胡适、丁文江等三人为英国庚款咨询委员会中国委员。3月16日，北京教育界人士集会反对英国处置庚款办法。杨杏佛和北京教育界人士立场相同，认为英国政府此举"无退还之实而欲得亲善之名"。3月20日，他公开致函胡适，指责英国政府"一方以强硬之侵略行为，欺侮中国，如去年五卅事件，最近粤海关及大沽口等事，一方复以空言市惠，欲以不可必得未必有利中国之数百万赔款，转移四万万华人要求民族独立与国际平等之心理"。[1] 当时，英国庚款咨询委员卫灵敦爵士（Viscount Willing—don）等三人正在上海，和胡适等三名中方委员组成"中国访问团"，准备到中国各地调查访问，征求意见，提交全体委员会最后决定。对此，杨函称：

---

[1]《致胡适之书》，《杨杏佛文存》，第263页。

> 英庚款委员韦林敦爵士辈来华后，对华人退还之要求，则故作痴聋；对用途之性质，复模棱其辞。中国委员以代表中国之智识界自命者，亦皆反舌无声，但知随爵士辈酬酢哺啜，如此不痛不痒之委员会，乃北走胡，南走粤，仆仆道途所为何事，诚所不解！

这里批评的"反舌无声"，"但知随爵士酬酢哺啜"，当然包括胡适在内。杨杏佛要求胡适断然采取措施。函称：

> 兄在士林雅负时望，对英亦多好感，窃谓宜联合中国委员要求英政府无条件退还赔款，否则全体退出英庚款委员会以示国人对于此事之决心。年来国内名流学客争为外人文化侵略之买办通事，但知朋比分赃，不顾国体国权，士林正气，久已荡然无存。惟兄能受尽言，故不惮辞费，一吐所怀，幸有以慰国人之望也。[1]

1925年5月30日，上海租界英捕房开枪射击游行示威的学生和市民，造成震惊中外的"五卅惨案"，中国各界的反英情绪空前地强烈起来。6月23日，英国水兵、巡捕又开枪射击在广州沙基游行的中国群众，激起了轰轰烈烈的省港大罢工。杨杏佛曾于"五卅惨案"后在上海创办《民族日报》，猛烈地抨击英帝国主义的野蛮行径。他在英国退还庚款问题上的立场正是他这一时期民族意识高涨的反映。

胡适没有采纳杨杏佛的建议。他认为要英国政府无条件退还庚款是不可能的，主张在英国政府的条件中做文章："为今之计，只有潜移默运于此案范围之中，使此案不成为障碍，反为有益的根据。"[2]基于此，

---

[1]《致胡适之书》，《杨杏佛文存》，第263页。
[2]《胡适来往书信选》(上)，第371页。

他不仅费了几个月工夫陪同英国庚款咨询委员访问了上海、汉口、南京、杭州、天津、北京等地，而且于1926年7月17日，赴英参加庚款咨询委员会。

两个老朋友之间由是出现分歧。

五、分歧的加深

孙中山逝世后，杨杏佛更为积极地投入了中国的政治活动。1926年1月，任国民党上海特别市党部执行委员。同年7月广东国民政府成立后，任上海政治分会委员。1927年北伐军向东南胜利进军期间，他代表国民党上海特别市党部参加国共联席会议，积极支持上海工人三次武装起义，曾被选为市临时政府常务委员。"四·一二"政变后，杨杏佛受到株连，被撤销国民党上海市党部执行委员职务，只担任了一项清理招商局委员的闲职。10月，南京国民政府接受蔡元培等人的意见，仿照法国制度，成立大学院，主管全国学术及教育事宜，杨杏佛被院长蔡元培聘为行政处主任。次年1月，任副院长。同年4月，成立中央研究院，蔡元培任院长，杨杏佛任总干事。

胡适自赴英参加庚款会议后，陆续流转于英、法、德、美、日等国，进行研究并作学讲演术。直到1927年5月17日，胡适才从神户抵达上海。8月，受聘于私立光华大学。他仍然坚持学术独立于政治的原则，和杨杏佛的分歧逐渐加深。

1928年5月3日，日军在济南惨杀中国外交官蔡公时等，是为"五三惨案"。同月6日，杨杏佛邀请教育界人士座谈。胡适提出："由政府主张一个国际的公正调查，期于搜集证据，明定启衅责任所在。"[1]

---

[1]《胡适的日记》（手稿本），1928年5月6日。

与会者都赞成胡适的意见。18日，胡适到南京参加教育会议。杨杏佛时任大学院副院长，二人因得以再次见面。20日，星期日休会。胡适、杨杏佛、朱经农、钱端升、张奚若等同到第一林场、建业农场、灵谷寺等地游览。杨杏佛骑着一匹马，器宇轩昂，胡适见了很高兴。他认为，近几年中，杨杏佛取"蜡烛主义"，"点完即算了"，生活上马马虎虎，"在铭德里时，家中虽有灶而不举火，烧水都没有器具"。[1] 现在，天天出去骑马，胡适从这里看到了老朋友精神面貌的变化。

1927年8月，杨杏佛曾在《现代评论》杂志发表过一首诗，中云：

> 人们，你苦黑暗么？
> 请你以身作烛。
> 用自己膏血换来的，
> 方是真正光明之福。

胡适所称杨杏佛取"蜡烛主义"，当即本此。不过，杨杏佛意在表达牺牲自己，以"膏血"换取"光明"的战斗精神，并非"点完即算了"的消极主义，这一点，胡适理解错了。

当天游紫霞洞时，众人纷纷抽签。胡适的签诗是：

> 恶食粗衣且认真，逢桥下马莫辞频。流行坎坷寻常事，何必区区诣鬼神。

当时胡适和南京国民政府还在若即若离之间，这次到南京，真使他有"诣鬼神"之感。杨杏佛抽得第九签，诗云：

---

[1]《胡适的日记》（手稿本），1928年5月20日。

拨开云雾睹青天，况是中天月正圆。匹马通衢无阻碍，佳声美誉得争传。

此诗是"时运大通之象"，杨杏佛抽到此签，不免有几分高兴。不过，杨杏佛在大学院的工作也并不顺利。6月14日，胡适收到蔡元培和杨杏佛的一封快信，要他15日到南京参加大学委员会。当时，教育界正因撤换中央大学校长张乃燕一事出现风潮。张乃燕是张静江的侄子，蔡元培、杨杏佛事前未通知张静江与张乃燕，杨杏佛也未与高等教育处处长张奚若等商量，即匆促下令撤换张乃燕，以吴稚晖继任，命张改任大学院参事。此次风潮的目的在推倒杨杏佛。对于此事，胡适认为"确似系大学院的错误"，曾当面建议杨杏佛辞职，杨杏佛表示同意[1]。其后，蔡元培于8月17日辞去大学院院长职务，杨杏佛也于10月6日辞去副院长职务。

在辞去副院长之前，杨杏佛抢时间做了一件早就和蔡元培商量好的事，这就是改组中华教育文化基金董事会。此事引起胡适的强烈不满，成为二人友谊关系上的重要转折点。

为了改变中华教育文化基金董事会的人员组成，早在当年3月，蔡元培即草拟了一份方案。同年7月27日，蔡元培向国民政府会议正式提出，获得通过。国民政府随即下令，"着即取消"旧董事会，任命胡适、赵元任、施肇基、翁文灏、蔡元培、汪精卫、伍朝枢、蒋梦麟、李石曾、孙科等十五人为董事，其中孙科、李石曾、伍朝枢、汪精卫、赵元任五人为新董事。这一做法，加强了国民党人的力量，但是，和董事会旧章不合。旧章规定：董事遇有缺额，由本会选举补充，然后呈报中国政府。胡适认为旧章的缺额自行补充办法是近代学术基金保管机关的

---

[1]《胡适的日记》(手稿本)，1928年6月15日。

一般组织原则,可以巩固组织,防止外来干涉,避免因政局变迁而牵动会务,因此,反对南京国民政府的决定。孟禄也自美来电,要求从缓改组董事会,美国财政部并表示不能继续拨款。这就迫使南京国民政府不能不谋求补救。由于大学院制度受到许多人反对,当年10月23日,国民政府明令改大学院为教育部。11月26日,教育部部长蒋梦麟致函胡适,主张由教育部函旧董事,请其开会,将历年经办事件作一系统的报告;开会时,旧董事五人提出辞职,由会议推举出国民政府任命的新董事五人,以便既承认董事会旧章和旧董事会的权威,同时,又实际达到国民政府改组董事会的目的。12月19日,孟禄赶到上海,处理此事。胡适日记云:"此事本没有问题,杨杏佛一个人的捣乱,累的大家这样劳师动众!真所谓'天下本无事,庸人自扰之。'"[1]12月下旬,南京国民政府根据蒋梦麟和胡适等人的建议下令:"准予召集原有中华教育文化基金董事会开会,将应行改组事宜妥善办理。"次年1月3日,旧董事会在杭州召开会第三次常会,胡适到会,当日日记云:"杨杏佛放了一把火,毫不费力;我们都须用全部救火队之力去救火。"又云:"他们这样忍辱远来,为的是要顾全大局,给这个政府留一点面子,替一个无识人圆谎。"这里所说的"无识人"显指杨杏佛。日记并称:"我恨极了,实在没有什么面孔留在基金会,遂决计辞职。"[2]1929年,中华文化教育基金会董事会决定拨款五十万元,作为设在上海的中央研究院理化工程研究所的建筑费。1930年1月,南京国民党中央政治会议决定停止建筑工作,将研究院迁到南京。杨杏佛不愿处于国民党的直接控制之下,为此仆仆奔走于宁沪道上,十四天内往返八次,打通了行政院与国民政府,呈复政治会议了。然而,就在此时,蒋介石力主研究院于4月

---

[1]《胡适的日记》(手稿本),1928年12月19日。
[2]《胡适的日记》(手稿本),1929年1月3日。

之前迁到南京，上海的建筑工程立即停止。2月1日，胡适在日记中写道："此令昨日到研究院。蔡、杨诸君在前年屡次用政府势力压迫学术文化机关，而自己后来终想造成一个不受政府支配的学术机关，此是甚不易做的事。果然今日自己受威力压迫，而杏佛的语气似是想用他前年极力摧残的中华文化教育基金会来替他搪塞！此真是作法自毙。"[1]

可以看出，杨杏佛在胡适心目中的形象已经相当不好了。

六、射向胡适的一箭

胡适因为对南京国民政府统治下人权缺乏保障等情况不满，于1929年5月发表《人权与约法》《我们什么时候才可有宪法》等文，批评国民党的"党治"。不久，又进一步撰文批评孙中山的"知难行易"学说。这对许多将中山思想视为句句是真理的国民党人来说，自然是大逆不道的事情。于是，集会决议、通电声讨、撰文批判，纷至沓来，形成了一场颇具声势地对胡适的"围剿"。有的国民党人要求将胡适"逮捕解京，予以惩处"。杨杏佛不赞成这种霸道作风，但他也不理解胡适这些文章在当时中国的意义。

8月25日，他建议《时事新报》的程沧波撰文，指出胡适的主张极平常，没有干涉的必要，同时也不妨指驳胡适一部分观点。27日，程文见报，声称胡氏近作，"实已平淡至于极度，决无声罪致讨之价值，亦更无明正典刑之必要"，但是，胡文"批评政府之处，似不能无引起人民对于政府恶感或轻视之影响。"胡适读了这篇文章后，觉得非常好笑，在日记上写下了"上海的舆论家真是可怜"几个字[2]。

---

[1]《胡适的日记》（手稿本），1930年2月1日。
[2]《胡适的日记》（手稿本），1939年8月27日。

对胡适的"围剿"持续了很长一段时间。12月2日,杨杏佛在上海大夏大学演讲,将胡适列为"旁观派",是"骑在墙上,看人打架,叫一声好的东西"。事后,马君武将杨杏佛的讲稿寄给胡适,同时写道:"杏佛在大夏演讲《从时局想到个人》,骂得你好利(厉)害。特寄予你看,以为研究麻子哲学之一助。"[1]马君武和胡适同样具有自由思想,因此支持胡适。

1930年4月,吴稚晖、杨杏佛在上海市党部发表演讲。杨在演讲中批评胡适一会儿在段祺瑞的善后会议里大谈特谈政治,一会儿跑到俄国,谈起共产主义是如何的好,不多时,又觉得三民主义很好,预备作一部三民主义的哲学;到了国民党快统一的时候,又骂国民党不礼贤下士。他说:"学者、教育家不是万应如意油,过去可以在军阀底下做工具,现在可以在国民党底下做忠实的信徒,将来国家亡了,也可以在帝国主义底下做走狗。若是这样,主义是商品化了,思想也商品化了。"同月29日,杨杏佛写了一封信托蔡元培带给胡适,说明由于记录者的原因,演讲稿"多颠倒错误"。函称:"演说中走江湖的博士乃指江亢虎先生,下文有胡先生亦犯此毛病,不肯作第二人,故好立异,笔记者必误会'江湖'乃暗指两姓,故混为一谈。"杨杏佛并称:这次演说完全是被吴稚晖"拉作陪绑"[2]。杨杏佛的这次演讲对胡适的批评是很严峻的,这封信旨在缓和一下气氛,但并未修正自己的观点。4月30日,胡适复函杨杏佛,首引五六年前与鲁迅弟兄关于《西游记》第八十一难的一段谈话,然后说:

> 我受了十余年的骂,从来不怨恨骂我的人。有时他们骂的不中

---

[1]《胡适的日记》(手稿本),1929年12月20日。
[2]《胡适来往书信选》(中),第10—11页。

肯，我反替他们着急。有时他们骂得太过火了，反损骂者自己的人格，我更替他们不安。如果骂我而使骂者有益，便是我间接于他有恩了，我自然很情愿挨骂。如果有人说，吃胡适一块肉可以延寿一千年，我也一定情愿自己割下来送给他，并且祝福他。[1]

从表面上看，胡适的这封信表现了一种对批评者的大度和宽容，仿佛毫不在意，实际上，包含着对杨杏佛等人的深刻批评和挖苦。它表明，两个老朋友之间已经出现了无法消解的隔阂。

七、在中国民权保障同盟中

还在1925年，为了救济五卅惨案烈士和受伤者的家属，杨杏佛就曾和共产党人恽代英、沈雁冰、张闻天以及进步人士郭沫若、叶圣陶、郑振铎等组织中国济难会。1930年之后，杨杏佛的思想急剧"左倾"。他秘密参加了邓演达发起的第三党，曾代表蔡元培联系陈铭枢，企图建立反蒋的第三政权。1932年12月，为了营救政治犯，废除非法拘留、酷刑及杀戮，争取集会、言论、出版自由，杨杏佛又和宋庆龄、蔡元培等在上海组织中国民权保障同盟。同盟以宋庆龄为主席，蔡元培为副主席。杨杏佛任总干事，会员有林语堂、史沫特莱、邹韬奋、胡愈之、鲁迅等人。1933年1月17日，成立上海分会。同月，同盟派杨杏佛、李济之北上，组织北平分会。

胡适于1933年新年赴沪时加入同盟。1月25日，杨、胡在北平相见。30日，北平分会召开成立会，胡适、杨杏佛分别致辞。会议选举胡适、成舍我、许德珩、任鸿隽、蒋梦麟、李济之、马幼渔等九人为执行

---

[1]《胡适的日记》（手稿本），第11页。

委员，胡适被推为主席。会议同时推举杨杏佛、胡适等三人赴各监狱视察政治犯在狱情况。

胡适对同盟的组织和活动最初是热心的。1月26日，他对《晨报》记者谈话称："近年以来人民之被非法逮捕，言论、出版之被查禁，殊为司空见惯，似此实与民国约法之规定相背。"[1]同盟成立的当晚，胡适和杨杏佛即决定视察北平各监狱，调查政治犯的待遇及生活情形。夜11时，杨杏佛会见张学良，获得允准。31日，杨、胡，加上成舍我，三人一起参观了陆军反省院、陆军监狱和军分会看守所及另外两所监狱。杨称：值此抗日吃紧之时，深盼全国人才，无论为国家主义派，为共产党，均能集中于同一战线之下[2]。同时决定由分会组织正式委员会，详加考察。3日，杨杏佛离平。在杨杏佛离平之后不久，胡适即和同盟中央发生尖锐冲突。

1月25日，史沫特莱向同盟执委会提交了北平军人反省分院政治犯的一份呼吁，呼吁书声称："我们生存在20世纪的今日，而我们被捕后所受的种种酷刑，立即使我们感觉到好像我们是罗马时代或极野蛮的部落社会。现在中国统治阶级所使用的各种刑具，极尽野蛮之能事。他们想出种种方法要能给受难者以最高度的痛苦。"[3]2月1日，同盟执委会举行新闻记者招待会，由宋庆龄签字，将呼吁书交给各报发表。同日，史沫特莱致函胡适，附寄呼吁书及宋庆龄签名英文函件，要求北平分会"指派一个委员会立即去见负责官员，提出最强有力、最坚决的抗议"[4]。

宋庆龄的英文信件要求"立即无条件地释放一切政治犯"[5]。胡适

---

[1]《晨报》，1933年1月27日。
[2] 北平《民国日报》，1933年2月1日。
[3]《北平政治犯的黑暗生活》，《中国论坛》第2卷第1期。
[4]《胡适来往书信选》（中），第169页。
[5] 转引自《胡适致蔡元培、林语堂》，《胡适来往书信选》（中），第179页。

研究了呼吁书，认为反省院都是"已决犯"，没有私刑拷打的必要。同时，有人自称住在胡适家，假借胡适名义，递交一份题为《河北省第一监狱政治犯致民权保障同盟北平分会》的函件给《世界日报》，揭露该狱的种种黑暗。胡适认为，此信与宋庆龄所收的呼吁书"同是捏造"。2月4日、5日，他连续两次致函蔡元培、林语堂，批评同盟不应不加调查，就匆匆发表。他说："如果一二私人可以擅用本会最高机关的名义，发表不负责任的匿名稿件，那么，我们北平的几个朋友，是决定不能参加这种团体的。"[1]

同盟接到胡适的信后，蔡元培、杨杏佛、林语堂等都认为"事情极其严重，须彻查来源"。2月10日，杨杏佛致函胡适，认为呼吁书所云种种酷刑，"即使有之，在反省院前不能笼统便加入反省院"，表示"以后发表档自当审慎"。函中，杨杏佛劝慰胡适说：

弟行时曾告兄，弟等奔走此会，吃力不讨好，尤为所谓极左者所不满，然集中有心人争取最低限度之人权，不得不苦斗到底，幸勿灰心，当从内部设法整顿也。[2]

14日，蔡元培、林语堂致函胡适，说明呼吁书发表经过，表示"其过失当由本会全体职员负责"[3]。14日，杨杏佛再次致函胡适，函称："望兄千万勿消极，在京、平市党部开始压迫本会之时，内部只当精诚团结也。"[4]

胡适与同盟中央的分歧主要不在对呼吁书真伪的判断上，而在于

---

[1]《胡适来往书信选》(中)，第181页。
[2]《胡适来往书信选》(中)，第186页。
[3]《胡适来往书信选》(中)，第187页。
[4]《胡适来往书信选》(中)，第188页。

胡适反对"无条件释放一切政治犯"这一主张。2月5日,胡适对北平《民国日报》记者发表谈话称:对政府逮捕政治犯,并不是无条件的反对,但必须具有四个原则:(一)逮捕前必须得有确实证据;(二)逮捕后须遵守国法,于二十四小时内移送法院;(三)法院侦查有证据者,公开审判,无证据者,即令取保开释;(四)判罪之后,必须予以人道之待遇[1]。19日,在《独立评论》发表文章称:"这不是保障民权,这是对一个政权要求革命的自由权。""一个政府要存在,自然不能不制裁一切推翻政府或反抗政府的行动。"[2]21日,又对《字林西报》发表谈话,明确指出:"同盟不应如某些团体所提出的那样,提出释放一切政治犯,不予依法治罪的要求。一个政府应该有权对付那些威胁它本身生存的行为,但政治嫌疑犯必须如其他罪犯一样,应当得到法律的保障。"[3]22日,同盟执委会开会讨论,会后致电胡适,指出上项谈话"与本会宣言目的第一项完全违背,是否尊意,请即电复。"[4]23日,杨杏佛致函胡适,报告执委会开会情况:执委会特开会讨论,极以如此对外公开反对会章,批评会务,为反对者张目,且开会员不经会议各自立异之例,均甚焦灼。杨函也要求胡适"有以解释,勿使此会因内部异议而瓦解"[5]。28日,宋庆龄、蔡元培致函胡适称:"会员在报章攻击同盟,尤背组织常规,请公开更正",否则唯有自动出会[6]。

胡适对上述函电均不做答复。3月3日,同盟临时中央开除胡适会籍。4日,胡适在日记中写道:"此事很可笑!此种人自有作用。我们

---

[1]北平《民国日报》,1933年2月6日。
[2]《民权的保障》,《独立评论》第38号。
[3]《字林西报》,1933年2月21日。
[4]《胡适来往书信选》(中),第189页。
[5]《胡适来往书信选》(中),第192页。
[6]《胡适来往书信选》(中),第193页

当初加入，本是自取其辱。"[1]下午，在胡适家中召开同盟北平分会，胡适表示，不愿再和上海那班人辩争。21日，他致函蔡元培，表示"不愿多演戏给世人笑"，并称："不愿把此种小事放在心上"。胡适并说："我所耿耿不能放心者，先生被这班妄人所包围，将来真不知如何得了啊！"[2]胡适这里所称"妄人"，即包括杨杏佛在内。

八、对于杨杏佛之死的评论

1933年6月15日，胡适为赴美参加太平国际学会到达上海。同日，赴中央研究院访问蔡元培和杨杏佛，没有见着。到蔡元培家，见到了蔡氏夫妇。第二天，杨杏佛到胡适住所回拜。胡适约杨同到李拔可家吃饭。饭后，杨杏佛又送胡适回住所。

两个老朋友之间仍然维持着形式上的友谊关系，但是，内心却已经很隔膜。当日，胡适在日记中写道：

> 杏佛来，此为二月初我在北平见他之后第一次见他。为了民权保障同盟事，我更看不起他。因为他太爱说谎，太不择手段。

由于彼此政治观点不同，胡适对杨杏佛在民权保障同盟中的作为不满是可以理解的，但是，骂杨杏佛"太爱说谎，太不择手段"，就不知何所据而云然了。

杨杏佛和中国民权保障同盟的活动引起了国民党当局的忌恨。国民党特务不断写信威胁同盟领导人，甚至在给杨杏佛的信里装进子弹。就

---

[1]《胡适的日记》，1933年3月3日。
[2]《胡适的日记》，1933年3月21日、6月16日。

在胡适到达上海的同一天，国民党特务组织秘密发出通告，计划暗杀"中国共产党领袖、左翼作家以及各反蒋军人政客"，鲁迅、杨杏佛均在黑名单之列。18日，胡适准备登轮，到几位朋友处辞行。到了徐新六家时，即得到杨杏佛的噩耗。当日上午8点半，杨杏佛从中央研究院出门，被四个人从三面开枪打死，公子杨小佛脚上受伤，汽车司机受重伤。凶手三人，两人逃了，一人被追，开枪自杀。

胡适觉得很奇怪，在日记中写道：

> 此事殊可怪。杏佛一生结怨甚多，然何至于此！凶手至自杀，其非私仇可想。岂民权同盟的工作招摇太甚，未能救人而先招杀身之祸耶？似未必如此？
>
> 前日我尚与杏佛同车两次，第二次他送我的车即是今日被枪击的车。人世变幻险恶如此！
>
> 我常说杏佛吃亏在他的麻子上，养成了一种"麻子心理"，多疑而好炫，睚眦必报，以摧残别人为快意，以出风头为做事，必至于无一个朋友而终不自觉悟。我早料他必至于遭祸，但不料他死的如此之早而惨。他近两年来稍有进步，然终不够免祸？[3]

政治态度有时使人接近真理，有时却又使人离开真理。胡适猜到了杨杏佛的死和国民党有关，但是又认为"似未必如此"，走到了真相边缘却又离开了。这显然与胡适当时对国民党认识有关。杨杏佛自称："生平未尝树敌，但知疾恶如仇；不解修怨，但知为国锄奸。"[4]胡适这段日记中对杨杏佛的评价，就离事实更远了；"麻子心理"一段，更使

---

[3]《胡适的日记》，1933年6月18日。
[4]《再函王儒堂书》，《杨杏佛文存》，第338页。

人生有失忠厚之感。

胡适又写道:"(杏佛)颇有文学天才,作小词甚可诵。当嘱其同事保存其诗词稿。"这里,算是多少表现了一点对老朋友的情谊。

1935年7月,胡适写信给罗隆基,中称:

> 杏佛是一个最难用的人,然而蔡先生始终得其用。中央研究院之粗具规模,皆杏佛之功也。[1]

这就朝正确地评价杨杏佛前进了一步。

---

[1]《胡适的日记》,1935年7月26日。

胡适与陈光甫

胡适的朋友大都是文化教育界人士,但是,也有几位银行界的大亨,陈光甫就是其中之一。

陈光甫(1881—1976),江苏镇江人。年轻时在美国留学,曾获宾州商学院学士学位。1915年创办上海商业储蓄银行。1927年创办中国旅行社。同年,任南京国民政府财政委员会主任委员。1933年,任全国经济委员会委员。1936年,以中国币制代表团首席代表身份赴美,与美国财政部部长毛根韬(Henry Morgenthau)谈判,签订了有关中国向美国出售白银等问题的《白银协定》。谈判中,陈光甫给毛根韬留下了良好的印象。次年,陈任贸易整理委员会主任委员,主持推广出口、争取外汇等事宜。

抗战期间,胡适与陈光甫二人共同在美国寻求援助,卓有成绩,彼此之间的友谊也因而建立。

一、早期交往

胡适与陈光甫的交往始于20世纪20年代末期。1929年3月,陈光甫赴欧考察，途经埃及时曾致函胡适，中云：

> 此次欧行，未克走别为怅。25号过苏伊士运河时，弟离轮乘汽车，夜渡沙漠，访开义罗，游览金字塔、石神Sphinx、尼罗河，诚旧迹之奇观也。又见英人经营埃及之成绩，道路平坦，交通利便，此时弟取出兄之大着"East and West Civilization"再读一遍，令人钦佩不已。同行有一美国学者，原来系医生，名Dr. Clark，对兄之书深为钦佩云。全书精华皆在兄之文章里，不日来华，欲与一谈也。
>
> 弟约4月1号可抵马赛，即渡英小住数月，研究调查，此时国内已交春令，一般小孩子又要顽刀舞枪矣。可怜可笑！吾兄近有新著作否？有暇时希便赐示。[1]

1926年，胡适曾发表《我们对于西洋近代文明的态度》一文。1928年，胡适以英文改写，内容略有变动，题为：*Civilization of the East and west*（《东西文化之比较》），成为比尔德（Charles A. Beard）所编 *Whether Mankind*（《人类的前程》）一书中的一章，1928年由纽约Longman书局出版。该文反对所谓"西方的物质文明已经破产，东方的精神文明将要兴起"的说法，认为"18世纪的新宗教信条是自由、平等、博爱，19世纪中叶以后的新宗教信条是社会主义"[2]。又称："这种民治的宗教"，"乃是设法使个个男女都能得到自由。除了用科学与机械增高个人的快乐之外，还要利用制度与法律使大多数人都能得着幸福的生活——这就是西方最伟大的精神文明"。胡适写道："我可以问，妇女解放、民治政体、普及教育等，是否从东方的精神文明产生出来的

---

[1] 未刊稿，中国社会科学院近代史研究所藏。
[2] 胡适晚年曾对这句话表示忏悔。

呢？焚烧孀妇、容忍阶级制度、妇女缠足，凡此种种，是否精神文明呢？"陈光甫信中所称"令人钦佩不已"的"大著"，指的就是这一篇。

近代中国，东西方文明的论争是个热门话题，人们的态度大体可以分为西化和国粹两派。陈光甫此函说明，他和胡适同属于西化派，也说明这一时期，他们已有较密切的关系。

此后，胡适和陈光甫交往见之于记载的有：

1931年10月下旬，胡适和陈光甫同时出席在上海召开的太平洋国际学会第四届大会。

1932年5月，陈光甫等银行家和部分外交界人士发起组织国际问题研究会，邀请胡适为研究组成员。[1]

1934年5月，陈光甫到北平。6月1日，胡适前往拜会。陈称："现时各处建设颇有进步，人才也多有新式训练而不谋私利的人。"[2]

同年除夕，胡适赴香港大学讲学，途经上海，正值亚东图书馆发生经济困难，有一笔银行欠款必须偿还。为了帮助亚东度过年关，胡适托浙江兴业银行总经理徐新六，请他打电话给陈光甫，把亚东在上海银行的三千元透支款再转一期。[3]当夜，胡适到百乐门舞厅，看见宋子文、顾维钧、陈光甫、李铭等人舞兴正浓，胡适不禁感慨起来：空前的经济大恐慌正逼人而来，国家的绝大危难就在眼前，怎么谁也感觉不到呢！[4]

这一段时期，胡适和陈光甫只能算相交，还不能算相知。

---

[1] 油印函稿，中国社会科学院近代史研究所藏。
[2] 《胡适的日记》手稿本，第11册，台湾远流出版事业股份有限公司1990年版。
[3] 《胡适的日记》，第12册。
[4] 《胡适的日记》，第12册。

二、共同争取美援

胡适和陈光甫的相知主要是在抗战期间。

1938年，中国抗战正处于极为艰难的阶段。为了争取美国的财政援助，国民政府应罗斯福政府之请，于当年9月指派陈光甫赴美谈判。同月，召回王正廷，任命胡适为驻美大使。10月3日，胡适到达任所，旋即致孔祥熙电云：

> 外交至重要，当以全副精神应付。此外如借款、购械、宣传、募捐四事虽属重要，均非外交本身，宜逐渐由政府另派专员负责。光甫兄等来后，借款事空气顿肃清，即是最好例证。[1]

自20世纪30年代初起，美国国内即弥漫着浓重的孤立主义、和平主义情绪，不愿过问欧洲和亚洲正在发生和可能发生的战争。1935年，美国国会通过中立法，更使这种孤立主义情绪得到了法律的肯定。胡适感到：要改变美国的这种情况，必须花大力气，因此，他对陈光甫来美专门谈判借款，非常高兴。

为了不违反美国的中立法，并且不招致美国孤立主义者的反对，陈光甫和毛根韬商定，在中国成立复兴商业公司，收购桐油，售给在美国成立的世界贸易公司，再由该公司与美国进出口银行订立借款契约。这样，就使该项借款成为一项商业机关与银行之间的借款契约。谈判按照这一思路进行，比较顺利。

但是，国内战场的形势却一直很不好。10月21日，华南重镇广州失

---

[1]《胡适致孔祥熙电》，《胡适任驻美大使期间往来电稿》（征求意见稿），中华书局1978年版，第3页。

守,胡适和陈光甫都十分悲愤。23日,消息更坏,陈光甫懊丧异常。胡适力劝陈不要灰心。他说:"我们是最远的一支军队,是国家最后的希望,决不可放弃职守。"[1]25日,华中重镇武汉沦陷,胡适、陈光甫受到了又一次严重的打击。也就在这一天晚上,毛根韬打电给胡适,约胡和陈光甫同到他家去喝酒。二人到达后,觉得气氛有点异样。财政部的要员都在,毛根韬的秘书手里拿着纸和笔,好像有什么事要办一样。毛根韬说:借款的事已经成功,罗总统已经同意了。他顺手指着桌上的纸张说,那就是借款协定的草案,他又说:这两天中国的消息不好,希望这笔借款可以有强心针的作用。[2]胡适、陈光甫正高兴时,毛根韬又说:现在只剩下最后一件事:今天中午向总统请示,总统略加思考,即称:不幸广州、武汉相继陷落,如果我今天批准借款,明天中国忽然换了政府,变了政策,我一定遭到非议。若在数日内,蒋介石将军能明白表示,中国政府安定而政策不变,我可以立即批准此项借款。[3]这突如其来的消息使胡适、陈光甫又兴奋、又惊异,稍坐了一下,一人喝了一杯凉开水,就匆匆告别。

离开毛根韬住所后,胡适、陈光甫立即联名致电蒋介石、孔祥熙,要求按罗斯福的要求有所表示。当时,中国抗战需款甚巨。此次借款共美元两千零六十万元,孔祥熙觉得数目太小。27日,他致电陈光甫及胡适,询问数字是否有误?此款之外,是否另有其他借款。关于国内情况,孔祥熙电称:

> 虽以广州陷落,武汉撤退,政局情形,尚称安定。金融方面,以竭力维持,人心安定,亦尚平稳,政治决不致有所变更。至于今后方针,只要友邦能予有力援助,仍决照原定计划继续抗战,决不因一二

---

[1]《胡适的日记》,第13册。
[2]《胡适谈话记录》,未刊稿,陈光甫档,美国哥伦比亚大学珍本和手稿图书馆藏。
[3]《陈光甫日记》,未刊稿,美国哥伦比亚大学珍本和手稿图书馆藏。

城市之得失而有所变更。军事发言人已有谈话发表，想已得悉。

孔电并称：

> 为持久抗战而达最后之目的，所望于美方者至深。如美只空表同情，不能实力帮助，殊使我为世界和平之抗战者，有所寒心。[1]

陈光甫接电后，和胡适分析情况，认为此项借款，数目确实微小，其原因可能在于广州、武汉陷落，谣传政府改组，调停议和，在此情况下，美方暂时观望，亦属情理之常。陈、胡二人建议：先行接受美方方案，加紧组织公司，一面将桐油、锡、钨等，由新路源源运来，证明运输确有办法；一面相机续谈。陈、胡二人表示："只要我方情形相当稳定，继续援助，似有可能。"陈、胡并称："美国论利害与我非唇齿之依，论交情亦无患难之谊。全国舆论虽同情于我，终不敌其畏战之心。执政者揣摩民意，不敢毅然拂逆"，因此，在这种情况下，只能依靠毛根韬，"兢兢业业，与之研求"。[2]

10月31日，陈光甫向胡适要一张照片，胡适在背面题了一首诗：

> 略有几茎白发，
> 心情已近中年。
> 做了过河小卒，
> 只许拼命向前。[3]

---

[1]《陈光甫日记》，1938年10月27日。
[2]《陈光甫日记》，1938年10月27日。
[3]《胡适的日记》，第13册，后来胡适重写此诗时文字小有变动："小卒"改作"卒子"，"只许"改作"只能"。

这首小诗，反映出胡适当时为挽救民族危难，奋勇工作的精神面貌。

同日，蒋介石发表《为武汉撤退告全国同胞书》，表示决心抗战到底。11月2日，罗斯福约胡适谈话，胡适将孔祥熙来电要点转告。罗斯福表示已经知道，并称将与财长商量。但是，美国国务卿（外交部部长）赫尔（Cordell Hull）认为借款几乎纯粹是政治性的，担心日本报复，于是，借款暂时被搁置。直到11月底，在毛根韬的斡旋下，罗斯福才批准借款。12月15日，美国国务院发布关于进出口银行与世界贸易公司达成两千五百万美元信贷协定的通告。18日，蒋介石致电胡适、陈光甫，予以鼓励，电云：

> 借款成功，全国兴奋。从此抗战精神必益坚强，民族前途实利赖之。[1]

由于这笔借款以中国向美国出售桐油为条件，因此，被称为"中美桐油借款"。

中美桐油借款数量不大，但它是美国援助中国抗战的第一笔借款，意味着美国的孤立主义、和平主义壁垒被突破，国民政府争取美援的道路自此打开，它在一定程度上鼓舞了中国军民的抗战士气。

三、相互间的信任与支持

首次谈判成功，蒋介石很高兴。企图进一步搬掉美国援华的绊脚石。1938年12月30日，蒋介石手谕孔祥熙："美国国会即将开会，对于美馆宣传与对其各议员之联络，应特别注重。其目的则在修改其中立

---

[1]《胡适任驻美大使期间往来电稿》，第5页。

法与提倡召开九国公约会议，与召集太平洋和平会议。"[1]孔祥熙随即电告胡适、陈光甫二人，同时电汇美金两万元，要求他们"迅为运用，期达目的"。但是，这时胡适正因心脏病突发，住在医院里，直到1939年2月20日，胡适才出院恢复工作。

胡适以学者出任大使，作风和外交系的官僚们完全不同，因此，为部分人所不满，传言陈光甫将继任驻美大使。1939年5月18日，陈光甫到华昌洋行，有人对陈说："适之人地极为相宜，全美华侨十分爱戴。朝野推崇备至，为数十年来最好之大使，可为中国得人之庆。此时若轻易调换，美政界必致发生误会。千钧一发，万不可冒险出此。"陈光甫此时已与胡适共事8个月，觉得这一观察不错，在日记中写道："此项谣传之由来，大约不外国内有人对之不满。以书生出任大使，本为革命外交，旧外交系系员认为破天荒之举。试问今日外交，岂能尽如人意，一旦有机可乘，群起而攻之，造谣生事，无所不用其极。适之向抱乐观，全不在意。余料此类谣言，再过一月半月，即可冰消瓦解矣！"[2]

陈光甫信任胡适，胡适也信任陈光甫，对陈的爱国热忱与工作精神日益佩服。

在美国谈判借款很困难，需要看人脸色、仰人鼻息行事。陈光甫曾在致蒋介石电中诉苦："钱在他人手中，告求良非易易。"[3]又在日记中自述："余在此间接洽事宜，几如赌徒在赌场中掷注，日日揣度对方人士之心理，恭候其喜怒闲忙之情境，窥伺良久，揣度机会已到，乃拟就彼方所中听之言词，迅速进言，借以维持好感。自（二十七年）九月来此，无日不研究如何投其所好，不敢有所疏忽。盖自知所掷之注，与

---

[1]《孔祥熙致胡适、陈光甫电》，《胡适任驻美大使期间往来电稿》，第6页。
[2]《陈光甫日记》，1939年5月18日。
[3]《中华民国重要史料初编》第三编，《战时外交》（一），台北中国国民党党史会1981年版，第241页。

国运有关，而彼方系富家阔少，不关痛痒，帮忙与否，常随其情绪为转移也。"[1] 有时，陈光甫不无牢骚："我头发白了，还来受这气恼，何苦来！" 6月22日，陈光甫会见胡适，做了一次深谈，胡适对陈说："我最佩服你这种委曲求全的精神。" 当日，胡适在日记中写道："光甫办银行30年，平日只有人求他，他不消看别人的脸孔。此次为国家的事，摆脱一切，出来到这里，天天仰面求人，事事总想不得罪美国财政部，这是他最大的忠诚，最苦的牺牲。我很佩服他这种忠心。" 又称："光甫做此事，真是没有一点私利心，全是为国家。" 其后不久，又在日记中写道："光甫不是很高的天才，但其人忠厚可爱。"[2] 为了帮助陈光甫消解客中的寂寞，胡适特意送了一本自己编的《词选》给陈。

由于日军在中国的肆无忌惮的侵略行为日益损害美国的在华利益，加上国际形势的变化，7月26日，美国外交部正式照会日本大使馆，声明废止1911年美日商约，六个月后失效。胡适听了，大为兴奋，马上打电话给陈光甫，陈也很兴奋。[3] 二人再一次分享了成功的欢乐。

陈光甫身体不大好，是抱病到美国工作的，加上谈判艰难，因此早有退志。7月31日，陈光甫告诉胡适，已托人在云南呈贡的湖上买几亩地，盖几间房子，预备十二月或次年正月回去休养。胡适大笑道："我和你都是逃走不掉的。"

此后不久，国内政局即酝酿着一次新的变动。

国民党内孔、宋各成一派，长期相互争斗。孔祥熙于1938年1月担任国民政府行政院代院长，不久就受到中外舆论和傅斯年、宋子文等人的批评。当年12月18日，翁文灏致电胡适云：

---

[1]《陈光甫日记》，1939年6月4日。
[2]《胡适的日记》1939年6月22日、8月2日。
[3]《胡适的日记》，1939年7月26日。

> 兄与陈光甫论孔意见，弟极赞佩。光甫公忠爱国，亦久佩。孔本人亦相当有用。惟其手下有若干人物，恐独立如光甫者，亦感不易应付。故进贤退不肖，实为当前急务耳！[1]

从本电可以看出，孔祥熙"手下"的"若干人物"已经成了物议物件，"进贤退不肖"云云，正反映出当时部分人士改组"孔家店"的要求。1939年11月，蒋介石兼任行政院院长，孔祥熙改任副院长，传说宋子文将出任要职，担任财政部或贸易部部长。陈光甫和宋子文有矛盾，和孔祥熙则有三十年的关系，私交甚好。[2]

胡适担心宋子文不能与陈光甫合作，影响争取美援，准备发电反对。11月25日，胡适到纽约。26日，在陈光甫家吃晚饭，商量此事。当晚在日记中写道：

> 我是向来主张"打孔家店"的人，今反过来为庸之说好话，是很伤心的事。但我为国家计，故不避嫌疑，决心发此电。[3]

他本想当晚写完此电，因背上受凉，不舒服，未能完成。第二天一早起床，完成电文。10点时，陈光甫和纽约华昌公司董事长李国钦来，又请他们看，二人提了一点意见。中午，胡适返回华盛顿。晚上，重写电文，并于当夜发出。

电报是打给陈布雷的，内称：

---

[1]《胡适任驻美大使期间往来电稿》，第5页。
[2] 参阅杨桂和《陈光甫与上海银行》，《陈光甫与上海银行》，中国文史资料出版社1991年版，第93页。
[3]《胡适的日记》，1939年11月26日。

弟向不满于庸之一家，此兄所深知。然弟在美观察，此一年中庸之对陈光甫兄之事事合作，处处尊重光甫意见，实为借款购货所以能有如许成绩之一大原因。[1]

同电盛赞陈光甫在美国的工作：

弟默察光甫诸人在美所建立之采购输送机构，真能弊绝风清，得美国朝野敬信。不但在抗战中为国家取得外人信用亦可以为将来中美贸易树立久远基础。

电中，胡适表示：（1）宋子文个性太强，恐怕难以与陈光甫合作；（2）如贸易委员会改以宋子良代陈光甫，则陈所办事业，恐不能如向来顺利；（3）今年夏间，宋子文曾向美财政部重提棉麦借款，美财政部疑为另起炉灶，印象相当不佳。胡适估计，以上情况，恐怕没有人向蒋介石详说，建议陈布雷密陈，供蒋考虑。胡适建议：由蒋出面，切嘱孔祥熙，屏除手下的贪佞小人，命孔继续担任财政部部长，这样对陈光甫在美的借款、购货诸事，最为有益。如果由他人出掌财政部与贸易部，也必须由蒋切实叮嘱，与陈光甫诚意合作，力戒其邀功生事，造成贻讥国外、妨害事机的不良效果。

前些年，胡适曾在《写在孔子诞辰之后》一文中说："凡受这个新世界的新文化的震撼最大的人物，他们的人格都可以上比一切时代的圣贤，不但没有愧色，往往超越前人。"胡适举了高梦旦、张元济、蔡元培、吴稚晖、张伯苓、李四光、翁文灏等九人。这一时期，胡适觉得应

---

[1]《胡适任驻美大使期间往来电稿》，第27页。

该增补几个人，其中就有陈光甫。[1]

四、再次联手争取美援

两千五百万元的桐油借款主要用于改善滇缅公路的运输状况，并不能解决多大问题。因此，胡适、陈光甫奉命继续谈判借款。

1939年5月23日，陈光甫到华盛顿与胡适商谈。胡适提出，今后谈判有三条途径：（1）直接与罗斯福谈判。（2）托最高法院推事佛兰克福特（Frankfurter）从中斡旋。此人与胡有旧，接近罗斯福，托其居间活动或可较为顺利。（3）胡以大使资格直接与外交部（国务院）交涉。胡适此时正值大病之后，陈光甫觉得胡勇于任事，劲头十足，非常高兴，立即表示，三项之中，自以与外交部接洽为正常途径。当时的美国外交部以"守旧不管闲事"著称，陈对此虽有顾虑，但胡适声称，目下外交部对此亦相当有兴趣。[2] 6月21日，胡适即拜会美国国务卿赫尔，说明桐油借款已经用完，希望由国务院提议，向中国提供第二次借款。赫尔要胡适与联邦贷款主任杰西·钟斯（Jesse Jones）商量。

国内催促借款的电报不断飞向华盛顿。7月27日，陈光甫再次到华盛顿看望胡适，从下午一直谈到晚十点半，重点商讨第二次借款如何发动。陈光甫计划于当年十一、十二月脱身返国，因此，建议此次由胡适发动。8月19日《陈光甫日记》云："余去志已坚，当然无留此之必要。第二次借款，当看国内政治、经济情形。如果仍有去年余来美时之状况，此事似不悲观。数目多少，现难推测，可由胡大使与外部直接商办。" 9月1日，欧洲大战爆发。7日，胡适与陈光甫商量，决定先由胡

---

[1]《胡适的日记》，1940年1月3日。
[2]《陈光甫日记》，1939年5月26日。

适向罗斯福开口,借款原则可以桐油为押,不足时加锡为抵押品。陈光甫一直觉得:罗斯福对胡适有好感。由胡出面,成功的把握更大;由自己出面,如果罗斯福情绪不佳,说一否字,一切就都完了。次日,胡适拜会罗斯福,请求美国再打一次强心针。罗斯福答应交财政部商办,随后即通知毛根韬。26日,胡适拜会毛根韬,毛称:"我等候了你两个星期了!"当天谈判顺利,说定可照桐油借款办法,继续加借。陈光甫计划于次日赴华盛顿研究办法及准备手续。他在日记中写道:"此次由大使发动,余可早日脱身。大使究属国家代表,余之职务本属畸形现象,早应更正,今得机会,私心庆幸。"[3] 28日,陈光甫赶赴华盛顿,与胡适长谈。当日,与胡适共同约请毛根韬的助手劳海(Archie Lochhead)夫妇吃晚饭。10月13日,二人再次做东,请罗斯福政府中的几个"少年才士"吃"中国饭"。在做好了这些外围工作后,胡适起草了一份说帖,于16日交给美国外交部。

胡适谈判的艰辛也不亚于陈光甫。有些美国人始终坚持孤立主义、中立主义立场,援助中国的话半句也听不进去,使胡适有"对牛弹琴"之感。有些美国人架子很大。10月13日,陈光甫在日记中写道:"(美国国务院)暮气沉沉,只以保全个人地位为目标,其他概非所计,欲求其出力助华,殆如登天之难,能不从中阻挠已属万幸矣!因此又忆及美外部之远东司长项白克(Hornbeck),此君老气横秋,彼对适之讲话有如老师教训学生,可见做大使之痛苦矣!"

第二次借款仍取商业借款形式,数额为美元七千五百万元,以滇锡五万吨作担保。但是,由于美国正忙于修改中立法的大辩论,对日政策未定,进出口银行又资金告罄,因此,借款交涉陷于停顿。1940年1月13日,胡适会见罗斯福,再提借款事项,请求迅速定议。16日,陈光

---

[3]《陈光甫日记》,1939年9月26日。

甫拜会毛根韬，请他特别帮忙。毛根韬态度虽诚恳，但表示，最近实在没有什么好消息可以相告。[1]当晚，陈光甫到胡适处吃饭，分析美方将借款搁置的原因，一直谈到深夜。胡适翻出了他写的《回向》一诗，读给陈光甫听，其最末一节是：

> 他终于下山来了，
> 向着那密云遮处走。
> "管他下雨下雹，
> 他们受得，我也能受。"

陈光甫表示，能理解此诗的意思。[2]

为了打开局面，1月24日，胡适与陈光甫一同访问美国复兴金融公司董事长、联邦贷款主任杰西·钟斯，请他帮忙。胡适告诉钟斯，中国决不讲和，决不投降，一定长期抗战，如得美国援助，最后胜利一定属于中国。陈光甫则将桐油运美以及在美购货等有关资料、图表交给钟斯，并递上要求再借七千五百万美元的说帖。钟斯有点聋，谈话很吃力。钟斯告诉他们，当天参议院财政组审查芬兰借款事，决定提议增加进出口银行资本一亿元，但每个国家借款不得超过三千万元。胡适、陈光甫感到，此议如成立，对中国甚为不利，托钟斯鼎力设法。告辞后，胡适、陈光甫立刻分头奔走活动。1月31日，陈光甫致电孔祥熙，说明美国"国会有如股东会，人多口杂，彼等适逢选举年度，顾忌特多"[3]。2月7日，胡适读报，得知美国参议院外交委员会决定，进出口银行增

---

[1]《胡适、陈光甫致孔祥熙电》，《中华民国重要史料初编》第三编，《战时外交》（一），第262页。
[2]《胡适的日记》，第14册。
[3]《中华民国重要史料初编》第三编，《战时外交》（一），第264页。

资一亿元，废除原议借款总数不得超过三千万元的限制。胡适很高兴，立刻发电给陈光甫道喜。[1]

总数不得超过三千万元的限制虽然取消了，但是，参议院外交委员会同时规定，一次借款以两千万美元为限。3月5日，钟斯通知陈光甫，可按两千万元金额办货，分期支用。3月7日，钟斯会见罗斯福，随即宣布第二次借款一案成立。第二次借款的数目仍然不大，但是，当时日本侵略者正积极扶持汪伪政权登场，借款显示了美国的一种姿态，继续支持以蒋介石为代表的国民政府，支持中国抗战。3月8日，胡适拜会钟斯，表示感谢。11日，胡适又写长信给毛根韬致谢。同时，蒋介石也致电罗斯福致谢。

正当胡适、陈光甫为第二次借款成功庆幸之际，孔祥熙打了中、英文两份急电给陈光甫，认为第二次借款不应有抵押品（锡）及银行保证，理由是美方对芬兰的借款并不需要担保，中芬同为反侵略国家，此类借款已从商业性质发展为政治援助，因此，不应有所歧异。此前，孔祥熙对有关方案一直没有提出异议。现在，在事情已成定局时，孔祥熙却要求改变原议，陈光甫、胡适都感到很为难。13日，陈光甫、胡适等商量后，复孔祥熙一电。25日，胡适再致孔祥熙电称："光甫与适此时实难如此翻覆，即向美当局开口，非但无益，徒使毛财长与钟斯诸人为难耳。"胡适并称："适与光甫事事合作，深知此中困难"，要求孔祥熙速电陈光甫，按原议进行。[2] 27日，孔祥熙复电胡适，不同意胡电"翻覆一说"，电称："吾辈负人民之重托，谋国家之福利。就政治言，应因时制宜，利用机会，并非变卦；即兄等奉令磋商，亦不得认为翻覆也。"孔祥熙接着透露了秘密："弟个人对两兄贤劳困难实

---

[1]《胡适的日记》第14册。
[2]《胡适任驻美大使期间往来电稿》，第33页。

情，极为深悉。情形如此，倘不有所磋商，势必惹起各方误会，参政会开会在即，更恐引起质询，势将无以为对。"孔祥熙特别说明："倘若言而无效，则我等责任已尽，亦属问心无愧。迭电奉商，实缘于此。""万一以磋商为难，亦不必勉强。"[1]孔祥熙既然只是一种姿态，陈光甫、胡适自然没有认真对待的必要。19日，胡适与陈光甫一同拜会赫尔。陈向赫尔报告第一次借款购货及运售桐油情形，对他及毛根韬协助的盛意表示感谢。4月20日，陈光甫打电话给胡适：《华锡借款合约》签字了。

第二次借款成功，陈光甫即准备交卸回国。4月26日，胡适、陈光甫与毛根韬一同会见罗斯福。陈光甫表示，第一次借款两千五百万元，已经用完，购买各物，均蒙美国财政部专家特别指示襄助，成绩尚好。陈并称：离开中国已一年半，拟即回国，特来辞行。那天，罗斯福的兴致非常好，对陈的工作表示满意，要陈秋天早点回来。胡乘机感谢罗斯福一年半来对陈的特别好意。罗斯福笑着说：我是最看重外交部与大使馆的；但我想，我的办法似乎比较便捷一点吧！胡适、陈光甫、毛根韬也都大笑。

5月3日，陈光甫从纽约打电话向给胡适告别，下午又打电报给胡适，内称："Assuring you of our happiest recollection of our time together。"胡适和陈光甫共事十九个月，此次分别，都很惆怅。胡适感到陈是"很不易得的同事"。当日在日记中写道："我和他都不求名利，都不贪功，都只为国家的安全，所以最相投。"[2]同日，胡适致电陈布雷称，陈光甫已于今日离开纽约西去，将于5月15日自圣佛朗西斯科乘轮返国，希望蒋介石能在其离美之前致电慰问。同日，蒋介石致电陈光甫

---

[1]《中华民国重要史料初编》第三编，《战时外交》（一），第269页。
[2]《胡适的日记》，第14册。

称："两借美款，悉赖才力，厥功至伟，尤念勤劳。"[1]胡适于5月9日得知有此电，非常高兴。

接替陈光甫的是宋子文。6月14日，蒋介石派宋子文赴美，并授以代表中国政府在美商洽一切的全权。7月2日，胡适陪宋会见钟斯、赫尔等人。晚上，胡适到宋子文的旅馆小坐。宋称："总统既答应了帮忙，借款一定有望了。"胡适觉得宋过于乐观，答称："子文，你有不少长处，只没有耐心！这事没有这么容易。"接着，宋子文又批评陈光甫负责的两次借款条件太苛，胡适老实不客气地说："我要 Warn（警告）你：第一，借款时间不能快。第二，借款条件不能比光甫的优多少！光甫的条件是在现行法律之下，无法更优的。"胡适的这些话，宋子文听起来自然很不悦耳。

陈光甫回国后，成为胡适的热烈维护者。每遇说胡适坏话的，陈光甫就与之对抗。王世杰曾在致胡适函中说："兄自抵华盛顿使署以后，所谓进退问题，便几无日不在传说着。有的传说，出于'公敌'；有的传说，出于'小人'；有的传说，也不是完全无根。同时与这些公敌或小人对抗的，也不少。譬如最近返国的陈光甫，就是一个。"[2]

五、胡适动员陈光甫出山

物换星移，转眼到了1947年。

第二次世界大战结束后，美国一直劝说蒋介石放弃一党专政，接纳自由主义分子，按照西方的模式改组政府，扩大社会基础。蒋介石要争取美援，不得不敷衍美国。1946年11月15日至12月25日，国民党在

---

[1]《胡适任驻美大使期间往来电稿》，第38页。
[2]《胡适来往书信选》（下），第471—472页。

南京召开国民大会,通过《中华民国宪法》。次年3月1日,宋子文因治理金融无方,被迫辞去行政院院长职务。同时,蒋介石内定政学系首领张群组阁,计划吸收部分小党派领袖和无党派人士参加,胡适和陈光甫都在网罗之列。

还在1月中旬,蒋介石就通过傅斯年向胡适打招呼,要请胡适出任国府委员兼考试院长。3月13日,蒋介石邀胡适吃晚饭。饭前谈话时,胡适要求蒋介石不要逼他加入政府。蒋称:"如果国家不到万不得已的时候,我决不会勉强你。"其间,王世杰推荐胡适出任行政院院长。3月17日,王世杰奉蒋介石命,拜会胡适,声称不要胡适做行政院长了,只要求胡适作为无党无派的一个代表,参加国民政府委员会。18日,蒋介石再次找胡适谈话,胡适想保持"超然独立"身份,仍然推辞。19日,胡适飞上海,计划自沪返平。

蒋介石动员胡适的同时,张群也到沪动员陈光甫出任国府委员。陈表示,不就国府委员一职,但愿以个人之力帮助张群。在张群提出可能为财政方面的使命派陈去美国时,陈建议再次任命胡适出使华盛顿。他说:"这是最重要而且最关键的岗位中的一个,胡适能博得美国官方和公众两方面的尊敬。在美国,他是友好的源泉。美国人相信他。如果派他去华盛顿,他将殚精竭虑地工作。"[1]

"至于我自己,"陈光甫附带说,"我将乐于和胡适合作,尝试再次寻求美国的经济援助。作为老朋友,我将准备承担您认为对我适合的任何紧急任务。"

当晚,陈光甫到上海国际饭店胡适住处做了一次长谈。胡适支持陈光甫出任国府委员。他说:

---

[1]《回忆张群》,陈光甫未刊稿(英文),美国哥伦比亚大学珍本和手稿图书馆藏。

政府有意要你老大哥参加改组，我倒真觉得胆壮得多。光甫先生，我认为你对于国府委员这件事倒是值得考虑的。当今的问题，最严重的还是经济问题，如果我胡适之懂得经济，懂得财政，没有问题的，我一定参加。

胡适又说：

今天是国家的紧要关头，严重的程度可以和抗战初期相比。在当时，不得已，政府把你我请出来，到美国去。在今天，情形也还是如此。正如蒋先生说：非到政府万不得已的时候，不会坚持要我们这班人出来。你和我，都还有点本钱。所以政府要向我们借债，渡难关；在今天，也还是如此，向我们借用我们的本钱。从责任一方面看，我们是应该就范的。这并不是跳火坑，没有那样严重。

胡适并告诉陈光甫，这届国府委员的寿命只有九个月，很快就要交卸，不必有过多顾虑。胡适接着又说：

当年你我在华府替政府做事，我们真是合作，因为你和我同是没有半点私心，一心一意做我们的事。这次政府要你出来，担任国府委员，也许还要请你再去美国多跑几次，打通美国这条路。财政部的人是变了，不过财政部和进出口银行都还有你的老朋友在。还有一点，请我们参加政府是最容易的，最便宜不过的，我们不会有任何条件的。

在1946年的国民大会和其后的国府改组中，青年党尤其是民社党，要官要钱，闹得颇为不堪。胡适对此很不满，谈起有关情况来，频频摇头。接着，胡适说：

> 今天的大局，或者可以这样看法：从整个世界的形势来说，如今是美苏对峙的局面，民主政治和集权政治的抗衡，没有，也不会有真正的和平；所有的只是武装和平 Armed peace。这是大宇宙，而中国是小宇宙，情形也一样，最多只能做到一种国共对峙下的武装和平，做不到一般人所希望的真正和平和统一。唯一的希望是由这双重的武装和平中慢慢地产生一种方式，并且运用这方式逐步取得真正的世界和平。

这天晚上，胡适谈兴很浓，从"大宇宙""小宇宙"进而谈到世界上的两种政党："英、美的政党和独裁国家的政党"，又进一步谈到国民党。胡适说：

> 孙中山先生是受过英美思想熏陶的人。他树立国民党，原意要建立一个英美式的政党。但是，同时他又看到苏俄共产党组织之严密，于是有民国十三年的改组，希望采用共党的优点。他的最终目的还是要创立一个类似第一种政党，而采取第二种政党部分的作风，于是乃有先训政而后宪政之说。

也许胡适觉得话题拉得太远了，于是，又拉回来，谈起正在南京召开的国民党六届三中全会来，他说：

> 这次在南京召开的三中全会最重要的题目就是训政结束，宪政开始。从国民党本身的立场上来说，就是放弃它这许多年所掌握的政权，亦即所谓还政于民。要一个政党吐出它已有的政权，不是一

件容易的事。因为这是反自然的。政党的目的是要取得政权，而不是放弃政权。所以这一次国民党的还政于民，实在是有史以来，中外政党史上从来未有的创举。

胡适越说越兴奋，又谈起1946年的国民大会，评价起蒋介石来：

我相信蒋先生对于这件大事，他是有诚意，而且也有决心的。记得我在南京开国民大会，那真是鸡群狗党，什么样人都有的聚会。国民党的极右、顽固分子，猖獗非凡，有几天看情形简直暗淡得很。蒋先生找这班人去，又是痛骂，又是哀求，希望他们要认清国大的意义。这样才能有最后通过的宪法，而这宪法在大纲上是维持政治协商的原议的。这次在南京，蒋先生召我去见他。我曾对他说，他的一大错误就是在抗战初期尽力拉拢政府中一般无党无派的人如翁咏霓、公权、廷黻等入党。蒋先生对于这一点也认错。从那天的面谈，我相信他对于结束训政开始宪政的态度，是非常诚恳的。

胡适一向主张在中国实行英、美式的两党政治，他说：

现在中国最大的悲剧就是缺少一个第二政党。我曾写过一封信给毛泽东，力劝他领导中国共产党做一个像美国的共和党、英国的保守党一样的在野党，这就是一个观念上的错误，我没有认清共产党的本质，它根本是一个性质不同的政党。要它变成英、美式的在野党是不可能的。

说到这里，胡说笑了笑：

中国今天缺少一个由陈光甫 finance 胡适之领导的政党。[1]

胡适雄辩滔滔，说得陈光甫颇为动心。20日，下雨，去北平的飞机停航。胡适不得不再在上海滞留一天。他托人带话给陈光甫：

如果到美国去，在那里有郭泰祺先生，是他 Pennsylvania 的老同学，还有刘锴，他们都可以像我当时在华盛顿一样的帮他的忙。

这时，陈光甫虽已准备出任国府委员，但是，对于再次赴美争取援助一事却已经信心不足。第二天，陈光甫听到别人转达胡适的意思后，连连摇头说："不成！不成！今天的情形和当年大不相同了！"

4月17日，蒋介石在南京宣布改组后的国民政府委员会名单，陈光甫以"社会贤达"的资格入选。胡适架不住蒋介石的一再动员，曾一度准备接受，后来听从傅斯年的劝告，拒绝了。

国民政府的改组只是换汤不换药，自然，不会有什么起死回生的效力。蒋介石等人仍然把希望寄托在争取大量美援上。11月2日，胡适在《中央日报》上发表《援助与自助》一文，认为要争取美援，最好是提出对方一定可以相信的财政专家，如陈光甫那样的人来主持其事。陈读到此文后，对秘书说说："闯祸了！"[2] 同月10日，胡适致函陈光甫，提出争取美援的具体方案。25日，陈光甫复函胡适，认为美国对欧洲的援助是有条件的，其中最大的条件，就是要受援国家放弃一部分传统的主权观念，如关税自主，以及接受美国关于借款的管理等，但是，这些，在经过八年抗战（后改为十四年抗战）的中国，根本做不到，因

---

[1]《胡适谈话记录》。
[2]《徐大春致胡适》，《胡适来往书信选》（下），第263页。

此，大量的美援也谈不到。函称：

> 老兄所提出的最好保证办法固然可以替两国解除不少的困难，但是，用中国人主持其事，假使蒋先生要钱用，又有谁能说没有钱给他用。我恐怕只有美国人或许可以能说这样的话，但是这岂不等于有损国家的尊严？

陈光甫同意胡适的设计，要建立某种机构，但他认为，这一机构的目的不在支配金钱，而在联系、沟通、增进中美双方的了解，这就需要一位能够从事东西方文化交流，既懂得中国，又懂得美国的人出来担任。陈光甫提出，这一人选非胡适莫属。函称：

> 你我二人好有一比：兄是金菩萨，满腹文章，而我至多只是一尊泥菩萨而已。镏金的泥菩萨也许还值钱，不镏金的泥菩萨可就不值半文钱了。[1]

其后，陈光甫就反过来推荐胡适再度出任驻美大使。12月12日，王世杰以"国家需要"为理由，要求胡适"再去美国走一趟"。胡适答以"老了。十年的差别，如今不比从前了。"又说："如对日本和会在华盛顿开，我可以充一个团员，但大使是不敢做的了。"[2]

14日，胡适与陈光甫同到王世杰寓所闲谈，胡适才了解到，陈也是建议胡适再度出任驻美大使者之一。

国共两党之间的内战在1948年间全面爆发，很快，国民党就处于

---

[1]《胡适来往书信选》（下），中华书局1980年版，第281页。
[2]《胡适的日记》，第15册。

下风。敏感的人们已经意识到，国民党在大陆的统治快要终结了。

1949年1月8日，蒋介石劝胡适去美国，他说："我不要你做大使，也不要你负什么使命。例如争取美援，不要你去做。我只要你出去看看。"[1]15日，胡适到上海，陈光甫邀请他住到上海银行的招待所。当时，蒋介石已经下野，以李宗仁代行总统职权。李宗仁上台后，即高谈和平，同时动员几位在全国公众中有影响的人物，组织"上海人民和平代表团"，去北平"敲开和平之门"。陈光甫也在被动员之列。胡适劝陈光甫不要参加代表团，他说：除了颜惠庆，代表团没有什么重要人物，和他们一起去不值得，代表团不会有任何收获。[2]

六、晚年的接触

胡适还是被蒋介石说动了。1949年3月，胡适将家属安置在台湾，于4月6日自上海渡轮赴美。同月27日，定居纽约。其后，陈光甫也离开大陆，到了曼谷。1949、1950年12月，胡适五十八、五十九岁生日时，陈光甫都曾致电祝贺，但是，1950年陈光甫庆祝七十大寿时，胡适却正在从洛杉矶飞赴纽约途中，未能有所表示。次年2月，胡适读到陈光甫给任嗣达的长信，对陈的"达观哲学"很佩服，于3月1日致函陈光甫云："我去年曾想用古人说的'功不唐捐'（'唐'是古白话的'空'，'捐'是废弃）(No effort is ever in vain)的意思，写一首诗祝老哥的大寿。匆匆之中，诗竟没有写成。现在看你信上说的'种子'哲学，使我记起我在1919年写的一首诗，其中有这几段，我抄在下一叶（页），博老哥一笑。"[3]

---

[1]《胡适的日记》，第16册。
[2]《关于和平使命的回忆》，陈光甫未刊稿（英文），美国哥伦比亚大学珍本和手稿图书馆藏。
[3] 吴相湘《抗战期间两个过河卒子》，《传记文学》第17卷，第5期。

胡适所抄诗如下：

　　大树被斫做柴烧，
　　树根不久也烂完了。
　　斫树的人很得意，
　　他觉得很平安了。

　　但是那树还有很多种子，
　　很小的种子，裹在有刺的壳儿里，
　　上面盖着枯叶，
　　叶上堆着白雪，
　　很小的东西，
　　谁也不注意。

　　雪消了，
　　枯叶被春风吹跑了。
　　那有刺的壳都裂开了，
　　每个上面长出两瓣嫩叶，
　　笑迷迷的好像是说：
　　"我们又来了。"

　　过了许多年，
　　坝上田边，都是大树了，
　　辛苦的工人，在树下乘凉，
　　聪明的小鸟在树上歌唱，
　　那斫树的人到那里去了？

胡适的这首诗，嘲笑"斫树人"，歌颂"种子"顽强的生命力，在陈光甫晚年时抄给他，大概是为了肯定陈一生的努力和业绩吧！

陈光甫于1954年定居台湾，胡适于1958年返台，二人继续往来。其间，胡适曾为陈光甫重写《过河卒子》一诗，并且加了一段跋语：

> 光甫同我当时都在华盛顿为国家做点战时工作——那是国家最危急的时期，故有"过河卒子"的话。八年后，在卅五年（1946）的国民大会期中，我为人写了一些单条立幅，其中偶然写了这四行小诗。后来共产党的文人就用"过河卒子"一句话加上很离奇的解释，做攻击我的材料。这最后两行诗也就成了最著名的句子了。[1]

自1954年11月起，大陆曾掀起颇具声势的胡适思想批判运动，胡适对此极为不满，跋语只是表达了小小的牢骚而已。

---

[1] 胡适手迹，《陈光甫的一生》插页，台湾传记文学出版社1984年版。

蒋介石与晚年胡适

一、胡适流亡美国，接到流亡台湾的蒋介石信函

1948年，辽沈战役胜利后，中国人民解放军迅速入关，包围北平。12月13日，蒋介石特派代理教育部部长陈雪屏北上，劝胡适早日南下。胡适留恋北大，不愿立即离开这所与他的声名、成就密切相关的学校。14日，蒋介石派专机到北平来接胡适和清华大学校长梅贻琦等几位学者。胡适将校事委托给汤用彤、郑天挺等人。15日，胡适与夫人江冬秀凄然离开北平的南苑机场，飞抵南京。16日，二人一起到蒋介石官邸，参加招待晚餐。17日，胡适参加在南京中央研究院院内召开的"北京大学五十周年校庆会"，非常感慨地一再声称："我是一名不名誉的逃兵"，"实在没有面子再在这里说话"。[1]这一天是胡适五十八岁生日，当晚，胡适偕同江冬秀再到蒋介石官邸，参加为其祝贺生日的宴会。这

---

[1]《胡适自认逃兵》，《申报》，1948年12月18日；参见曹伯言、季维龙《胡适年谱》，安徽教育出版社1986年版，第701—702页。

以后的几天中，有人建议胡适到外国去"替政府做些外援的工作"。胡适以极为懊丧的心情回答："这样的国家，这样的政府，我怎样抬得起头来向外人说话！"[1]

1949年1月1日，胡适在南京度过元旦，心情自然非常不好，日记云："在南京做'逃兵'，作难民，已十七日了！"[2]1月8日晚，胡适在蒋介石官邸吃晚饭。蒋介石仍劝胡适去美国。他说："我不要你做大使，也不要你负什么使命。例如争取美援，不要你去做。我只要你出去看看。"[3]

3月下旬，胡适应邀到台湾住了七天，做过一次题为《中国文化里的自由主义传统》的演讲。其中谈到古代的"谏官"和史官。他说："古代这种谏官制度，可以说是自由主义的一种传统，就是批评政治的自由。此外，在中国古代还有一种史官，就是记载君王的行动，记载君王所行所为以留给千千万万年后的人知道。"又说："古代的史官，正如现在的记者，批评政治，使为政者有所畏惧，这却充分表示言论的自由。"演讲最后，胡适称："自由不是奢侈品，而是必需品。"[4]

4月6日，胡适从上海乘轮船离开中国。14日夜，为《陈独秀的最后见解》一书写序，称道陈独秀曾提出的一个观点："保持了资产阶级民主，然后才有道路走向大众的民主。"胡适转述陈独秀的观点称："近代民主制的内容，不尽为资产阶级欢迎，而是几千万民众流血斗争五六百年才实现的。'无产阶级民主'的具体内容和资产阶级民主同样要求一切公民都有集会、结社、言论、出版、罢工之自由。""轻率地把民主制和资产阶级统治一同推翻，以独裁代替了民主，民主的基本内容

---

[1]　胡颂平《胡适之先生年谱长编初稿》第6册，第2065页。
[2]　《胡适的日记》（手稿本）第16册，1949年1月1日，台湾远流出版事业股份有限公司1990年版。
[3]　《胡适的日记》（手稿本）第16册，1949年1月8日。
[4]　胡颂平《胡适之先生年谱长编初稿》第6册，第2080—2081页。

被推翻了,所谓'无产阶级民主''大众民主'只是一些无实际内容的空洞名词,一种门面而已。"[1]文中,胡适称陈独秀为"死友",称陈对于民主、自由的见解,是他"沉思熟虑了六七年"的结论,很值得我们大家仔细想想。

4月21日,胡适抵达美国西海岸的圣佛朗西斯科,接过新闻记者递过来的报纸,头条大字是"中国和谈破裂","共军渡江"等消息。他对坐小汽轮到大船来采访、抢新闻的记者说:"我愿意用我的道义力量来支持蒋介石先生的政府。""我的道义的支持也许不值得什么,但我说的话是诚心。因为,我们若不支持这个政府,还有什么政府可以支持。如果这个政府垮了,我到那儿去!"[2]4月27日,胡适到达东海岸的纽约,住进东81街104号。这是胡适卸去驻美大使职务后租住过的老旧公寓。这时,国民党的军队已撤出南京,有美国朋友问胡适,胡答:"不管局势如何艰难,我始终是坚定地用道义支持蒋总统的。"[3]其后,胡适接到来自台湾的蒋介石的一封信,中称:

> 此时所缺乏而急需于美者,不在物质,而在其精神与道义之声援。故现时对美外交之重点,应特别注意于其不承认中共政权为其第一要务。至于实际援助,则尚在其次也。对于进行方法,行政与立法两途,不妨同时并进,但仍以行政为正途,且应以此为主务,望先生协助少川大使,多加功夫为盼。[4]

末署5月28日。少川,指顾维钧,民国外交家。1945年6月,代

---

[1] 胡颂平《胡适之先生年谱长编初稿》第6册,第2085—2091页。
[2] 《胡适的日记》(手稿本),第18册,1960年11月18日。
[3] 胡颂平《胡适之先生年谱长编初稿》第6册,第2092—2093页。
[4] 台北胡适纪念馆存,陈漱渝《飘零的落叶》,《新文学史料》,1991年第4期。

表中国出席圣弗朗西斯科会议,参加《联合国宪章》起草,并在《联合国宪章》上签字,其后任国民政府驻联合国代表。蒋介石1949年5月29日日记云:"复核胡适之、魏德迈、顾少川、陈之迈等各函",据此可证蒋介石核发时间为写作此函后的第二天。

蒋介石于1949年1月21日宣布引退,当日离开南京到达杭州。次日,回到奉化溪口。4月25日,蒋介石离开溪口到上海,在复兴岛召见顾祝同、汤恩伯等"战将",商议防守上海策略。4月27日,蒋介石发表文告,宣称要奋斗到底。5月2日,李宗仁与白崇禧、居正等会谈,提出蒋介石如不愿复职,即应出国。蒋介石拒绝出国,答以自此"遁世远引","对于政治一切不复闻问"。[1] 5月7日,蒋介石乘轮船离开上海,经普陀、舟山。5月17日,飞到澎湖马公岛。5月26日,抵达台湾南部的高雄。从时间上看,蒋介石致胡适5月28日函写于到达高雄之后。他当时在台湾刚刚立足,正在部署各事。其急务是,维持美国对于一再迁移、流亡的中华民国政权的承认,也阻止世界各国承认中共即将成立的新政权。蒋介石在此时写信给胡适,目的是要胡适在美国配合顾维钧,达成其外交目标。

事实表明,蒋介石答李宗仁所称"遁世远引""不复闻问"政治云云,都是假话。6月11日,国民党中央常务委员会提出,成立中央非常委员会,以蒋介石、李宗仁等十二人为委员。同日,国民党中央政治会议决定成立最高决策委员会,以蒋介石为主席、李宗仁为副。这样,蒋介石就又从后台站到了前台。6月24日,蒋介石到台北,住到草山(阳明山)。7月1日,成立总裁办公室。10月中旬,国民党政府再迁重庆。11月14日,蒋介石自台北飞渝,谋划割据西南,抗拒中共大军的进攻。12月8日,国民党政府"迁都"台北。10日,蒋介石飞离成都,

---

[1] 参见拙作《李宗仁的索权逐蒋计划》。

也撤至台北。其后，流亡台湾的蒋介石政权逐渐安定下来，重新打鼓开张。1950年3月1日，蒋介石在台北复"总统"职，阎锡山"内阁"辞职，陈诚出任"行政院院长"，形成蒋陈体制。

国民党中央党部及其政府机构"行政院"早在1949年2月即由南京迁到广州。当年6月，阎锡山出任"行政院院长"，蒋介石曾助阎，劝胡出任"外交部长"。胡适仔细考虑考虑了七八天之后，认为以私人地位在纽约"为国家辩冤白谤，实更有力量"。[1]6月21日，胡适致电恳辞职务，但国民党政府不让胡适对外宣布。[2]

同月23日，胡适在纽约会见美国助理国务卿腊斯克，声称由于缺乏美国海军的支援，中国大陆已沦陷于共产党之手，并且造成了远东的紧张局势。胡称，美国国会虽然通过了为数不多的七千五百万元的军事援助，用于"中国地带"，但杜鲁门总统从未对中国花过其中一分钱。腊斯克向胡适询问"自由中国运动"的情况，胡适答道：作为一个平民，无论他本人的声望在这里有多高，但他没有丝毫权力。由于没有权力，他不能领导任何运动或组织政府。胡适承认：蒋介石是唯一的领袖，但在美国国务院的心目中，蒋介石是"不受欢迎的人"。[3]

当时，在美国的宋子文与蒋廷黻商量，随后并致电蒋介石，建议胡适出任行政院副院长，留美一个月，与美国政府洽商，然后回台湾就任行政院院长。6月27日，蒋介石复电称："甚望适之先生能先回国，再商一切。"[4]30日，胡适致电蒋介石，声称宋子文电所言，我"从未赞成，亦决不赞成"。[5]

---

[1]《致叶公超、董显光电》，胡颂平《胡适之先生年谱长编初稿》增补版，第6册，第2095页。
[2] 胡颂平《胡适之先生年谱长编初稿》增补版，第6册，第2095页。
[3]《顾维钧回忆录》第8册，中华书局1989年版，第55—56页。
[4]《胡适的日记》（手稿本）第16册，1949年6月29日。
[5]《胡适的日记》（手稿本）第16册，1949年6月30日。

这一时期，胡适很苦闷，自称"百忧交迫"[1]。8月5日，美国国务院公布《中美关系白皮书》，其中详述抗战末期以来美国政府的扶蒋反共政策及其失败的过程，为"弃蒋"作准备。胡适不喜欢美国国务院公布的这份官方档，有五个月不去美国首都华盛顿。8月16日，他给老朋友赵元任夫妇写信，自称不愿意久居外国，特别是读了美国政府的《中美关系白皮书》之后，更不愿意留在国外教书。他告诉老朋友，要回台湾，做点能做的事，不做官，也不弄考据，也许写文章，也许讲演，或者两项都来。[2]

12月中旬，胡适因事去华盛顿，没有去访问美国政府中人，也没有访问国会中人。

胡适住进纽约老公寓后不久，夫人江冬秀也于6月9日到此聚会。胡适一面闭门著书，继续考证《水经注》，一面协助夫人，做点家务。直到第二年7月1日，胡适才在普林斯顿大学谋得葛思德东方图书馆馆长一职。葛思德是该馆创始者和捐书人。所捐图书中有包括手抄本《水经注释》在内大量中文古籍，该馆便聘请胡适来清理并管理这批图书。管理人员实际只有两人。

12月17日，胡适在纽约过生日。蒋介石写信给胡适，为他祝寿，劝他回台湾。胡适本想去台湾看看，因事难以分身，又因心脏病发作，婉谢了蒋介石的邀请。[3]12月20日，胡适的学生、好友、台湾大学校长傅斯年因脑出血突然逝世。26日，当时担任"行政院院长"的陈诚致电胡适，声称蒋介石和自己都希望胡"回国领导"，胡适认为傅斯年在掌管台大期间，励精图治，已有良好基础，便推荐年富力壮的台湾大学化学系教授兼教务长钱思亮继任。

---

[1] 胡颂平《胡适之先生年谱长编初稿》增补版，第6册，第2100页。
[2] 胡颂平《胡适之先生年谱长编初稿》增补版，第6册，第2098—2099页。
[3] 胡颂平《胡适之先生年谱长编初稿》增补版，第6册，第2154页。

胡适的馆长任期是两年，至1952年6月30日期满，续任该馆的终身荣誉馆长，不支薪水。[4]

二、胡适支持雷震创办《自由中国》半月刊，主张"用负责态度批评实际政治"

1949年1月，蒋介石宣布引退下野。原政协秘书长雷震（字儆寰）即与胡适等人在上海商议，创办一份宣扬自由与民主的刊物。胡适提议，仿照戴高乐1940年倡导《自由法国》的前例，为刊物取名《自由中国》。11月20日，刊物在台北面世，半月一期，雷震任社长，台湾大学教授毛子水任总编辑，胡适当时因在美国，只担任挂名的发行人。刊物发刊词称：以"思想自由"为原则，"弃黑暗而趋光明，斥集权而信民主"。胡适所写《〈自由中国〉的宗旨》共四条："第一，我们要向全国国民宣传自由与民主的真实价值，并且要督促政府（各级的政府），切实改革政治、经济，努力建立自由、民主的社会。第二，我们要支持并促督政府用种种力量抵抗共产党铁幕之下剥夺一切自由的极权政治，不让他扩张他的势力范围。第三，我们要尽我们的努力，援助沦陷区域的同胞，帮助他们早日恢复自由。第四，我们最后的目标是要使整个中华民国成为自由的中国。"[5]这四条宗旨说明，胡适既坚持民主主义、自由主义，又极端仇共、反共。它本是胡适在从上海到檀香山的轮船上写的，寄给雷震、杭立武等几个人，请他们修改，他们都没改，就登在《自由中国》的第一期上。后来每一期都登，成为该刊不变的宗旨。[6]

---

[4]《胡适的暗淡岁月》，周质平《光焰不息——胡适思想与现代中国》，九州出版社2012年版，第375—395页。
[5]《自由中国》创刊号。
[6] 胡颂平《胡适之先生年谱长编初稿》第6册，第2107页。

《自由中国》创刊号上，还刊登了胡适 1941 年 7 月在美国密歇根大学的讲演《民主与极权的冲突》。胡适认为，"这是急进革命的方法，与渐进改善的方法之冲突"，也是"企图强制划一，与自由发展的冲突"。胡适强调，"为民主的生活方式和民主的制度辩护，须对于健全的个人主义，具有清楚的了解，必须对于民主主义的迟缓渐进改善的重要性，具有深刻的认识。进步是日积月累的，如果个人不能自由发展，便谈不到文明"。这篇文章很典型地表现了胡适的思想特质：崇尚改良、崇尚渐进，反对革命。他提倡"健全的个人主义"，显然，认识到了只强调"个人主义"有局限，会发生偏颇和危害，企图有所匡正。

　　《自由中国》编委共十一人，大体上属于国民党体制内的改革派。一开始曾得到国民党高层的鼓励和资助，也得到美国亚洲协会的支持。不过很快，《自由中国》就因其言论得罪了台湾国民党当局。

　　1951 年初，雷震在党务改造会议中提出，废除军队党部和学校中三民主义课程，受到蒋介石的严厉指责。6 月 1 日，《自由中国》发表编委夏道平所写《政府不可诱民入罪》，批评保安司令部经济检查人员钓鱼执法，借此获取巨额奖金。保安司令部副司令彭孟缉认为该文"侮辱"了保安司令部，呈请台湾省长吴国桢抓捕编辑，以刊物的名义道歉。胡适认为，《政府不可诱民入罪》一文"有事实，有胆气"，是该刊"出版以来数一数二的好文字"。8 月 11 日，胡适致函雷震，认为"《自由中国》不能有言论自由，不能用负责态度批评实际政治，这是台湾政治的最大耻辱"。他决定辞去'发行人'的衔名，用以表示对'军事机关'干涉言论自由的抗议"。9 月 1 日，该函在《自由中国》五卷五期刊出。不过后来，胡适一直支持并指导《自由中国》的编辑。

　　蒋介石对《自由中国》刊发胡适来函非常生气。9 月 4 日，国民党改造委员会设计委员会主任萧自诚召开会议，批评雷震发表胡适来函是"捣乱"。1951 年，雷震曾被蒋介石派赴香港，慰问从大陆逃亡到当地的反共人士，彭孟缉即诬指雷震的香港之行"涉嫌套汇"。9月5日，保安司令部向雷震发出传票。9月6日，国民党改造委员会纪律委员会以"代电"指责雷震在《自由中国》发表胡适私信，"有损我国在国际上的威信"，"事先既未报告"，又复违反本党改造后"一切透过组织"的原则，已经改造委员会核议，并经"总裁"指示，"违反党纪部分交纪律委员会议处"。9月7日，雷震得知，蒋介石认为雷震不配做党员，要开除其党籍，陈诚反对，改为警告。9月15日，雷震提出《答辩书》：

> 胡适来函是对自由中国出版社全体同人说话，不得视为"私函"。
> 《自由中国》原有编委十一人，"代电"所称"本党党员雷震所主编"，并非事实。
> 函件是"胡先生决心要发表的"，本社同人只有"遵办"。台湾"苟尚有发表言论之自由，则胡先生之负责的言论，自无不应发表之理"。
> 胡先生并非不了解台湾的"实际情形"。倘胡先生真能明了本刊在社论发表后所受威胁，其愤慨"恐尚不止此"。
> "一个政府在国际的信誉之高低，端在于其实际的施政如何。""胡先生此函如合乎事实，政府许可发表。尊重言论自由，将可恢复国际信誉"。
> "一切透过组织"的原则，不知何所根据？遍查《改造纲要》，在"一元领导"下有"一切通过组织，组织决定一切"字样，应有的解释是"指领导而言"，不许本党今后再有派系之分，并非"党员之衣食住行及其他一切日常行动均须通过组织"。
> "掩蔽事实而又不加以矫正，则民主、法治之基础何以树立？人民之福利及国家社会之进步何从而获得？"

按照国民党人的习惯思维，"国民党"是真理化身，最高、最神圣，一切必须通过"国民党"，服从"国民党"，经过"国民党"的批准。现在《自由中国》却抬出一个"胡先生"来与"国民党"相抗，与党的领袖——"总裁"相抗，事前不报告，自行其是，岂非大逆不道！如何可以允许？

国民党与《自由中国》的矛盾日渐加深，军队、机关、学校禁止阅览，拒绝订阅，印刷厂多次拒印。《自由中国》在其创刊时曾得到美国方面的财政支援。1957年8月31日，蒋介石"切戒"美国"公使衔代办"蓝钦（Karl L. Rankin）津贴《自由中国》。[1] 1958年4月3日，蒋介石突然声称《自由中国》为"反动刊物"，下令禁止美国亚洲协会给予其资助。[2]

三、胡适向国民党"七全大会"提出五点希望

对于以蒋介石为首的国民党政权，胡适既失望，又关心。1950年，他在美国，曾和顾维钧谈起，国民党是"庸人党"或"耗子窝"，建议蒋介石摆脱"国民党总裁"职务。[3] 1951年9月14日，胡适听说国民党将在10月10日召开第七次全国代表大会，便写了封八页长信给蒋介石，希望国民党有大改变。函称：这"是一个难得的机会"，蒋介石"应有明白的表示"：

第一，表示民主政治必须建立在每个政党并立的基础之上，而行宪四五（年）来未能树立这基础，是由于国民党未能抛弃"党内无派，党外无党"的心理习惯。

---

[1]《蒋介石日记》，1957年8月31日。
[2]《蒋介石日记》，1958年4月3日。
[3]《顾维钧回忆录》第8册，中华书局1989年版，第57页。

第二，表示国民党应废止总裁制。

第三，表示国民党可以自由分化，成为独立的几个党。

第四，表示国民党诚心培植言论自由。言论自由不是宪法上的一句空话，必须由政府和当国的党明白表示，愿意容忍一切具体政策的批评。并须表示，无论是孙中山、蒋介石，无论是三民主义、五权宪法，都可以作批评的物件。（今日宪法的种种弊病，都由国民党当日不容许我们批评孙中山几个政治主张，例如国民大会制、五权宪法。）

第五，当此时期召开国民党大会，不可不有恺切的"罪己"的表示。国民党要"罪己"，我公也要"罪己"。愈能恳切"罪己"，愈能得国人的原谅，愈能得世人的原谅。但"罪己"的话不可单说给党员听，要说给全台人民听，给大陆人民听。

第六，胡适向蒋介石讲了土耳其1950年5月16日大选的故事，自称这他是离开中国三年半之中"最受感动的一条新闻"：凯末尔（Kamal）首创的共和国民党专政二十七年，在大选中失败，仅得议会四百八十七席中的六十九席，而曾任经济部长、国务总理拜亚尔（gelal Bayar）在1945年创立的民主党，却获得大胜利，得到四百零八席，占议会的84%。胡适认为："这是土耳其六百年中第一次遵从民意，和平的转移政权。"

在胡适看来，台湾必须走"西方民主"道路，实行"真正的民主化政策"，建议学习土耳其，通过民主选举，和平转移政权。这一意见，他在美国也和顾维钧谈过。[1]这是胡适多年形成的老观念，所以他向蒋介石建议，将国民党分化成几个"小党"，形成几个政党"并立"的局面，同时取消党魁的个人专断和独裁，即所谓"总裁制"。当然，胡适也念念不忘实行他长期梦想的"言论自由"，个人有过问政治、批评政

---

[1]《顾维钧回忆录》第8册，第58页。

治的自由。

9月23日，蒋介石收到胡适的上述长函，对其他意见并未重视，倒是抓住重点，只在日记中写了一段话："建议本党应照土耳其，分为两党的办法。此其书生之见，不知彼此环境与现状完全不同也。中国学者往往如此，所以建国无成也。"[1]蒋介石还是觉得他多年来形成的一套老办法适合中国国情：以党治国、一党专政、领袖独裁。自然，他觉得胡适的意见是"书生意见"，不适合中国的"环境与现状"。

蒋介石入台后，首先抓的是"国民党"，他觉得，老的国民党不行了，要改造。

1949年蒋介石下野之后，即产生改造国民党的思想。其12月15日日记提出："此时若不能将现在的党彻底改造，决（绝）无法担负革命工作之效能也。"1950年3月1日，蒋介石在台北复行"总统"职权。7月26日，蒋介石以国民党总裁身份宣布中央评议委员二十五人及中央改造委员十六人名单。其中，中央评议委员的职责为"对党的改造负督导与监督之责"，中央改造委员会在改造期间，居于最高党部的地位。1950年10月至1951年10月，蒋介石先后在台湾推行"革命实践"与"反共抗俄总动员"两大运动。5月29日，国民党中央改造委员认为"党的改造"已经完成，议决于10月10日召开第七次全国代表大会。

国民党第七次全国代表大会给了胡适以希望，胡适遂有上书蒋介石之举。这次会议于10月11日开幕，20日闭幕，大唱"反共抗俄"高调，除选出"总裁提名"的新的中央委员三十二人，年龄较轻之外，并无胡适所希望的"大改变"。

由于对"七全大会"和国民党的"改造"失望，胡适遂逐渐形成并提出"毁党救国"思想。

---

[1]《蒋介石日记》，1952年9月23日。

四、胡适回台，向蒋介石提出"逆耳"之言

台湾大学和台湾师范学院邀请胡适讲学。1952年11月19日，胡适从美国飞抵台北，蒋经国、王士杰、何应钦、朱家骅、程天放以及台湾大学校长钱思亮等一批党、政、文化界要人到机场迎接。蒋介石也派了代表到机场欢迎。胡适被挤得寸步难行，笑称"今天好像是做新娘子"。下午举行记者招待会，回答"美国舆论是否转而支持自由中国"，"韩战和谈前途如何"，"对大陆清算胡适思想为什么不作声"等各种各样的问题。胡适则称自己已经婉谢了各种长期讲学或教授职务，今后要完成《中国哲学史》《中国白话文学史》以及《水经注》研究等未完成的著作。谈话中，胡适也不忘"拥护国民政府和蒋介石的意志始终不渝"之类的表态。当晚，蒋介石邀请胡适共进晚餐。12月12日，蒋介石邀约已经出任台湾省教育厅厅长的陈雪屏谈话，专门研究胡适此次回台的游览和招待问题。

12月13日上午10时，胡适会见蒋介石，首谈对台湾政治和"议会"的感想，蒋介石这一时期，越来越热衷于个人专权。10月10日至20日，国民党召开"第七次全国代表大会"，蒋介石主张国民党中央委员选举，其候选人必须由"总裁核定"，认为"此权比任何权力更为重要"[1]。因此，对胡适所言仍然不感兴趣，称之为"民主、自由高调"。接着，胡适称："我国必须与民主国家一致，方能并肩作战，感情融洽，以国家生命全在于自由阵线之中。"胡适的意思是要台湾当局追随美国，和美国保持一致。蒋介石一直认为，自己之所以失败，在于美国杜鲁门政府对国民党政权的政策变化。据此，他说："凡西方各国，皆无公理

---

[1]《蒋介石日记》，1952年12月14日。

与人道可言，更无所谓公法与国交可言。"[1]据此，他教训胡适说："第二次大战民主阵线胜利，而我在民主阵线中牺牲最大，但最后仍要被卖亡国矣。"蒋介石认为胡适的说法，是"书生之思想言行"，迂阔、无用，觉得这批人"被中共'侮辱、残杀'，亦有其原由"，"彼之今日犹得在台高唱无意识之自由，不自知其最难得之幸运，而竟忘其所以然也。"[2]蒋介石的内心不仅不以胡适的话为然，而且还有点嘲笑和挖苦的意思。

1953年1月16日，胡适即将返美，当晚，蒋介石设宴为之饯行。胡适自称："谈了共两点钟，我说了一点逆耳的话，他居然容受了。"胡适的话听起来确实"逆耳"：

"台湾今日实无言论自由。第一，无一人敢批评彭孟缉。第二，无一语批评蒋经国。第三，无一语批评蒋总统。所谓无言论自由，是'尽在不言中'也。"

在各种"自由"中，胡适最重视的是"言论自由"，特别是批评党、政、军领导大员的"自由"。彭孟缉历任副参谋总长、陆军总司令兼台湾防卫总司令；蒋经国到台湾初期，即担任国民党省党部主任委员、"国防部"总政治部主任；蒋介石则是台湾国民党当局的最高领导人。胡适要求台湾国民党当局允许台湾人民批评这三个人，显然与《自由中国》因发表夏道平的文章而受到批评有关。

"宪法只许总统有减刑与特赦之权，绝无加刑之权。而总统屡次加刑，是违宪甚明。然整个政府无一人敢向政府如此说！"

胡适认为，宪法必须人人遵守，虽总统亦不能例外。蒋介石到台湾后，屡次加刑，强化镇压力度。胡适对此不满，将批评的矛头直接指向蒋介石。

---

[1]《蒋介石日记》，1952年1月14日。
[2]《蒋介石日记》，1952年12月13日。

"总统必须有诤臣一百人,最好是一千人。开放言论自由,即是自己树立诤臣千百人也。"在将批评的矛头指向蒋介石之后,胡适向蒋介石建议,最好要有一千个"诤臣",即一千个敢于对自己提出不同意见的人。

对于胡适的这些话,蒋介石没有反驳。他问胡适:"召开国民大会有什么事可做?"

"当然是选举总统与副总统呀!"胡适答道。

"这一届国民大会可以两次选总统吗?"

"当然可以。"胡适答道。"此届国大是民国三十七年3月29日召集,总统任期到明年(民国四十三年)5月20日为满任,2月20日必须选出总统与副总统,故正在此第一届任期之中。"

"请你早点回来,我是最怕开会的。"

"难道他们真估计可以不要宪法了吗?"蒋介石的最后一段话使胡适很惊异。如果不开会,如何讨论各类大事?如何选举总统与副总统?

五、胡适选举蒋介石为"第二任总统"

1953年1月17日,胡适离开台北,经日本返美。此后,一直到1954年2月,国民党当局在台湾召开"国民大会"一届二次大会,胡适才再次回到台北。

国民党将"制宪"和"行宪"分为两个阶段。1946年11月15日至12月15日,国民党当局在南京召开国民大会,制定《中华民国宪法》。当时,中国共产党和民主同盟拒绝参加。1948年3月29日至5月1日,国民党当局宣称实行宪法,在南京召开"行宪国民大会"。4月19日,蒋介石当选为中华民国第一任"总统"。

国民党迁台后,按照原来的规定,应于1954年2月召开"国民会议"二次会议,选举中华民国第二任"总统"。当月14日,国民党在台北召开第七届中央委员会临时全会,推举"总统"候选人。蒋介石计划在会上发言,说明"本人之性格与长处,不应为总统,而愿任副总统或行政院长"。至于"总统"人,蒋介石的建议是"党内为于(右任),党外为胡(适)。"

2月15日,七届中央委员会临时全会开幕,蒋介石致辞。其内容为(说明)"本人不可再任(总统)之理由与性质不宜之缺点"。党内候选人,蒋介石提名于右任;党外候选人,蒋介石提名胡适。蒋介石特别说明:"以上届本约邀其为候选人,而未能如约提出之故也。"

按照1946年国民大会通过的《中华民国宪法》,当时的政权采取内阁制,行政院为国家最高行政机构,总统虽位居元首,代表国家,但只是虚位,权力受到很多限制,蒋介石不喜欢做"虚位"总统。1948年3月底,国民党召开行宪国民大会,选举"总统"。蒋介石一度想推荐胡适出面挂个虚名,自己出任参谋总长或行政院长,掌握实权。蒋介石通过王世杰传话,要胡适出来竞选。胡适一度认为"这是一个很聪明、很伟大的见解,可以一新国内外的耳目",表示"接受",但第二天即取消"接受"。[1] 4月18日,会议通过临时制定的《动员戡乱时期临时条款》,空前地扩大了总统权力,蒋介石才不再演戏,同意参选并高票当选。蒋介石日记所称"上届"之"约",即指1948年推举胡适为"总统"候选人之事。这一次,蒋介石又想故伎重演,以于右任、胡适为幌子,而实际上还想自己当。

1956年2月16日,参加会议的第七届中央委员三十一名投票者中,蒋介石以三十票被推举为总统候选人。[2]

---

[1]《胡适日记全集》第8册,第354页。
[2]《蒋介石日记》,1954年2月15日。

2月18日，胡适自美国回到台北，参加"国民大会"第一届第二次会议。

2月19日，"国民大会"一届二次会议在台北中山堂开幕，胡适任主席。他在演说中声称：这是"国家历史上空前的大危难时期"，必须"维持宪法的法统"。[1]蒋介石在开幕词中承认国民党当局当时掌控的土地"只有台湾一省，与几百个沿海岛屿"，处于"空前未有的大变局"中，但是，蒋介石除了一两句"惶恐诚不知所措""期赎罪愆"的空话外，并没有说一句自责语言。[2]3月25日的"闭幕词"虽然也高喊"民主的本质，就是平等与自由"，但是强调的重点却是"守法与守分"。

3月20日，选举"第二任总统"。为了摆出竞选的样子，除蒋介石外，会议还推出了另一个候选人徐傅霖。结果，二人都未超过半数，至3月22日举行第二次选举，蒋介石才得以当选。胡适当即对记者表示："百分之一百的赞成"。他说："今后六年，是国家、民族最艰难困苦的阶段，只有蒋先生才能克服一切困难。"3月23日，选举副总统。陈诚与摆样子的石志泉都未达到法定票数，至24日，才将陈诚选出，胡适立即表示拥护，声称"正中下怀"。

这次会议，胡适备受尊崇。2月21日，蒋介石在日记中特别记载称："午宴胡适之、于斌等代表。"22日，胡适受蒋介石之邀，参加阅兵式观礼。24日，胡适被选为会议主席团主席之一，可谓备极荣光。

胡适主张"无条件的自由"。3月17日，他在台北"联合国中国同志会"第九十次座谈会上发表演讲，题为《美国的民主制度》。他说："民主的第一要件，是人民有控制政府的权力；政权的转移，不靠暴力，不靠武力的革命，而靠人民多数投票的表决。"他认为，在美国的民主

---

[1] 台北《中央日报》，1954年2月19日。
[2]《对第一届国民大会第二次会议报告词》，《总统蒋公思想言论总集》卷26，第17—21页。

制度下，人民的基本自由，都是可以说是无条件的。[1]

3月28日，他在台北市外勤记者联谊会上批评台湾新闻界"争取独立新闻的精神不够"，特别向台湾记者介绍了美国名报人普利策的"十大信条"，如：要为进步奋斗，为革新奋斗；绝不容忍贪污，绝不容忍不公平；绝不隶属于任何政党；反对用激烈的言辞，来煽动民众的政客；反对享有特权的阶级，反对一切掠夺公众的人；对于贫苦的人，绝不可缺乏同情；永远忠心于公众的福利；永远要极度的独立；等等。胡适讲这段话，是要台湾新闻界不要成为台湾蒋介石集团的附庸，努力为社会的进步和革新工作。报告末尾，胡适答复记者提问时强调，政府应"在国内去努力做到使不满意的人们感到满意，使批评的人转而赞美"，"最重要的，仍是由政府朝别人批评的方面去改革"。[2] 4月5日，胡适离台，飞往东京，转飞美国。这一次，胡适在台北住了四十六天半。他在机场答复记者说："我希望更进一步实施宪政。我们的这部宪法很不错，尤其是第二章第八至第十八条规定（关于人民权利之规定），可以说是无条件的。"又说："我认为无条件的自由，是没有什么危险的。"[3] 4月7日，他在东京发表谈话，声称"战时控制"常常会阻碍"更多的民主改革及自由"，但是，蒋介石及其顾问、部属们在这些方面的努力，却"是最有诚意的"。[4]

蒋介石流亡台湾后，有些事大体上按照"民主"程序办，因此，胡适表示满意。但是，也有若干事，并不按"民主"程序，甚至根本不按程序办事。例如，蒋介石初到高雄，就利用蒋经国和彭孟缉，实行特务统治。1950年至1954年，肆意滥捕、监禁八千人，枪决三千零九人，

---

[1] 台北《大陆杂志》第8卷第6期。
[2] 胡颂平《胡适之先生年谱长编初稿》第7册，第2414—2415页。
[3] 台北《中央日报》，1954年4月8日。
[4] 台北《中央日报》，1954年4月8日。

一时形成白色恐怖。蒋介石的这些举措，受到曾经留学美国，历任重庆、武汉、上海等市市长的吴国桢的反对。1949 年 12 月，蒋介石迫于美国的压力，任命吴国桢为台湾省主席。此后，吴国桢和蒋介石父子之间的矛盾加深，于 1953 年出走美国。1954 年 6 月 29 日，吴国桢在美国《展望》杂志发表《美援在台湾建立了一个警察国家》，给了蒋介石父子最猛烈的攻击。

胡适在美国，并不很了解蒋氏父子在台湾实行"白色恐怖"的情况。8 月 16 日，胡适在《新领袖》杂志发表《台湾是如何的自由》一文，引用一位旅台三年的美国人士的言论，认为台湾已经有了"多少代以来中国最好的政府——最自由、最有效率，并且最廉洁"。胡适称："过去三年间，特别显著的是 1952 年 6 月以来，方始有了远比过去任何时期尺度为大的人民自由与法律统治。"胡适的这篇文章自然使蒋介石十分高兴。9 月 2 日，蒋介石在日记中写道："阅胡适与吴国桢来往函件，甚以胡不值与吴逆辩论。但其在《新领袖》杂志驳斥吴逆在《展望》上之荒谬言行即足矣。"

在吴国桢和蒋介石的矛盾中，胡适站在蒋介石一边，这使蒋介石颇为满意，也使作为"副总统"的陈诚很满意，认为胡适"批评政府的短处，但并不抹杀政府积极求进的努力"，"态度公正，总以实事求是为归，真不愧为国家之诤臣，政府之诤友"。[1]

胡适继续提倡言论自由，在中国古典文献中找寻前例。宋朝的范仲淹写过一篇《灵乌赋》，其中有"宁鸣而死，不默而生"二语，胡适将之解释为"当时专指谏诤的自由，我们现在叫作言论自由"，盛赞该文是"中国古代哲人争自由的重要文献"[2]。《灵乌赋》中还有两句"忧于

---

[1]《建设台湾》(上)，《陈诚先生回忆录》，(台北)"国史馆" 2005 年版，第 465 页。
[2] 胡颂平《胡适之先生年谱长编初稿》第 7 册，第 2437—2438 页

未形,恐于未炽",胡适认为这与范仲淹的"先天下之忧而忧"同义。文章末尾说:

> 从国家与政府的立场看,言论自由可以以鼓励人人肯说"警于未形,恐于未炽"的正论危言,来替代小人们天天歌功颂德,鼓吹升平的滥调。[1]

胡适的这段话,自然是写给在台湾新建立起来的蒋介石政权看的,也是写给台湾的学者和文人看的,要他们不要"天天歌功颂德"。

六、胡适为蒋介石祝寿惹祸

1956 年 10 月 31 日是蒋介石的 70 岁大寿。8 月 10 日,蒋介石手谕"总统府"秘书长张群及中央委员会秘书长张厉生:"党政机关不得发起祝寿等有关之任何举动,并严禁募款。"[2] 10 月 15 日,蒋介石主持国民党中央委员会总理纪念周,再次强调"切勿有祝寿举动"。他要求各报章杂志、公私刊物,在如何将台湾建设为"三民主义模范省"以及他本人"所有公私行动生活及个性中的各种缺点"等方面,"坦白各抒所见"[3]。这 6 个方面后来被称为"生日纪念六条办法",或"六项求言号召"。

还在这一年的 10 月 19 日,胡适正在加州讲学,就接到《中央日报》社长胡健中的电报,要胡适根据蒋介石"婉辞祝寿,提示问题,虚怀纳言"的意思,赶写一篇短文。[4] 胡适因为时间紧迫,便写了最近听

---

[1] 胡颂平《胡适之先生年谱长编初稿》第 7 册,第 2441 页。
[2] (台北)"国史馆"等《蒋中正先生年谱长编》,第 10 册,第 601 页。
[3] (台北)"国史馆"等《蒋中正先生年谱长编》,第 10 册,第 622—623 页。
[4] 参见耿云志《胡适年谱》,四川人民出版社 1989 年版,第 403 页。

到的关于美国现任总统艾森豪威尔的两个故事。这两个故事的核心意思是，劝告蒋介石，"不要多管细事，不可躬亲庶务"，要信任部属，放手令其负责任事，自己则做个"无智、无能、无为"的"守法、守宪"的领袖。此文发表于10月31日的《中央日报》，雷震、胡适自己的刊物《自由中国》半月刊的《祝寿专号》则于30日出刊，抢前一天发表。

《祝寿专号》除发表胡适文章外，还发表了雷震撰写的社论《寿总统蒋公》和徐复观、夏道平等十五个学者的专论。其倾向互有不同，但其核心却都在于反对国民党的一党专政和个人独裁。

文章发表前几天，胡适接受台北《新生报》记者访问，又就"建立台湾为三民主义模范省"问题发表意见。据该报报道：

> 他强调彻底言论自由，是建设台湾成为模范省最重要的工作，也是三民主义中民权主义最基本的一点。他率直指出，如无言论自由，民主就不易实现，也无法实现。

胡适表示，台湾在作战状态下，因有事实上的顾虑，不得不限制言论自由。胡适希望从现在起，台湾能"真正做到言论自由"。他列举实行言论自由的好处，特别强调"对政府领袖而言"，"可以说有百利而无一弊"。"自由的言论，只有增加政府领袖的力量，绝不会损害他的力量"。

谈话中，胡适引用《孝经》中的"天子有诤臣五人，虽无道，不失其天下"等语，批评当时台湾的官僚中"没有诤臣"，"只有唯唯诺诺的'是是是先生'"。他希望台湾"销路最大的公营报纸"，"更应发挥言论自由，成为正的舆论机关"。他甚至具体建议：多辟篇幅，登载读者来函，让一般人有多多说话的机会。

胡适答《新生报》记者的访问没有引起注意，他的谈艾森豪威尔的文章却惹祸了，《自由中国》的《祝寿专号》也惹祸了。

1956年12月,台湾国民党军队的"总政治部"发布"特字第99号"的"特种指示"《向毒素思想总攻击》,指名攻击:"有一种叫作《自由中国》的刊物,最近企图不良,别有用心,假借民主自由的招牌,发出反对主义、反对政府、反对本党的歪曲滥调,以达到颠倒是非、淆乱听闻,遂行其某种政治野心的不正当目的。"该部要求各级组织"有计划的策动思想正确、信仰坚定、有见解、有口才、有写作绘画能力的同志,口诛笔伐"。1957年1月,该部再次下发同名作者的长达六十一页的同题小册子。其中提到"最近有两个刊物",借领袖的"六项求言号召",散布"言论自由""军队国家化""自由教育""批评总统个人"等"毒素思想",特别不点名地提到胡适所写《述艾森豪威尔总统的两个故事》,认为与"叛国贼吴国桢的言论完全相同",有"毁坏国民党的声誉""打击政府的威信""减低军民对领袖的信仰"等八项罪状。在小册子《毒素产生的原因》部分,不指名地指责"长居国外的所谓知名学者",不了解中国当时的"革命环境","完全近乎一种天真的妄想"。该小册子特别有一节《对批评总裁个人的批判》,认为"某刊物批评总裁个人"是"阴险毒辣"的行为,声称"总裁是伟大的","他是我们永远需要的伟大领袖","他一生革命,没有一点不是的地方,我们要虔诚地信仰他,绝对地服从他,团结在领袖的周围,跟着领袖走"。

"99号特种指示"和《向毒素思想总攻击》的小册子的作者均署名周国光,多年来被认为是蒋经国的化名。[1] 实际上,此人在小册子中自称曾是国民党军郭汝瑰的部下,称蒋经国为"前书记长",故此文非蒋经国所作。

蒋介石11月28日日记云:"今后对于自由文人之政策,只要其无匪谍嫌疑与关系者则其反对政府与恶意批评,皆可宽容不校,以此时反

---

[1] 参见陈漱渝、宋娜《胡适与蒋介石》,湖北人民出版社2011年版,第220页。

蒋之恶意言论，不能减低政府之权威也。"

从这段日记可以看出，这一段时期，蒋介石自觉统治巩固，所以一度想采取较为宽松的政策，故《向毒素思想总攻击》及小册子似亦与蒋介石无关，但后来，却引起了蒋介石的注重和警惕。

《向毒素思想总攻击》及小册子代表了国民党顽固派和正统派的看法。

自1951年5月15日起，至1955年5月11日止，蒋介石曾通过"行政院长"俞国华，秘密资助胡适美金五千元，共九次。[1]俗话说，吃了人家的饭嘴软。胡适为台湾当局和蒋介石捧场，固然首先在于政治观点和政治立场一致，但是，并没有"嘴软"，该说的话还是说了。

早在1956年11月，胡适就私下对人说，想自己出钱，在南港盖几间小房，回台北居住。[2]蒋介石闻讯，表示愿用自己出版《苏俄在中国》的稿费为胡适盖房。后来蒋介石是否真正掏了稿费，不得而知。确切的资料可证，台湾国民党当局追加了二十万元建设费，这几间小房才得以完工。[3]

国民党的所谓"改造"完成后，胡适认为圈子更小，人数更少，不如把党毁弃，由蒋介石纯粹以"全国人民领袖"地位，领导"复国"运动。[4]1956年12月，胡适向台北《中央日报》社社长胡健中谈起这一设想，他说：政府在今天，如不放开手做，便不能争取全国人民的拥护，仅仅五十万国民党党员的支持是不够的，全台湾省人民的支持也是不够的，政府必须以国家至上为最高的原则，超越党派的限制，争取全国最大多数人的最大支持。胡适称：多年以来，他一贯主张国民党应走上

―――――――

[1] 陈红民《台湾时期蒋介石与胡适关系补正》，《近代史研究》2011年第5期。
[2] 《胡适给赵元任的信》，曹伯言、季维龙《胡适年谱》，第798页。
[3] 陈冠任《蒋介石在台湾》第4部，东方出版社2013年版，第312页。
[4] 《蒋介石日记》，1957年1月9日。参见《胡适博士向记者谈话》，《蒋介石日记》第17册，1956年12月13日，剪报；参见《胡适日记全集》第9册，第247—248页。

自然分化的道路，任其党员分裂，形成数个政党。他认为这是中国实现政党政治最好的途径。但近年来，当政党在台湾故步自封，不但不能充分争取党外人士的合作，甚且丧失了许多忠诚的国民党员的支持，这是十分令人失望的。胡适强调：在今天提出"毁党救国"的口号，绝不是反对政党政治，而是希望当权政党痛下决心，放弃门户之见，将政治的重心放在"复国"运动上面。胡健中党即将此谈话发表在中文杂志《生活》上，并即写信向蒋介石报告，蒋"殊出意料"。日记云："此种文人、政客，真是无耻，共匪之不若矣，予我以政治上重大之教训也。"[1]

张发奎、张君劢、顾孟余、童冠贤、张国焘等人曾于1952年在北美和香港等地秘密组织《中国自由民主战斗同盟》，既反蒋，也反共，企图走所谓"第三条道路"。这一组织虽在两年之后结束，但其人员、思想和影响仍在。1957年1月9日，蒋介石在台湾召集宣传会议，认为在香港的这批"自由人"，其"内心一如胡适"，"为一丘之貉"，"不仅反对本党革命，而亦存心毁灭本党，宁为共奴而不恤也"。[2]

宣传会议期间，蒋介石还召集干部，讨论"对胡适应取之方针"，决定"表示反对立场"。[3]在《上星期反省录》中，蒋介石写道："胡适竟提'毁党救国'之荒唐口号，不能再事容忍。对此种文人政客，真不可予以礼貌优遇，是又增多一经历矣。"[4]

1957年7月26日，胡适致函好友赵元任：

> 这大半年"围剿《自由中国》半月刊"的事件，其中受"围剿"的一个人就是我。所以我当初决定要回去，实在是如此。至少

---

[1]《蒋介石日记》，1957年1月8日。
[2]《蒋介石日记》，1957年1月9日。
[3]《蒋介石日记》，1957年1月9日。
[4]《上星期反省录》，《蒋介石日记》，1957年1月。

这是我不能不回去的一个理由。我的看法是，我有一个责任，可能留在国内比留在国外更重要，可能留在国内或者可以使人 take me more seriously（对待我的话更认真）……我 underscored the word "more"（我更强调"更"这个字），因为那边有一些人实在怕我说的话，实在 have taken me seriously（已经把我的话看得很重），甚至我在 1952—1953 年说的话，他们至今还记在账上，没有忘记。[1]

胡适虽想回台，但是，8月15日，国民党台湾当局特派胡适为出席联合国十二届大会代表，9月26日，在大会发表演讲，题为《中国大陆反共抗暴远动》，要求联合国大会拒绝恢复中华人民共和国的合法席位，为台湾蒋介石集团在国际论坛上的反共打了头阵。[2]

七、蒋介石称赞胡适"品德高尚"，胡适直言"总统"错误，蒋介石在日记中指斥胡适为"妄人"

蒋介石在台湾，一方面要依靠美国的帮助，维持生存，同时又担心美国换马，另觅他人来代替自己。1955年5月，蒋介石校阅台湾北部军队完毕，计划于6月6日到台湾南部校阅。28日晨，蒋介石得报，当自己到台湾南部校阅部队时，孙立人的第四军训班将控制炮兵，瞄准阅兵台，以请愿方式，要求蒋介石任用孙立人。这一情报，使蒋前所未有地提高了对美国人的警惕。

当时，蒋介石担心用以"换马"者除孙立人、吴国桢外，还有胡适。1955年5月，蒋介石得再次到情报，其日记云："自余抗拒美国要

---

[1]《胡适给赵元任的信》，曹伯言、季维龙《胡适年谱》，第804页；参见陈冠任《蒋介石在台湾》第4部，第311—312页。
[2]《胡适在联大发表的演说》，台北《中央日报》，1957年9月28日。

求放弃金、马之拙策以后,其阴谋倒蒋之幼稚行动消息又纷至突来,并将以吴国桢、孙立人与胡适为其替代之意中人,此一情报殊令人不可想象,岂其政府果如此荒唐乎?"[1]

蒋介石怀疑胡适,可以说是一种多疑症。其实,胡适对蒋,虽有意见和不满,对蒋还是拥戴和忠诚的;蒋对胡,也觉得还有利用的价值和必要。

1957年7月,蒋介石开始准备胡适回台北后的住宅。其后,考虑由胡适担任"中研院"的院长问题。11月1日,蒋介石日记云:"中央研究院重选院长,应提胡适之为最宜。"3日,胡适与李济、李书华同被选为"中研院"院长候选人。11月4日,原代理院长朱家骅提出辞呈。蒋介石与李济商量后,决定任命胡适为"中研院"院长,旋即致电胡适,劝其早日回台就任。11月6日,胡适电告蒋介石,自己二月份做过外科手术,此后五次高烧,最后一次是肺炎,近期中恐不能回国,请以史语所所长李济暂代。8日,蒋介石再次致电胡适,对他的身体复原状况表示"深为系念",声称"中研院"仍赖胡"出面领导","至希加意调摄,早日康复,回国就任"。12月12日,蒋介石复电同意由李济暂代。一直到1958年4月8日,胡适才不听两位医生的劝告,抱病回台。

胡适回台的第二天,就得到蒋介石接见,大约谈了一小时。[2]对胡适所谈关于研究学术与办理大学的意见,蒋介石认为"颇多可取"。[3]事后,胡适对记者表示:"总统气色很好,很健康,对我的病况很关心,使我很感谢。总统对于学术研究和发展自然科学,很关切,也很感兴趣。所以今天所谈的都是关于学术问题。"胡适称:"由于大陆沦陷,我们多少年来在学术方面的成就,及学术界人才的培养损失很大,今后

---

[1]《上月反省录》(1955年5月),《蒋介石日记》,1955年5月。
[2] 台北《中央日报》,1958年4月10日。
[3]《蒋介石日记》,1958年4月9日。

如何重建学术基础，如何发展科学研究，实为当前刻不容缓之事。"又说："兹事体大，必须多和国内学者们谈谈，为国家着想，在何种方式之下，才能建立高等学术的基础。'七年之病，求三年之艾'，不预为筹划，则不可得也。"[1]记者询问胡适今后的著述计划。胡适表示，希望有两三年的安静生活，写完《中国思想史》之后，写一部英文本《中国思想史》，接着写《中国白话文学史》下册。

1958年4月10日上午9时，"中研院"在考古馆楼举行院长就职典礼。胡适发表演说，声称"世界已进入原子时代，国家亟需良好的学术基础，愿与各同人共同努力"。10时，主持第三次院士会议，胡适请蒋介石致《训词》。

蒋介石对这次致训是做了准备的。鸦片战争之后，西学东来，中国人接触到了这个陌生的思想体系。如何对待、处理中国传统文化和这个陌生的新体系之间的关系，于是，有了西学和中学、新学和旧学之争。张之洞提出：中学为体，西学为用。蒋介石想换个说法，改为"哲学（文化）为体，科学为用"。不过，10日临场，蒋介石并没有完全按照原先准备的思路讲。

蒋称："胡适院长除以思想学术来领导我们学术界外，最令人敬佩者，即为其个人之高尚品德。"又说："要尽量发扬'明礼义，知廉耻'之道德力量"。"伦理道德实为吾人重建国家"，复兴民族，治标治本之基础，必须此基础巩固，然后科学才能发挥其最好效能，民主才能真正成功，而独立自由之现代国家，亦才能确实建立起来。[2]

胡适不同意蒋介石"伦理为先"的观点，认为蒋对自己的夸奖也不是地方，所以答词一开始就表示："刚才总统对我个人的看法不免有

---

[1] 胡颂平《胡适之先生年谱长编初稿》第7册，第2658页。
[2] 台北《中央日报》，1958年4月11日。

点错误。至少总统夸奖我的话是错误的。"然后,胡适提出自己得意的"要拿出证据来"的一贯主张,认为"以科学方法破除怀疑","以证据打倒迷信",才"是真正的中国文化"。胡适自称反对一切教条主义、盲从主义。他说:"被孔夫子牵着鼻子走固然不是好汉,被朱夫子牵着鼻子走也不是好汉,被马克思、列宁、斯大林牵着鼻子走,更不算是好汉。"接着,胡适表示:"谈到我们的任务,我们不要相信总统十分好意夸奖我个人的那些话。我们的任务,还不只是讲公德、私德,所谓忠信孝悌礼义廉耻,这不是中国文化所独有的,所有一切高等文化,一切宗教,一切伦理学说,都是人类共有的。"胡适特别表示:"总统对我个人有偏私,对于自己的文化也有偏心,所以在他领导反共复国的任务立场上,他说话的分量不免过重了一点。我们要体谅他,这是他的热情所使然。我个人认为,我们学术界和中央研究院挑起反共复国的任务,我们做的工作,还是在学术上,我们要提倡学术。"[1]

胡适又接着说:"现在世界进步已经到了原子能时代,而我们还是落在远远的。"他肯定台湾不久前向美国订购原子炉的决定,认为这是走上了正确的道路。他并举1870年至1871年法国与普鲁士战争为例,引用法国科学家巴斯德的话,说明法国之所以战败,"并不是道德的问题,而是科学不如人"。

胡适的答辩讲话很长,最后回到蒋介石对自己的"称赞"话题:

> 我向来是乐观的。现在国难危急的时候,我的话并不是驳总统,总统对我个人有偏私,说的话,我实在不敢当。我觉得我们的任务,还是应该走学术的路……

---

[1] 胡颂平《胡适之先生年谱长编初稿》第7册,第2663—2665页。

此外，胡适还谈道："人才缺乏，但我们可以造就人才。"等等。[1]

4月11日，举行院士选举会议，选出吴健雄、杨振宁、李振道等新院士十四人。

胡适就任"中研院"院长，蒋介石来参加，给了胡适很大面子，称赞胡适"个人之高尚品德"，更是给足了面子，但是，胡适却不识抬举，强烈反驳，话虽然婉转，但"有点错误""有偏私""有偏心""分量不免过重了一点"等语，其否定蒋介石《训词》的意思很清楚。

多年来，蒋介石极少遭遇过这样的"抢白"？！当日日记云：

> 今天实为我平生所遭遇的第二次最大的横逆之事。第一次乃是民国十五年冬、十六年初在武汉受鲍罗廷宴会中之侮辱。而今天在中央研究院听胡适就职典礼中答辩的侮辱，亦可说是求全之毁，我不知其人之狂妄荒谬至此，真是一狂人。今后又增我一次交友不易之经验，而我轻交过誉，待人过厚，反为人所轻侮，应切戒之。惟仍恐其心理病态已深，不久于人世为虑也。[2]

1927年1月12日，蒋介石偕彭泽民等人自江西南昌抵达武汉，受到武汉各界盛大而热烈的欢迎。当晚，苏联顾问鲍罗廷设宴招待蒋介石，以教训的口吻说：革命之所以能迅速发展在武汉，"乃是因为孙中山先生定下了三大政策"。"第一是联俄政策，第二是联共政策，第三是农工政策"。"以后如果什么事都归罪到C.P.，欺压C.P.，妨碍农民工人的发展，那我可不答应的"。蒋介石听出了鲍罗廷的语义，认为这是对自己的"侮辱"，第二天即在和鲍罗廷谈话时声色俱厉地

---

[1] 胡颂平《胡适之先生年谱长编初稿》第7册，第2663—2668页。
[2] 《蒋介石日记》，1958年4月10日。

责问:"哪一个军人是压迫农工?哪一个领袖是摧残党权?"[1]现在蒋介石将胡适的答辩视为"第二次最大的横逆之来",可见其自感打击、侮辱之巨大。

尽管蒋介石心中十分恼怒,但表面上,对胡适"仍以礼遇,不予计较"。会后,参观展出的河南安阳文物时,仍然"甚为欣慰"。

因为胡适的话冲撞了自己,蒋介石"终日抑郁,服药后方安眠"。第二天,在日记中写道:"此一刺激太深,仍不能彻底消除,甚恐驱入潜意识中。"一直到这年年底,蒋介石回忆"中研院"院长就职典礼,仍然对胡适的冲撞记忆深刻,声称"其间复有胡适之狰狞面目与荒谬言行,从中煽惑,及其在中央研究院无理面斥,更为难堪"[2],居然用了"狰狞面目"四字,可见蒋介石对胡适当时表现的印象,非常恶劣。

4月12日,蒋介石继续回忆参加胡适就职典礼时的情景,其《上星期反省录》写道:胡适就职典礼中,余在无意中提起其民国八、九年间,彼所参加领导之新文化运动,特别提及其打倒孔家店一点,又将民国卅八、九年以后共匪清算胡适之相比较,余实有尊重之意,而乃反触其怒(殊为可叹),甚至在典礼中特提余为错误者两次。余并不介意,但事后回忆,甚觉奇怪。[3]

蒋介石还回忆了4月12日招待院士的宴席。由于胡适此次自美返台,与梅贻琦同机,蒋介石遂提到1949年特派专机飞赴北平迎接学者南下,梅、胡二人同机的往事。蒋介石声称,现在二人皆在台主持学术要务,至为欣幸。梅当即对蒋介石表示感谢,而胡适则"毫不在乎,并无表情",蒋介石对此不满。尽管如此,蒋介石仍在日记中表示:"总希

---

[1] 蒋介石《在庆祝国民政府建都南京欢宴席上的讲演词》,上海《民国日报》,1927年5月4日。
[2] 《本年总反省录》,《蒋介石日记》,1958年。
[3] 《上星期反省录》,《蒋介石日记》,1958年4月12日。

望其能醒悟,而能为国效忠,全力反共也。"蒋介石的这页日记透露,他之所以礼遇胡适,目的在于利用胡适的地位和声望,将胡适绑在他的"反共"战车上。

由于感觉胡适的傲慢无礼,蒋介石想起蔡元培,在日记中赞美蔡的"道德学问",特别是蔡的"安详雅逸,不与人争"的品性,认为"可敬可慕"。[1]

5月30日,蒋经国向蒋介石报告与胡适谈话经过。谈话中,胡适再次提出自己的"毁党救国"论。胡适所谓"毁党",有故作惊人之语的成分,并不是要毁坏或抛弃国民党。而是要弱化国民党在社会生活中的作用,发展其理想中的"西方民主"模式。蒋介石一直将国民党当成得心应手的反共和维护自身统治的工具,其为国民党"八全大会"提出的议题就是"无党不能建国,毁党只有救共"[2]。蒋介石的目的在于强化国民党的社会作用,与胡适的思想正好相反。因此,当他再次听到胡适仍在鼓吹其"毁党救国"论时,自然十分愤怒,认为胡适"不仅狂妄,而且愚劣成性","与共匪之目的如出一辙"。日记云:"不知其对我党之仇恨甚于共匪之对我也。可耻!"[3]这一页日记显示,蒋介石认为胡适不仅狂妄,而且仇恨国民党,视为"反动派"。

当时,台湾部分人士正在怂恿胡适"组党"。31日,蒋介石再与蒋经国谈话,认为胡适本人有"勾结美国""跃跃欲试"之意。蒋介石决定对胡作"最后规劝""尽我人事"。[4]不过,过了几天,蒋介石越来越看不惯也不能容忍胡适的"狂言妄行",决定不予理睬,而由陈诚或张群出面转告或切诫。[5]他自己,连和胡适谈话的兴趣都没有了。

---

[1]《上星期反省录》,《蒋介石日记》,1958年4月12日。
[2]《蒋介石日记》,1957年1月27日。
[3]《蒋介石日记》,1958年5月30日。
[4]《蒋介石日记》,1958年5月31日。
[5]《蒋介石日记》,1958年6月3日、6日。

八、胡适反对修订出版法，蒋介石认为"胡适荒谬言行，最为害国"，将其视为"反党分子"

蒋介石政权迁台后，于1952年4月9日颁布过一份出版法。此后，由于台湾出版界对国民党的批评日益增加。因此，台湾"行政院"于1958年3月15日向"立法院"提出《出版法修正案》，要求审议。该"修正案"增强了政治控制力度。例如，原《出版法》细则规定，非经法院宣判，不得查封出版品和出版机构，而"修正案"则以防止"黄色新闻"为名，空前提高了行政机关的权力，规定政府可以不经司法机关判决，径行取缔出版品，限制其登记、发行，甚至命令其停刊。

4月11日，台北市报业同业公会召开紧急会议，各县、市民营报社均派代表参加，反对《出版法修正案》。次日，发表联合宣言，反对"修正案"。15日，台湾各民营报刊推出九名代表集体上访，到"行政院"陈情，要求撤回议案，当即遭到院长俞鸿钧的拒绝。16日，台湾全省民营报纸共同发表《我们的看法——对于俞院长所提修正意见的共同观点》，声讨俞鸿钧。17日，再次发表《从法律观点看"出版法修正条文草案"》，继续讨俞。

提出《出版法修正案》本来是蒋介石的主意。4月15日，蒋介石主持宣传会谈，研究对策。16日，蒋介石向国民党中常会提出，为维护民心士气，安定社会秩序，防止中共渗透，必须修订原有的出版法。其后，胡适无视蒋介石的态度，频频接见各报记者，从"新闻言论自由"的角度说明"修正案"的荒谬，认为任何不经过司法手续而径由行政官署对出版机构加以警告、停刊、撤销登记等处分，都是不对的、危险的。18日，胡适接受《中央日报》记者访问，声称："出版法施行以来，甚为良好，倘此时期谈论修正，似不甚适宜。"又称："欧美国家是没有出版法的。美国宪法有关人权之记载中，即规定国会不得制定任何法律，限制言论出版之自由，在战争期间，为了保防保密，可以制定临时性的法律，在平时，国会立法，其与人民有直接关系者，均在事前收集民间意见，或邀请国会询问。"当时，台湾有报纸报道胡适关于《出版法修正案》的谈话，用了"违宪的"三字，胡适声明，系"危险的"三字之误。他向记者表示，《出版法》施行以来，一直很平静，并未发生过太大的事情，因此，又何必重提此事，让别人来指责评论？[1]同月19日，胡适到《自由中国》参加编辑会议，对"修正案"提出异议。《自由中国》随即发表社论，批评"修正案""钳制言论自由"，是"立法史上可耻的一页"。22日，CC派"立法委员"为主，联合其他"立委"共一百二十人，要求公布"修正案"，听取各界意见，再行审议。这一意见立即遭到另一部分一百五十七名"立委"的反对。[2]在5月份"立法院"讨论中，两派对立，几乎演变为武斗，其中质疑和非难之多，大出蒋介石意料。蒋介石认为：这种"本党党员反抗中央政策"，与"党纪与党德之败坏"，"为迁台十年间最恶劣之一次"。[3]

为了坚持《出版法修正案》，4月20日，蒋介石决定对新闻界表态，宁可背负"限制出版自由"的"恶评"。5月19日，发表讲话，严厉指责新闻界的"卑污言行"，认为当时台湾的新闻界"无新闻自由之资格"，接着，严厉指责国民党籍的"立委"和"监委"，自称是"不计毁誉、不问荣辱的革命领袖，决不为任何恶声恶名所动摇"[4]。为了强行贯彻蒋介石的意志，5月21日，国民党中常会做出决议，要求党内"立委"必须坚决服从中央决议，负责在本届会期内照原案通过《出版法修正案》，否则一律执行党纪，甚至开除出党。

---

[1]《中央日报》，1958年4月19日。
[2]陈冠任《蒋介石在台湾》第5部，第94页。
[3]《本年总反省录》，《蒋介石日记》，1958年。
[4]《蒋介石日记》，1958年5月19日。

黑云压城，胡适却毫不怯阵。5月27日，胡适在《自由中国》社的欢宴会上发表讲演，题为《从争取言论自由谈到反对党》。其中说：言论自由不是天赋的人权，言论自由须要我们去争取来的。从前和现在，没有哪一个国家的政府愿意把言论自由给人民的，必须要经过多少人的努力争取而来的，所以《自由中国》的言论自由，也要大家去争取的。

谈到《出版法修正案》时，胡适称，始终没有看到全文，不知道为何"闹得满城风雨，大家惶惶不可终日"。他再次以美国为例，表示自己到现在，还是怀疑一个国家是否需要出版法，政府为什么要修正出版法，而引起这许多风波！他说：《出版法修正案》的提出，是一个技术上的错误。对许多人所希望的象征——言论自由，拿一个法案来制裁，这在技术上有欠高明。

胡适直言不讳地说："现在为什么要修改出版法，恐怕是有人觉得争取言论自由太多了，所以有些人想要阻止它。我可以告诉诸位，无论旧出版法也好，新出版法也好，大家所希望的言论自由，还是要我们大家去争取的，相信大家一定能胜利。旧的出版法不能阻止我们争取言论自由的努力，新的出版法也不能阻止我们争取言论自由的努力。"[1]

反对《出版法修正案》是台湾新闻界、出版界的集体行动，有一定规模。在蒋介石看来，已经形成"党内外反动分子大联合运动"[2]。蒋介石认为，反对《出版法修正案》就是"反党的叛逆行动"，胡适在其中起了恶劣的作用。其日记云："反动派与民营报人蛊惑、勾结本党少数党员，竭力破坏与延误，从中胡适又为其助长气焰。迁台以来，所谓民主人士，嚣张与捣乱至此，殊为万万不可料之事。"[3] 6月3日日记又云："胡适态度最近更为猖狂，无法理喻。只有不加理会，但亦不必与

---

[1] 胡颂平《胡适之先生年谱长编初稿》第7册，第2702—2707页。
[2]《蒋介石日记》，1958年6月21日。
[3]《上月反省录》，《蒋介石日记》，1958年5月。

之作对,因为小人自有小人对头也。"[1]

6月20日,经过两个月的争吵,《出版法修正案》终于在"立法院"三读通过。蒋介石思前想后,得出的结论是"胡适荒谬言行,最为害国,惟有置之不理。此种政客不屑计较为宜"[2]。

"行政院院长"俞鸿钧在1958年1月即受到监察院弹劾,此次在《出版法修正案》讨论中又备受攻击,不得已向蒋介石呈请辞职。6月30日,蒋介石向国民党中常会提名陈诚为"行政院院长"。7月6日,陈诚会见蒋介石,商谈内阁改组的人事安排。蒋介石认为教育最为重要,提议以老出版家王云五为"行政院副院长","教育部部长"张其昀调任"考试院副院长"。显然,这是为了安抚骚动的台湾新闻界和出版界。

张其昀,字晓峰,宁波人。毕业于南京东南大学,是著名地理学家。1954年,俞鸿钧出任"行政院院长",张任"教育部部长"。他执行蒋介石的教育意志,注重"党化教育",主张中小学教科书必须"部审",遭到民间出版商的反对。1958年7月初,行政院改组,蒋介石坚持张留任而陈诚则主张由曾任清华大学校长的梅贻琦替代。7月9日,蒋介石与张其昀谈其调职问题。日记云:"余虽知其受北大派攻击而遭辞修之无情打击,亦明知此为胡适等反党分子对党的重大胜利。孰知行政院改组未露消息以前,此事早为胡适所泄,并以此预对晓峰示威,望其早日预备下台,此实为余所万不及料及者。可知辞修不仅不分敌我,亦失党性,而其不守机密至此,殊为浩叹。"[3]辞修,陈诚的字。所谓"北大派",指雷震为北大校友,胡适、陈雪屏、蒋梦麟均为北大教授。这一页日记显示,胡适已被蒋介石视为"反党分子",列入敌对阵

---

[1]《蒋介石日记》,1958年6月3日。
[2]《上月反省录》,《蒋介石日记》,1958年6月21日。
[3]《蒋介石日记》,1958年7月9日。参见《教育部长梅上张下之经过——兼述蒋中正与陈诚为此事摊牌之经过》,阮大仁《蒋中正日记中的当代人物》,台北学生书局2014年版,第223—234页。

营，陈诚则被蒋视为"不分敌我，亦失党性"，他对胡适泄露了内阁改组，张其昀即将下台的消息。

6月16日，胡适自台北飞美，处理私人事务，并准备携家属回台北长住。10月30日，自纽约返台。11月5日，胡适住进南港中央研究院院内的新居。11月17日，通过张群两次要求会见蒋介石。11月19日，蒋介石召见胡适，其日记云："此诚一政客也。余仍以普通礼遇，不使难堪，以彼二次请见也。"22日，在《上星期反省录》中云："今见最不愿见的无赖（胡适政客）。"将"无赖"二字加到胡适头上，可见在蒋介石的心目中，胡适已经很坏很坏了。

九、在蒋介石心目中，胡适由"妄人""无赖政客"，升级为"反动敌人"

1959年1月16日，《自由中国》刊出署名陈怀琪的"读者投书"《革命军人为何要以"狗"自居》，事后，在军方唆使下，又出面否认，控告《自由中国》"违反出版法"，"伪造文书"。3月2日，台北地方法院传讯雷震。3月9日，胡适写作《自由与容忍》一文，意在调解官司。他一面劝雷震和"闯祸先生"夏道平"多多忍耐"，一面请刚刚出任"行政院"副院长的王云五向蒋介石求情，请蒋宽大为怀。4月18日，蒋介石召见"司法行政部"部长谷凤翔，指示其"对雷震案应不作速决为宜"。他还要观察、思考、斟酌。

1959年1月至3月，蒋介石有几天日记批评胡适。1月26日日记云："陈与胡等商谈明年政治问题，殊出意外，真太不识大体，可叹。凡多疑不诚与狭小患得者不能与谋大事乎？"

所称"陈"与"胡"，分别指陈诚与胡适。"商谈明年政治问题"，可见陈诚对胡适的重视，这使蒋介石很意外，也很不快。

1月29日日记云:"辞修不知大体,好弄手段,又为政客、策士们所包围利用,而彼自以为是政治家风度,且以反对本党、侮辱首领的无耻之徒反动敌人胡适密商政策,自愿受其控制之言行放肆,无所顾忌,不胜郁闷,无法自遣。惟此人盖诚非可托国事,而只能用其短中之长。"

这一天的日记集中反映出蒋介石对陈诚的不满,也集中反映出蒋介石对胡适的敌视。称胡适为"反对本党、侮辱首领的无耻之徒",甚至称之为"反动敌人",这是此前从未有过的事。这一变化,应和"总政治部"的《向毒素思想总攻击》的"特种指示"与小册子有关。该小册子列了十条标准,认为"凡违反者,一律是我们思想上的敌人"。[1]

3月4日,《蒋介石日记》云:"召见谷凤翔同志,提及陈雪屏为反动分子,包庇并借胡适来挟制本党,此人积恶已深,其自身言行再不可恕,但余能抑制情感,出之以忍也。"

谷凤翔,察哈尔人。1950年7月被蒋介石聘为"中央改造委员会"委员。1952年任副秘书长。陈雪屏,江苏宜兴人,美国哥伦比亚大学毕业,1950年7月被蒋介石以"学者与干才"的身份被聘为中央改造委员会委员,1952年任中央委员会常务委员。蒋介石认为陈雪屏"包庇并借胡适来挟制本党",可见,胡适得到陈雪屏的支持。

3月5日,《蒋介石日记》再云:"入府,见赵元任夫妇,甚和洽。余近对学者心理,以为皆如胡适一样,殊不然也,毕竟真正学者,其言行风度多可敬爱者也。"

赵元任,语言学家。长期在美国加州大学伯克利分校教授中国语文和语言学。1948年,赵元任当选"中央研究院"第一届院士。1959年到台湾大学讲学。可能他见蒋介石时,态度谦恭、平和,和胡适趾高气扬、

---

[1]《向毒素思想总攻击》,转引自陈漱渝、宋娜《胡适与蒋介石》,湖北人民出版社2011年版,第223页。

以导师、大师自居的风格迥异,因此给蒋介石相当良好的印象。

这一段时期,胡适和陈诚的关系较为密切。例如,1月15日至20日之间,胡适曾和陈诚等人到云林、屏东、台南、彰化等地参观、旅行。但是,蒋介石这些日记所指,由于文献不足,今天已很难一一考实。从留存文献考察,陈诚充分肯定胡适对加强台湾自由民主运动的贡献。例如,陈诚在回忆录中说:"胡先生所宣扬的自由民主精神以言论自由为其实质","这种看法是很平实而正确的"。对于胡适所说:"中国能在自由民主方面多一分努力,即在自由世界多抬高一分地位",陈诚更是给予高度评价,称其"苦口婆心,值得人们感动"。[1] 可见,蒋介石与陈诚,对"民主"的看法不同,因之,对胡适的态度也就有所不同。

十、提倡思想自由,反对文化专制,拒当"孔孟学会"发起人

1959年12月23日,蒋介石在《光复大陆设计委员会第六次会议》致辞,声称三民主义的思想教育,最基本的方针有三条:

> 是要恢复我们固有的民族精神——亦即是首先要恢复我们民族传统的伦理道德。
> 是要发扬人类固有的德性——要解除一切心灵、思想的禁锢,发扬本然的良知良能。
> 是要尊重个人人格的尊严,并尊重一切人的基本自由和基本权利。

---

[1]《建设台湾》(上),《陈诚先生回忆录》,第456—457页。

蒋介石特别声称："我今天说的三民主义的思想教育，并不是说要以三民主义的思想来排斥其他思想，更不是以三民主义的思想来控制其他思想。"又称：除了"共产主义"之外，"其他思想皆当并存不悖，所谓'小德川流，大德敦化'，就是殊途同归。"蒋介石的这段讲话，《中央日报》在报道时说，胡适五次表示"我举双手赞成"。12月25日，胡适向《中央日报》发去更正信，声称对于蒋介石所讲"恢复传统伦理道德"的第一点，他没有说过赞成、拥护一类的话。他说："我举起双手赞成拥护的是总统的第二点和第三点，和他后来说的，并不是以三民主义思想来排斥其他思想，更不是以三民主义的思想来控制其他思想，和'其他思想并存不悖……殊途同归'的容忍精神。"胡适郑重表示称，"举起双手赞成"这句话，他只说过四次，没有五次。[1]

1960年1月11日，胡适主持蔡元培生辰纪念会，邀请台湾大学文学院院长沈刚伯演讲明代方孝孺的政治思想。胡适说：

> 明太祖和成祖是明朝两个专制魔王。明太祖中年读《孟子》，认为《孟子》是可怕的，《孟子》是危险的思想，而不能全部让人念，于是叫翰林们删减，叫作《孟子节本》，整整删了三分之一。人人仍念二千多年来作为教科书的《孟子》。

胡适接着谈到明成祖残酷杀害方孝孺的历史，他说："明成祖杀了方孝孺，灭九族，灭十族，甚至对留存片言只字也有罪。成祖那样摧残言论自由，但方孝孺的书在他死了一百年后，又都出来了。"胡适以上述二例说明，思想不能简单地加以禁止或镇压。最后，胡适推崇蔡元

---

[1]《胡适日记全集》第9册，第549页。

培，声称"蔡先生一向提倡言论自由，学术思想的自由平等"[1]。

大概正在这一时期，台湾各大专院校校长集会，决定组织孔孟学会，推选胡适为发起人。1960年1月29日，胡适复函梅贻琦称："我在四十多年前，就提倡思想自由，思想平等，就希望打破任何一个学派独尊的传统。我现在老了，不能改变四十多年的思想习惯，所以不能担任'孔孟学会'发起人之一。千万请老兄原谅。"[2]尽管胡适不赞成，并且拒当发起人。不过当年4月10日，台湾还是成立了孔孟学会，蒋介石被推举为名誉理事长。他出席会议并且致辞，称赞"孔子乃是中华民族最伟大的一位思想革命家"，孙中山系以孔子和孟子的有关言论作为其"三民主义崇高之理想"。[3]他在日记中自称其演说，不仅对中共，也是"对政客、学人之一大打击，可谓予以当头一棒"。[4]蒋介石曾因听说胡适反对华侨子弟"读国文"，"懂英文已足"，大骂其"不爱民族与反对祖国文化"，"可痛之至"！[5]蒋介石的这段话，没有明指胡适，但显然包括胡适在内。

1960年5月4日，台湾的北大同学会等召开"五四"纪念会，胡适主持并应邀演说，介绍四十多年来中国科学、民主和新文学的发展，认为"皆没有成绩"。胡适分析其原因，一是"大家努力不够"，一是"执政党的努力也不够"。他说："这不是责备执政党，而这是一个历史事实。"他进一步分析说："中国国民党是民族主义的，因而也就有守旧性"，"中国国民党没有采用党内最进步的思想"。在胡适看来，国民党内的吴稚晖、蔡元培、刘大白和蒋梦麟的思想才是当时"最进步的"。[6]

---

[1]《胡适日记全集》第9册，第722、344页。
[2] 胡颂平《胡适之先生年谱长编初稿》第9册，第3167页。
[3]《总统蒋公思想言论总集》卷27，《演讲》第386—388页。
[4]《蒋介石日记》，1960年4月10日。
[5]《蒋介石日记》，1957年1月29日。
[6]《北大同学纪念五四》，胡适存剪报，《胡适的日记》手稿本，第18册，1960年5月4日。

胡适这里就将批评的矛头直接指向了国民党。

很长一段时期内，国民党一直神化孙中山，将其人、其思想列为不能批评的物件，胡适则认为孙中山包括蒋介石在内，都可以批评，反对任何形式的文化专制主义。关于此点，本文第三节已有论述。

十一、胡适始而坚决反对蒋介石"三连任"，终于缄默不言

蒋介石贪恋权力，退到台湾后，仍然梦想长期执政，掌控党政大权。其 1955 年 4 月 9 日日记云："如天父愿留余当政，再有十年，自信乃可完成第三次大战、反共抗俄之使命。"如果从这一天起算，蒋介石准备"当政"十年，也就是说，他自己想"当政"到 1965 年。

蒋介石当选第一任"总统"是 1948 年，第二任"总统"是 1954 年。按照 1946 年制定的《中华民国宪法》，总统每届任期 6 年，以两届为限。到了 1959 年，蒋介石就面临第二年是否要出任第三届"总统"的问题了。

早在 1959 年 4 月底至 5 月初，蒋介石就接连有几个晚上睡不着。其 5 月 1 日日记云："总统"绝不能再任，而"统帅"则不能不当。理由呢？"为拯救同胞与领导同胞，雪耻复国，皆不能逃避其责任！"他和张群商量，决定辞谢"总统"职务，而在"至不得已"的情况下，可以由国民大会推举自己为"三军统帅"，"专负反攻复国之全责"。当时，有一种修改宪法，或修改《临时条款》的意见，蒋介石都不赞成。5 月 5 日日记云："我决不愿再任修宪后之总统。"

同年 5 月 28 日，胡适面见蒋介石，约蒋于 7 月 1 日到"中央研究院"院士会议致训。面见时，胡适的表情、言语都"特表亲善"，蒋介石觉得奇怪，不过，他却因此而更看不起胡适。日记云："凡政客爱好

面子而不重品性者，皆如此耳。"[1]接着，又在《上星期反省录》写道："胡适无聊而约我7月1日到其研究院院士会致训，可笑。"[2]7月2日，蒋介石没有出席院士会议，但是，却宴请了到会院士。蒋介石认为，这是对胡适"作不接不离之态度"的"又一表示"。日记称："对此无聊政客，唯有消极作不抵抗之方针，乃是最佳办法耳。"[3]

蒋介石没有想到的是胡适和《自由中国》对自己"三连任"的强烈反对态度。

《自由中国》自1959年1月1日起，至1960年4月1日止，共发表社论21篇，专论20篇，通讯7篇，反对蒋介石"三连任"。1960年2月1日，《自由中国》的社论标题居然是《敬向蒋总统作一最后之忠告》，强烈要求蒋介石不再连任。

还在1959年11月上旬，胡适即与陈诚谈话，要求蒋介石作"不连任声明"。同月7日，陈诚与蒋介石谈话，转达胡适意见。蒋介石不悦，问陈：胡适"以何资格言此？若无我党与政府在台行使职权，则不知彼将在何处流亡矣！"[4]同月17日，美国国务院发表了一份题为《中华民国政府的展望》的档案，蒋介石认为这是美国政府对自己的支持。[5]其日记云："（报告书）现时对我政府有益之影响甚大"，"目前国内反动派胡适等反蒋之心理无异予以打击"，"彼等假想美国不赞成连任为其反蒋之唯一基础也。可耻！"[6]

11月15日，胡适在宴请日本前文部大臣滩尾弘吉的酒席上，见到蒋介石的亲信、谋士——曾任"行政院院长""总统府"秘书长等职务的张

---

[1]《蒋介石日记》，1959年5月28日。
[2]《上星期反省录》，《蒋介石日记》，1959年5月。
[3]《上星期反省录》，《蒋介石日记》，1959年7月4日。
[4]《蒋介石日记》，1959年11月7日。
[5] 317, November17, 1959. FRUS, 1958—1960, Vol.19。
[6]《上星期反省录》，《蒋介石日记》，1959年11月13日。

群，饭后，张群邀请胡适到家里小谈，胡适请张群转告蒋介石四点：

第一，明年二、三月里，国民大会期中，是中华民国宪法受考验的时期，不可轻易错过。

第二，为国家的长久打算，我盼望"蒋总统"给国家树立一个"合法的、和平的转移政权"的风范。不违反宪法，一切依据宪法，是"合法的"，人人视为当然，鸡犬不惊，是"和平"的。

第三，为蒋先生的千秋万世盛名打算，我盼望蒋先生能在这一两月里，作一个公开地表示，明白宣布他不要做第三任总统，并且宣布他郑重考虑后盼望某人可以继他的后任；如果国民大会能选出他所期望的人做他的继任者。他本人一定用他的全力支持他，帮助他。如果他作此表示，我相信全国人与全世界人都会对他对他表示崇敬与佩服。

第四，如果国民党另有别的主张，他们应该用正大光明的手段明白宣布出来，绝不可用现在报纸上登出的"劝进电报"方式。这种方式，对蒋先生是一种侮辱，对国民党是一种侮辱，对我们老百姓是一种侮辱。

张群表示，他可以郑重地转达胡适的意思，但蒋先生的考虑是三点：一是革命事业没有完成；二是对"反共复国"有责任；三是对全国军队有责任。

胡适不赞成蒋介石的考虑，对张群表示：全国人民谁不知道蒋先生是中国的领袖？如果蒋先生能明白表示，他尊重宪法，不做第三任总统，那时候他的声誉必能更高，他的领袖地位必能更高了。[1]

10月25日下午，胡适去见国民党元老、担任过"行政院副院长"等多种职务的黄少谷，将对张群所说的再说了一遍。日记云：只是凭我

---

[1]《胡适的日记》（手稿本），第18册，1959年11月15日。

自己的责任感，尽我的一点公民的责任而已。[1]此后，胡适又找陈群，表达了同样的意见。

11月19日，胡适再次会见张群，要求与蒋介石个人"关门密谈"。同时要求张群向蒋转达自己和陈诚谈话的情况。蒋介石对张群称："余此时脑筋唯有如何消灭共匪，光复大陆，以解救同胞之外，无其他问题留存于心。至于国代大会选举总统等问题，皆不在我心中，亦无暇与人讨论，否则我即不能计划反攻复国要务矣！"他指示张群，如胡适再来问讯时，即以此意告之。[2]

对胡适的活动情况，蒋介石一清二楚。11月20日，《蒋介石日记》云："胡适反对总统连任事，各处运用关系，间接施用其威胁伎俩，余皆置若罔闻。"又云："此种无聊政客，自抬身价，莫名其妙，诚不知他人对之如何厌恶也。可怜实甚！"

11月23日，胡适去看望王云五，得知张群向蒋介石转述自己的四点意见，蒋介石郑重考虑之后只说了两句话："我要说的话，都已经说过了。即使我要提出一个人来，我应该向党提出，不能公开的说。"胡适听了后，立刻明白后续情况必然是："他向党说话，党的中委一致反对，一致劝进，于是他的责任已尽了。"[3]

11月28日，蒋介石《上星期反省录》云：

> 胡适无耻，要求与我密谈选举总统问题，殊为可笑。此人最不自知，故亦最不自量，必欲以其不知政治而又反对革命之学者身份，满心想来操纵革命政治，危险极矣！彼之所以必欲我不再任总统之用意完全在此，更非有爱于辞修也。因之余乃不能不下决心，

---

[1]《胡适的日记》(手稿本)，第18册，1959年10月25日、25日。
[2]《蒋介石日记》，1959年11月20日。
[3]《胡适的日记》(手稿本)，1959年11月23日。

而更不忍固辞也。以若辈用心不正，国事果操纵在其手，则必断送其国脉矣！[1]

蒋介石的这段日记语义隐晦，但其意思还是可以寻绎，这就是：蒋介石认为胡适反对自己"三连任"，并非"有爱"于陈诚，企图推陈出任总统，而是自不量力，有意"操纵革命政治"，这是危险之"极"的事。他决定不再装模作样地"固辞"，仍然由自己出任。

在1959年11月的《上月反省录》中，蒋介石写道："胡适无耻言行，暗中反对连任，与张君劢亡国言论，皆狂妄背（悖）谬之极，惟有置之不理而已。"

1960年1月15日，南越"总统"（越南共和国）吴庭艳将于下午到台湾访问蒋介石。上午十时，蒋介石约见胡适，征询对南越外交的意见。蒋介石觉得，胡适对自己，"其态度、神气，似已大有改变为怪"。[2]当晚，蒋介石宴请吴庭艳，胡应邀参加。

这一时期，蒋介石内心虽然决定第三任"总统"仍由自己"连任"，但大面上，不得不做出"固辞"的样子。同月底，蒋介石决定在国民大会讲话中表明"个人立场"："至公无私，不求不争，依照宪法，不可连任总统。"这一年，是蒋介石"反攻复国"计划与准备完成及开始实施的一年，因此，他又故作高姿态表示："应乎反攻复国需要，必须赋予继任总统者以改革政府全权。"[3]2月2日，蒋介石再次在会上宣布，"决不承受第三任总统之选举"。

2月11日，胡适到国民大会秘书处报到。当年1月10日，胡适在一次宴席上遇见秘书长谷正纲，要求在国大开会时，不要当主席团，声称

---

[1]《上星期反省录》，《蒋介石日记》，1959年11月28日。
[2]《蒋介石日记》，1960年1月15日。
[3]《本星期预定工作课目》，《国民大会讲词要旨》，《蒋介石日记》，1960年1月30日。

太辛苦，现在事情多，年纪也老了，实在支持不下。[1] 2月18日，谷正纲打电话给胡适，请胡适担任临时主席。胡适答道：当主席要说话，你们何必强迫，我能不能不说话呢？并称：我是决定不当主席。19日，张群再次劝胡适担任国民大会四次预备会议主席。胡适答道：当主席的时候，往往逼成说话的机会，箭在弦上，不得不发，我无法不说话。他表示：还是不让我当主席的好。20日，胡适出席"国民大会"第三次会议开幕典礼。有记者在胡适下车的时候，拦在车门前问，是否说过反对蒋先生连任的话。胡适表示：两年前说过，最近没有谈到这个问题。因为我重视的是坚决反对修改宪法。21日，《征信新闻》记者询问胡适，对修改宪法有什么意见。胡适表示"坚决反对"。他说："当年我曾亲手把《中华民国宪法》交给蒋先生。今天，我希望看到它完整无缺。"

2月29日，胡适出席"国民大会"第一次大会。中午，蒋介石宴请大会主席团。饭后，谈起投票方式，蒋介石询问胡适的意见。胡适答道："无记名投票是澳洲发明的，到今天还只有一百零四年的历史。无记名投票是保障投票的自由，可以避免投票的威胁，因此很快地被世界采用。"这时，有人起来问："在此地谁威胁谁？"胡适答道："我本不想说话。今天总统点名要我说，我才说的，我说的无记名投票是保障投票的自由，可以避免投票的威胁。这是无记名投票的意义。"胡适的这段话不知道何处引起蒋介石的不快。当日日记云："余不知胡适博士之浅薄、荒诞至此也。自觉往日视人之无方矣。"[2]

"国民大会"期间，蒋介石情绪变化不定，喜怒无常。2月24日，会议收到海外侨胞的电报一千四百余件。25日，又收到一千二百余件。这些电报，正如胡适估计，都要求蒋介石"连选、连任"，蒋介石在日

---

[1] 胡颂平《胡适之先生年谱长编初稿》第9册，第3153页。
[2] 《蒋介石日记》，1960年2月29日。

记中自记："殊令人感动。何以慰之？"[1]有时，蒋介石又觉得代表们"无理、无知"，要挟勒索，因此大发脾气，自觉"言行激动失态"，决定以后"遇有发怒之险时，必须缄口不言"。[2]

会议按照预定设计发展。3月10日，第五次大会三读通过《动员戡乱临时条款》修订案，规定总统可连选连任，不受"宪法"约束。3月13日，国民党第八届临时中央全会与评议委员会第四次会议提名蒋介石为总统候选人，同时接受蒋介石提名，以陈诚为副总统候选人。3月21日投票，到会一千五百零九人，蒋介石以一千四百八十一票当选。废票两张，白票二十六张。蒋介石在日记中写下"应自警惕"四字。3月25日，会议闭幕。

根据1946年的《中华民国宪法》，胡适最初反对蒋介石"三连任"，但是，在会议期间，再也没有发表过反对意见。1960年4月1日，蒋介石主持情报会谈，认为胡适担任"国大"代表主席团，"态度尚持大体"，派"国防会议"秘书长蒋经国于4月2日到台大医院，慰问正在住院的胡适[3]。

据蒋介石日记所载，胡适是听了蒋梦麟的劝告，才不再反对蒋介石"三连任"[4]。蒋梦麟曾任国民政府第一任"教育部部长""行政院秘书长"，1949年随国民党政权去台湾。他是北京大学历史上任职时间最长的校长，他的话对胡适自然会有作用。不过，蒋介石认为，胡适的转变与其"观望美国政府之态度"有关，因此，在日记中批评其为"可耻之至"，"只有个人，而绝无国家与民族观念，其对革命自必始终立于敌对与破坏地位，无足奇哉！"[5]

---

[1]《蒋介石日记》，1960年2月25日。
[2]《蒋介石日记》，1860年2月1日、2月26日《上星期反省录》。
[3]《蒋介石日记》，1960年4月1日。
[4]《蒋介石日记》，1959年12月19日。
[5]《蒋介石日记》，1959年12月19日。

十二、雷震等人筹组"反对党"与胡适的"反对"

蒋介石集团退据台湾后,青年党和民社党也跟着到了台湾,但内争不断,势力微弱。在台湾,国民党表面上一党独大,而实际上一党专政。为了突破这种局面,雷震一直想组织一个"反对党"。为此,他首先在《自由中国》发表《如何确保反对党的自由》一文,继而在1957年2月发表牟力非所作《略论反对党问题的症结》,要求"执政党或政府确认反对党为当前所必须"。4月1日,再次发表朱伴耘所作《反对党!反对党!反对党!》,认为"强大反对党的存在是救国良药"。自此,《自由中国》连续发表相关文章二十九篇。

1958年5月,胡适在《自由中国》第十八卷十一期发表《从争取言论自由谈到反对党》,认为"今天大家觉得一党当政的时间太久了,没有一个制裁的力量,流弊甚多,应该有一个别的党派出来"。但是,胡适认为"反对党"一词有捣乱、颠覆政府的意味,最好不用。他建议由教育界、青年、知识分子出来组织一个不希望取得政权的在野党。胡适称:"一般手无寸铁的书生或书呆子出来组党,大家总可相信不会有什么危险。政府也不必害怕,在朝党也不必害怕。我想如能从这个新的方向走,组织一个以知识分子为基础的新政党,这样一个在野党,也许五年、十年甚至二十年都在野也无妨。"[1]胡适认为,这一方法比他自己在1951年给蒋介石写信,"等国民党里分出来"的办法要"快一点"。

雷震与胡适相呼应,推出"今日的问题"系列社论,在《反对党问题》一文中提出"反对党问题是解决一切问题之关键"。又于第二十二卷第十期发表《我们为什么迫切需要一个强有力的反对党》,主张成立一个新的政党,与"独霸局面至三十年之久而今天仍以武力为靠山的

---

[1] 胡颂平《胡适之先生年谱长编初稿》第7册,第2075—2076页。

国民党竞争"。他当时已决定将这个新的政党定名为"中国自由党",胡适则主张既以改善选举,争取民主为目的,则应取名为"中国民主党"。1960年5月8日,雷震、胡适、齐世英、吴三连等在台北李万居住宅集会,讨论群组党问题。胡适表示自己对政治不感兴趣,不愿参加筹组反对党。当时,台湾地方自治选举刚刚结束,暴露出国民党操纵选举的种种弊端。同月18日,雷震、吴三连、李万居等召开"选举改进座谈会",宣称将立即筹组新党,"务使一党专政之局,永远绝迹于中国"。会后,雷震等七人向台湾各报发送声明,指责国民党当局"政风败坏,剥夺人民权利自由",除要求发生选举诉讼地区一律重新验票外,号召立即筹组新党,与政府抗衡。6月18日,该声明在李万居的《公论报》发表,美国当时的驻台湾"大使"庄来德等人立即表示支持。

6月30日,雷震与夏涛声会见胡适,要求胡适支援他们组织反对党。胡适表示:"我不赞成你们拿我来做武器,我也不牵涉里面和人家斗争。如果你们将来组成一个像样的反对党,我可以正式公开地赞成,但我决不参加你们的组织,更不给你们做领导。"[1]当时,胡适即将赴美参加"中美学术会议"。7月2日晚,雷震、夏涛声等为胡适饯行。胡适说:他个人赞成组织在野党,并且希望在野党强大,能够发展制衡作用,以和平的方法,争取选民支持,使政治发生新陈代谢。他并称:在野党要有容忍的精神和严正的态度,要有长远的眼光,长远的计划,做长期的努力,使我们能够看到民主政治与政党政治走上正轨,在政治上发生交替与监督作用。胡适表示,自己老了,"朽木不可雕",希望新党培养领导人物。[2]

---

[1] 胡颂平《胡适之先生年谱长编初稿》增补版,第9册,第3306页。
[2] 胡颂平《胡适之先生年谱长编初稿》增补版,第9册,第3309页。

十三、雷震被捕、判刑与胡适的"大失望"

蒋介石无论如何不能容忍雷震等人谋划组织"反对党"的活动。

1960年7月11日，蒋介石与国民党中央党部秘书长唐（纵）、谷（正纲）等研讨《自由中国》半月刊与"选举讼案"。18日，蒋介石再次召见谷正纲、唐纵、张群等人，商讨对《自由中国》半月刊与"雷震叛徒"的处置法律问题。[1] 20日，《蒋介石日记》称："对《自由中国》的反动刊物必欲有所处置，否则台省基地与人民皆将为其煽动而生乱矣。"23日正午，再次商讨《自由中国》刊物与雷震、傅正的处治问题。同日，在《上星期反省录》中指责"雷震为雷逆"，称其为"反动"，"挑拨台民与政府恶劣关系"。"如不速即处置，即将噬脐莫及，不能不做最后决心矣"。7月25日，蒋介石决定逮捕雷震，以此警告正在筹组新党的李万居、高玉树等人。其日记称："甲、民主自由之基础在守法与爱国；乙、不得煽动民心，扰乱社会秩序；丙、不得违法乱纪，造谣惑众动摇反共基地；丁、不得抄袭共匪故技，破坏政府复国、反共措施、法令，而为匪共侵台铺路，不得挑拨全体同胞团结精神情感。"当日日记称："其他皆可以民主精神尊重其一切自由权利。"[2] 这一天的日记表明，蒋介石惩治雷震和《自由中国》，其目的在于镇压台湾正在兴起的组织"反对党"的活动。

7月9日，胡适等二十二人飞美，出席在美国西雅图华盛顿大学召开的中美学术合作会议。会议至15日结束。9月2日，胡适到华盛顿参加中华教育文化基金董事会会议。当天即回纽约。他茫然不知台湾政局已经发生了前所未有的巨大事件。

---

[1]《蒋介石日记》，1960年7月18日。
[2]《蒋介石日记》，1960年7月26日。

大概陈诚最初不赞成蒋介石对《自由中国》采取行动。7月30日，蒋介石约张群、唐纵、陶希圣等人谈《自由中国》与"雷逆"问题，涉及陈诚，蒋介石称："辞修行态，不胜奇异之至，奈何！"[1]8月27日，蒋介石约见警备总司令黄杰，询问"田雨项目"准备情形，确定对《自由中国》的处理方针：第一，以宽容与不得已的态度出之，非此不能保证反共基地的秩序、安定，否则行将以此一线生机之国脉，被殉于假借民主、自由的共产铺路者之手。第二，该半月刊雷某所言所行，完全如在大陆上卅六七年时期的民主同盟的口号如出一辙。谈话末尾，蒋介石假惺惺地特别声明："只要依循合法的行动，中央决不妨碍言论、结社的自由。"[2]28日，选举改进座谈会发言人李万居、雷震、高玉树等共同表示，新的政党将定名为中国民主党。30日，蒋介石口授处治《自由中国》半月刊公告文稿，说明台湾的环境与现状，外有"匪军"窥伺进犯，内有"匪谍"隐伏渗透，在此情况下，每一负责公民和团体都应该"作反共消患的准备，确保此一片干净土"。[3]9月2日，再次修改该稿。

蒋介石估计，雷震被捕，胡适会出面干涉，或者在美国采取反对政府的行动，觉得应该有所准备。8月31日，蒋介石决定：第一，置之不理；第二，间接警告胡适，不宜返国。第三，间接通知美国逮捕雷震的原因，以免误会。[4]蒋介石自知，逮捕雷震，事关重大，反复考虑，自称"不厌其详"。[5]

1960年9月4日，台湾当局依据所谓涉嫌叛乱条例第十条的规定，逮捕《自由中国》杂志社雷震等四人。6日，被捕的《自由中国》会计刘子英供称：由"匪共"派到台湾，联络雷震，曾将身份明告，但雷震

---

[1]《蒋介石日记》，1960年7月30日。
[2]《蒋介石日记》，1960年8月27日。
[3]《蒋介石日记》，1960年8月30日。
[4]《蒋介石日记》，1960年8月31日。
[5]《上星期反省录》，《蒋介石日记》。

仍将其留在家中，并派其担任会计，蒋介石在主持情报会谈时得知这一消息，很高兴，在日记中写道："其通匪之罪确立矣！"[1] 7日，蒋介石主持国民党中央常会，蒋介石指示唐纵说："雷案主要问题因转移于刘子英匪谍与雷有重大关系方面，而以其社论叛乱涉嫌为次要矣。"[2]

雷震被捕当天，陈诚即致电胡适，通知他《自由中国》"最近言论公然否认政府，煽动变乱"，已经警备总司令部将雷震等"传讯"保证，"自当遵循法律途径妥慎处理"。胡适当日早晨已经从新闻广播中得知有关消息，也从台湾"驻美"大使馆读到"外交部部长"沈昌焕来电：此事经过长期慎重考虑，政府深知在今日国际形势下，此事必将发生于我不利之影响，但事非得已，不能不如此办。[3]

胡适接到陈诚来电后立即复电："鄙意政府此举不甚明智，其不良影响可预言：一则国内外舆论必认为雷等被捕，表示政府畏惧并摧残反对党运动。二则此次雷等四人被捕，《自由中国》杂志当然停刊，政府必将蒙摧残言论之恶名。三则在西方人士心目中，批评政府与谋成立反对党与叛乱罪名绝对无关。雷儆寰爱国反共，适所深知，一旦加以叛乱罪名，恐将腾笑世界。今日唯一挽救方式，似只有尊电所谓'遵循法律途径'一语，即将此案交司法审判，一切侦审及审判皆予公开。"[4]

9月6日，陈诚再电胡适，声称"叛乱"罪咸由军法审判，系属合法。并称："被拘四人中已有一人承认受匪指使来台活动，雷至少有知情包庇之嫌，自当依法，迅予处理。"[5]

9月8日，胡适再电陈诚称："近年政府正要世人相信，台湾是安定中求进步之乐土"，似不可因雷案而昭告世人，全岛今日仍是戒严区，

---

[1]《蒋介石日记》，1960年9月6日。
[2]《蒋介石日记》，1960年9月7日。
[3]《胡适的日记》（手稿本），第18册，1960年11月18日。
[4] 胡颂平《胡适之先生年谱长编初稿》第9册，第3335页。
[5] 胡颂平《胡适之先生年谱长编初稿》第9册，第3335页。

而影响观光与投资。果如尊电所云,拘捕四人中已有一人自认匪谍,则此案更应立即移交司法审判。否则,世人绝不相信,徒然使政府蒙滥用红帽子陷人之嫌而已。雷震"办此杂志十一年,定有许多不谨慎的言语足够成罪嫌。万望我公戒军法机关不得用刑审,不得妄造更大罪名,以毁坏政府的名誉"。毛子水先生忠厚长者,从不妄语,可请雪屏邀子水与公一谈自由中国社史事,当有补益。[1]

此后,胡适还给陈雪屏个人写了一封信,针对沈昌焕来电所称"政府深知"一语,驳斥道:"政府决不会'深知'。总统没有出过国,副总统也没有出过国,警备司令部的发言人也没有出过国,他们不会'深知'此案会发生的影响,所以我不能不做这件事:向政府陈说。"胡适称:"我是杂志发行人、编辑人,我是一个报人,不能不替报人说话,不能不为言论自由说话。"

在胡适致电、致函陈诚和陈雪屏,为雷案呼吁期间,胡适又不断接受新闻界访问:

9月7日,在华盛顿的美联社记者打电话到纽约,询问胡适对雷震案的看法。胡适说:"我认为这是一件最不寻常的事。我认识雷震多年,我觉得以叛乱罪名逮捕他是一件最不寻常的事。""他是一位最爱国的人士,自然也是一位反共分子。他以叛乱罪被逮捕,乃是最令人意料不到的,我不相信如此。"又说:"我是《自由中国》半月刊的创办人之一,但现在已经不是发行人。十年来,这杂志一直是台湾新闻'自由'的象征。""我对这件事的发生很感遗憾。""我诚挚希望雷震的案件由普通法院审理,而不付诸军事审判。以期他能依法受审。"[2]

9月17日,合众国际社记者向胡适采访雷震事,胡适说:"我希望

---

[1] 胡颂平《胡适之先生年谱长编初稿》第9册,第3336页。本电时间,原书系于6日,现据《胡适的日记》手稿本第18册订正。
[2] 台湾《大华晚报》,1960年9月8日。

我回到台北的时候,我的朋友和同事雷震将在叛乱罪下获释。他是一位爱国公民及反共人士。"《自由中国》半月刊在过去十一年内一直是中华民国出版自由的象征。我希望这一象征不被肆意毁灭。"[1]

蒋介石高度注意胡适在美国发表的为雷震鸣冤的言论,称之为"真正的'胡说',本不足道",但他认为此说可为台湾粉饰,又有点高兴。8日日记称:"有此胡说,对政府民主体制亦有其补益,否则不能表示其政治为民主矣!"[2]然而这以后的日记,蒋介石对胡适的批判火力越来越猛,上纲就越来越高了。20日日记云:"胡适挟外力以凌政府为荣,其与匪共挟俄寇以颠覆国家的心理并无二致。其形式虽有不同,而重外轻内,忘本逐末,徒使民族遭受如此空前浩劫与无穷耻辱。"[3]

10月8日,台湾警备总部军法处判处雷震徒刑十年、刘子英十二年、马之骕五年。其主要理由为:明知为"匪谍"而不告密检举,连续以文字为有利于叛乱之宣传。

10月13日,蒋介石听说胡适定于10月16日回来,猜想其目的是,在雷震未复判之前为其要求减刑或释放,便愤怒地在日记中怒骂:称胡适是"最无品格之文化买办"。日记云:"无以名之,只可名之曰'狐仙',乃为害国家,为害民族文化之蟊贼,彼尚不知其已为他人所鄙弃,而乃以民主、自由来号召其反对革命、破坏其反共基地也。"[4]在这一天的日记中,蒋介石称胡适为"文化买办",而且称之为"文化蟊贼",大概是对胡适最严厉的攻击和贬损了。

由于雷案,蒋介石受到许多人的批评和攻击,但蒋介石认为胡适最突出,称之为"卑鄙之言行"[5],因此,他很担心胡适。当时,李万居等

---

[1] 台湾《大华晚报》,1960年9月18日;台湾《公论报》,1960年9月19日。
[2]《蒋介石日记》,1960年9月8日。
[3]《蒋介石日记》,1960年9月20日。
[4]《蒋介石日记》,1960年10月13日。
[5]《蒋介石日记》,1960年10月20日。

组织筹委会,对军法处对雷震的判决不服,蒋介石除指令驳斥外,担心胡适回台后存心"捣乱为难"。此后,蒋介石的日记几乎每天都有胡适归来的记载。如:

10月20日:"闻胡适往日逗留,暂不回台,或其听其友人之劝乎?"

10月22日:"据报,胡适今晚回来也。"

10月24日:"今日闻胡适回来后,对雷案各种胡说不以为意,听之,我行我事可也。"

10月29日:"为胡适无赖卑鄙之言行考虑痛苦不置,其实对此等宵小,不值较量,更不宜痛苦,唯有我行我事,置之一笑,则彼自无奈我何矣。"

《上星期反省录》:"胡适无耻言行与美国左派与糊涂友人仍为雷震张目说情,并加挟制的情形更加令人痛心。"[1]

上述日记,可见蒋介石承受的巨大精神压力。不过,蒋介石认为雷案"完全操之在我,而且法理皆在我方",用不着像对美国大选一样担心忧愁。

10月18日,胡适离开美国回台。19日,到达东京,听取自台北赶来的毛子水的报告,了解雷案发生后的台北情形。22日晚,胡适回到台北南港寓所。《新生报》《中央日报》《联合报》《公论报》的记者已经在等着采访。胡适当即发表谈话,否认外间所传他将担任新党顾问一说。他表示:"我以前不干政治,现在已届七十之年,也不会做政治活动。"谈起新党,胡适说:"我很希望有一个有力量的、像个样子的反对

---

[1]《上星期反省录》,《蒋介石日记》,1960年。

党。""十多年前我曾劝过国民党的领袖,最好是从中国国民党自由地分化出来,根据各人的政见演变成两个大党。"又说:"新的政党,不妨以在野党为号召,而不必称反对党。如果新党表现得好他一定公开赞成;如果不满意,应该有保留不说话和批评的自由。"[1]23日,李万居等来见,胡适约以26日晚见面再谈。

10月26日上午,胡适先见陈诚,报告将要与李万居等的谈话内容:第一,看看雷案发展,看看美国大选等世界形势,展缓成立新党的时间,不可急于组党。第二,根本改变对政府的态度。要和平,不可敌对;不可成为台湾人的党,必须要和民社党、青年党两党合作,和无党派的大陆同胞合作;要争取政府的谅解,同情的谅解。[2]

回台后,胡适继续为雷震呼吁。10月23日夜,胡适接见《联合报》记者于衡,声称"我不是帮雷震的忙,而是帮国家的忙,因为雷案已使他的国家受到损失"。[3]11月9日,再次接见于衡,发表谈话道:"别的话可以不登,但我不是营救雷震,我营救的乃是国家,这句话是不能不登的。"[4]

十四、胡适以不谈雷震为条件会见蒋介石,要求给予组织新党的人士以"雅量"

胡适一面向新闻界呼吁,一面通过张群要求会见蒋介石。11月16日,蒋介石同意胡适18日来见。11月18日,胡适会见蒋介石,张群在座。

蒋介石要胡适谈谈政治形势。胡问:国内的,还是世界的。蒋称:

---

[1] 台北《中央日报》,1960年10月23日。
[2] 《胡适的日记》(手稿本),第18册,1960年11月18日。
[3] 台湾《联合报》,1960年10月24日。
[4] 台湾《联合报》,1960年11月10日。

"整个世界的。"胡适谈了两件大事。说完了,胡适忍不住说:我本来对岳军先生说过:我见总统,不谈雷案。但现在谈到国际形势,我不能不指出,这三个月来,在这件事上的政府措施实在在国外发生了很不好的影响。接着,胡适向蒋汇报了得知雷震被捕消息的经过以及给致电陈诚,特别是致函陈雪屏的情况。蒋称:"我对雷震能十分容忍。如果他的背后没有匪谍,我决不会办他。我们的政府是一个反共救国的政府,雷震背后有匪谍,政府不能不办也。我也晓得这案子会在国外发生不利的反响,但一个国家有他的自由,有他的自主权,我们不能不照法律办。"此前,蒋介石曾对美国西海岸的报人做过类似谈话,现在又重复了一遍。

雷震和《自由中国》半月刊本来是个单纯的"言论自由"问题,然而一扯上"匪谍",性质就变化,胡适就无话可说了。他只能就审判性质、辩护、定案时间一类技术性、细节性的问题质疑,而这是无法击中雷震案的"要害"的,也是蒋介石乐于讨论的。胡适对蒋介石说:"关于雷震与匪谍的关系,是法庭的问题。我所以很早就盼望此案转移交司法审判,正是为了全世界无人肯信军法审判结果。这个案子的量刑,十四年加十二年,加五年,总共三十一年徒刑,是一件很重大的案子。军法审判的日子(十月三日)是十月一日才宣布的,被告律师只有一天半的时间可以查卷,可以调查事实材料。十月三日开庭,这样重大的案子,只开了八个半钟头的庭,就宣告终结了,就定期八日宣判了,这是什么审判?"

接着,胡适又说:"我在国外,实在见不得人,实在抬不起头来。所以八日宣判,九日国外见报,十日是双十节,我不敢到任何酒会去。我躲到普林斯顿去过双十节,因为我抬不起头来见人。"

蒋介石觉得没有必要和胡适辩论这一类问题,便主动转移话题:"胡先生同我向来是感情很好的,但是,这一两年来,胡先生好像只相信雷儆寰，不相信我们政府。"

蒋介石打开这一话题，胡适只能回答："这话太重了，我当不起。"接着，胡适叙述自己1949年4月21日船到圣佛朗西斯科时对美国记者的表态，表示愿意重述。说到这里，胡适觉得时间不早了，便决意叙述自美回台第二天对陈诚所述，准备对筹组新党的李万居等人说的话，即：根本改变对政府党的态度，要和平，不可敌对。他对蒋介石说：

> 十年前总统曾对我说，如果我组织一个政党，他不反对，并且可以支援我。总统大概知道我不会组党的。但他的雅量，我至今不忘记。我今天盼望的是，总统和国民党的其他领袖，能不能把那十年前对我的雅量，分一点来对待今日要组织一个新党的人？

胡适说了半天，终于说出了他十分想说而蒋介石十分不愿意听的话——允许在国民党之外，组织一个新的政党。说完，胡适觉得时间晚了，便起身告辞。蒋介石很客气地表示：将来从南边回来，还要约见，再谈谈。他将胡适一直送到接待室门口，张群则送到楼梯边。胡适下楼时看表，12点17、18分钟。[1]

蒋介石接见胡适的当天，日记云："余只知有国家而不知其他。如为国际舆论，则不能再言救国矣。如大陆沦陷之教训，则不能不作前车之鉴也。最后略提过去与胡适之感情关系，彼或有所感也。"[2] 在《上星期反省录》中，蒋介石又写道："胡适之'胡说'，凡其自夸与妄语皆置之不理，且明答其雷为匪谍案，应依本国法律处理，不能例外示之，使之无话可说。既认其为卑劣政客，何必多予辩论。"同日，《蒋介石日

---

[1]《胡适的日记》（手稿本），第18册，1960年11月18日。
[2]《蒋介石日记》，1960年11月16日。

记》云："雷案复判已核定，不能减刑。"

11月23日，胡适接到雷震夫人电话，雷震一案维持原判。当夜，各报采访胡适，胡适只说："大失望！大失望！"24日，雷震与刘子英入狱服刑。胡适读到11月17日的判决书，日记云："我忍不住要叹气了。"胡适叹气，蒋介石却有点高兴，日记云："胡适投机政客卖空与挟制政府，未能达其目的，只可以很失望三字了之。"

12月2日，蒋介石接到其"驻美大使"来电，要求对雷震"自动减刑，"蒋介石立即拒绝，日记称："美国之愚拙极矣！"12月9日，蒋介石听说胡适、成舍我发起特赦雷震运动，日记云："此与美国共党同路人，内外相应之行动也。"

尽管蒋介石认为胡适是"投机政客"，为他定了"卖空与挟制政府"的罪名，但是，到了12月21日胡适七十岁生日这天，蒋介石还是为其办了祝寿宴会。

蒋介石等为雷震定罪的时候，口口声声"匪谍"。怎么回事呢？

后来，刘子英被释，于1988年自台湾赴大陆定居，行前，致函雷震夫人称："当年为军方威势胁迫，我自私地只顾了自身之安危，居然愚蠢地捏造谎言诬陷儆公，这是我忘恩负义失德之行。"[1]

原来如此。

十五、蒋介石为胡适"盖棺论定"

1962年2月6日，适逢春节，蒋经国到胡适处拜年，代蒋介石邀约胡适夫妇等人午宴。《蒋介石日记》云："宴胡适之夫妇等，以尽人情之理。"

---

[1] 马之骕《雷震与蒋介石》，（台湾）自立晚报出版社1993年版，第493页。

胡适早有心脏病。1949年10月底、11月初，曾两次心脏剧痛。[1] 1951年12月17日，他六十一岁时，自称"常常带药瓶走路，连人寿保险公司也拒绝我这个顾客，生命很可能忽然结束。"[2] 1961年2月25日，胡适心脏病发，入住台湾大学医院。4月22日出院。11月26日，心脏病再发，重入台大医院，至1962年1月10日出院，入住台湾大学招待所疗养。

尽管胡适病重，仍然继续受到"围剿"。

1961年9月24日，胡适在《民主潮》十一卷十八期发表《纪念曾慕韩先生文》，中云："过于颂扬中国传统文化了，可能替反动思想助威……凡是极端国家主义的运动，总都含有守旧的成分，总不免在消极方面排斥外来的文化，在积极方面拥护或辩护传统的文化。所以我总觉得，凡提倡狭义的国家主义或狭义的民族主义的朋友们，都得特别小心的戒律自己，偶一不小心，就会给顽固分子加添武器了。"事后，"立法委员"林栋当即在"立法院"教育委员会向"教育部部长"提出质询。大部分"立委"也都表示反对胡适的观点。

同年11月6日，胡适应美国国际开发总署之邀，在亚东区科学教育会议开幕时作主题演讲，题为《科学发展所需要的社会改革》。演讲中，胡适谈到"东方文明"中缺少"精神价值"。他以缠足等为例说："一个文明容忍像妇女缠足那样惨无人道习惯到一千年之久，而差不多没有一声抗议，还有什么精神文明可说？"又说："科学和技术的新文明"是"人类真正伟大的精神成就，是我们必须学习去爱好、去尊敬的"。其结论是："我主张把科学和技术的近代文明看作高度理想主义

---

[1] 胡颂平《胡适之先生年谱长编初稿》增补版，第6册，第2107页。
[2] 《在台北市记者招待会上答问》(1952年11月19日)，《胡适言论集乙编》，曹伯言、季伟龙《胡适年谱》，第732页。

的、精神的文明。"[1]胡适的这些看法立即受到"东方文明"维护者的"围剿"。"立法委员"廖维藩提出质询,徐复观在《民评主论》发表文章,批评胡适"以一切下流的词句,来诬蔑中国文化,诬蔑东方文化","向西方人卖俏","得点残羹冷汁(炙)""脸厚心黑"云云。[2]

2月24日上午,胡适主持"中研院"院士会议。下午,主持欢迎第五届新院士酒会,讲了十分钟的话,胡适突然面色苍白,仰身倒地,经急救无效,7时10分去世,享年七十二岁。

2月25日,蒋介石亲撰挽联:"新文化中旧道德的楷模;旧伦理中新思想的师表。"从新文化与旧伦理两个方面对胡适作了评价,蒋介石自认为"公平无私","并未过奖,更无深贬之意"。3月1日,蒋介石偕同张群到"中研院"吊唁。次日日记云:"盖棺论定,胡适不失为自由主义者。其个人生活亦无缺点,有时亦有正义感与爱国心。惟其太褊狭自私,且崇拜西风,而自卑其固有文化,故仍不能脱出中国书生与政客之旧习也。"3月2日,陈诚率领治丧委员会全体举行公祭,到会一百多单位,2万余人。3月3日,蒋介石在《上星期反省录》中写道:"胡适之死,在革命事业与民族复兴的建国思想言,乃除了障碍也。"6月27日,蒋介石发布褒扬令,全面评价其一生,称其"恺悌劳谦,贞坚不拔"[3]。10月15日,治丧委员会公推毛子水撰写墓志铭,词曰:

> 这个为学术和文化的进步,为思想和言论的自由,为民族的尊荣,为人类的幸福而苦心焦虑、敝精劳神以致身死的人,现在在这里安息了。[4]

---

[1] 胡颂平《胡适之先生年谱长编初稿》增补版,第10册,第3803—3806页。
[2] 胡颂平《胡适之先生年谱长编初稿》补编,1962年,第609页。
[3] 台北《中央日报》,1962年7月4日。
[4] 胡颂平《胡适之先生年谱长编初稿》增补版,第10册,第3903—3904页。

蒋介石的褒扬令，用文言；毛子水的墓志铭，用白话，维护了胡适的遗愿。

胡适被困北平之际，蒋介石等一再电邀其南下，最后派专机相接。毋庸讳言，自然有其特定的政治目的。南下之后，胡适对蒋介石时有"逆耳"之言，蒋介石在日记中对胡适则不满、不屑、怨愤、嘲讽、辱骂甚至敌视，体现了两人之间政治观念、治世理念的凿枘难合：胡适醉心于西方民主模式：多党并存与竞争，确保言论自由，通过选举，以和平方式转移政权；蒋介石则迷恋于一党专政和个人独裁，力图控制社会舆论，压制民主，长期执政，走法西斯或近似于法西斯专政的道路。由于胡适的极高声望和装点、粉饰自身政权的需要，蒋介石没有采取对雷震一类的严厉措施，而是"不即不离"，始终保持了适当的克制和礼遇，并在其生命终结之后，给出了一个自以为"公平无私"的评价。这些做法，显然都是对胡适的一种利用。

胡适一生，其思想和事业广阔而复杂。蒋介石的上述三段话，抛弃了其日记中前引对胡适的谩骂、攻击语言，有摆脱党派和个人私见的方面，但是，也严重反映出党派和个人私见的局囿。有些话包含正确因素，有些话大谬不然，需要人们认真、深入、细致地辨析。蒋介石虽自视其上述评价是对胡适的"盖棺论定"，其实离"定论"很远、很远。从某种意义上看，它和中国近代史上的许多问题一样，也许是一个长期的、永远说不完的话题。

附录

我和民国史研究

我年轻时从未想过会研究历史。记得我最初的理想是当钢铁工程师，因为那时，国家正在大规模地建设鞍山等钢铁基地。后来，想当地质学家、数学家；再后来，想当作家，所以报考大学时选择了北京大学中文系新闻学专业，想像苏联的法捷耶夫、西蒙诺夫等人一样，从记者走向文学创作的道路。不过入校以后，知道新闻学专业只有四年，要学《布尔什维克报刊史》一类我不喜欢的课程，便改报了汉语言文学专业。五年学完，被分配到北京南苑的一所农业机械学校。一年半之后，转到北京师范大学附属中学当教员。直到1978年，我才正式调到中国科学院哲学社会科学部（今中国社会科学院）近代史研究所民国史研究室，从事专业研究工作。

初涉学术之途——研究中国文学

我初进大学时，热衷于写诗、写小说。不过，很快我就发现自己没有什么生活底子，转而想研究美学和文艺理论。当时，我曾为自己确定了"作家世界观和创作方法"，"美学理想的阶级性与全人类性"等两三个研究题目，为此，我大量读过巴尔扎克、托尔斯泰、陀斯妥耶夫斯基等人的作品，也曾跑到哲学系，去偷听朱光潜、宗白华先生的美学课。不过，我也很快发现自己的中外文学史、艺术史底子太薄，一下子就研究美学和文艺理论是不相宜的，于是，决定先从研究中国文学史做起。

那时候，我正痴迷于唐诗。于是，一边听课，一边跑琉璃厂、东安市场、隆福寺，在旧书摊上淘书。唐代诗人，如陈子昂、王维、孟浩然、李白、杜甫、柳宗元、韩愈、李贺、李商隐、杜牧、皮日休等人的集子都被我淘到了，也真读。不仅读唐人别集，也读唐以前的，记得明人张溥编辑的《汉魏六朝百三名家集》，厚厚的好多函，我是从头到尾读完的。

从大学三年级起，学校里搞教育革命，学生批判老师，不上课，自己编书。我们年级首倡编写《中国文学史》，几十个人突击，用几十天的时间完成，这便是那曾经名盛一时的北大中文系1955级的红色《中国文学史》。现在看起来，这部书"左"得很，其名声完全是适应形势需要，哄抬起来的。我最初参加隋唐五代组，初稿写成后，阿英同志提出，近代文学部分不可不写南社，于是，把我临时调去支援，补写了革命文学团体南社一节。没有想到，这便成了若干年后我进入近代史研究所的因缘。

红色文学史出版后，我们奉命继续革命。我选择了"虫鱼之学"，编注《近代诗选》。这样，我便大量阅读鸦片战争以后的诗文别集和近代报刊的文艺栏目，总共看过几百种吧！作注释，可不像发几句革命议论那样容易。好在那时，师生关系已经有所改善，季镇淮教授直接参加编选组，和我们一起工作。此外，我还常去请教游国恩、吴小如两位先生，在他们指导下，加上自己摸索、钻研，我逐渐学会了使用《佩文韵府》《渊鉴类涵》《骈字类编》等工具书、类书和各种引得，懂得了搞注释的门道。编注诗选期间，我们对红色文学史作了一次重大修改，比较地可读了。这次，我撰写的是近代文学。

《近代诗选》改了又改，搞了好多年，一直到我毕业后，在南苑那所农机学校工作时，还在修改。该书出版后，我便和同学刘彦成君合作，写了一本题为《南社》的小册子。初稿完成后，蒙当时中华书局总编辑金灿然同志召见，给予了亲切热情的鼓励。其后，当时《南社》的责任编辑傅璇琮同志要求我再写一本，我选择了《黄遵宪》。

20世纪60年代，中国政坛云翻雨覆，文坛也跟着波澜迭起。《南社》因为写的是"资产阶级文学团体"，虽然排出了校样，却一直不能出版，自然，《黄遵宪》也就压在我的抽屉里。这两本书，是"文革"结束后才由中华书局和上海人民出版社分别出版的。

我从1958年起研究南社，积累了大量资料，进入近代史研究所后，遍阅清末民初的各种报刊，有几种报纸，可以说是一天天、一页页翻过的。在此基础上，编成《南社史长编》一书，由中国人民大学出版社1995年出版。

探求天人之道——研究中国哲学

我在研究中国文学的过程中，逐渐觉得只研究文学本身不够，例如，要分析作家思想，必须懂得当时的社会，特别是当时的思潮。于是，我便啃一点哲学和哲学史方面的书籍。诸如，《路德维希·费尔巴哈和德国古典哲学的终结》《唯物主义和经验批判主义》等书，我都是比较认真地读过的；侯外庐等编著的《中国思想通史》我也是比较认真地读过的。《中国思想通史》在分析司马迁时，特别强调他的"究天人之际，通古今之变"，这给了我极大的震撼。我觉得，这十个字，是研究学术的最高理想，也是研究学术的必要条件，否则，鼠目寸光，所见极短、极小，是难以深探学术的堂奥的。

这样，我就对中国哲学史、中国思想史有兴趣了。一个偶然的机会，我读到了明代泰州学派传人韩贞的《韩乐吾先生集》。韩贞是窑匠，以烧砖制瓦为生，后来师从泰州学派创始人王艮。多年来，人们一直将他作为泰州学派具有人民性和异端色彩的有力证据。我读了《韩乐吾先生集》后，觉得情况完全不是这样，他的思想相当消极，于是，便写了一篇短文——《韩贞的保守思想》，发表在《光明日报》的"哲学"专刊上。文章发表后，受到了侯外庐先生的注意，也受到了侯先生的弟子杨超、李学勤等先生的注意。杨、李二先生不耻下问，到我当时工作的师大附中来借阅韩贞的集子，给了我很大的鼓励。其后，我进一步研究王艮，于1993年在《新建设》杂志发表《关于王艮思想的评价》一文，完全和侯先生以及嵇文甫、杨荣国诸大家唱反调。《新建设》编辑部将校样交给侯先生审阅，侯先生不仅同意发表，而且提出，要调我到他手下，当时历史研究所的思想史研究室工作。当然，未能调成，那是一个突出政治的年代，我在大学里是"白专道路"的典型，如何能通得过各种人事关卡呢！

转眼到了"文革"时期，我无事可干，但又不甘寂寞，便研究鲁迅，同时偷偷地帮吴则虞先生编《中国佛教思想文选》，明知当时此类书不可能出版，但权当是一种学习吧！再后来，毛泽东提出，要学点哲学史，中华书局因此要找人写一本《王阳明》，找来找去，找到了我。那时，我在师大附中教语文，还兼一个班主任，但我欣然接受了这一任务。书很快写成了，也很快出版了，一下子印了三十万册，而且很快就售罄，但我只拿到了三十本书，那时，是没有稿费的。有朋友开玩笑，要是在这两年，我就发大财了。

《王阳明》出版后，我又应中华书局之约，陆续写了《泰州学派》《朱熹及其哲学》二书，分别于1980、1982年出版。

哲学是哲学家对自然和社会的认识与思考。研究哲学，有两条路子，一条是还原，研究哲学家提出的各种概念、范畴及其体系的现实出发点；一种是上升，研究哲学家提出的概念、范畴及其体系的理论意义与价值。我偏重前者。例如，宋明道学的基本范畴"理"，我认为，在朱熹那里，是规律和伦理的综合；在王阳明那里，是人的生理本能、生理功能和伦理的综合。由此，我对于理学史上的"心性之争"，也就是"心学"和"理学"的区别，包括"禅学""心学"的发展轨迹以及它的消极和积极作用等问题有了一点自己的看法。1989年，我在《朱子学刊》创刊号所发《禅宗的"作用是性"说和朱熹对它的批判》一文可以代表我对上述问题的部分思考。该文是我原来想写的《理学笔记》的第一篇，不过后来因为忙，就再也没有写下去。我一度有志于清理晚明至清朝道光年间的思想史，为此，读过一些明代中叶以后的文人别集，但是，徒有其志而已。我的《王阳明》《朱熹及其哲学》等书，也想有机会重写，是否能抽得出时间，只有天知道了。

三迁乃至归宿——研究民国历史

我走上研究民国史的道路，完全出于偶然。

我在研究南社的过程中，发现了一个很有意思的现象。南社作家，在其初期，大多很有创造精神，提倡戏曲革命、诗界革命，写白话文，写新体小说，主张"融欧亚文学于一炉"，然而，到了辛亥革命前夜，正式成立南社时，却大力提倡传统的诗、文、词、骈文，古色古香起来。我研究其中的奥妙，发现是流行一时的国粹主义思潮作祟，于是便写了一篇《论辛亥革命前夜的国粹主义思潮》，发表在1964年的《新建设》上。文章发表后十年，近代史研究所民国史研究室的同志编辑南社资料，发现了我的这篇文章，便将他们的初步选目寄给我，我认真提了意见；他们又约我面谈，并且邀请我参加协作。于是，我便一边教书，一边利用业余时间在近代史所从事研究。这样，从1974年协作到1977年，其间，因王学庄同志介绍，我又得李新教授同意，参加《中华民国史》第一编的写作。那时，民国史研究室正值发展时期，迫切需要人才，便提出要调我到所工作。我那时只要能搞科研，进文学、哲学、历史的任何一个研究部门都无所谓。不过，那时调动一个人的工作仍然很困难，左折腾，又折腾，那经过，是可以写一部情节曲折的小说的。然而，毕竟是拨乱反正时期了，我终于在1978年4月正式调进近代史研究所民国史研究室，一偿多年来想从事学术研究的夙愿。

调入近代史研究所后，除和几位研究者合作完成《中华民国史》第一编上下两册外，又于1982年起，用了十多年的时间，主编并主撰该书第二编第五卷《北伐战争与北洋军阀的覆灭》。靠了几位年轻合作者的共同努力，该书出版后颇蒙国内外学界好评。

在写作《中华民国史》的同时，我还写了二三百篇各种各样的文章。其中，有四十篇编为《寻求历史的谜底——近代中国的政治与人物》，由首都师范大学出版社于1993年出版。第二年，台湾文史哲出版社出了繁体字版。该书获北京优秀学术著作奖及国家教委所属高校出版社优秀学术著作奖。另六十余篇，编为《海外访史录》，由社会科学文献出版社出版。

民国史是我几十多年来的主业，研究领域集中于辛亥革命史、北伐战争史、抗日战争史和国民党派系斗争史、胡适的社会关系等几个方面，现分述之。

一、辛亥革命史

在我编写《中华民国史》第一编时，黎澍同志提出，可以研究一下革命党人的派性。我觉得这是个好题目。便动手收集资料，中国的、日本的、新加坡的，凡一切可以找到的资料，都努力搜寻。在此基础上，写成《同盟会的分裂与光复会的重建》一文。我提出，在同盟会成立以后，曾经发生过两次"倒孙（中山）风潮"。第一次反映出日本社会党分裂和日本无政府主义派别对同盟会的影响，第二次反映出同盟会内部的经费和人事纠纷。此后，我又陆续写成《龙华会章程主属考》《章太炎与端方关系考析》《民报的续刊及其争论》《蒋介石为何刺杀陶成章》等文，系统地清理并揭示了辛亥革命前后的同盟会内部矛盾真相。

武昌起义后，革命党人迅速占有半壁江山，但是，孙中山很快让位于袁世凯，一场轰轰烈烈的革命很快归于失败。为什么？旧说大都照搬领袖人物的政治结论——资产阶级的软弱性。我认为，这是政治分析，而不是历史分析，因此陆续写了《孙中山与租让满洲问题》《华俄道胜银行借款案与南京临时政府危机》《孙中山与民国初年的轮船招商局借款》等文，揭示出，孙中山本有进军北京，彻底推翻清朝政府的宏愿，但由于财政拮据，借贷无门，内外交困，不得不忍痛议和，从而使革命半途而废。

武昌起义后，原湖北谘议局局长、立宪派首领汤化龙宣布拥护革命，出任军政府总参议，但是，湖北地区多年来流传，汤化龙曾暗中联络黎元洪等，联名密电清廷，要求清军南下，扑灭革命。由于提出此说的多为当时的革命党人，因此，此说几成铁案，汤化龙也就自此戴上了反革命两面派的帽子。我经过周密考证，证明此说是一种讹传。日本学者狭间直树曾撰文表示，该文"考证确凿，堪称杰作"。

辛亥革命时有三大思潮：三民主义、国粹主义、无政府主义。我对这三大思潮都做过考察。在对三民主义的研究中，我用力较勤的是民生主义。在《孙中山和中国革命的前途》等文中，我提出：孙中山向往社会主义，对资本主义有强烈的批判思想，但他主张"取那善果"，"避那恶果"，表现出这位哲人的睿智和思想中的辩证光辉。他的民生主义不能简单地归结为发展资本主义的纲领，其内容和实质是，允许国有经济与私有经济并存，充分利用外资，最大限度地发展国家资本主义，用以限制资本主义的"恶果"。在研究其他两种思潮时，我提出：邓实、章太炎等人的国粹主义虽有发扬优秀传统文化的积极意向，但也有抵制外来进步文化、抱残守缺的严重消极方面。刘师培等人的无政府主义提出过若干颇有光彩的思想，但超越时代，超越中国社会实际，是近代中国极"左"思潮的源头。

多年来，国内学界普遍认为，辛亥革命的领导力量是民族资产阶级中下层。我不同意此说，认为这一革命的实际领导力量是那一时期出现的"新型知识分子"中的"共和知识分子"，并由此论述了维新、共和、共产三代知识分子在近代中国历史嬗变中的作用，自以为，这一说法较为接近历史的真实面貌。

二、北伐战争史

1926年的中山舰事件是近代史上的一大谜团。我根据《蒋介石日记》、中山舰事件案卷、蒋介石与汪精卫来往函件等多种未刊资料，写成《中山舰事件之谜》一文，提出了与旧说不同的新解。该文谬蒙胡乔木同志肯定，认为是一篇具有"世界水平"的好文章，并蒙中国社会科学院授予优秀科研成果奖。继上文之后，我又发表《中山舰事件之后》一文，论证当时对蒋介石的妥协政策，源自苏俄方面。

北伐战争是近代中国史上的一次成功的战争。我在国内外先后发表的论文有《北伐时期左派力量同蒋介石斗争的几个回合》《蒋介石与北伐时期的江西战场》《四一二政变前后武汉政府的对策》《蒋介石与北伐时期的战略策略》《蒋介石与二次北伐》，以及《从蒋介石日记看他的早年思想》等文。这些文章，力图展现北伐期间高层斗争的复杂历史面貌，实事求是地评价蒋介石在这一时期的作用。

北伐战争为时不过两年，但我和合作者用于编写《北伐战争与北洋军阀的覆灭》这本书的时间却超过十年。在写作本书的过程中，我们特别注意收集各方资料，国内、国外；正面、反面；中央、地方；此派、彼派；在此基础上，力求摆脱过去党派斗争的影响，站在新的历史高度，重新审视一切，从而准确、公正地再现当时的历史。这本书出版后，时任中共中央文献研究室常务副主任的金冲及发表评论，认为"这部近六十万字的巨著，许多方面的研究成果比前人又有新的突破。它是近年来中国近代史研究领域内一部不可多得的力作"。台北中国国民党党史会主任李云汉教授也发表评论，认为该书"内容充实，体系完整，能脱出旧窠臼而能运用多方面的史料"，"除对蒋中正尚是斧钺交加外，其他叙述都甚平实可信"。

三、抗日战争史

我对抗日战争史的研究主要集中于蒋介石的对日政策与日蒋谈判。在这方面先后发表的论文有：《济案交涉与蒋介石对日妥协政策的开端》《黄郛与塘沽协定善后交涉》《九一八事变后的蒋介石》《抗战前期日本"民间人士"和蒋介石集团的秘密谈判》《孔祥熙与抗战期间的中日秘密交涉》等文。前三文研究全面抗战前蒋介石对日政策的开端与发展，后二文揭示日蒋间多次秘密谈判的内幕。除了阐述还隐藏在重重历史幛帷中的情节、过程外，我力图揭示在这些虚虚实实、风云诡谲的谈判后面所隐藏的复杂目的。我认为，这些谈判，不只是如人们所理解地反映出蒋介石对抗战的动摇，更多反映的是当时国民政府对日和对汪精卫的一种斗争策略。

西安事变关涉国共关系史和抗日战争史，多年来有不少史家涉足，出版了许多优秀成果。在这一领域，我只做了一点资料性和考订性的工作，发表的资料、文章有《孔祥熙所藏西安事变未刊电报》《孔祥熙西安事变期间未刊日记》以及《西安事变史实订误》等。

国民党在抗战期间所从事的地下工作尚未进入历史学家的视野。在这方面，我曾根据台北"中研院"所藏朱家骅档案，写过一篇《吴开先与上海统一委员会的敌后抗日工作》，初步展示了该项工作的一个侧面。

四、国民党派系斗争史

国民党派系复杂。可以说，不研究派系，就不可能全面了解国民党。在这一领域，我的已有成果主要集中于孙、黄矛盾，蒋、胡斗争，孔、宋斗争和蒋、李斗争。

孙中山与黄兴的矛盾表现于中华革命党时期。我曾根据日本外务省所藏档案及宫崎滔天家藏资料写成《"真革命党员"抨击黄兴等人的一份传单》《跋钟鼎与孙中山断绝关系书》《何天炯与孙中山》《邓恢宇与宫崎滔天夫妇》等文，揭示了孙、黄在反袁斗争中形成的分歧和发展，补充了前人所不知的若干史实。

美国哈佛燕京学社图书馆藏有大量胡汉民晚年往来未刊函电，我于1990年访问美国时读到这部分资料，立即意识到它的巨大史料价值。这部分资料的特点是使用了大量隐语、化名，没有相当的中国历史和文化知识，很难破译。例如，以"门""阿门""门神""蒋门神"指蒋介石，以"水云""容甫"指汪精卫，"以"不""不孤"指李宗仁，以"香山后人"指白崇禧，以"马""马鸣"指萧佛成，以"衣"指邹鲁，以"跛""跛哥"指陈铭枢等。我在反复琢磨——破译之后，发现九一八事变之后，胡汉民曾广泛联络各方力量，秘密组织"新国民党"，积极谋划以军事行动推翻以蒋介石为代表的南京国民政府。20世纪30年代的许多抗日反蒋事件，如察哈尔抗日同盟军、福建人民政府、孙殿英西进等，背后都与胡汉民有关。因此，写成并发表了《胡汉民的军事倒蒋密谋及胡蒋和解》一文。1996年，我访问台湾地区，在国民党党史会和"国史馆"查阅有关资料，进一步有所发现，因此，又陆续写成并发表了《30年代初期国民党内的反蒋抗日潮流》《一项南北联合倒蒋计划的夭折》《1935年国民党内部的倒汪迎胡暗潮》等文，比较深入地揭示了这一时期国民党内部派系斗争的隐情。

孔祥熙和宋子文是国民党中的两大家族。他们是姻亲,但又是政敌,其互相争斗情况很少为人所知,但又是研究二十世纪三四十年代国民党政权所必须解决的课题。在《豪门之间的争斗》一文中,我对美国斯坦福大学胡佛档案馆所藏宋子文档案中的若干电函作了释读,从而揭示了这两大民国政要之间的深刻矛盾。与此相关,我又根据美国哥伦比亚大学珍本和手稿图书馆所藏孔祥熙档案和台湾"中研院"史语所所藏傅斯年档案,分别写成《蒋孔关系探微》和《傅斯年攻倒孔祥熙》二文。前文揭示了蒋、孔之间密切关系的奥妙,后文揭示了孔祥熙这一民国政坛上的不倒翁屡受攻击,终致倒台的状况。

关于蒋介石和李宗仁的矛盾,我的研究重点在1949年李宗仁成为"代总统"之后。在《李宗仁的索权逐蒋计划》一文中,我根据在美国哥伦比亚大学珍本和手稿图书馆所发现的资料,揭示了当时李曾经有过向蒋索取政权、军权、财权,并要求其出国的计划。后来,又写过一篇《蒋介石"复职"与李宗仁抗争》,揭示蒋介石到台湾后的"复职"经过及其与李宗仁的新纠纷。

五、胡适的社会关系

胡适是民国文化史、思想史上的大家。研究民国史,不可能不涉及胡适。我的研究主要集中于胡适的社会关系,先后发表过《胡适与国民党的一段纠纷》《胡适与钱玄同》《胡适与杨杏佛》《胡适与陈光甫》《胡适与柳亚子》等文。它们分别从不同方面勾勒出胡适的性格与面貌。

民国史之外

我做学问,反对浮光掠影,主张深入沉潜;但是,我也不主张过于狭窄，所以，在以主要精力从事民国史研究之外，我也作一点其他方面的研究。其中，稍可一述的是关于宣南诗社、戊戌政变和政变后的改良派，以及关于青年鲁迅的研究。

宣南诗社本是清朝嘉庆、道光年间的一个并不很著名的文学团体，但是，由于范文澜在《中国近代史》一书中将它和禁烟运动、维新思潮联系起来，因此受到学界的重视。我遍阅当时有关人物的诗文集，查清了这一诗社的沿革，发现范说不确，错误颇多，因此，写成《关于宣南诗社》一文，纠正了范说之误。

1985年，我在日本阅读外务省档案缩微胶卷。那时，我正研究辛亥革命，在连续多日，读了十几卷有关辛亥革命的资料后，本可得胜收兵了，但是，我突然觉得，应该看看戊戌变法的有关档案。于是，转动卷轴，继续搜寻。忽然，阅读机的荧幕上出现了毕永年的日记——《诡谋直纪》。在这份资料中，毕永年以当事人的身份揭露了康有为曾经有过的一项"武力夺权"密谋——包围颐和园，捕杀西太后。我意识到，我有了重大发现，心头一阵惊喜，立即将它复印下来。回国后，我广泛查阅相关资料，经过多方考证，确认了毕永年所述的真实性，于是，写成《康有为谋围颐和园、捕杀西太后确证》一文，发表于1985年9月4日的《光明日报》上。这篇文章，当日中央人民广播电台即作了广播。它迅速受到国内外史学界的重视，有人誉之为"将迫使戊戌变法史作重大改动"。

证明了戊戌时期康有为确有"捕杀西太后"的密谋之后，紧接着便发生了一个问题——康、梁生前多次矢口否认此事，为什么？我又继续查阅相关资料，终于从梁启超写给康有为的一封密函中了解到，原来，师徒二人在事后订了"攻守同盟"，决定终身保守秘密。这样，这一事件就板上钉钉，铁案如山了。

谭嗣同夜访袁世凯是戊戌政变中的重要事件。对此，袁世凯的《戊戌纪略》和梁启超的《戊戌政变记》都有记载。多年来，人们相信梁启超，怀疑袁世凯，结果，陷入迷宫。许多问题扞格难通，矛盾而不可解。我经过考证，认为袁世凯的《戊戌纪略》虽有掩饰，但所述基本可信，因此，政变史上长期聚讼不休的若干问题已经可以廓清迷雾，还其本相。

除了坚持不懈地找寻相关资料外，还要善思，寻找各种资料之间的联系。我在日本国会图书馆中找到过唐才常写给日人宗方小太郎的一封信，表面上谈的是到湖南"开办学堂报馆事"，但用词很严重，有"此举颇系东南大局"等语。我以为其中必有隐情，于是，进一步查阅宗方小太郎日记，终于查明，原来指的是维新派的一项"举义"计划——在湖南发动，然后引军北上，略取武昌，沿江东下，攻占南京，再移军北上，几乎和太平军的进军路线一模一样。

日本外务省档案中还有几封情报人员暗中抄录的梁启超等人信件。信中用了不少隐语，抄录者辨识中文草书的能力又低，满纸讹误，但是，我粗读之后，即感觉不是寻常信件。于是反复阅读，反复揣摩，终于弄明白，那是1908年光绪皇帝去世之后，改良派秘密动员在北京的满族亲贵诛杀袁世凯的密札。

我对改良派的研究一直断断续续。1996年，我访问台北"中研院"近史所，读到了那里收藏的康梁未刊信件，其中有一通梁启超函札引起了我的特别注意，经研究，那封信反映出，辛亥革命时，康有为曾企图联合满族亲贵，推翻袁世凯内阁，控制中央政权。

政治斗争有时以赤裸裸的形式浮现于世人面前，有时则深藏于铁幕之后，当一个历史学家能钩沉索隐，探幽解密，将深藏于铁幕之后的政治斗争拉到光天化日之下时，我想，那一定是很愉快的。

关于青年鲁迅，我曾将历史研究与文学研究结合起来，写过《斯巴达之魂与近代拒俄运动》等札记，解决了鲁迅研究中的一些疑难问题。

除了写书、写论文之外，我有时喜欢写点小文章，就某些历史事件、人物、现象，或议论，或叙事，或考证，颇得纵横挥洒之乐。此类文章一百余篇，已结集为《横生斜长集》，由天津百花文艺出版社出版。

我的历史追求

历史反映人类社会已逝的一切，因此，忠实地再现历史本相是史学最重要也是最根本的任务。但是，历史本相并不是一眼可见，一索可得的。它需要历史学家"上穷碧落下黄泉"，充分掌握一切可能掌握的资料，经过严密的考证与分析，才能比较准确地再现出来。因此，我在国内外访问，所至之处，第一任务都是收集资料，特别是未刊的函电、日记、档案等手稿或未刊稿。当地有什么，我就看什么，从不为自己的研究划地设牢。因此，我的大部分文章都建筑于此类资料之上。经验告诉我：资料浩如烟海，是研究近代史，特别是民国史的困难所在，但是，也是其方便和幸运所在。只要细心访求，锲而不舍，许多谜团、疑案常常可以得到比较圆满的解决。

说历史学的根本任务是再现历史本相，不意味着历史学家可以不要思想，没有观点，纯客观地记录一切。相反，历史学需要说明历史、解释历史，寻找规律，做出价值判断。但是首先必须弄清、写清史实。对历史的解释可以因人而异，因时而异，但是，历史事实却只有一个。我认为，历史家笔下的史实要能经受不同立场、不同时期的读者的挑剔和检验，争取做到：你可以反对我的观点，但推翻不了我的史实。

民国史充满着政治斗争和党派斗争。当时，没有一个党派不认为自己是真、善、美的化身，不认为政敌是假、恶、丑的典型。今天的历史学家有条件超脱一点，也有条件看到各党、各派、各方留下的资料，因此，看问题要力求全面、公正，有一说一，有二说二，有好说好，有丑说丑，既不盲从前人，也不看风向，不避时忌。既往的观念、认识、结论有的正确，有的则需要根据可靠的史实重新审视，加以修正。民国史上这样的问题很多。当我们只面对史实、面对科学时，民国史的面貌是会有大的变化的。